불편한 커피

Cheap Coffee | 세계 커피 무역의 장막 뒤에서

Karl Wienhold

번역·감수 김도현

불편한 커피 : 세계 커피 무역의 장막 뒤에서
Cheap Coffee : Behind the Curtain of the Global Coffee Trade

저자 : 칼 와인홀드(Karl Wienhold)
출판사 : 로스트매거진(Roast Magazine)

영한 번역판
발행일 : 2023년 8월 1일 초판 2쇄
발행처 : ㈜기센코리아
번역 및 감수 : 프릳츠컴퍼니 김도현
편집인 : 김동원, 노혜주

Copyright © 2021 Karl Wienhold

ISBN : 978-89-98557-04-1

Karl Wienhold에 의해 출간된 본 도서의 한국어판 저작권은 (주)기센코리아에 있습니다.
발행 당사의 사전 허가 없이 전체 혹은 일부를 무단 전재하거나 배포하는 행위를 금합니다.

For Humberto Pecupaque

CONTENTS

- 1 감수자의 글 : 커피가 싸다고?
- 8 감사의 글
- 9 맥락 - 이 책의 배경
- 12 서론

15 커피 경제학 입문
- 23 경제 발전 이론
- 28 채굴주의
- 31 상품
- 36 나무 작물

37 국제 가치 사슬
- 37 공급망
- 44 정부, 규제 기관, 그리고 다자간 협력
- 48 C-가격 및 선물 시장
- 66 가치 사슬에서 힘의 역학
- 77 재배 부문의 조직
- 87 수요
- 94 커피의 윤리적 가치
- 95 스페셜티

103 농장
- 103 농장 재정
- 104 시장 제품
- 116 생산 비용
- 121 농부에 대한 인센티브
- 127 생산자 수입
- 136 농장의 자급자족 이슈들
- 140 농부들에게 더 많은 돈을 지불하라: 정의인가, 우월감인가?

143 지속 가능성
- 143 지속 가능성이란 무엇인가?
- 145 우리는 왜 커피에 관심을 가질까?
- 145 농촌 개발
- 157 사회경제적 도전들
- 168 환경
- 180 지속 가능성 VS 위장환경주의
- 185 만족의 결과

187 해결책 : 성공과 실패
- 188 어떻게 커피 농사의 수익성을 높일 수 있을까?
- 191 가격 통제
- 196 인증
- 208 다이렉트 트레이드 및 마이크로 랏
- 219 차별화
- 220 커피 "이야기"의 상품화와 페티시즘
- 221 전체론적 해결책

- 253 참고문헌
- 261 인용문헌

< 감수자의 글 >

커피가 싸다고?

제 커피는 어떤가요?

에르바수(Herbazú)는 코스타리카에서 스페셜티 커피가 시작된 농장이다. 그런 이유로 이 농장의 수장인 안토니오(Antonio)는 이미 스페셜티 생두 구매자로부터 존경받는 생산자였다. 그의 집에 머물던 그날도 꽤나 빼곡한 일정에 분주한 아침이었다. 아침 식사를 하고 나가려는 나와 어색하게 눈을 마주치던 그는 조심스레 어떤 커피를 평가해 줄 수 있냐고 물었다.

내 의견을 들은 그는 고마워했고, 나는 궁금했다. 나 같은 무명인(無名人)에게 커피 평가를 부탁한 이유가. 이후 몇 차례 더 산지를 방문하고서야 알게 되었다. 모든 국가와 농장마다 상황은 사뭇 다르지만, 대체로 커피 세계에서 생산자에게는 힘이 없기 때문이라는 것을. 영어에 능숙하지 못한 생산자, 커핑에 능숙하지 못한 생산자는 구매자를 섭외하는 수출 회사에 끌려다닐 수밖에 없고, 그렇다 보니 그는 실제 구매자의 의견을 직접 듣고 싶었던 것이었다. 이미 실력 있고 유명한 농장의 경우도 이런 상황인데, 다른 농장들은 오죽할까. 그나마 코스타리카는 '마이크로 밀 혁명'으로 비교적 작은 농장도 직접 가공소를 운영하고 있어 다른 국가와 비교하면 형편이 좀 나은 편인데도 말이다. (다른 라틴 아메리카 국가에서 스페셜티 커피를 생산하는 농장 중에 작은 농장을 찾기란 쉽지 않다.)

커피가 싸다고? 정말?

이 책의 원제《Cheap Coffee》처럼 생두 가격이 싸다는 주장은 생두를 구매해서 납품하는 로스터의 입장으로 볼 때 선뜻 동의하기 어려운 부분이 있다. 팬데믹 상황은 워낙 예외적인 경우라 제외(하기엔 너무나 어렵지만)한다고 하더라도, 사실 품질에 비해 생두 가격은 언제나 부담스럽지 않은가. 게다가 품질도 전체적으로 상향 평준화되긴 했지만, 2004년 <베스트 오브 파나마>에서 파운드당 250달러로 충격 그 자체를 선사한 에스메랄다 게이샤 정도 가격의 커피는 이제 우리도 쉽게 만날 수 있게 되었고, 오히려 스페셜티 생두는 가격 대비 특별함이 점점 없어지는 느낌도 있으니 말이다. 게다가 커피 일은 수익률이 낮아 얼마 전까지 대기업들은 거들떠보지도 않는 산업에 불과했고, 커피 일을 하면

1

서 부(富)를 이룬 사람을 만나기란 내가 '신의 커피(God in a Cup)'를 만드는 것만큼 드물지 않은가. 이런 생각으로 책을 번역·감수하기 시작했다. 에르바수의 예처럼 어느 부분은 동의하는 마음으로, 우리 주위의 예처럼 어느 부분은 반감을 떨쳐내지 않은 채.

생산자가 이 정도밖에 못 받는다고?

스페셜티 커피 가격은 대략 파운드당 4달러 내외다. 여기서 얼마 정도가 생산자의 몫으로 돌아가야 할까? 70-80%? 코스타리카의 경우 법으로 생산자에게 78.1%를 주어야 하고, 밀을 운영하는 경우엔 16.5%를 주어야 한다. 코스타리카의 어떤 수출업체와 거래하던 생산자로부터 그들이 맺은 계약서를 본 적이 있다. 수년 전, 나와 미팅했을 때에는 분명 생산자에게 90%를 준다고 말했던 것과 천양지차였던 걸 눈으로 확인한 순간이었다. 그 커피는 파운드당 4달러가 조금 넘는 가격표가 붙어 있었는데, 그 생산자에게 돌아온 몫은 불과 2달러 중반. 그 수출회사는 농장에게 독점 계약을 요구해서 다른 곳에 판매할 수도 없고, 게다가 그 생두를 다 팔지 못하게 되면 팔린 생두만큼만 비용을 지불한다는 충격적인 이야기였다.

왜 이런 일이 벌어질까? 자본주의 세상이 나쁜 사람들만 승리하는 전쟁터만은 아닐 텐데 그 나름의 이유가 있지는 않을까? 그렇다. 생산자는 재배 과정에서 지불할 돈이 필요하고, 특히 수확기에는 피커들에게 줄 임금이 필요하다. 재무상태표의 이익잉여금과 손익계산서의 당기순이익이 통장에 그대로 있는 경우가 드물듯이 농장을 운영하기 위해선 대출이 필요하다. 대출을 위해선 내 수확물을 모두 팔 수 있다는 증명이 필요하고, 수출업체는 (독점) 계약을 통해 그것을 증명해 준다. 이 증명을 담보로 은행으로부터 대출을 받을 수 있다.

이것이 고품질의 커피를 고가에 판매하는 스페셜티 농장의 현실이었고, 이들은 그나마 조합에 커피를 판매하는 소규모 농부들보다는 나은 형편이다.

무산소 가공 방식이 농장을 망친다?

이런 현실이 눈에 들어온 후 산지 방문은 달라지게 되었다. 그전까지 나는 항상 농장에 갈 때마다 새로운 품종이 있는지, 새로운 가공 방식은 있는지, 새로운 시도를 하고 있는지 물었다. 좋은 커피를 위해선 재료가 중요하고, 특히 새로운 커피는 잘 팔리니까. 하지만 커피에서 가장 중요한 일을 하는 생산자들에게 어쩌면 구매자들이 무리한 요구를 하고 있었던 건 아닐까, 라는 생각을 하게 된 것이다.

예를 들자면 무산소 가공 방식. 독특한 방식의 가공이고, 품종과 떼루아를 뛰어넘는 특유의 향미가 있는 커피. 그런데 나는 이 커피를 좋아하지 않는다. 내 스스로 커피 업계의 극우파라고 칭하면서 이 커피를 싫어하는 티를 낸다.

이유가 있다.

무산소 가공 방식을 만났던 건 오래전 일이다. 코스타리카의 카페 데 알투라(Cafe de Altura)에서 시작한 이 혁신적인 가공 방식은 쉬운 일은 아니어서 그 당시에도 단지 몇 개 농장만 하고 있었다. 10개가 테이블에 올라오면 가공에 '성공'한 것으로 보이는 컵도 많지 않았다. 그런데 해가 지날수록 이 방식의 커피가 늘어나더니 급기야 이 가공을 하지 않는 농장을 찾기가 어려워졌다. 왜? 비싸게 팔 수 있으니까. 이게 유행이라고 하니까. 그래서 돈을 더 받을 수 있다고 하니까. 혁신적인 아이디어로 시작한 이 가공은 이제 누구나 해야 하는 가공으로 바뀌었다. 농장마다 각자의 방식으로 커피를 잘 하는 게 좋을 텐데, 소수의 농장을 제외하곤 죄다 이런 실패율이 높은 방식의 가공을 하고 있는 것이었다.

이 커피가 맛있는지에 대한 논란은 접어두자. 아니, 맛있다고 하자. 그러나 매일 마실 수 있는 커피는 아니다. 가끔 즐기면 충분한 커피다. 즉, 모든 농장이 불나방처럼 달려들 커피는 아니란 이야기다. 그런데 누가 이런 상황을 만들었을까.(나는 게이샤도 비슷한 처지에 있다고 생각한다.)

나다. 나처럼 새로운 것을 찾는 구매자가 농장을 이상한 길로 가게 한다. 생산자가 자기 일을 충실히 하기만 하면 생계가 지속적으로 보장되는 공급망 구조가 아니기에 구매자와 수출업체의 말에 휘둘리는 현실을 벗어나기 힘든 것이다.

우리는 산지에 대해 더 알아야 한다.

너무 극단적인 주장 아닌가? 신자유주의, 아니 자본주의를 변호해 보자

이 세상은 소수의 외딴섬과 같은 국가를 제외하면 모두 자본주의(capitalism)를 취한다. 돈이 돈을 버는 구조다. 100을 가지고 10을 버는 것보다 30을 버는 것이 더 좋고, 그 수단은 금융 투자든 커피든 상관없다. 불법만 아니면 된다.

커피는 원가가 낮지 않은 산업에 속한다. 원가율이 30%가 넘는 회사보다 25%가 좋고, 22%가 더 좋은 것 아닌가? 그래야 마진(매출총이익)이 높으니 좋은 회사라고 평가되는 것 아닌가? 여기에 각종 비용을 제외하고 당기순이익도 높다면 유망한 회사로 여겨지고, 이는 회사의 소유주인 주주에게 좋은 것이고, 이게 곧 자본주의 게임의 법칙이다. 전혀 논리적인 하자가 없다.

우리가 일을 하면서 상대방과 상대방 회사의 사정까지 다 알 필요는 없다. 내가 당신과 거래를 하는 이유가 당신의 고양이가 아프기 때문이라면 어쩌면 나는 회사를 대표해서 계약의 책임을 질 자격이 없을 수도 있다. 그러니 먼저 우리는 숫자로 말해야 하고, 비용은 낮게, 수익은 높게 만드는 것이 그 일을 하는 사람의 책무다. 너무나 아름다운 논리다.

그래서 내 월급을 깎기로 한다

매출총이익에서 각종 비용을 빼면 당기순이익이 나오는데, 그중 가장 큰 덩어리가 판매비 및 관리비다. 여기에 우리의 인건비가 들어간다. 숫자가 가장 중요한 세상이니 그 숫자를 아름답게 만들기 위해 내 월급을 깎는다는 결정을 한다면 그건 정신머리 없는 사람일 것이다. 그러면 그 수익을 늘리기 위해 내가 아닌 당신의 월급을 깎는다면? 아름다운 논리가 저주받아야 하는 논리로 변할 것이다.

왜냐면, 숫자에는 보이지 않는 사람이 있기 때문이다. 추상적인 사람이 아니라 구체적인 사람. 내 커피를 즐거워하는 사람이 소중한 것처럼, 이 커피를 만들게 해주는 재료를 생산하는 사람도 소중하다. 자본주의적으로 표현하자면, 내 삶을 영위하도록 돈을 벌게 해주는 소비자가 중요하듯이 내가 돈을 벌게 하는 재료를 공급하는 생산자도 중요하다.

그러니 아름다운 숫자의 논리를 어딘가에서 끊어야 한다. 잠시 멈추고 생각해 봐야 한다. 이대로 괜찮냐고. 만약 그렇지 않다면…?

이게 다 커피 때문이야

2006년에 개봉한 《호텔 르완다(Hotel Rwanda)》라는 영화가 있다. 한 해 앞서 개봉한 《4월의 어느 날(Sometimes in April)》과 마찬가지로 르완다 내전에 관한 영화다. 부족 간의 전쟁(학살)으로 인구의 20%가 살해된 참혹함, 그 속에 단비와 같은 인간애에 관한 내용의 영화인데, 이 책에 나와 있는 것처럼 집단 학살의 원인 중 하나가 국제커피협정(ICA) 종료에 따른 급격한 커피 가격 하락이었다. 1994년의 일이지만 아직도 치유되지 않은 아픔이다.

소비국에 사는 우리가 생산자와 계약 관계가 괜찮은지 전면 검토하지 않으면 이런 일이 발생한다는 의미는 아니다. 커피 가격의 '급격한' 상승과 하락은 우리에게 달려 있지 않은 경우가 대부분이긴 하지만, 극단적인 경우 생산국에서 내전과 같은 일이 발생할 수 있다는 현실이다.

누구는 선하고, 누구는 악한가?

매도인과 매수인 쌍방의 의사의 합치로 계약은 성립되는데, 그 계약에 뭔가 문제가 있다면 그 문제를 개선하는 가장 좋은 방법은 구매자 측의 제안이다. 그렇다고 해서 그 문제의 원인이 구매자의 이기심에만 있는 것은 아니다. 저자인 와인홀드도 지적한 것처럼 세상 일은 이렇게 선과 악, 흑과 백으로 이루어지지 않는다.

내가 좋아했던 어떤 농장은 언제나 특별한 커피를 만들었고, 매년 가공 설비와 환경을 개선했다. 그 농장의 가족과 기쁜 마음으로 저녁을 먹는 자리에서 충격적인 이야기를 들었다. 일부러 나에게 하려던 이야기는 아니었고 그들끼리 심각하길래 내가 물어봐서 알게 된 내용이었는데, 그날 오후에 농장에 온 사람이 사채(私債)업자란 것이었다. 언제나 완판을 하는 농장인데 어떻게 그럴 수 있을까? 이 농장은 특정 수출업체와 독점 계약을 맺고 있지 않아 은행권 대출의 어려움이 있었고, 수출업체로부터 전년도 판매한 금액을 받지 못해 재정적인 어려움도 있었다고 한다. 사채를 쓰기로 한 이유는 피커들에게 임금을 주기 위한 것이었다고 했다. 다행히도 이자율은 15% 정도였지만.

출장을 마치고 그 농장의 커피를 어느 정도 구매하기로 결정한 후 연락했다. 우리 회사가 구매한 범위 내에서 일정 금액을 바로 지불한다면 도움이 되겠냐고. 그 당시는 회사 설립 초창기라서 내 개인 돈(私債)을 보냈다. 이후 그 농장을 방문했을 때 서로 껴안고 눈물을 흘리며 나에게 감사의 표시를 했다.

그리고 몇 년 후 나는 더 이상 그들로부터 생두를 구매할 수 없게 되었다. 아마도 파운드당 약간의 금액을 더 준다는 구매자가 나타났기 때문이었을 것이다. 생두 가격을 인상해야 하는 이유를 알려줬다면 계약에 관해 논의할 수 있었을 텐데 그냥 나는 배제되었다. 물론 생산자의 입장에선 하등 문제 없는 결정이고, 이런 생산자의 결정은 계약의 원리상 타당하기도 했을 것이다. 다만 내 마음 한편에 씁쓸함만이 찾아왔을 뿐.

선한 누군가의 행동으로 세상이 변하는 경우는 드물다. 우리가 사는 이 세상의 게임의 법칙 내에서 더 나은 대안을 모색하는 게 최선일뿐이다.

산지 출장에서 더이상 어떻게 하나?

다른 나라에 있는 농장을 방문하는 것은 꽤나 힘든 일이다. 대농장의 경우 직원이, 소농장의 경우 수출업체 또는 농장주가 마중을 나온다. 쉴 새 없이 농장을 방문하고 대개 여러 농장의 생두를 커핑으로 평가한다. 여기서 통과된 것은 다시 샘플 요청을 해서 길고 긴 출장을 마친 후, 마침내 우리나라에 도착한 샘플을 가지고 최종 커핑을 한다. (거의 드문 경우이지만 구매 후 본품 도착 시 다시 한번 커핑을 해서 샘플과 본품을 점검하는데, 만약 품질이 다를 경우 수없이 많은 이메일과 메시지를 주고받아야 한다.)

샘플을 추리고 수차례 커핑을 해서 구매를 결정하는 데 그 기준은 점수다. 구매자의 커핑 점수로 결정한다. 과일 가게에 가서 가장 맛있는 과일을 사는 것과 같은 이치다. 그렇기 때문에 좋은 품질의 생두가 아니면 생산자는 판매하지 못하고 높은 생산 비용을 들인 악성 재고로 남게 되는 경우도 있다.

여러 인증 이슈는 차치하고, 친환경적인 농장에 대한 가산점이 들어갈 여지가 있을까? 회사 동료와 커핑 시 하나는 85점이고 다른 하나는 83.5점인 경우에, 후자의 커피를 구매해야 하는 이유로 농장에 자생림(自生林)이 있기 때문이라고 설득할 수 있을까? 물론 이런 환경이 커피 품질에 도움이 된다는 연구 결과도 있지만 어쨌든 점수가 낮은데 말이다.

또는 85점과 83.5점의 커피 중에 후자를 선택하는 이유로 매년 품질을 위한 설비와 환경을 개선한다는 것이 받아들여질 수 있을까? 언제나 노력하는 생산자의 커피가 잘 팔려야 그가 기술을 발전하는 데 동기 부여가 되겠지만, 내 앞의 테이블의 점수를 신뢰하는 것이 더 설득력이 있지 않을까?

생산자와 농장에 대해 많은 내용을 알고, 그의 노력이 어떤 부분에서는 커피 하는 사람들에게 도움이 될지라도, 게다가 커핑 점수를 맹신하는 것이 아니라 할지라도, 구매 결정 시 커핑 점수 이외의 것은 큰 의미가 없다.

따라서 내가 사용하는 커핑 폼에 한두 항목을 추가하여 점수화하는 것도 방법이다. 나는 동료들에게 내 커핑 폼에는 비공식적인 관계 점수가 있다고 이야기한다. 잘 모르면 6점을, 미심쩍은 부분이 있으면 5점을, 잘 알면 8점을 주는 방식이다(안다는 것이 친하다는 것을 의미하지는 않는다.). 이런 방식으로 커핑 항목에 자신이 중요하게 여기는 부분을 점수화하여 평가하는 것이 점수를 가지고 설득할 수 있는 유일한 방법인 것 같다.

이제는 이 계약서로 합시다

이 책의 번역과 감수를 마무리하면서 나와 오랜 기간 깊은 관계를 맺고 있는 코스타리카 J&B Café 서종현 대표(Leonel Seo)에게 새로운 계약에 대해 의견을 제시했다. 오래 거래한 농장과 장기 계약을 하는 것에 관하여, 최저 가격과 최고 가격을 C-가격과 커핑 점수에 연동하여 예년에 비해 최소한 떨어지지는 않게, 최소 물량은 보장을 하면서, 필요하다면 생산자들을 초대해서 프린츠컴퍼니 본사에서 커핑, 로스팅, 추출 교육도 하고, 그들의 농장에 커피를 테스트할 수 있는 설비를 제공하는 등의 제안이었다.

존경하는 그분의 대답은, "왜? 굳이?"였다. 생각해 보니 (우리의 생각뿐일 수도 있지만) 서로에게 도움이 되는 계약 관계를 이미 프린츠, 수출업체, 농장이 이미 맺고 있는데, 여기에 무언가를 첨가하는 것이 오히려 부담될 수 있는 일일 수 있겠다는 생각이 들었다. (물론 나는 더 고민한 후에 지속적으로 다른 계약서를 만들자는 제안을 할 생각이다.) 그러나 우리가 모든 농장과 좋은 거래를 하고 있는지에 관해선 검토가 필요하다.

어딘가에서 끊어야 한다

이 세상의 어느 부분은 고장나 있다. 내가 의도적으로 잘못하지 않았더라도 내 행위로 인해 누군가는 많은 이익을, 누군가는 많은 손해를 볼 수 있다. 그러니 지금 우리가 하고 있는 일에 대해 가끔은 점검해 보는 것도 필요한 일일 수 있다.

다이렉트 트레이드를 하고 있다면, 현재 계약 관계는 괜찮은지, 앞으로 어떤 계획이 있고 왜 그런 계획을 세웠는지, 환경에 대해서 어떤 계획이 있는지, 고양이는 잘 크는지, 물어볼 수 있고 우리에 대해서도 그들에게 설명할 수 있다면 서로에게 좀 더 좋지 않을까 싶다. 물론 이런 대화는 조심스럽게, 서로의 신뢰를 바탕으로 해야 한다.

수출업체로부터 구매하고 있다면 농장 출하 가격은 얼마나 되는지, 근처 좋은 농장이 더 있는지, 수입업체로부터 구매하고 있다면 산지를 다녀온 담당자와 커피를 마시며 수없이 많은 이야기를 나눌 수도 있을 것이다.

만약 지금 당장 이런 시도가 쉽지 않다면, 괜찮다. 이 책을 읽는 것만으로도 충분하다. 다만 내 안의 어딘가에 언젠가 해야 하는 숙제가 있다는 정도로만 남겨 두자.

감사합니다

이 책에 대해 이렇게 긴 글을 쓴 이유는 이 책의 내용 자체가 쉽지 않기에 당신에게 도움이 되기를 바라는 마음 때문입니다. 이 책을 구매한 이유는 다양하겠지만 번역 및 감수자로서 저는 이 책이 많은 사람들에게 읽히기를 바라는 마음이 있습니다. 그러기에 감사합니다. 당신의 숫자는 물론이고 당신 자체도 더욱 아름다운 사람이 되기를 빕니다.

이 책을 함께 작업한 기센코리아의 김동원 님과 노혜주 님에게 감사합니다. 번역과 감수한 파트를 넘긴 후 두 분이 하신 작업물을 받을 때마다 제가 크게 수정할 부분이 없는 것을 보고 제 일을 빼앗아 가신 것에 대한 미움과 고마움이 동시에 있었습니다. 이 작업이 고통스러웠다는 기억이 사라질 때 즈음 다시 함께 작업하면 좋겠습니다.

원래 하는 일은 그대로인 상태에서 이 작업을 해야 했기에 이 기간 동안 제정신일 수는 없었습니다. 게다가 막바지 작업에서는 이 일에만 매달려야 했기에 제가 일하는 프릳츠와 특히 공장 동료분들께 신세를 졌습니다. 꼭 회사와 동료에게는 아니더라도 빚을 진 부분은 갚겠습니다.

모두에게, 감사합니다.

프릳츠컴퍼니에서 로스팅하는
김도현

감사의 글

그들이 알든 모르든 간에 수많은 사람들이 제가 이 책을 쓰도록 아낌없이 지원해 주었습니다. 예를 들자면, 인터뷰나 대화를 통해 자신의 경험과 관점을 들려주었고, 책의 흐름을 수정할 수 있도록 도와주었으며, 아무 때나 이어지는 제 장황한 말을 참아 주었고, 많은 양의 이메일을 인내심을 가지고 주고받으며 제 생각을 정리할 수 있도록 도와주었습니다. 다음에 언급하는 사람들에게 특별히 감사를 보냅니다. 릭 라인하르트(Ric Rhinehart), 안드레아 존슨(Andrea Johnson), 체퍼 그레샴(C'pher Gresham), 에스타니치 그랜트(Estanich Grant), 필리스 존슨(Phyllis Johnson), 프랭크 비야다(Frank Villada), 찰리 애버내시(Charlie Abernathy), 움베르토 페쿠파케(Humberto Pecupaque), 신디 볼(Cindi Ball), 탁승희(Sunghee Tark), 폴 와인홀드(Paul Wienhold), 줄리안 펠러먼(Julian Fellerman), 요한나 디아즈(Johanna Díaz), 데이비드 폴(David Pohl), 마틴 디드릭(Martin Diedrich), 앤드류 펠드먼(Andrew Feldman), 에버 마이스터(Ever Meister), 데이비드 그리스월드(David Griswold), 에드 캔티(Ed Canty), 엘버 파야(Elver Paya), 후안 히랄도(Juan Giraldo), 마갈리 델마스(Magali Delmas), 제프 친(Jeff Chean), 라우라 고메즈(Laura Gómez), 애덤 스트라우스(Adam Strauss), 에밀리 맥킨타이어(Emily McIntyre)가 도움을 주었습니다.

또한 2007년 멕시코 미초아칸의 19살의 꿈 많고 순진했던 제게 삶의 목적을 발견할 수 있도록 도와준 로아노크 대학(Roanoke College)의 리사 벨라스케스(Lissa Velazquez) 교수에게 깊은 감사를 전합니다. 의심할 여지없이 그녀는 제가 성취감을 느끼며, 배움을 위해 색다른 길과 목표들을 탐구하고, 변화를 만들기 위해 노력하면서 저의 후속 여정을 이어갈 수 있도록 가장 큰 영향을 주었습니다. 14년 전 벨라스케스 교수가 저에게 호의를 베풀었던 것처럼, 이제는 저 역시 다른 이들에게 영감을 주도록 몇 가지 통찰을 공유하고자 합니다.

특별히 C. 로 고다드(C. Roe Goddard)에게 감사드립니다. 그는 제가 MBA 과정에서 경제수익을 창출하기 위해 세계화를 활용하는 것에 대해 공부할 때, 냉혹한 무역시장 뒤편에 있는 복잡한 시스템과 전체 이해 관계자들의 만족에 대한 질문을 매일 지속적으로 던질 수 있도록 지도해주었습니다. 고다드 교수는 국제 비즈니스에서 경제적 기회를 어떻게 실행해야 하는지, 그리고 멀리 있는 낯선 사람들이 느끼는 파급 효과와 경제적 대리인으로서 행동 양식에 대해서도 추가적으로 질문할 수 있도록 도와주었습니다.

그리고 릴리 쿠보타(Lily Kubota), 코니 블룸하트(Connie Blumhardt), 그리고 로스트(Roast)의 모든 관계자들에게 감사를 전합니다. 그들은 자신의 관점과 지식을 공유하는데 헌신적이었고 쉽게 회피할 수 있는 민감한 주제들에 대해서도 다루어 낼 수 있는 기회를 주었습니다.

마지막으로 제가 뻔한 문장들을 써내려 가지 않도록 최선을 다해 준 후퍼(Hoopper)와, 어떤 것은 큰 문제가 아니라는 것을 알려주며 저를 격려해 준 잭 케루악(Jack Kerouac)에게 감사의 말씀을 전합니다.

맥락 - 이 책의 배경

당신이 매일 아침 마시는 커피 뒤에는 어떤 이야기가 숨어 있을까? 이것이 나의 첫 번째 질문이다. 당신은 이 질문에 대해 얼마나 제대로 알고 싶은가? 당신은 소시지가 어떻게 만들어지는지 알고 싶은가? 일단 당신이 이 모든 일에 대해 이해하게 된다면 당신이 선호하는 커피 브랜드를 소비할 때 양심의 가책을 느끼게 될 것이다.

모르는 게 약이라면, 이런 종류의 지식은 책임감과 불안을 동반한다. 그러나 이 지식은 인간이 세상을 개선할 수 있는 방법이고, 이를 알지 못해 행복한 사람들을 위해 그 책임을 받아들이는 것이기도 하다. 또한 냉혹한 현실을 이해하는 데서 오는 불안은 우리의 현실을 바꾸기 위한 동력으로 사용될 것이다. 지성은 지식이 아니다. 지성은 지식을 추구하고 그것을 내면화하는 능력이다. 지혜는 새로운 정보를 바탕으로 자신의 신념을 더 낫게 만들려는 의지다.

우리는 크고, 복잡하고, 무서운 세상이 던져주는 수많은 정보들을 세계관이라는 일종의 틀을 통해 해석하고, 이를 통해 세상을 조금 더 이해하고 대처할 수 있게 된다. 하지만 한편으로 우리의 세계관과 생각의 틀은 자의적인 분류를 통해 너무나 쉽게 혁신적인 생각을 적절하게 분석하는 것을 방해할 수 있고, 우리가 그것을 어떻게 느끼고 어떻게 행동하는 지에도 영향을 미칠 수 있다. 세상이 어떻게 움직이는지에 대한 우리의 일반화된 믿음은 수백만 가지의 색조와 질감을 흑과 백, 선과 악, 위와 아래로 나누며 무한한 복잡성을 단순하게 만든다.

나의 의도는 많은 독자들과 새로운 정보를 나누는 데 있다. 이 책에서 다루는 어떤 정보는 일부 독자들을 불편하게 할 것이다. 어떤 내용은 세계 경제의 작동 방식과 (당신의) 사업이 사람들에게 미치는 영향에 대한 이야기로 당신의 신념과 충돌할 것이다.

"정치적 견해가 들어가지 않게 하시오." 이는 사람들이 얻은 정보가 대개 정치 성향에 따른 그들의 가치관과 충돌할 때 하는 말이다. 이 책은 정치적이지 않다. 특정 정파나 후보자를 언급하지도 않는다. 다만 어떤 정치인들이 실행하는 정책을 비판하고, 우리가 제안한 정책이 채택되기를 바랄 뿐이다. 그러나 이 책은 공감, 인류애, 타인에 대한 배려 그리고 어떤 사람들은 받아들이지 않는 사회적 정의(正義)의 재정의(再定義)와 같은 특정한 가치들과 연결된 논쟁들을 포함하고 있다. 우리가 하는 모든 일은 우리의 가치관을 대변한다. 우리의 가치관은 우리가 지지하는 정책과 리더를 결정한다. 지지하는 정책이나 리더에 따라서 우리의 가치관이 결정되는 것이 아니다. 행동주의는 가치관의 표현 또는 의사소통이다. 특정 커피를 살 것인가 경쟁 제품을 살 것인가를 결정하는 것은 행동주의가 될 수 있고, 이는 분명한 경제적 신호를 보내는 행위가 된다. 어떤 형태의 행동주의는 누군가를 불쾌하게 할 수 있지만, 그럼에도 그 누군가가 소통의 원칙과 우리의 가치관을 표현하는 것들을 그만두게 해서는 안 된다.

이 책은 확실하게 커피 비즈니스의 방식과 일반적인 국제 공급망과 기능에 대한 명료하고 단순한 흑과 백의 관점을 완전히 무너뜨릴 것이다. 다행스럽게도 누구든지 앞으로 다룰 생각들에 대해 반대

입장을 분명히 할 수 있다면 이 책을 덮어도 좋다.

 아마도 이 책에서 제시되는 정보들은 당신이 그동안 선의로 해왔던 일 또는 생각에 대한 부정적 영향을 보여주거나 죄책감을 불러 일으킬 것이다. 나는 여기에 포함된 주제들을 조사하면서 수차례 죄책감을 느꼈다. 종전의 무지를 후회만 하는 것은 시간과 에너지를 낭비하는 것이다. 만약 당신 역시 같은 기분을 느낀다면 유일한 해결책은 다시 배우고, 성장하고, 개선하고, 바로잡는 것이다.

 필연적으로 여기에서 다룰 논쟁들을 거부하거나 묵살하고자 하는 유혹이 찾아올 때 나는 당신이 이 책의 정보의 출처를 참고하고 원 자료를 연구할 것을 요청한다. 그럼에도 여전히 이 책의 내용이 앞뒤가 맞지 않다는 생각이 든다면 더 나은 설명을 찾아서 커피 커뮤니티와 공유하기를 권한다.

 이 책의 대부분의 내용은 정확한 과학보다는 인간의 본성과 연결되어 있다. 그리고 여기서 논의되는 역학에 대한 우리들의 이해는 지금도 끊임없이 산업 현장에서 숙고되고 새로운 아이디어를 시험해보면서 진화하고 있다. 아마도 10년 안에 누군가는 우리가 제시한 논쟁들을 논박할 것이고 더 적절한 논쟁들로 그것을 대체할 것이다. 나는 이 책에서 가치있게 인용했던 자료와 대립되는 자료를 가져와 논박하는 것을 적극적으로 환영한다. 이것이 우리 모두가 배우는 방식이기 때문이다.

 마지막으로 이 책은 개론서로서, 복잡하고 미묘한 주제를 엄청나게 단순화했다. 우리는 가능한 한 정직하고 객관적으로 제시하고 요약하고자 최선을 다했지만 그럼에도 특정한 뉘앙스가 정확하게 전달되지 않을 수 있다. 이 책은 독자들에게 커피 재배와 거래에 대한 왜곡된 관점들과 우리들이 가장 중요하다고 믿는 것들에 대한 폭넓으면서도 상세한 이해를 주고자 한다.

 비록 이 책이 커피를 구원하기 위한 매뉴얼이 되지는 못하더라도, 당신은 부정적인 영향 없이 개선할 수 있고, 개선해야만 하는 특정한 "손쉬운 목표"를 찾게 될 것이다. 다시 말해 좋은 결과로 이어질 수 있는 개념들과 누군가가 성취하는 방법을 알아내기를 바라는 결과물들을 찾을 수 있을 것이다. 당신은 제시된 해결책, 이론 및 수행 중인 프로젝트의 분석들을 보게 될 것이다. 당신은 이전에 효과가 없었거나 앞으로도 없어 보이는 많은 것들을 발견하게 될 것이고 나는 그 이유를 탐구할 것이다. 이것은 미래에 보게 될 계획의 실행가능성, 효과 및 지속 가능성을 평가하기 위한 관점을 제공하는 것을 의미한다. 이 책은 이기심에서 비롯되어 널리 전파된 잘못된 신화를 깨뜨리는 것을 목표로 한다.

저렴한 커피를 찾는 것이 뭐가 문제인가?

 모든 사람들은 좋은 거래를 원한다. 유한한 자원으로 최대의 효과를 내기를 원한다. 우리는 필요한 것을 먼저 사고, 가능할 경우에 원하는 것을 산다. 우리가 필요한 것들에 돈을 덜 쓸 때, 우리가 좋아하는 것들을 위한 여유가 생긴다. 어떤 사람들은 커피를 좋아하고, 어떤 사람들은 커피를 필요로 한다. 전 세계의 의심 많은 어머니와 배우자를 통해 배운, "돈 낸 만큼만 얻을 수 있다(you get what pay for it)"거나 혹은 "싼 게 비지떡(lo barato sale caro)"이라는 말은 잘 알려진 사실이다. 그렇다면 당신은 값싸고 정말 좋은 품질의 물건에 대해 어떻게 생각하는가? 나는 어릴 적 아버지가 좋아하던 "싸고 좋은 물건들(Good Stuff Cheap)"이라 불린 가게를 떠올렸다. 그 상점 주인에 따르면, 그것은 사실이었고, 실상은 이러하다. 만약 어떤 물건이 그 가치보다 더 저렴하다면, 누군가는 그것을 위해 희생해야 하거나 누군가는 좋지 않은 가격으로 구입해야 한다. "싸고 좋은 물건들"이라는 상점에서는 일반적인 아울렛에서 팔리지 않은 재고품을 가져와 원가 이하의 헐값에 팔면서, 대신에 판매율이 좋은 전구, 플란넬 셔츠, 그리고 1월의 포인세티아*를 "쇼핑몰의 호구들(suckers at the mall)"에게 팔아 손실을 메꾸어 판매 마진을 보상해 왔다. 한편 2018년부터 실제로 일어난 일인데, 중개상이 소규모 농장에서 생산한 87점의 콜롬비아 우일라 생두를 컨테이너로 구매할 때 당신에게는 파운드당 1.60달러에 팔았는데 다른 구매자에게는 2.50달러보다 비싸게 판다면, 그 생산자들은 좋지 않은 거래를 한 것이다. 왜냐하면 특정 구매자에게 생두를 싸게 팔았기 때문이다. 만약 당신이 저렴한 커피가 좋고 그것의 품질이 나쁘거나 혹은 반쯤 탄 쌀이나 병아리 콩이라도 상관없다면, 마음껏 즐겨도 좋다. 그러나 만약 커피가 좋으면서 저렴하다면 그것은 아마도 생산자가 착취되었기 때문일 것이다. 왜? 어떻게? 당신은 어떻게 다른 사람의 불행으로부터 혜택을 받지 않고 다른 사람 역시 당신의 불행으로부터 혜택을 받지 않는다고 확신할 수 있는가? 이것이 바로 이 책의 내용이다.

---

* 포인세티아(화분에 심어 보통 실내에서 기르는, 빨간 나뭇잎이 꽃처럼 보이는 열대 식물). 개화기는 11-1월이며 보통 크리스마스 꽃으로 알려져 있다.

서론

나는 현재 커피 분야에 종사하는 많은 사람들 사이의 정보 격차뿐 아니라 커피 분야와 가치 사슬의 현실을 생각할 때 커피 시장 안에서 일어나는 일과 그동안 드러난 가격 위기에 기여한 많은 요소들을 조명하기 위해 이 책을 쓸 필요를 느꼈다.

커피 분야의 모든 곳에서 지속되고 있는 집중화 현상(규모가 큰 참가자들은 더욱 커지고, 작은 단위의 참가자들을 대체하는 현상)은 재빠른 글로벌 자본 투자의 개입과 함께 불완전한 경쟁의 영향을 가속시켜 커피 가치 사슬에 참여하고 있는 수백만의 힘없는 개인과 가족들에게 피해를 입혔다. 그들의 방식은 대부분 완벽하게 합법적이며 지역 사회에서 받아들여질 만한 수단이지만, 많은 사람들은 이를 통해 희생되며 소수의 사람들만이 가치 사슬로부터 얻게 된 부를 누려 왔고, 현재도 계속되고 있다. 이익과 투자자 수익을 극대화하기 위한 상당한 필요성과 동기로 인해 가장 취약한 수천만 명의 개인과 가족을 포함하는 공급망에 협상력이 크게 집중되었다. 가치 사슬을 관장하는 기관의 다양성은 교섭력의 불균형과 곳곳의 접점에서 다양한 기능을 수행하는 참가자들의 생계에 기여했다.

많은 사람들은 이러한 시장과 제도적 실패의 증상들을 알게 되었고, 이 문제를 해결하기 위한 조치를 취하고, 죄책감을 씻으며, 힘없는 사람들의 삶의 질 저하에 직접적으로 가담하지 않겠다고 약속한다. 분명히 커피 가치 사슬 내에는, 특히 생두와 관련하여 적정한 이윤을 추구하고 지속 가능성을 인식하게 된 많은 참여자들이 있다. 하지만 시장에는 새로운 상품을 제공하는 일에 참여하는 사람들이 적지 않고 산업의 지속 가능성을 위협하는 시스템을 지원하고 참여하며 이윤을 극대화하려는 사람들이 여전히 많이 존재한다.

기술의 발전으로 지리적으로 떨어진 곳에서도 서로 간의 협력과 거래가 가능한 세상이 되었지만, 공급망 내부에 작용하는 힘의 불균형과 그 안에서 활동하는 사람들 간의 불평등으로 인한 경제적 악화는 부족주의와 분노라는 역류 현상을 일으킬 수 있다. 커피와 같은 복잡한 가치 사슬 안에서는 나무를 넘어 숲을 보지 못하고, 남의 것을 훔치지도, 속이지도 않고 고개를 숙인 채 시키는 대로 고된 노동을 이어가며 하루의 일과를 마치기 쉽다.

그러나 그들의 행위와 연관된 상황과 그들의 존재로 야기되는 암울한 전망으로부터 스스로를 고립시키는 일은 위험하다. 그 이유는 현 시스템의 문제가 한 개인의 문제가 아니라 공급망 안에서의 특정 그룹의 문제라고 일반적으로 생각할 수 있기 때문이다. 이 관점은 한 그룹의 행동을 정당화하기 위해 다른 그룹에게 책임을 전가하는 소위 부족주의로 흐를 수 있다. 나는 투기꾼, 베트남, 소매 유통업체, 그리고 무엇보다도 '망할 중개인'과 같이 일부 단체들이 비난받는 것을 보아왔다. 이러한 맥락에서의 부족주의는 고립된 사고와 피해의식, 경멸감까지 일으키는 인큐베이터가 될 수 있다.

이 같은 악순환의 고리를 끊는 방법은 공감을 쌓는 일이다; 커피 가치 사슬 안에 함께 하고 있는 상대와 그들의 현실, 그들의 동기와 의무를 이해하는 것이다. 나는 씨앗을 심는 일부터 컵을 닦는 일까지 커피와 연관된 많은 역할들을 전부 주목하여 가치 사슬 참여자들이 서로를 더 이해하고 공감하는데 도움을 주고, 이를 통해 미래의 성실하고 공정한 협업에 조금이나마 기여할 수 있기를 바란다.

나는 질문을 통해 몇 가지 통찰을 전달하고자 한다. 전반적으로 지속 가능하고 공평하며 건설적인 커피 공급망은 어떤 모습일까? 어떤 종류의 시스템과 비즈니스 모델이 이것을 존속하도록 할 수 있을까? 우리는 아직 이 질문들에 대한 대답도, 번영을 향한 지속 가능성의 비전을 실현시켜 줄 가치있는 관점과 아이디어도 없다. 그럼에도 불구하고 나는 여기에 제시된 분석과 맥락으로 독자들이 지금의 상태와 지속 가능성에 숨겨진 장벽을 더 잘 이해하고 미래에 자신의 아이디어와 해결책을 발전시킬 수 있도록 더 잘 준비할 수 있기를 바란다.

나는 커피 공급망과 관련하여 모호할 수 있는 개념을 명확히 하고, 어떤 부분이 존재하는 이유의 맥락을 가능한 많이 제시하기 위해 이 책을 썼다. 나는 커피 산지에서 벌어지는 생물 다양성의 위기와 기아 문제와 같은 커피 가치 사슬에서 나타나는 명백한 현상 뒤에 있는 실질적인 시스템의 문제를 정리하고 분명히 하기 위해 애썼다. 나는 왜 그런 문제가 발생했으며 왜 아직 해결되지 않는지를 분명히 하고 그 문제들을 분석할 것이다. 이 분석은 단순히 '좋은 사람'과 '나쁜 사람'을 식별하는 것으로 만족하기 위한 것이 아니다. 이 세계는 24시간 방영되는 뉴스와 사실처럼 믿게 만드는 45분짜리 수사물보다 훨씬 복잡하다. 내가 이 같은 복잡함을 이해하기 위해 시도하는 방법은 이해 관계(단지 개인은 자기의 이익을 위해 행동하고 의사결정할 뿐이다)가 논리적인지 비논리적인지, 자기 중심적인지 협력적인지를 식별하는 것이다.

당신이 이 책을 다 읽었을 때 나는 이것이 당신의 연구의 끝이 아니기를 기대한다. 여기에서 말하지 않은 것에 대한 추가적인 연구와 사색, 적용, 그리고 호기심의 문이 열리기를 바란다. 이 책은 단지 아주 복잡하고 미묘한 주제를 간단히 요약한 기초에 불과하다. 비록 커피에 대한 관심 때문에 당신이 이 책을 읽게 되었더라도, 커피는 세계화와 식민지 이후의 농촌 개발에 대한 사례 연구와 같은 하나의 예시에 불과하다. 나는 얼마나 긴 이야기가 그 속에 담겨있는지, 얼마나 많은 갈림길이 이 길 위에 있는지 알 수 없다. 그러나 나는 이 짧은 분량의 내용보다 훨씬 길고 많은 것이 있음을 확신한다.

PART 1

커피 경제학 입문

커피는 몇 가지의 이유로 국제 경제학과 식민지 시대 이후의 경제 개발에 대한 좋은 사례연구다.

- 커피 시장은 규모가 크다: 2016년 기준 2,000억 달러(약 250조 원), 200억 달러(약 25조 원)는 생산국의 개인과 기업에게 돌아갔다.[1][2]
- 커피는 많은 사람들에게 영향을 미친다: 2,500만 가구에 직접적인 수입과 고용효과를 일으켰다.[3]
- 커피는 적어도 전 세계 50개국에서 재배되고 있으며 거의 전 세계에서 소비되고 있다.[4] 대부분은 유럽의 식민지였던 국가에서 생산되는데 이들은 30% 정도만 소비하고[5] 나머지는 국제적으로 거래했다.

《소비자의 행동》의 저자 토마스 로버트슨(Thomas Robertson)에 따르면, 경제학은 "사회가 어떻게 희소자원을 이용하기로 선택하는지"에 관한 학문이다.[6] 이 책의 목표는 하나의 생산품과 그것이 개인에게 미치는 광범위한 영향에 집중하는 것이기 때문에, 경제와 관련된 논의의 대부분은 미시경제에 국한하여 주로 개인별 거래를 다루려고 한다. 하지만 필요에 따라 국내총생산(GDP)과 실업률과 같은 지표를 참고하여 거시경제학도 조금 살펴볼 것이다.

미시경제학은 "인간 행동의 실제 의미를 연구하는 사회과학, 특히 그러한 결정이 희소자원의 사용과 분배에 어떻게 영향을 미치는지에 대한 사회과학"으로 정의된다. 미시경제학은 "상품마다 다른 가치가 어떻게 그리고 왜 다른지, 개인이 어떻게 더 효율적이고 생산적인 결정을 내리는지, 개인이 어떻게 서로 가장 잘 조정하고 협력하는지"를 보여준다.[7]

우리가 그것을 깨닫든 아니든, 경제학 또는 자원을 분배하는 방법에 대한 결정은 우리의 주변 환경과 일상생활 전반에 영향을 미친다. 경제학은 인간의 본성이고, 따라서 무한히 복잡하고 미묘하고 역동적이며, 경제학자들이 정확하게 예측하는 것을 불가능하게 할 만큼 어느 정도의 예측불가능성을 포함한다. 비논리적으로 보이는 많은 것들도 우리가 그들 뒤에 있는 경제적 동력을 이해할 수만 있다면 완벽하게 이치에 맞을 수 있다.

오늘날 환경에 대한 전례없는 우려와 최선의 노력에도 불구하고, 1960년대에는 거의 사용하지 않았던 일회용 플라스틱 용기로 인한 환경오염을 줄이는 일이 굉장히 어려운 이유는 무엇일까? 경제 때문이다. 누군가 다른 재료보다 저렴하고 제품을 잘 보호하는 플라스틱을 만드는 방법을 알아냈다. 일반적으로 플라스틱으로 포장된 제품을 판매하는 어떤 회사라도 플라스틱 사용을 즉시 중단한다면 경쟁사들에 비해 큰 손실을 입게 될 것이다. 그늘 재배 커피의 생산 비용이 더 저렴하고 품질이 높으며 농부들을 더 적은 독소에 노출시키고 토종생태계를 보존한다면, 왜 농부들은 놀라운 속도로 삼림을 벌채하고 있을까? 경제 때문이다.(175페이지 '왜 삼림을 없애겠는가' 부분 참조) 전 세계 기아 현상을 억제하는데 연간 300억 달러밖에 들지 않는데 왜 세계는 크루즈 여행에 매년 1,260억 달러를 소비하는가? 바로 경제 때문이다.

자본주의

자본주의는 선하지도 악하지도 않다; 그것은 두뇌가 없다. 자본주의는 개인과 기업이 토지, 노동, 자본과 같은 생산 요소를 사적으로 소유하고, 그 소유로부터 수익을 얻는 정치 체제다. 오늘날 세계에서 자본주의는 우리가 고심해야 할 여러 문제를 가지고 있는 피할 수 없는 현실이다. 자유 시장과 사유재산권에 대한 정치적 미사여구나 왜곡과는 상관없이, 대부분의 무역과 산업은 이익을 추구하는 것이 당연한 개인과 기업에 의해 지배된다. 우리는 일반적 범주 안에서 자본주의, 자유 시장 또는 자유 무역 경제의 장단점을 분석하지는 않을 것이다. 우리는 단지 커피 경제에 대한 심층적인 점검이 필요한 범위 안에서만 다룰 것이다.

몇 가지 핵심 원칙들

중고등학교와 대학의 경제학 입문 과정을 제외하고는 자주 등장하지 않을 수도 있지만, 적어도 대부분의 선진국에서 긍정적인 힘으로 사업과 경제 발전에 대한 믿음을 이끄는 특정한 기본 원칙과 이론이 있다. 1776년에 출간된 애덤 스미스(Adam Smith)의 획기적인 업적인 《국부론》은 비록 오늘날 950페이지에 달하는 내용 안에 담긴 많은 뉘앙스가 간과되고 있음에도 여전히 매우 적절한 내용을 담고 있다.

효율적 시장 가설

노동분업 : 노동분업에 대한 개념은 모든 사람들이 각자 농작물을 재배하는 것에서부터 자신의 집을 짓고 자신의 병을 치료하는 것에 이르는 모든 일을 직접 하는 것보다 자신이 할 수 있는 한 가지의 일을 매우 효율적으로 수행하는 것을 말한다. 이와 관련된 개념은 전문화로, 개인이 가장 효율적으로 잘 수행할 수 있는 것을 전문화하는 것을 지역 사회나 심지어 국가에도 적용하는 것이다. 전문화를

허용하는 조건은 비교우위 또는 "무역 파트너보다 더 낮은 기회비용(다른 것을 생산하지 않는 비용)으로 상품과 서비스를 생산할 수 있는 경제적 능력"이다.[8] 이 용어는 일반적으로 국가적 상황과 국가 간의 자유 무역을 위한 주요 논거 중 하나로 사용된다. 전문화는 종종 효율을 높이고 그로 인한 이익을 얻을 수 있지만, 동시에 자급자족 능력을 감소시킨다. 예를 들어 커피 농가들은 비록 비옥한 땅에 살고 있을지라도 극심한 가난을 경험할 수 있는데, 왜냐하면 커피 산업이 전문화되어 생산 가격이 낮아지게 되면 그들은 먹을 음식이 없게 되기 때문이다. 이와 비슷한 예는 수입 화석 연료에 대한 의존에서 찾아볼 수 있다.

보이지 않는 손 : 재화 및 서비스에 대한 수요에 따라 행동과 결정을 이끄는 보이지 않는 힘이다. 애덤 스미스에 따르면 개인의 이기심은 생산 요소[9]를 가장 효율적으로 사용하도록 만든다.

효용 이론[10] : 효용은 상품과 서비스의 유용성 또는 소비자가 그것을 구매함으로써 얻는 만족이나 행복이다. 효용 이론에 따르면 사람들은 그들이 가진 한정적인 수입을 그들에게 가장 많은 효용을 주는 상품과 서비스를 사기 위해 사용할 것이다. 모든 사람들은 각자 효용에 대한 다른 기준을 가지고 있고 다양한 제품에 그 기준을 적용한다. 어떤 사람들은 매년 새로운 휴대전화를 구입하지만 스페셜티 커피를 구입할 "여유가 없다"고 한다. 이 경우 스페셜티 커피는 가격보다 효용(만족)이 적다. 하지만 어떤 사람들은 스페셜티 커피를 마시지만 옷은 중고 의류를 입는다. 효용 기준이 그들의 소비를 결정한다. 어떤 사람들이 당신의 물건을 사지 않는다면 사람들은 당신이 생각하는 만큼의 효용을 얻지 못하기 때문이다.

생산 이론[11] : 반대로 기업이나 개인은 제품을 생산하고 인도할 때 사용되는 자원(생산원가)을 최소화하면서 제품의 가치를 극대화할 수 있는 과정을 통해 제품이나 서비스를 생산한다.

경쟁

애덤 스미스에 따르면, 자유 시장에서 이기심에 따른 결정에 의한 효율적인 자본 배분은 완전 경쟁 조건하에서는 선한 결과를 낳는다. 이런 상황에서는 어떤 주체(회사)도 가격에 영향을 미칠 수 없다. 하지만 실제로 이런 상황은 거의 없다. 영업 비밀과 지적재산권 보호는 그것 자체의 성격상 불공정한 경쟁의 상황을 만든다는 비난을 받아왔다. 만약 독점적 시장 접근에 의한 이익이 보장되지 않는다면, 어떤 투자자가 윈도우, 아이폰, 또는 수많은 생명을 구하기 위한 의약품의 연구개발을 지원하겠는가? 그러지 않을 것이다.

공급 또는 수요독점은 한 회사가 재화나 서비스의 가격을 결정하는 불공정한 경쟁의 극치일 것이다.[12] 친숙한 예로 생명을 구하는 특허받은 의약품을 들 수 있다. 만약 특정 제약회사에서만 생산하고 판매하는 어떤 약이 생존을 위해 꼭 필요하다면, 사람들은 비싼 가격이라도 기꺼이 그 약을 살 것이다. 사실 우리는 하나의 주체가 가격에 영향을 미쳐 불공정한 경쟁을 유발하는, 교환에서의 교섭력 불균형을 생각해 볼 수 있다. 물론 대부분 이런 영향력은 직접적으로 행사되지는 않는다.

커피 구매자와 조합 소유가 아닌 소형 가공소를 가진 생산자의 예처럼, 만약 한 사람 또는 적은 수의 구매자와 아주 많은 판매자들이 있다면 판매자들은 반드시 가격을 낮추거나 구매자가 요구하는 낮은 가격을 받아들여 경쟁해야만 할 것이다. 이것이 수요독점 또는 구매과점의 예다.

만약 반대로 커피 백(bag) 공장과 같이 적은 수의 판매자와 아주 많은 구매자가 있다면, 구매자들은 제품을 구매하기 위해 더 많은 돈을 제시하거나 판매자가 요구하는 더 높은 가격을 받아들일 것이다. 이것이 판매과점의 예다.

그래서 공정한 경쟁은 매우 드물거나 일부 경제학자들의 말처럼 달성하기 불가능한 것으로 여겨지기 쉽다. 다행히도 애덤 스미스는 이기심에 따른 결정이 도덕적인 결과로 이어진다는 그의 견해에서 이를 분명히 했다. 그러나 애석하게도 그의 주장은 종종 매우 불공정한 경쟁 환경에서 자신의 이익을 위해 행동할 수 있는 회사들의 권리를 정당화해주는 방식으로 잘못 인용되었다.

불공정한 경쟁 또는 "시장 실패"는 다음과 같은 여러 가지 원인이 있을 수 있다:

- 규모의 경제 : 작은 규모의 회사와 비교할 때 큰 규모의 회사가 우위를 점할 수 있다. 예를 들면 그들의 규모 때문에 지배적인 우위에 선 판매자는 값싸게 물건을 생산할 수 있다.
- 진입 장벽 : 자본에 대한 접근성, 전문 지식과 능력, 수출 허가와 관련하여 일부 분야에서 공통적인 정부 규제, 그리고 의약품과 같은 지적 재산 보호를 포함한다.
- 정보에 대한 접근 : 거래에 참여하는 자들은 그들의 불공정한 정보 접근성에 따라 가격에 영향을 미칠 수 있다. 예를 들어 커피 구매자는 지난 이틀 동안 뉴욕 C-가격*이 올랐다는 것을 알고 있지만, 판매자는 인터넷에 접속할 수 없어 알지 못하는 경우가 있다. 또는 수입업자가 품질 분석 실험실 및 관능 분석 기술을 이용할 수 있지만 로스터는 그렇지 않을 경우 수입업자는 가격에 영향을 미칠 수 있다.
- 담합 : 시장에서의 참여자의 규모와 수 외에도 그들의 특정한 행위는 불공정한 경쟁과 가격에 영향을 미칠 수 있다. 담합은 집단적 경쟁적 지위를 높이기 위해 회사들끼리 협력하는 방식이다. 담합하는 회사들은 다른 경쟁사들을 배제하거나, 석유수출기구(OPEC)나 국제커피협정(ICA)과 같은 카르텔처럼 가격을 올리기 위해 생산량을 제한하거나, 공급이 부족할 때 가격을 올리지 않기로 합의하는 등 여러 목표를 가질 수 있다. 회사 간에 담합하는 일이 없다면 경쟁사들 간에 가격 전쟁이 일어날 수 있고 다른 회사로부터 고객을 빼앗기 위해 가격을 낮추거나 경매와 같이 한정된 자원의 시장에 다양성을 제공할 수 있다.

독점금지법은 담합과 독점을 방지하고 세계 대부분의 지역에서 불완전한 경쟁을 최소화하는 것을 목표로 한다. 그럼에도 불구하고 법을 집행하는 일은 때때로 불충분하다. 식민지 이후 개발 도상

---

* 뉴욕 상품거래소(New York Board of Trade)에서 거래되는 커피 선물(future) 가격을 말한다. 커머셜 생두의 기준 가격의 의미와 함께 스페셜티 커피 가격의 기준이 되기도 한다(파운드당 C-가격의 0.50달러를 더하는 방식).

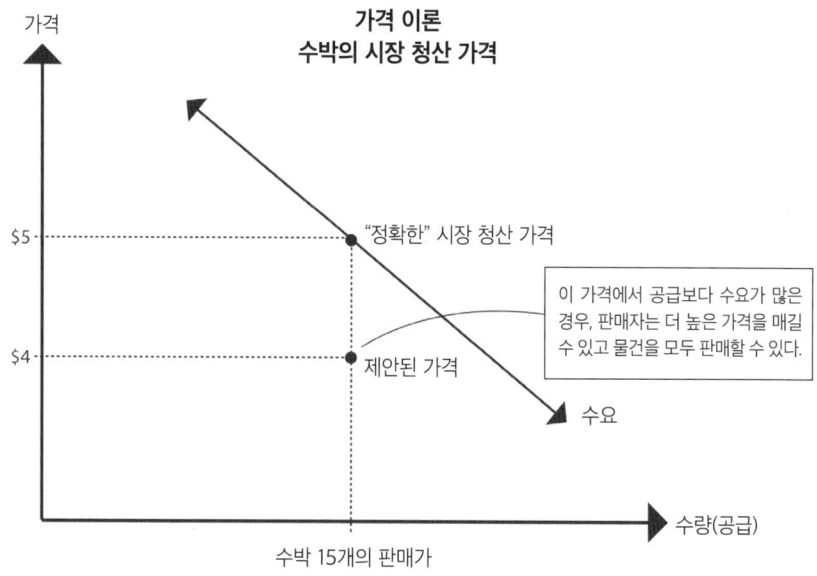

국에는 이러한 법이 존재하지 않거나 거의 시행되고 있지 않다. 기업이 국제적으로 운영되고 더욱이 커피와 같이 본질적으로 국제 거래가 기반이 되는 산업의 경우 불공정한 경쟁 행위를 입증하기 어려울 뿐 아니라 기소하기란 더더욱 어렵다.[13] 세계무역기구(WTO)는 국제 경쟁 정책과 규제를 시행할 책임이 있지만 기구의 자원과 능력은 제한적이다. 특히 몇 차례의 국제 무역 규제 회담이 실패한 후에는 더더욱 그렇다.

가격 이론 : 수요와 공급

재화의 가격은 공급과 수요에 의해 결정된다. 현재 가격은 정확한 시장 균형, 즉 수요와 공급이 만나는 지점에서 형성된다.[14]

    예를 들어 한 농부가 시장에 15개의 수박을 가지고 나왔다. 농부는 수박을 5달러에 팔기를 원한다. 그 가격이면 20명이 수박을 사고 싶어 한다. 농부는 수박의 가격을 6달러로 올렸고, 그 후에는 17명의 사람들이 수박을 사고 싶어 한다. 그래서 농부는 가격을 7달러로 올린다. 만약 20명 중 15명이 7달러에 수박을 사고 싶어 한다면 그것이 그 날 그 시장에서 수박의 균형 가격이 된다. (위 그림 1.1

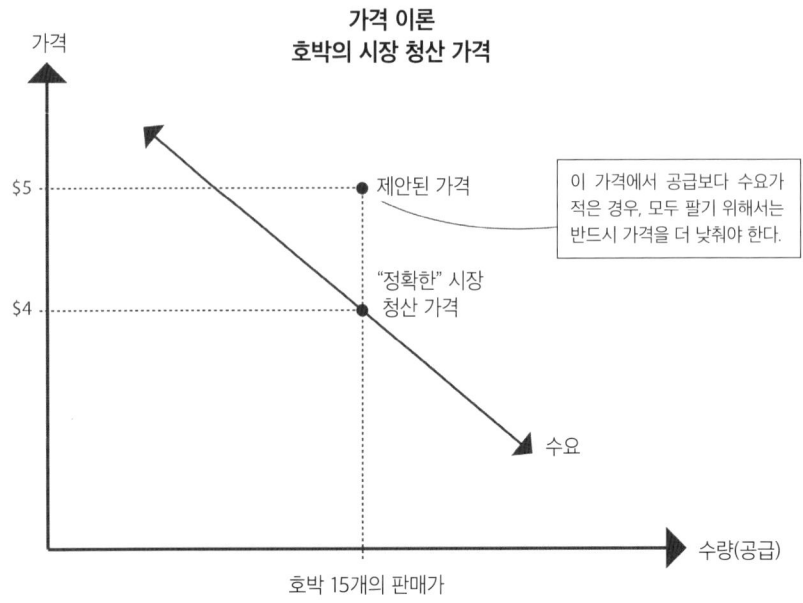

참조)

이제 다른 농부가 15개의 호박을 시장으로 가져온다고 가정해 보자. 그녀는 그것을 각각 5달러에 팔기를 원한다. 오직 10명만이 5달러에 호박을 사고 싶어 한다. 농부는 다 팔아야 하기에 가격을 4달러로 낮춘다. 그렇지 않으면 채소가 썩기 때문이다. 15명의 사람들이 4달러에 호박을 사고 싶어 하고 모두 다 팔렸다. 4달러는 수요와 공급의 균형을 이루는 가격이다. (위 그림 1.2 참조)

대부분의 시장에서 공급과 수요 조건은 항상 변하고 행위자들은 생산과 소비를 하기 때문에 균형 가격도 변동을 거듭할 수밖에 없다. 본질적으로 이것이 전 세계 수천 명의 구매자와 판매자의 총합을 바탕으로 커피 가격(3개월 아라비카 선물계약*)이 결정되는 방법이다.

1776년 스미스가 처음 제안한 이 이론들은 경제학자들에게 대부분 받아들여졌지만, 일부 학자들은 독과점과 같은 시장 실패가 없다는 가정이 이 이론들의 유용성을 감소시킬 수 있다고 말한다. 예를 들어 그들은 경제 주체가 합리적이라고 가정한다. 하지만 우리는 그것이 사실이 아니며 사람들은 그들 자신에게 가장 이익이 되는 결정만을 내리는 것이 아니고, 개인의 이기적 욕심에 의한 결정이 항상 좋은 결과로 이어지지 않는다는 것을 안다.[15] 또한 경제 주체의 시간대도 의사 결정 방식에 영향을 미친다. 많은 사람들은 커피 로스터들과 무역업체들이 농사를 지속할 수 없을 정도로 싼 가격을

---

* 선물은 미래의 특정 시점에서 상품을 매매하는 계약이다. 선물계약은 각 상품의 품질, 수량 및 인도 시간과 위치에 따라 표준화되며, 일반적으로 현물 구매 또는 판매의 상쇄를 통해 상품 시장의 가격의 유동성에서도 좀 더 안전한 거래를 하는데 사용된다.

지불한다고 비난한다. 개인의 이익을 위해 행동을 결정하기에, 그들은 생두 매입을 지속하기 위해 필수적인 농가 보존을 위한 장려책을 강구해야 한다. 그러나 만약 사모펀드가 커피 로스팅 회사를 5년간 소유할 계획을 가지고 있다면, 그들은 15년 뒤의 생두 공급 가능 여부는 신경 쓰지 않는다. 그럼에도 불구하고 그들은 우리에게 개인과 기업의 경제적 행동을 어느 정도 예측 가능하고 결과에 대한 인과관계를 해석할 수 있는 유용한 틀을 제공한다.

외부효과

외부효과는 "다른 사람에게 비자발적 비용이나 이익을 부과하는 활동"이다.[16] 외부효과는 커피 경제의 지속 가능성과 환경적 영향에 대한 논의의 핵심이다. 외부효과의 예는 워시드 커피 가공 중에 발생하는 수질오염과 이에 따르는 하류지역의 어업피해다. 또 다른 외부효과는 그늘에서 자라는 커피나무로 인해 조류 서식지가 조성되는 것이다.

이들이 외부적인 이유는 경제적으로 보상받을 수 없기 때문이다. 커피나무를 기르는 농부는 그들의 활동 때문에 수입 손실을 당하는 어부들에게 돈을 지불하지 않는다. 새들도 당연히 그들의 서식지를 만들어준 커피 농부에게 돈을 지불하지 않는다. 여러 지속 가능성을 위한 노력은 환경과 같은 공공재에 대한 부정적인 외부효과의 손실을 최소화하고 정량화(실제 가격)하며[17] 그리고/또는 보완하는 것을 목표로 한다.

공해와 수질오염과 같은 특정 외부효과를 정부가 통제해야 하는 것을 생각할 때 관할 구역에서 법적 조치를 약하게 하는 일은 그곳에서 운영되는 기업들에게 다른 지역과 비교했을 때 이점으로 작용하게 된다. 그런 기업들은 그들이 어떤 비용도 지불하지 않은 공공재의 파괴로 인한 결과를 생각하지 않고 외부효과로부터 최대한의 이익을 얻을 수 있다. 이것은 오늘날 국제 무역 협상에서 격렬하게 논의되고 있는 주제다. 그 예가 될 수 있는 외부효과들은 무책임한 토지관리로 인한 산사태, 식품의 내용물에 따른 공중보건 문제, 약탈적 대출로 인한 빈곤, 집약적 농업활동으로 인한 생태계 파괴 등이다.

통화 가치

통화 가치는 다른 통화와의 관계를 통해서만 정량화할 수 있다. 지역신문이 현재 유로화, 달러화, 파운드화에 대한 통화 강세를 알려줄 수 있지만, 만약 당신이 일본에 있는 누군가에게 물건을 판다면 이러한 지표들은 당신에게 아무 소용이 없다. 당신에게 관련된 유일한 통화 가치는 그것이 엔화로 어느 정도의 값어치를 가지는가다. 하나의 통화 가치를 다른 여러 개의 통화들과 한 번에 비교하는 데 사용되는 "통화 바스켓(basket)*"과 같은 지표가 있지만 실무자들은 그들의 통화 가치와 무역 파트너

---

* 여러 통화를 조합해 새로운 합성 통화 단위 또는 계산 단위를 만드는 방식을 말한다.

(국제 공급업체와 고객)의 통화 가치에만 관심이 있을 수밖에 없다.

환리스크(FX, Foreign Exchange) : 이것은 다른 통화와 비교하여 통화 가치의 변동으로 인한 손실 위험을 말한다. 만약 당신이 인도에 있으면서 독일로 수출하는 수출업체라면 대부분은 루피(rupees)를 사용하지 않을 가능성이 높다. 당신은 유로화로 표시된 판매 계약에 서명하고 당시 유로화 가치에 따라 이윤을 계산한다. 그런데 만약 고객이 수출 이후 두 달이 지난 후 비용을 지급하는데 루피에 비해 유로화가 강세를 보인다면 당신의 이익은 기대했던 것보다 더 많은 루피를 얻게 될 것이다. 당시 유로화에 비해 루피의 가치가 높다면 반대로 기대했던 것보다 수익이 줄어든다. 이러한 위험은 나중에 논의될 다양한 물리적이고 재정적 수단을 사용하여 가격에 대해 "헤지(hedge)"할 수 있다.

통화 정책 : 커피나 주식의 가치 혹은 그 밖의 여러 가지 것들의 통화 가치는 그것의 공급과 수요에 의해 결정된다. 통화 공급은 중앙은행(또는 다른 국가 기관)이 얼마나 많이 통화를 발행하는가에 달려 있다. 중앙은행은 직접적으로 사람들에게 돈을 빌려주는 금융기관의 대출 금리를 조정하여 공급을 조절한다.

수입과 수출 : 통화나 국제 수지를 사용하는 국가나 지역에서 수출입 차이는 다른 통화에 대한 통화의 공급과 수요에 영향을 미치므로 결국 가치에 영향을 미친다. 다른 통화를 사용하는 국가에서 물품을 수입할 때는 수입국의 통화를 수출국의 통화로 판매(교환)해야 한다. 수입국 통화가 더 필요하다는 것은 그 가치가 하락했다는 것을 의미한다. 기업이 다른 통화를 사용하는 국가에 수출할 때 그 외화를 "수입"하고 이는 다시 현지 통화로 전환되어 현지 통화의 수요가 증가해 그 가치가 상승하도록 영향을 미친다.

이자율

중앙은행이 채권 투자에 대해 대출 기관에 지급하는 금리와 금융 기관에 빌려주는 금리는 일반적으로 통화 수요에 영향을 미친다. 중앙은행이 결정하는 금리는 해당 시장의 다른 금융기관들이 제공하고 부과하는 금리에 영향을 미친다. 투자자들은 지불해야 할 금리가 다른 위험요소와 비교할 때 충분히 매력적일 경우 그 국가의 통화를 구입하여 투자할 수 있다. 국내 투자자는 또한 자국 통화를 팔아 해외 시장에 투자하거나 투자 기회가 충분히 매력적일 경우 자국 통화를 보유하는 것을 선택할 수 있다.

많은 국가들, 특히 자국 통화를 사용하는 개발도상국들은 외화로 표시된 외채를 보유하고 있다. 정부는 해당 부채를 다른 통화로 지급해야 한다. 그들은 대출 상환을 위해 판매하는 자국 통화로 세금을 징수하기 때문에 그들의 통화가 대출금 지불에 필요한 외화를 구매할 수 있을 정도로 충분한 강세를 유지할 필요가 있다. 단점은 통화 강세로 인해 수출업체가 국제 시장에서의 경쟁력이 제한된다는 것이다. 왜냐하면 그들은 비싼 자국 통화로 표시된 그들의 비용을 충당할 만큼 구매자들에게 청구해야 하기 때문이다. 강한 자국 통화는 또한 수입 상품을 저렴하게 만들어, 지역 사업을 지원하고 국내에 돈을 머무르게 하는 지역 상품 구매를 위축시킨다. 고금리가 뒷받침하는 통화 강세의 또 다른 심각한 단점은 중소기업과 스타트업 등의 사업을 위한 자금 조달에 부담이 커져 기업가 정신이나 경쟁 및 혁신을 제한하고 심지어 소멸시킬 수 있다는 것이다. 뒤의 내용에서는 고금리로 인한 운전자본에 대한 높은 이자로 경쟁이 불가능해진 많은 커피 생산국의 현지 기업들을 저금리 국가의 자본을 이용할 수 있는 다국적 기업이 지배하게 된 방식에 대해 살펴볼 것이다.

경제 발전 이론

이것은 방대한 연구 분야이기 때문에 이 카테고리는 완전하지 않다. 최근 수십 년 동안 커피 경제에 많이 적용되었던 중요한 몇 가지만 짧게 소개하겠다.

■ 신자유주의

신자유주의의 경제 철학에 따르면 시장은 경제 내에서 재화와 서비스를 분배하는 데 있어 어떤 의사 결정 메커니즘이나 통치 기구보다 좋고, 시장의 자원 할당과 자본주의적 생산에 대한 정부의 간섭은 시장의 효율성을 감소시킨다. 본질적으로 모든 것을 내버려 두면 가장 효율적인 것이 승리하게 되고, 이는 모두에게 좋고, 모든 사람은 공로와 노력을 바탕으로 마땅히 받아야 할 것을 얻게 된다.[18]

에모리 대학(Emory University)의 인류학 교수인 페기 F. 바렛(Peggy F. Barlett)[19]은 신자유주의 정책을 다음과 같이 6가지로 요약한다.

- 재정조정 : 적자 지출을 줄이고 분수에 맞게 생활하라
- 민영화 : 정부 소유 산업, 기관 및 토지를 민간회사에 매각하라
- 가격 통제 해제 : 가격 통제와 보조금을 없애고, 국가 통화 환율이 공개 시장에서 변동되도록 하라
- 재정정책 : 금리와 환율 등의 정책들이 수요와 공급에 따라 변동하게 하라
- 무역 자유화 : 관세, 쿼터, 수입세 등을 철폐하여 국제 제품이 자유롭게 진입하고 국내 생산과 경쟁할 수 있도록 하라
- 투자 자유화 : 외국인들에게 국내 산업 투자를 허용하라

콜롬비아 대학(Columbia University) 인류학 교수인 페이지 웨스트(Paige West)는 다음 목록을 추가한다.[20]

- 사회 및 환경 규제 완화
- 자원 추출에 중점을 둔 수출에 대한 경제적 관심 재집중

- 국가 보조금 철폐
- 국가 예산 균형 및 부패 척결

신자유주의 발전 이론은 비교우위의 착취에 크게 의존한다. 개발도상국이 선진국처럼 자국의 산업을 만들려는 노력이 실패하자 비록 생산성, 급여, 수익의 증대로 이어지지 않더라도 자기가 잘하는 것을 골라 고수하는 것이 답이었다. 국가는 신자유주의 경제체제 아래에서는 가장 많은 돈을 만들어 내는 분야를 전문화하는 것이 좋다. 만약 돈을 가장 많이 벌 수 있는 물건만 만들면 스스로 만들어 왔던 물건들을 살 수 있고 그 외에 더 많은 것을 살 수 있는 돈이 생긴다.

신자유주의 발전 이론은 그 초점이 농부 개인의 수입으로부터 국가 수입, 노동 분업, 그리고 상품 수출로 인한 이윤과 이점으로 옮겨간다.[21] 이 믿음은 정부의 개입보다 개인의 이익이 시장을 더욱 잘 조정할 수 있다는 것이다.[22] 가격을 통제하려는 국가의 노력은 오히려 농부의 수입을 안정화하기 위한 효과보다 더 많은 비용이 든다고 보여진다.[23] 정부는 "약탈적이고 고객 중심적인 기계"로 여겨진다.[24]

이 철학은 1970년대부터 개발도상국을 "현대화"하기 위한 세계은행과 IMF의 대출 프로그램의 조건인 "구조조정" 프로그램을 통해 레이건-대처 및 냉전 시대에 점차 정부 정책으로 더 많이 전환되었다. 많은 비평가들이 다음과 같은 주장을 하고 있다.

밑바닥으로 질주

국제적 전문화와 규제가 없는 자유 무역 및 의존성은 또한 그 자체의 결함이 없더라도 모두에게 유리하지 않은 방식으로 자본주의적 영향을 드러낼 수 있다. 보편적 경쟁은 "(선진국과 개발도상국 모두) 투자를 받기 위해 값싸고 순응적인 노동력, 세금 감면 혜택 등을 제공하고자 노동자들과 지역들을 밑바닥까지 경쟁하게 만드는 것"이다.[25] 저렴한 비용으로 비교우위를 추구하는 것은 환경보호에 소홀한 정책을 장려하고, 본질적으로 오늘날의 저비용 생산을 위해 미래의 생산성과 주권을 저당 잡히는 것이다.[26]

불평등

자본주의가 제시하는 것보다 더 균등하게 부와 기회를 분배하려는 프로그램과 제도를 없애는 것은 자연스럽게 소득 분배를 감소시키는 경향이 있다. 하지만 해당 논리는 막대한 성장으로 가난한 사람들에게도 혜택이 돌아간다고 말한다. "밀물은 모든 배를 띄운다"는 격언은 신자유주의 경제학자들이 즐겨 쓰는 말이다. 그러나 라틴 아메리카에서는 상당한 구조 조정과 신자유주의 정책의 시행으로 개혁이 시작된 1970년대보다 1990년대에 소득 분배가 실제로 더 나빠졌다. "1980년대 이후 빈곤선 아래에 살고 있는 라틴 아메리카인들의 수가 극단적으로 증가했다… 상위 25%에 속하는 사람들의 생활 수준은 높아졌다. 생활 수준의 약화는 대부분 라틴 아메리카의 시골 지역에서 발견되었다."[27]

추가로 "국가 내부와 국가 간의 소득 분배 유형이 훨씬 더 불평등해졌다는 압도적인 증거가 있다."[28]

환경

환경론자들은 한정된 천연자원과 성장의 부산물로 생겨나는 부정적인 영향으로 인해 지구의 자정능력이 한계점에 도달할 것을 고려할 때, 지속적인 경제 성장을 장기적으로 추구하는 것은 불가능하다고 주장하면서 신자유주의 경제 정책을 신랄하게 비판한다. 그러한 비판에 대한 일반적인 반응은 우리가 "이 문제에서 벗어나 성장"하기 위해 더욱 자유화해야 한다는 것이다.[29]

▌구조주의자

구조주의 경제 개발 이론은 1차 상품 수출 전문화에 반대하는 몇 가지 주장을 제시한다.[30] 1차 수출 부문은 이를 투자하고 구매하는 선진국의 전초기지이거나 외국 주인을 섬기는 후기 식민지로 간주되기 때문이다. 이 일은 당장의 이익은 비슷하지만 교육, 기술, 생산능력에 긍정적인 영향을 미치고 더 많은 제품에 대한 수요를 창출하는 제조업으로부터 자원을 빼앗는 것으로 여겨진다. 또한 구조주의 사상가들은 1차 상품과 일반 공산품 사이의 무역 조건이 점점 감소하고 있다고 믿는다.[31]

이들은 제조업 선진국의 생산성 향상은 급여와 이익 증가로 이어지는 반면 주변 상품 수출국의 생산성 향상은 가격 하락으로 이어진다고 비교했다. 부분적으로 제조업보다 원자재에 대한 수요 탄력성이 낮기 때문이다.[32] 예를 들면 TV의 가격이 저렴해지면 한 집에 4대의 TV를 둘 수 있지만, 옥수수는 가격과 상관없이 원래 먹던 만큼만 먹을 것이다. 이 믿음은 엥겔 법칙에 의해 정의된다: 식품에 대한 수요의 소득탄력성은 소득이 증가할수록 감소한다. 수입과 상관없이 옥수수는 그만큼만 먹을 것이기 때문이다.

"수입대체산업화"는 구조주의의 영향을 받은 개발을 목표로, 이를 촉진하기 위한 정책은 과거 50년 동안 탈식민지와 개발도상국을 중심으로 여러 차례 시행되어 왔다. 제조업 발전을 위해 상품 수출국들은 공산품에 대한 수입관세를 인상하고 국내 생산능력 향상을 위한 투자 확대로 수입품을 국내 상품으로 대체했다. 이 투자를 위한 자금을 마련하기 위해 1차 수출품에 세금을 부과했다.[33] 통화는 기술 및 기계 수입 금액을 낮추기 위해 인위적으로 과대 평가해 상품 수출 부문에 간접적으로 세금을 부과했다.[34] 이것은 종종 국가 적자와 마이너스 국제수지로 이어져 통화 가치를 유지할 수 없게 된다.

이런 경우에 나타난 경고는 제조업, 특히 외국인 소유 제조업에서 미숙련 노동자를 고용해 임금 인상으로 이어지지 않았다는 것과 1차 상품과 같은 상품화된 공산품의 무역 조건이 감소했다는 것이다.

▌종속이론

종속이론에서 저개발은 강대국들의 정치적 수단으로 강요된 저개발 국가에 대한 불평등한 무역과 교환 시스템의 산물임을 시사한다.35 "라틴 아메리카는 새로운 종속의 맥락에서 채굴주의적 수출 정책 확대, 이와 관련된 개발 신화에 대한 정부의 믿음이 공언된 새로운 시대를 경험하는 중이다."36 37 38 이런 국가들은 특정 산업과 그것을 구매하려는 국가와 기업에 의해 곤경에 처할 수 있다.

포스트모던

콜롬비아 대학 경제학과 제프리 삭스(Jeffrey Sachs) 교수와 그의 동료인 포스트모던 경제학자들은 개발 노력을 일반적으로 "진보에 대한 잘못된 믿음을 반영하고 모방적이고 문화적으로 종속적이며 정치적으로 억압적인 사회의 비전을 조장하는 것"으로 본다.39 기본적으로 그들은 국가가 매우 다른 이해와 가치를 가질 수 있는 수혜자들에게 번영과 진보에 대한 그 국가만의 문화적인 관점을 적용한다고 말한다. 포스트모더니즘 개발 철학에 대한 일반적인 비판은 누구나 저개발에 기여한 책임을 부인하기 위해 그것을 사용할 수 있다는 것이다. 인류학 교수인 윌리엄 M. 로커(William M. Loker)는 이러한 견해가 "대량 빈곤과 착취라는 절박한 문제로부터 지적 이탈의 위험한 길을 제시한다."고 말한다. 이러한 이탈이 이 철학을 발전시키려는 삭스의 목적이었는지는 의심스럽지만, 어떤 이념도 저자의 의도와는 동떨어진 방식으로 왜곡되어 해석될 수 있다는 것을 보여준다.

성장 = 개발?

개발경제학의 많은 사람들은 개발을 경제 성장이나 1인당 국내총생산(GDP)의 증가와 동일시한다. 이제 많은 사람들이 "낙수 효과*"가 사기였다는 것을 알고 있음에도 여전히 부자가 더 부자가 될 때 가난한 사람도 부자가 될 수 있다는 일반적인 믿음이 있는데, 왜냐하면 전례가 전혀 없는 것은 아니기 때문이다.40 정부는 부채가 늘어나는 것을 신경 쓰지 않는데, 성장이 계속되는 한 그들의 부채에 대한 이자보다 세금이 더 빨리 증가하기 때문이다. 허용 가능한 인플레이션 수준도 이 모델을 뒷받침하는데, 생산 요소, 특히 토지와 기타 생산 자산을 소유한 사람들은 점점 더 높은 임대료를 받아 그들의 가치는 증가하는 반면, 임차하고 소비하는 사람들은 지속적으로 더 많은 돈을 지불하고, 그들의 유휴저축 가치는 매일 낮아진다.

이러한 발전 패러다임은 경제성장이 영구적인 한 일부 긍정적인 결과를 보여줄 수 있다. 만약 인구가 안정적이라면 인플레이션 없이 어떻게 경제가 성장을 할 것인가? 화폐 유통 속도, 또는 얼마나 빨리 돈이 순환되는지에 달려 있다. 화폐의 유통 속도가 빨라진다는 것은 소비의 증가를 의미한다. 이것은 이론적으로는 괜찮지만 실제로는 각 사람이 더 많은 것을 소비하고 사라지게 한다는 것을 의미한다. 탄소 배출, 연료 연소, 비료 사용, 더 많은 경작지의 삼림 벌채를 요구하여 더 많은 것들을 생산

---

* 정부가 투자 증대를 통해 대기업과 부유층의 부(富)를 먼저 늘려주면 경기가 부양돼 결국 중소기업과 저소득층에게 혜택이 돌아감은 물론, 이것이 결국 총체적인 국가의 경기를 자극해 경제발전과 국민복지가 향상된다는 이론이다.

해야만 한다. 그것은 더 많은 것들이 쓰레기 매립지에 버려지고 더 많은 탄소 배출을 만들어 낸다는 것을 의미한다.[41] GDP의 1달러는 대기로 배출되는 0.325킬로그램의 탄소와 같을 수 있다.[42] 이 책의 목적상 주제에서 벗어난 것이지만, 1인당 GDP는 어떤 사회의 발전을 가늠하는 데에 부적절한 지표라는 것에 주목해야 한다. 더 나은 지표는 국경 내에서 교환되는 화폐의 합보다는 본질적으로 한 사회를 구성하는 인간의 행복도를 평가하는 인간개발지수(Human Development Index)일 수 있다. 또 다른 관련 척도는 "번영"인데, 이것은 반드시 경제적이거나 금전적인 것은 아니다.[43]

팀 잭슨(Tim Jackson)은 그의 저서 《성장 없는 번영》에서 "번영"에 대해 다음과 같이 설명한다.

"번영은 부인할 수 없는 물질적 차원을 가지고 있다. (개발도상국의 수십억 명의 경우와 마찬가지로) 식량과 주거가 충분치 않은 곳에서 모든 게 순조롭다고 말하는 것은 잘못된 것이다. 그러나 단순히 질과 양, 좋은 것과 더 많은 것의 단순한 방정식으로 생각하는 것은 일반적으로 틀렸다는 것도 명백하다.

몇 달 동안 먹을 음식이 없고 수확하는 일이 또다시 실패로 돌아갔을 때, 어떤 음식이라도 그것은 축복이다. 하지만 당신의 냉장고에 이미 다양한 음식들로 가득 차 있다면, 여분의 또 다른 음식은 짐처럼 느껴질 것이다.

더 강력한 발견은 번영의 요건이 물질적 유지 수준을 훨씬 넘어선다는 것이다. 번영은 중요한 사회적, 심리적 차원을 가지고 있다. 잘한다는 것은 부분적으로 사랑을 주고받고, 동료들의 존경을 받고, 유용한 일에 기여하고, 공동체에 대한 소속감과 신뢰를 가질 수 있는 능력에 관한 것이다. 간단히 말해서 번영의 중요한 요소는 사회생활에 의미 있게 참여할 수 있는 능력이다."[44]

경제, 기업 또는 개인의 소득의 성장을 제한하는 것은 기회비용을 의미한다. 그러나 환경 경제학자들은 환경 보수와 환경 파괴로 인한 생산성 손실의 미래비용이 오늘날 환경파괴적인 경제활동을 하지 않는 기회비용보다 훨씬 더 클 것이라는 점을 인정한다.[45]

농업의 중요성

농업은 "발전"과 성장 그리고 농촌의 삶의 질을 위해 중요하다. "농업은 여전히 많은 개발도상국에서 경제 성장을 위해 상당히 중요하다. 역사적 경험에 의하면 농업 성장과 농업 생산성의 증가가 보다 광범위한 지속적인 경제 성장과 발전의 전제조건일 수 있다."[46] 유엔(UN) 보고서는 "특히 소득불평등이 높지 않은 국가에서는 농업 성장이 광업, 제조업 또는 서비스업의 성장보다 빈곤 퇴치에 더 효과적"이라고 말한다.[47] 게다가 소규모 농장은 빈곤을 완화하는데 매우 중요하다. 보고서는 또한 중소형 농장이 농업 성장을 견인한 지역에서 빈곤 감소가 더 컸다고 말한다. 대규모 농업 산업 운영은 다양한 품질의 고용을 창출하지만 수익은 "자본 집약적인 상품과 서비스의 수입"에 사용되는 경향이 있는 반면,[48] 소규모 생계형 사업들은 수익의 더 많은 부분을 지역에서 생산된 노동 집약적인 상품과 서비스에 사용하는 경향이 있다.

번영 = 소비?

비교우위는 전문화와 기술, 특히 자동화를 활용하여 효율성을 증가시키고 제품을 만들고 인간의 필요와 욕망을 충족시키는 비용을 줄였다. 세계 인구의 45%인 34억 명의 사람들은[49] 여전히 인간으로서 기본적인 욕구를 충족시키지 못하고 있는 반면[50] 부유한 세계는 그 어느 때보다도 더 많이 소비하고 있다. 지속적으로 성장하는 경제 모델을 지원하기 위해서는 소비 증가가 필요하다. 하지만 사람들이 실제로 얼마나 소비해야 할까? 제품의 소비는 또한 환경적인 비용을 수반하며, 환경은 결코 무한하지 않다. 정치적 논의에서 벗어나 국제 사회는 어떻게 하면 집안의 평균적인 텔레비전 수를 늘리는 대신 효율성 향상과 혁신으로 창출된 이익을 국제 문제를 해결하는 쪽으로 돌릴 수 있을까? 이 시대의 가장 큰 도전 과제 중 하나는 개인이 자신의 소비 증가 이외의 결과를 추구하면서 동기 부여, 참여, 야망을 유지하도록 하는 것이다.

채굴주의*

세계 시장에서 경쟁력 있는 제품을 수출하는 것은 국제 수지(다른 국가에서 국내로 돈이 들어오는 것)에 도움이 되고 경제 성장으로 이어질 수 있고, 관리하는 방식에 따라 일부 또는 많은 사람들에게 좋을 수도 있으나, 한편으로는 고착화된 경제 방식이 될 위험도 있다. 채굴 또는 채굴주의는 한 국가나 공동체가 재생될 수 없는 것들을 팔게 될 때 경제에 부정적인 결과를 초래할 수 있다. 한 품목 또는 몇 가지 제품의 수출에 너무 많이 의존하게 되면 경제적 충격에 취약한 공동체가 될 수 있고 그들에게 필요한 필수품을 지나치게 다른 집단이나 국가에 의존하게 될 수 있다. "개발도상국들이 한 가지 작물을 전문으로 하는 것은 종속, 농업 위기, 그리고 소작농들의 이주로 이어질 수 있다."[51]

라틴 아메리카의 커피 생산국들은 농촌 시민의 상당 부분이 외화 획득 및 주 수입원으로 커피에 지나치게 의존하는 경향이 있는 반면, 아시아 수출 경제는 더욱 다각화되는 경향이 있다. 정치학자이자 국제학 교수인 쉐인 J. 바터(Shane J. Barter)에 따르면, 소규모 커피 생산자는 아시아와 아프리카에서 더 다양화되고 있다.[52] 그들은 커피 가격이 낮을 때 의존해야 할 다른 작물과 수입원을 가지고 있으며 수출 작물 판매로 인한 소득 외에 독립적인 식량자원을 확보하고 있다. 그러나 규모가 큰 생산자들은 "단일 재배를 특징으로 할 가능성이 더 높다."[53] 왜냐하면 한 가지에 집중하는 것이 다양한 것을 다루는 사람들보다 효율적일 수 있다고 생각하기 때문이다. 나중에 더 논의하겠지만 커피에 있어서는 규모의 경제에 대한 잠재력은 크지 않으므로 커피를 전문으로 하는 농부들에게 큰 효율성이 있을 것 같

---

* Extractivism. 추출주의 또는 채굴주의로 번역한다. 자원을 착취하여 이윤을 추구하는 데 사용하는 용어다.

지는 않다. 만약 커피가 당신이 키우는 작물 중 가장 수익성이 높기 때문에 전문적으로 재배한다면, 다른 작물을 재배하는 것은 기회비용을 의미한다. 이것에 대한 절충점은 농작물의 포트폴리오를 다양화해서 농사의 실패와 가격 충격의 위험을 줄이는 것이다.

경제적 외부화

한 국가가 보유한 천연자원이 매우 가치 있을 때에는, 시민들이 자신의 노력으로 결과물을 내는 것에 대해 논쟁하는 일이 거의 없다.[54] 기본적으로 땅이나 바다에서 원료를 얻는 것이 매우 수익성이 높다면 왜 사업주는 사람들과 거래하거나 무엇인가 만들어서 팔려고 할까? 이 경우 경제는 성장하지만 일자리 창출은 적다. 생산 요소를 소유하고 그것을 채굴하여 판매하는 사람만이 이윤을 얻는다. 수출 시장에서 훨씬 더 많은 돈을 벌어다 준다면 현지 시장에 판매하는 일에 거의 관심을 두지 않게 된다. 커피를 생산하는 국가에 살고 있는 사람들은 일반적으로 질 나쁜 커피를 마시는데, 이것은 한탄스러운 일이다. 그 결과로 지역 제품과 서비스의 부족, 지역 물가 상승이 발생하는데, 심지어 가난한 사람에게도 마찬가지다. 예를 들어 만약 농부가 1헥타르의 땅에서 커피로 1,000실링을 벌고 콩으로 500실링을 벌 수 있다면, 그들은 지역 사회에 식량이 부족하더라도 수출을 위해 커피를 심는 것을 선택할 것이다. 채굴주의적으로 생산을 하여 지역 시장에 대한 관심이 낮아지고 시민의 기술과 노동에 대한 평가가 낮아지면 경제적, 사회적 불평등과 계층화가 심화된다.

■ 채굴주의자의 전문화

오늘날 커피 생산국들 대부분은 원주민들의 발전과 삶의 질에 상관없이 식민지 국가의 자원을 채굴해 경제적 동력을 삼았던 제국주의 국가의 식민지였다. 식민지를 삼으려 한 모든 이유는 결국 부를 얻기 위한 것이었다. 하지만 이상하게도 현재 독립한 많은 국가들이 이전에 대군주가 그들에게 부과했던 자원 채굴과 수출 모델로부터 그리 멀리 벗어나지 못하고 있다. 천연자원이 풍부하지만 주로 채굴과 수출에 기반을 두고 있는 국가들의 경우 경제적 성장이 더 어렵다는 것은 잘 알려진 사실이다. 특히 하나 또는 소수의 1차 상품 또는 가공되지 않은 원자재를 기반으로 하는 국가일수록 더욱 그렇다.[55][56]

사실 IMF, 세계은행 및 기타 다자 기구들에 의해 재정을 통제받거나 빈곤을 완화하기 위해 개발도상국에게 주어진 많은 처방들은 앞서 언급했듯이 신자유주적 발전의 관점에서 수출 주도 성장이 모든 해결책인 양 제시되었다. 옥스팜(Oxfam)에 따르면 국가는 "부가가치가 높은 제품을 상품 진열대에 올리기 보다 원자재 판매에 주력했다."[57] 이 생각은 옥스팜이 생산자 또는 관련자들에게 포도원 소유자가 와인을 생산하듯이 커피 생산자가 로스팅을 하도록 제안하는 근거가 된다. 어떤 국가가 자원을 채굴하는 방식으로 발전하는 것은 불가능한 일은 아니다. 오히려 문제는 수익금을 어떻게 할당하고 어떻게 더 많은 인적, 지식 집약적인 분야를 조성하여 사용할 것인지가 문제다.[58] 커피 분야에서는 단지 로스팅이 아니라, 아마도 더 진보적이고 색다른 가공 방식일 수도 있겠다.

　식민지는 개척한 국가들로 돌아갈 부의 창출을 위해 만들어졌기에, 식민지 내에서의 재산권, 견제와 균형은 그들의 우선순위가 아니었다. 식민지 국가들이 독립하는 많은 과정 중에 온전한 정비는 이루어지지 않고 오히려 제국주의 왕실의 자리를 지주 엘리트들이 차지하면서 최고층에 축적된 부가 약자인 노동자에게 돌아가는 일(착취에서 시민의 이익으로 전환되는 일)이 지난 200년 동안 아주 더디게 진행되었다.[59]

　채굴은 대부분 재생 불가능한 자원을 의미하지만, 물과 햇빛과 같이 이론적으로 재생 가능한 자원에 의존하는 커피조차도 자연으로부터 재생되어 보충되는 시간보다 더 빨리 고갈되거나 생산적인 활동이 자연의 재생자원을 파괴하면서 재생 불가능한 자원이 되고 만다. 예를 들면 삼림 벌채로 인한 열대 우림의 사막화, 단일 작물 농법과 소 방목이 그것이다.[60] 또한 채굴에 의존하면 채굴 및 수출과 수입으로 혜택을 받지 못하는 대다수의 지역 사회와 국가는 불리한 거시경제적 조건에 놓이게 된다. "네덜란드 병(Dutch disease)"은 그러한 불리한 조건들 중 하나다. 이것은 투자 자본이, 예를 들어 커피 농업과 같은 수익성이 높은 수출 부문에 집중되고 제조업과 같은 다른 노동집약적인 비채굴 산업으로부터 멀어질 때 발생한다. 수출 호조는 수출 대금을 지불할 때 사들여야 하는 국가 통화에 대한 수요를 창출하고, 이에 따라 통화가 강세를 보여 다른 상품의 수입이 더 저렴해지면서 국가 산업을 더욱 저해한다. 자원 채굴로 벌어들인 수익도 시민들에게 잘 배분되지 않고, 강력한 국가 산업 발전과 일자리 창출로 이어지지 못하는 경우가 많다. 예를 들어 UN 연구원인 아스트라 보니니(Astra Bonini)가 인용한 것처럼, 영국의 섬유 산업은 식민지에서 면화 재배와 방적 기능을 소유하기 위해 수직적 통합을 시도하지 않았고, 오히려 식민지에 이러한 분야를 개발하고 그들로부터 이익을 얻을 수 있도록 지원하고 자원을 제공했다.[61]

　그러나 20세기에 보니니는 다국적, 수직적으로 통합된 구조를 가진 미국 기업들이(유럽과 다른 다국적 기업들도 비슷하게 운영되지만) 개발도상국의 원자재 생산자들과 경쟁하기 위해 신용과 세금 정책에 대한 접근과 같은 경쟁적이고 비교우위의 이점을 활용해 개발도상국에서 부가가치를 빼내고 수익을 다른 곳으로 이전했다고 인용했다. "미국은 시장, 자본, 기술 및 지식을 제공함으로써 다른 국가의 독립적 원자재 생산국으로서의 발전을 지원하는 대신, 부가가치의 상당 부분을 외국 원자재 생산을 통해 독점하고 있으며, 원자재 수출 시장에서도 경쟁하고 있다… 이러한 경제 구조는 다른 국가에서 경쟁력 있는 원자재 부문의 출현을 위한 공간을 거의 남겨 두지 않았다."[62]

상품

대체성/호환성

상품은 기본적으로 교환이 가능하고 일반적으로 균일한 기본 재화를 일컫는다. "대체 가능성은 상품과 상품 생산자가 다른 공급자나 다른 상품에 의해 대체될 수 있는 취약성이다."[63]

상품은 누구에게나 팔 수 있기 때문에 생산자들에게 좋은 것이다. 쉽게 테스트 가능한 객관적인 표준을 충족하는 한, 설탕을 사고자 하는 사람이면 누구든지 설탕을 살 수 있다. 커피가 무엇인지, 설탕이 무엇인지, 원유가 무엇인지에 대한 정확한 정의가 있다. 커피를 주문하고 밥을 받을 위험은 거의 없다. 등급 및 분류 시스템은 표준화되어 있다.

상품들이 거래되는 방식은 농부들에게는 좋지 않을 수 있다. 왜냐하면 그것이 세계적인 규모로 너무 경쟁적이기 때문이며, 어떤 수단을 써서라도 가능한 한 싸게 생산, 배송하거나 당신보다 0.5센트 낮은 금액을 제공할 수 있는 지구 반대편에 있는 누군가에 의해 언제든지 시장에서 퇴출될 수 있는 치열한 경쟁이 있기 때문이다. 공급망은 불투명하다. 당신은 표준화된 분류 시스템과 은행 상품으로 인해 무엇을 얻을 수 있는지는 알고 있다. 당신에게 표준화된 제품을 공급하는 사람은 아마도 당신이 직접 생산자로부터 상품을 받을 수 있다는 우려 때문에 생산자의 연락처를 전달하고 싶지 않을 것이다. 표준화된 제품의 구매자는 이미 상품에 대해 잘 알고 있기에 그 출처에는 별 관심이 없다.

그 반대는 고급 의류점일 것이다. 만약 네팔에 있는 누군가가 고급 "옷"을 제공하고 있고 오클랜드에 있는 당신이 새 옷이 필요하다면 당신은 그들에게서 옷을 살 것인가? 아니다. 중고 고무 장화인지 고급 실크 나비넥타이인지 알 수 없기 때문이다. 또한 그들이 당신에게 그것을 가져다 줄 수 있는 확실한 방법도 없으며 어떤 은행도 그들이 당신에게 바가지를 씌우지 못하도록 보장할 수 없다.

표준화된 상품 구매자는 누구에게 구매하는지 신경 쓸 이유가 없기 때문에 판매자의 진입 장벽이 상당히 낮아 가격 경쟁이 치열한 경향이 있다.[64]

커피는 관능적 특성이 표준화될 수 없고 완전히 정량화되지 않았기 때문에 결코 완전히 상품화되었다고 볼 수는 없다. 그러나 관능적 품질에 초점을 맞춘 스페셜티 커피가 시장에서 상당한 부분을 차지하기 전에는 더 상품화되어 있었다. 1700년부터 1750년대까지 커피는 일반적으로 항구 이름으로 구분되거나, 모카(Mokas, 예멘), 부르봉(Bourbon, 레위니옹 섬), 자바(Javas, 인도네시아)와 같이 가장 가까운 잘 알려진 항구의 이름으로 상품화되었다.[65] 1880년대까지 뉴욕 선물시장은 거래를 표준화하는 데 도움을 주었다. 1907년 브라질은 64개의 커피 품질 분류를 가지고 있었지만, 그 해 말에는 9개의 표준 뉴욕 등급으로 축소되었다. 1986년, 뉴욕 ICE 시장에 마일드 아라비카 "C" 계약이 등장하여 20개국에서 배송이 가능하게 되었는데 모두 중앙 아메리카의 품질을 표준으로 사용했다.[66]

상품의 본질과 물리적 가치가 상품의 기원과 그것에 들어간 노동의 본질에 연결되지 않는 것을 마르크스는 《자본론》에서 "상품 페티시즘(commodity fetishism)"이라고 부른다.[67] 상품이 브랜드화된 소비 상품으로 변할 때 그 "이야기"와 성격이 변한다. 예를 들어 연구원이자 교수인 스티븐 던컴(Stephen Duncombe)은 단도직입적으로 이렇게 설명한다: "스타벅스 커피 한 잔이 제공될 때마다 흙과 콩, 자연은 지워지고 깨끗한 하얀 컵으로 대체되며, 어두운 피부의 커피 재배자들은 근사한 녹색 인어로 대체된다."[68] (아래 그림 1.3 참조)

상품은 구매와 판매를 단순하게 하고 상거래를 효율적으로 만든다. 좋건 나쁘건 간에 상품 본래의 개성과 특성이 사라진다. 국제 개발 교수이자 연구자인 개빈 프리델(Gavin Fridell)은 자본주의적 교환의 본질에 대해 "자본주의 하에서 모든 시장 행위자(노동자, 소규모 생산자, 대규모 자본가)는 그들의 노동이나 상품을 시장에서 추상적인 상품으로 판매하여 화폐와 교환한 후 다른 추상적인 상품을 구매하는 소비자가 된다. 그 결과 사람들은 상품의 생산과 분배에 대해 서로 직접 관여하기보다는 그들 개인의 필요를 시장 선택을 결정하는 유일한 기준으로 삼고, 상품이 어떻게 생산되는지에 대한 정보를 박탈당한 원자화된 대리인으로서 시장에 관여한다."[69] 자본주의의 이러한 자연스럽고 기본적인 표현은 노동 착취, 생태 파괴 또는 다른 방법으로 학대의 기회를 열어준다는 점에서 문제가 있다. 그렇다고 모든 소비가 이런 식으로 이뤄지는 것은 아니다. 추적 가능성, 투명성, 그리고 일반

그림 1.3 | 상품의 물신화

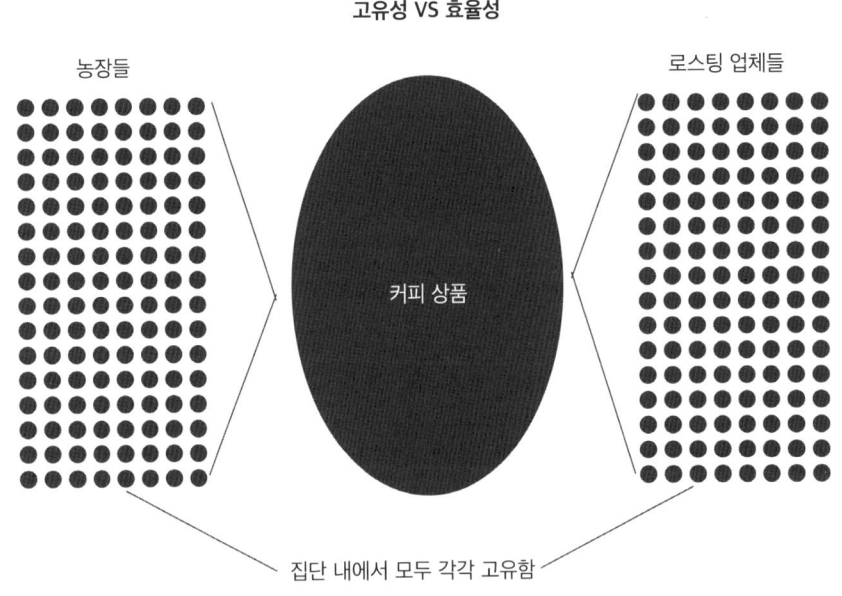

고유성 VS 효율성

농장들

로스팅 업체들

커피 상품

집단 내에서 모두 각각 고유함

각 분야를 만나게 하는 것과 공급-수요 시기를
조정하는 것은 쉽지 않다(비효율적).
총합과 균질화는 많은 거래를 성사시킬 가장
효율적인 방법이다.

적인 참여와 윤리적인 소비를 향한 움직임은 자본주의의 기본 원칙과 극명하게 대비되며 효과적으로 탈상품화한다.

■ 비교우위

어떤 지리적 위치에 있는 집단은 자신이 통제할 수 없는 다양한 이유로 인해 일부 상품을 다른 상품보다 더/덜 효율적이거나 조금 더 나은/나쁜 품질의 상품을 생산할 수 있다. 이것은 다른 장소에 있는 다른 집단에 대한 비교우위라 할 수 있다. 가족, 공동체, 또는 국가는 가장 적합한 활동에 끌리는 경향이 있다. 예를 들면 브라질과 베트남은 커피를 효율적으로(저렴하게) 생산하는 데 있어서 전 세계 대부분의 다른 국가보다 상당한 비교우위를 가지고 있다.[70] 지리적(소비자 또는 항구와 가까움), 기후(안정적인 강우량), 인구(고밀도 생산 가능 인구) 등의 이점이 있기 때문이다.

비교우위는 또한 정치적일 수도 있다. 이러한 장점은 파괴적일 수도 있고, 통합적일 수도 있다. 정부는 수입관세를 부과하고 무역전쟁을 시작할 수 있다. 그들은 수출 물품을 싸게 만들기 위해 보조금을 지급할 수 있다. 그들은 다른 생산국들에 대해 수입금지 조치를 할 수 있다. 예를 들면: "유럽연합(EU)과 미국의 보호무역 정책들은 개발도상국의 농부들이 다른 상품으로부터 이익을 얻는 것을 효과적으로 막아왔다."[71] 유럽과 미국 내에서 밀과 다른 작물을 재배하는 농부들은 정부로부터 보조금을 받기 때문에, 다른 국가는 이를 싸게 수입할 수 있게 되고 해당 국가의 농부들은 경쟁력을 잃게 된다.

■ 무역 조건의 저하

무역 조건은 수출 가격과 수입 가격의 차이다. 경제학자 라울 프레비시(Raul Prebisch)의 이론에 따르면, 부가가치 상품은 원자재 투입보다 더 빠르게 상승하여 원자재 생산자들의 무역 조건을 저하시킨다.[72] 상품은 원산지와 상관없이 상호 교환할 수 있기 때문에 누구도 진정한 경쟁 우위를 가지고 있지 않다. 단지 비교우위가 있을 뿐인데, 어떤 기업들은 최저임금과 노동자의 권리와 같은 지리적 또는 사회적 조건 때문에 다른 기업들보다 더 싸게 생산할 수 있다. 원자재는 일반적으로 기술 수준이 낮기 때문에 가치를 높이거나 비용을 크게 줄이는 것이 어렵다. "그들(개발도상국)이 채택한 1차 재료 전문화 경로가 소득 수준이 낮은 주요 원인(어쩌면 그 결과일 수도 있음)이라는 것이 이제 결정적으로 입증되었다. 이것은 1차 상품의 무역 조건이… 체계적으로 나빠졌기 때문이다."[73]

한 연구에서는 1900년부터 1986년까지 완제품과 비교했을 때 원자재의 연간 무역 조건(한 국가의 수출 가격과 수입 가격 사이의 비율)이 0.5-4% 감소하는 것으로 추정했다.[74] 수백 개국에 수천 개의 원자재와 완제품이 있기 때문에 평균값을 계산하고 이론에 대해 검증하고 반증하는 것은 상당히 어렵다. 물론 원자재 생산자들의 무역 조건이 줄어들지 않는다는 것을 보여주는 사례들이 있다. 사실

무역 조건은 지난 세기(식민지 이후 세계화된) 동안 하락 추세였지만, 그것들을 개선시킬 수 있는 조건이 있기 때문에 항상 감소하지는 않았다. "인간의 개입과 환경적인 개입으로 인한 이러한 가격 상승이 종종 있었음에도 불구하고 커피의 무역 조건(UN DME 수출 지수에 비해 축소)은 장기간에 걸쳐 체계적으로 감소해 왔다."[75] 커피의 경우 실제로 무역 조건이 저하되었다는 것은 매우 명백하다. 최종 소비자들에게 커피 가격은 지속적으로 올랐지만 실제 C-가격은 하락했다. 이것은 제조업과 브랜드 상품 생산자들이 어리석기 때문이 아니라 단순히 흔히 볼 수 있는 자연 현상이다.

"농산물 가격은 20세기 내내 하락해 왔지만, 대부분의 상품들의 경우 지난 20년 동안 이러한 하락이 가속화되었다." 국제 무역이 더 많은 지역에서 활성화되면서 국제 가격은 하락했다. 베트남의 저급 로부스타 커피와 브라질의 하드(Hard) 등급의 아라비카와 같은 가장 저렴한 커피와 경쟁할 수 없기 때문에 세계에서 가장 낮은 생산 비용이 실현 가능한 생산 비용의 목표가 된다.[77] (아래 그림 1.4 참조[78])

무역 조건의 저하는 상품 시장의 특성이기에 불공정한 방법으로 조작되지 않는 한 항상 잘못되었다고 볼 수 없고, 논쟁의 여지가 있지만 제한된 영역에서만 발생한다. 호주의 콘크리트 가격이 콘크리트 시장의 신규 진입자로 인해 정체되거나 하락하는 반면 멜버른의 콘크리트 주택 가격은 완전히 독립적인 시장 세력으로 인해 상승할 때, 건설업계는 격분하여 시위를 하거나, 정상회담을 개최하고 콘크리트 제조업체들에게 공정한 주택 가격 몫을 요구하며 세계 지도자들을 화나게 만들까? 물론 그

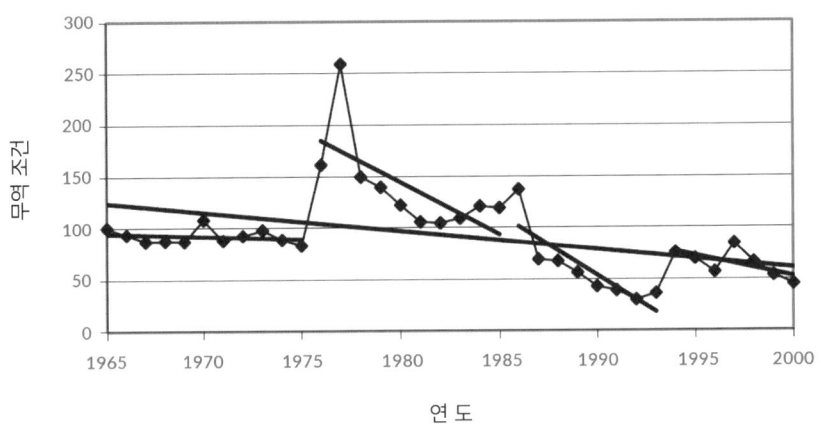

그림 1.4 | 커피의 무역 조건

무역 조건: 평균 커피 가격 지수 (1965=100) /
UN DME 수출 지수 (1965=100) 및 추세선

Fitter, Robert & Kaplinksy, Raphael(2009).
"커피 시장이 더욱 차별화됨에 따라 제품 임대에서 누가 이익을 얻을까? 가치 사슬 분석" IDS 단신. 32.69 - 82.

건 터무니없는 일이다. 집과 콘크리트는 같은 것이 아니며, 어느 누구도 가격에 대해 강요하지 않는다. 밀 농가가 쿠키(비스킷) 가격의 공정한 몫을 요구하는가? 물론 그렇지 않다. 이것은 우리가 소규모 농가들의 경제적 지속 가능성에 대한 걱정을 중단해야 한다고 말하는 것이 아니다. 반대로 우리는 반드시 그래야만 한다. 하지만 그것이 문제의 본질 대신에 현상에 대한 임시 치료법으로 희생양을 쫓는 데 시간과 노력을 낭비하는 것이라면 우리가 도우려는 사람들에게 오히려 피해가 된다.

■ 탄력성

두려워하지 말라. 정리된 내용을 잘 따라가면 힘들지 않다. 차근차근 공부해 보자.

수요의 가격 탄력성

이것은 구매자들이 구매 습관을 바꿀 때까지 가격 변동을 얼마나 흡수할 것인가에 대한 것이다. 이것은 가격 민감도의 반대를 측정한다. 만약 가격이 오른다면 사람들은 어떤 가격에, 얼마나 더 적게 살 것인가? 만약 가격이 떨어진다면 사람들은 어떤 가격에, 그리고 얼마나 더 살 것인가? 스페셜티 커피 협회(SCA)의 전 전무 이사인 릭 라인하르트(Ric Rhinehart)에 따르면, "커피의 최종 소비자는 모종의 방어막이 있어 가격에 전혀 탄력적으로 반응하지 않는다… 미국 소비자들이 하루 평균 세 잔의 커피를 마신다고 가정했을 때, 커피 가격이 무료가 된다고 해도 소비량이 아홉 잔으로 바뀌지는 않는다… 소비자의 습관에 따라 그대로 유지될 뿐이다." 마찬가지로 커피 한 잔의 가격이 오를 때도 소비자들은 "대부분 여전히 커피 세 잔을 마신다."[79] 이것은 가격이 비탄력적이라고 가정할 때 커피 시장이 공급 충격에 반응하는 방법과 많은 관련이 있고, 따라서 가격이 오르내리더라도 수요는 상당히 일정하다고 볼 수 있다. 이는 수요가 가격에 따라 변동하는 경우보다 가격 자체의 변동이 더 심하다는 것이고, 공급이 변동함에 따라 가격이 평준화된다는 것을 의미한다.

수요의 소득 탄력성

이것은 소득이 늘거나 감소하면 소비가 얼마나 달라지는지에 관한 것이다. 만약 그들이 더 부유하다고 느낀다고 커피를 더 많이 구매할 것인가? 만약 그들의 수입이 감소한다면 커피를 덜 마시겠는가? 몇몇 저자들에 따르면 커피 수요의 소득 탄력성도 낮다고 한다.[80] 2008년 경기 침체 동안, "[미국]의 커피 소비는 전혀 줄어들지 않았다… 사람들은 밖에서 보다 집에서 커피를 마실 가능성이 더 높았지만 전반적인 소비는 전혀 바뀌지 않았다. 실제로 커피 소비량은 약간 성장했다."고 라인하르트는 덧붙였다.[81] 커피 가격이 저렴해진다고 해서 사람들이 커피를 많이 마시기 시작하지 않는다(로스터와 생두 구매자들은 절감된 예산을 반드시 소비자를 위해 쓰지는 않는다).

이곳에서는 커피 수요에 초점을 맞추고 있지만 공급의 가격 탄력성도 있는데, 이것은 가격이 오르내릴 경우 어느 정도 생산될 것인가 하는 것이다. 커피의 경우 첫 수확까지 3년이 걸리는 작물이므로 가격에 따라 생산량을 쉽게 바꿀 수 없기 때문에 공급의 가격 탄력성도 낮다. 농부들은 가격이 낮다고 해서 농기 중간에 커피 나무를 뿌리째 뽑지 않는다; 그들은 식재와 수확을 통해 투자를 회수해야 한다.[82][83]

나무 작물

커피, 카카오, 고무와 같은 나무 작물은 생산자들이 시장의 변화에 빠르게 적응하지 못하기 때문에 다른 상품이나 다른 농산물에 비해 독특하다. 커피나무의 경우 나무를 심은 후 완전히 생산하기까지 3년이 걸린다.[84] 수확 없이 3년간 기다려야 하는 매몰 비용을 포함한 초기 투자금은 커피나무 수명 동안 상각된다. 농부가 커피나무를 심고 3년을 기다린 뒤 시세가 낮아 첫 수확에서 손해를 본다고 해서 나무를 뿌리째 뽑고 다른 것을 심어야 할까? 생산자들은 많은 투자와 3년간의 노력을 들였기 때문에 그러지 않을 것이다. 아마도 그들은 허리띠를 졸라매고 커피나무의 기대수명까지 수확한 대부분의 수확물을 팔 수 있기를 바랄 것이다. 커피나무의 평균 수명은 15년에서 20년이지만 8년 또는 10년 후에는 수확량이 감소하기 시작한다. 다만 품종, 재배 조건 및 재배 관행에 따라 수년의 차이는 있을 수 있다. 몇 번의 수확을 거치며 가격이 생산 원가 이하가 되더라도 생산자들은 매몰 비용과 가격이 언제든 회복될 수 있을 가능성 때문에 신속하게 대응하지는 않을 것이다.[85]

PART 2

국제 가치 사슬

공급망

"우리는 공급망을 일련의 (의사결정 및 실행) 프로세스와 (재료, 정보 및 자금) 흐름으로 보는데, 이 흐름은 생산에서 최종 소비까지 이어지는 서로 다른 단계 내·외부에서 발생하는 최종 고객의 요구사항을 충족하는 것을 목표로 한다."[86] 무역업체, 로스터, 소매업체들은 커피 공급망 내에서 그들보다 힘은 적지만 수는 많은 산지의 주체들과 그들 자신에게 가치가 분배되는 대부분의 방식을 결정한다.

▩ 소매 및 식료품점

UN 보고서에 따르면, "슈퍼마켓에서 구입한 커피는 커피 소비의 70-80%를 차지한다."[87] 보고서에는 또한 소매업체가 원두 매출의 60%를 번다고 한다.[88] 또 다른 보고서는 커피 카테고리 가치의 45%가 가정에서 소비하기 위해 판매되는 커피라고 주장한다.[89] 오늘날 대형 소매 체인과 슈퍼마켓은 구매력과 소비자들 사이의 브랜드 인지도로 인해 농식품 공급망에서 엄청난 힘을 가지고 있다. "…세계화된 농식품 사슬에서 권력은 생산자에서 소매업체에게 유리하게 이동했다."[90] 소매업체는 제품이 그 존재를 유지하기 위해 꼭 필요한 자원, 바로 고객에 대한 접근을 통제할 수 있다. 자체 상표 또는 "상점 브랜드" 제품은 제조업체의 고객 접근에 대한 통제를 더욱 강화한다.[91]

세계 대부분의 식품 소매업체도 또한 매우 집중되어 있다. 유럽의 5개 소매업체와 미국의 4개 소매업체는 각각 그들의 지역에서 총 식품 판매의 50%를 지배한다.[92] 이러한 소매업체들은 소비자 집단에 가장 가까이 접근할 수 있기 때문에 큰 이윤을 요구할 수 있는 권력을 갖게 되며, 이를 이용해 로스팅 회사에 가격을 낮추도록 압력을 가한다; 로스팅 회사는 실제로 생두를 포함해 매출원가(COGS, Cost of goods sold)를 절감해 가격을 낮춘다.[93] 슈퍼마켓 진열대에서 경쟁하기 위한 판매 가격에 맞추기 위해서는 막대한 규모가 필요하며, 일곱 개의 로스팅 회사가 전체 식료품 소매업체 커피 판매의 약 40%를 차지한다.[94] "소매업체들은 상품 진열 철회를 포함한 공격적인 협상 전략과 경매 방식을 통한 계약 체결을 늘려 생산자들이 받는 가격과 마진을 낮출 수 있다."[95]

로스팅 업체

로스팅 업체는 완전히 다른 두 개의 연못, 생두와 원두 시장에 각각 한 발씩을 담근 채 시장에 참여한다. 그들은 사업에 필수적인 생두를 공급받기 위해 전 세계에 공급망을 가지고 있어야 한다. 그들은 또한 백병전을 통해 개별 소비자들의 마음을 사로잡아야 하고 영리하게 브랜드를 포지셔닝해야 한다. 오늘날 브랜드의 힘과 비즈니스의 재정적, 기술적, 정서적 요구 관리를 위한 인프라 개발의 어려움과 복잡성으로 인해 지난 10년간 상당히 많은 로스팅 회사가 합병되었다.

무역업체의 집중과 권력

효율성과 규모의 경제를 추구하는 로스팅 회사의 합병은 제품의 초점을 차별화에서 일관성으로 바꾸었다. 소형 브랜드는 사람들의 관심을 끌기 위해 눈에 띄어야 한다. 어디서나 구하기 쉬운 대형 브랜드 제품의 로스팅 회사는 가용성과 가격에 따라 다양한 구성 요소를 사용하여 표준화된 블렌드를 달성하려고 노력한다. 어떤 경우 가장 큰 로스팅 회사들은 비용을 절감하고 중량 손실을 최소화하기 위해 로스팅 시간을 줄이고, 때로는 품질을 포기하기도 한다. 대형 로스팅 업체들은 성장세가 정체되면서 제품군을 확장하고 시장 점유율을 확보하기 위해 소규모 업체들을 인수하게 된다.[96]

  가장 큰 로스팅 업체들이 소비 시장을 더 많이 통제하게 되면서 그들은 또한 전 세계에서 거래되는 원두 시장을 더 많이 통제할 수 있게 되었다. 생두 무역에서 그들의 중요성이 커짐에 따라 그들은 더 큰 협상력을 발휘할 수 있게 되었다.[97] 두 개의 로스팅 회사가 세계 원두 커피 시장의 4분의1을 장악하고 있다.[98] "생두 수입의 거의 45%는 5대 로스팅 회사인 필립 모리스(Philip Morris), 네슬레(Nestlé), 사라 리(Sara Lee), 프록터 & 갬블(Procter & Gamble), 치보(Tchibo)에서 구입한다."[99] [100] 인스턴트 커피와 같은 용해성 커피 시장에서 네슬레와 필립 모리스는 전 세계 생산량의 49%를 점유하고 있고, 5대 기업을 포함하면 69%를 차지한다.

대체 방법 : 로스터들 VS 산지

대형 로스팅 업체와 생두업체가 커피의 국제가격에 영향을 미치기 위해 그들의 독점적 지위를 사용했는지에 대해서는 논란의 여지가 있지만[101] 확실한 것은 이윤 증가를 위해 그들이 대체 수단을 사용할 수 있다는 점이다. 2005년 UN 보고서에 따르면 "생두 가격 상승이 소매 가격을 올리려는 노력으로 이어지는 것보다 높은 품질의 생두가 낮은 품질의 생두로 대체함"으로써 이윤을 일정하게 유지한다.

  반면에 생두 가격이 하락해도 블렌딩 구성을 그대로 유지하여 이윤을 증가시켰다.[102] 로스팅 업체들은 1990년 대부터 공급업체 관리 재고(SMI, Supplier Managed Inventory) 관행을 채택하기 시작했는데, 이 관행은 로스팅 업체의 사업을 지속시키기 위한 재고 보유 부담을 생두업체에게 넘겨 로스팅 업체의 재고를 생두업체가 보유하고 관리하도록 만들었다.

오늘날 이것은 표준적인 산업 관행으로 자리 잡았고 로스터리 커피 브랜드가 계속해서 성장함에 따라 생두업체(역시 계속 성장 중인)에 대해 그들의 영향력을 계속 확장하고 있다. 로스팅 업체들은 생두업체의 창고에 그들의 재고를 은행 금고에 보관하듯 두고 현금을 자유롭게 사용할 수 있게 한다. 이 시스템에서 로스팅 업체는 그들의 브랜드를 포지셔닝하고, 매장을 열고, 스마트 저울을 구매하는 등 시장에서 더 많은 일을 할 수 있게 되었다.

2018년 커피 바로미터(Coffee Barometer)는 JAB 홀딩스의 투자 산하에 있는 로스팅 회사를 언급한다. "JAB Coffee는 규모가 커지고 시장 영향력이 확대됨에 따라 최대 300일에 이르는 지불조건을 생두업체에게 요구한다… 오직 아주 큰 생두업체만이 이렇게 긴 기간의 지불조건을 제공할 수 있다. 아마도 경쟁이 심화되면 긴 지불조건의 위험을 감당할 수 있는 생두업체에게 거래가 집중될 것이다."[103] 긴 지불조건이 일반적인 산업 관행으로 정착됨에 따라 이는 점점 더 산업화된 국가 안에서 활동하는 생두업체에게 거래가 집중되는 현상으로 나타났고, 공급망 안에서의 힘의 균형이 생산국의 참여자에게 불리한 방향으로 바뀌고 있다.[104]

대형 로스팅 업체의 블렌딩 커피는 이전보다 더 유연해졌다. 이는 블렌딩을 구성하는 커피 중 일부를 넣거나 뺄 수 있다는 것을 의미하며, 따라서 어떤 생두업체, 생산자, 심지어 원산지에도 의존하지 않는다. 이러한 상황에서 생두업체들은 더 대체 가능해졌다. 공급업체나 국가를 대체하겠다는 위협으로 로스팅 업체는 유리한 조건을 요구하고 생두 가격을 낮출 수 있다. "로스팅 업체들은 특정한 향미의 프로파일을 유지하기 위해 가능한 가장 저렴한 조합의 커피를 구매하여 비용을 최소화하려고 노력한다."[105] 만약 로스팅 업체들이 그들이 필요로 하는 원산지를 신경 쓰지 않고 가장 저렴한 가격으로 생두를 사고자 하면, 각국의 생두업체와 국가는 로스팅 업체의 선택을 받기 위해 가격 전쟁을 통해 서로를 압박하게 된다.[106] (물론 모든 로스팅 업체가 이렇게 생각하거나 행동하는 것은 아니다)

대형 로스팅 업체의 사업을 쟁취하고 유지하기 위한 생산국들 간의 경쟁은 서로를 가격 전쟁으로 몰아 넣는다. 가장 싼 것만이 살아남을 것이다. 서스테이너블 하비스트(Sustainable Harvest)의 설립자인 데이비드 그리스월드(David Griswold)는 "판매자가 별로 없기 때문에 최소한 처음에는 산지에서 합병이 이루어지고 따라서 선택의 폭이 줄어드는 것과 거의 유사하다."라고 말한다.[107] 콜롬비아 대학의 인류학 교수인 페이지 웨스트(Paige West)에 따르면, "세계에서 가장 큰 커피 회사 중 하나는 가장 인기 있는 블렌드에 대한 소비 수요를 충족시키기 위해 높은 고도, 화산 토양, 아라비카 커피를 보유하고 있다. 이 회사의 바이어들은 이 커피가 파푸아뉴기니, 케냐, 부룬디, 코스타리카, 또는 '기타 마일드'를 생산하는 다른 나라에서 온 것인지 여부를 신경 쓰지 않는다"라고 말했다.[108]

"1990년대 이후 '기타 마일드', '내추럴', '로부스타'와 같은 저가형 커피가 전 세계적으로 유행이 되고 있다. 로부스타에 비해 아라비카 커피 생산 비율은 점차 감소하고 있다… 1997년 뉴욕 커피 선물 가격(아라비카 가격)이 거의 역사적인 최고 수준으로 상승하면서 로스팅 업체들은 아라비카에서 로부스타로 처음으로 크게 전환했다. 그 이후로 로부스타가 전체의 3분의1로 증가했다."[109] 1997년 아라비카 가격이 로부스타에 비해 급등한 이후 로스터들은 거친 맛을 줄이기 위해 찌는 것과 같은 방법들을 사용하여 블렌딩에 더 많은 양의 로부스타를 사용하는 방법을 고안하기 시작했다.[110]

로스팅 회사는 경쟁적인 환경에서 시장 점유율과 고객 충성도를 극대화하기 위해 노력하기 때문에, 원산지와 같이 다른 브랜드에서도 찾아 볼 수 있는 다른 요소들을 배제하고 자체 브랜드 경험과 독점 블렌드의 퀄리티와 독창성을 강조하는 데 집중하는 것이 가장 좋다."[111] 그들의 블렌드에 특정 커피가 들어가는 것으로 인식되면 될수록 그 블렌드는 고가의 생두를 저가의 생두로 대체하여 비용을 절감하기가 점점 어려워진다"[112] 소비자가 자신의 취향이 케냐 커피임을 자각한다면, 그동안 충성스럽게 구매해 온 브랜드 외에도 어느 로스팅 브랜드에서나 그 커피를 구할 수 있다는 사실을 깨닫게 된다. 로스팅 업체는 적절한 가격에 구할 수 있는 생두를 사용하여 독점 블렌드를 판매하여 시장 점유율과 수익성을 가장 잘 유지할 수 있다.[113]

그러나 공급업체가 폐업할 때까지 가격을 낮추는 것이 현명한 장기 전략일까?[114] 아니다. 하지만 모든 경쟁업체가 그렇게 하고 있는데 당신만 그렇게 하지 않기로 결정한다면, 당신은 경쟁에서 불리해지고 시장 점유율과 경쟁 우위를 모두 잃게 된다. 당신은 투자자에게 분배할 이익이 줄어들 것이고, 사람들이 당신의 광고 모델처럼 되기를 원할 라이프 스타일 마케팅에 투자할 돈을 줄일 것이다. 따라서 여러분은 계속 이 행위를 지속하며 생계를 유지하다가 문제의 여파가 여러분과 여러분의 경쟁자들에게 똑같이 영향을 미칠 때에야 비로소 그것에 대해 걱정할 것이다. 현재로서는, "…커피 로스팅 업체와 소매업의 이윤과 거래량은 세계적으로 상승하고 있고, 특히 미국의 경우 소비자의 취향이 더 고품질의, 더 비싼 커피로 옮겨가고 있기 때문에 더욱 그러한 경향을 보인다. 상장된 음료 및 소매 스낵 회사들은 기존 수익의 31.5배에 거래되고 있으며, 이러한 추세는 커피 산업에서 더 크고 구매력이 있는 업체들에게서 계속되고 있다."[115]

■ 거래상/수입업자

생산된 생두의 80%는 수출된다.[116] 그것을 가능케 하는 것은 작은 일이 아니다.

집중

잘 알려진 대부분의 생두 무역회사는 비상장 기업이기 때문에 그들의 정확한 규모, 거래량 또는 마진 등을 알 수는 없다.[117] 그러나 1990년대와 2000년대의 경제적 충격을 견디지 못한 많은 소규모 생두 회사들을 압박한 시장의 변동성으로 인해 시장이 점점 더 집중되고 있다는 것은 분명하다.[118] 1998년에 볼카페(Volcafé)와 노이만 그룹(Neumann Gruppe)은 세계 커피의 29%를 점유하고 있는 것으로 보고되었고 상위 6개 회사는 50%를 차지했다. 2000년대 초반까지 세계 커피의 45%를 점유한 상위 3개 회사(노이만, 이콤(Ecom), 볼카페)는 2014년에 마침내 세계 커피 수입에 거의 50%를 점유하게 되었다.[119] 오늘날까지 큰 변화없이 다섯 개의 상위 회사들이 세계 커피무역의 50%를 통제하고 있다.[120]

로스팅 된 커피 가격이 생산자에게 다시 돌아가는 부분이 급격히 감소하는 동안에 가치의 대부분은 물류가 아닌 로스팅 업체와 소매상에 집중되어 왔다. "가치 사슬에서 생산자를 죽이는 것은 일반 커피 원료를 취급하는 국내 거래상, 수출업자, 국제 무역업자/수입업자들이 아니다. 브랜드 로스팅 업체와 소매업체다."[121]

세계 대부분의 무역에서도 그렇듯이 커피 무역에서 금융은 점점 더 중요해지고 있다. 생두 무역업에 추가된 가치는 세계 각지에서 생두를 조달하고 배달하는 것이 아니라 오히려 그 일을 실행하고 위험을 감수하기 위한 자금을 제공하는 것이다. 대형 로스팅 업체 사이에서 공급자 관리 재고(SMI)가 표준이 된 90년대 후반 이후 생두업체들은 저금리 자본에 대한 접근성과 함께 기본적으로 로스팅 업체들에게 생두를 위탁 보관하는 것과 같은 매력적인 조건을 제공할 수 있는 능력을 바탕으로 경쟁해왔다. 로스팅 비즈니스 모델의 이러한 경향은 생두업체의 집중과 소규모 생두업체의 경쟁력 상실로 이어졌다.[122] 금융업의 기능을 하는 생두업체의 중요성이 커지는 동안에 기술력이 가져다준 변화는 생산자들을 로스터와 그들에 대해 알고 싶어하는 소비자들과 가깝게 만들었다는 점이다. 데이비드 그리스월드에 따르면, "시장의 중심부는 새로운 기술의 영향을 많이 받을 것이다. 농부와 소비자가 점점 더 가까워지는 것은 정말 좋은 일이라고 생각한다. 물론 이것은 전통적인 무역 모델에 혼란을 일으킬 가능성이 높다."[123]

생산국의 확대

수입업체는 로스팅 업체와 관련이 있고, 커피 생산국에 존재하며, 종종 수출업체를 소유하고, 커피 가공을 넘어 경우에 따라서는 커피 재배까지 하고 있다.[124] 이런 방식으로 그들은 가치 사슬의 가장 취약한 연결고리인 생산자로부터 직접 커피를 구매할 수 있고, 품질에 기초하여 거래자들과 가격 협상에서 더 유리한 위치를 점하고 있는 협동조합이나 기타 생산자 그룹과의 협력관계를 끊어 버리기도 한다. 다국적 행위자로서 그들의 이익은 종종 그들에게 의존하는 생산국, 지역 사회 및 생산자의 이익과 일치하지 않을 수 있다.[125] 많은 경우에 커피 부문에 최대 국가 이익을 보장해 주었던 국가 기관들은 1989년 국제커피협정(ICA, International Coffee Agreement)이 종료된 후에 정책 추세에 따라 개혁되고 자유화되었다.

■ 생산국 화물혼재업체(consolidator)와 수출자

현지 회사들은 점점 세계 최대 규모의 몇몇 기업에게 화물혼재, 수출, 심지어 커피 가공소까지 잃어가고 있다. 이러한 형태의 직접 구매는 소규모 농장에 가치를 제공하지 않고 그들을 더욱 의존적이게 하며 상대적 규모에 따른 구매자 선택이 이루어져 그들은 더욱 낮은 협상력을 가질 수밖에 없다.[126] 커피 생산국 가공소, 생산자 협동조합과 같은 중개자, 생산국 수출회사는 다국적 무역회사들의 자본 접근성과 낮은 금리와 경쟁할 수 없다.[127] 예를 들어 탄자니아에서는 외국 무역회사가 현지 자회사를 통해 커피 수출의 절반 이상을 통제하고 있고, 나머지 대부분은 금융계약을 통해 통제한다.[128] 이와 같이 1985년 이래로 이 구조에서 총 수입의 증가된 몫은 수입국들의 경제 대리인들에게 돌아갔다.[129]

중개자의 역할 : 협동조합, 협회, 개인 상인/코요테

생산국 중개자들은 종종 나쁜 평판을 받고 있지만, 그들은 커피를 판매 가능한 단위로 통합하고, 자금을 조달하며, 운송, 가공 및 수출 업무를 진행하고, 품질 관리를 수행하며, 생산국을 미치게 만드는 수많은 서류 작업을 수행하고, 무역업자들과 접촉하는 등의 중요한 일을 한다. 1990년대 생산국의 많은 국내 커피 시장이 자유화된 이후, 국가 중개업자들은 앞서 언급한 차익 거래 기회뿐만 아니라 물류 효율을 이유로 모든 커피를 동일한 가격에 구매하는 경향이 있었다. 이러한 관행은 소규모 농장주들이 고품질의 커피를 생산하도록 하는 동기를 없앴다. 아이러니하게도 이것은 그들이 시장 변동성에서 벗어나 판매 가격을 개선할 수 있는 가장 좋은 방법이다. 연구원인 다비론(Daviron)과 폰테(Ponte)에 따르면, "스페셜티 커피 시장을 겨냥하는 수출업체는 수직적 통합이나 장기 계약을 통해 점점 대농장에 의존하고 있다. 소농들은 소외되고 있다."[130] 화물 혼재업체, 가공소, 수출업체들은 보통 농부나 무역업체보다 생두를 보유하는 시간이 짧기 때문에 생두를 보유해야 하는 다른 사람들보다 가격 위험에 덜 노출된다.[131] 그러나 에티오피아 사례에서 언급한 바와 같이, 수출업체들이 종종 금융 파생상품을 통해 헤지(hedge)하지 않는 경우가 많기 때문에 위험이 전혀 없는 것도 아니다.[132]

자본이 풍부한 국제 무역 대기업과는 비교가 안 될 수 있지만, 논리적인 가격 구조를 제공하고 지속 가능한 경영을 하는 지역 협동조합과 협회들은 비록 작더라도 대안을 제시하고 대규모 다국적 기업들이 협동조합 수준 이하의 가격 인하를 지시하는 것을 막는다.[133] 공정무역은 동일한 현상을 보여준다. 공정무역 프리미엄이 큰 의미가 없는 지역에서는 지역 물가가 좋을 수밖에 없다. 공정무역 프리미엄이 꽤 크다면(그리고 공정무역 커피에 대한 충분한 수요가 있고 생산자들이 인증을 받을 수 있다면) 생산자들은 공정무역에 참여하거나 구매자들은 생산자들의 공정무역 참여를 막기 위해 더 많은 돈을 제공해야 할 것이다.

국제 무역상들에 의한 신식민지화

선진국에서 대기업은 저금리로 많은 자본에 접근할 수 있는 경향이 있는 반면, 개발도상국(커피 생산국)의 경우 외국인 투자에 의존하기 때문에 금리가 높은 경향이 있고, 신용시장도 작으며 또한 위험하다.[134] 대부분의 자유화된 개발도상국 시장은 외채 상환을 위한 외환(다른 국가의 통화)을 제공하고 (교체 수준에 불과하더라도)고용 창출을 약속하며 미래 회사 이익을 외국인 주주의 은행 계좌로 송금

하는 것과 같은 외국인 직접 투자 이상을 선호하는 것은 아니다. 이러한 상황은 다국적 무역 회사가 입주하기로 결정했을 때 지역 사업자들을 극심하게 불리하게 만든다.[135]

"…커피 수입업체(선진국 다국적기업)는 모국에서 헤지 수단으로 3%의 금리로 돈을 빌린다. 이 다국적 기업들은 우간다로 와서 27%의 금리로 돈을 빌리는 지역 거래상들과 경쟁한다. 서서히 토종 커피 수출업자들은 이들과의 순수한 경쟁에서 불리한 입장이기 때문에 사업에서 쫓겨나고 있다."[136]

조합원들의 커피를 통합하고 마케팅하는 지역 협동조합들은 오늘날 무역 회사가 만드는 구조와 상대가 되지 않는다.[137] "대부분의 소농들의 커피는 대부분 출하 전에 혼합되고 균질화되어 특정 '농가 정체성'을 상실한다."[138] 자금 조달은 막대한 운전자본이 필요한 저마진, 고부가가치 사업인 수출업체의 비용 구조를 통제하기 위해 필수적이다. 외국 무역 회사들은 국내 수출업체를 인수하며, 이 협정의 시너지 효과로 커피 소비 선진국의 풍부하고 저렴한 신용 한도에 접근할 수 있다. 커피에 대한 경쟁이 치열해짐에 따라, 개별 무역상들은 생산자에게 직접 접촉하며 협동조합과 경쟁한다. 비록 협동조합은 지역 사회에 투자하고 농부들에게 돌아갈 최선의 이익과 안정을 염두에 두지만 농부들이 받을 몫이 개별 무역상들에게 받는 것보다 더 적을 수 있기에 개별 무역상이 경쟁에서 앞선다.[139] 이러한 회사들은 그들이 다른 회사들보다 자본에 더 잘 접근하고 있다는 사실과 그들의 자본력으로 그들만의 효과적인 공급망을 만든다는 사실로 비난받지 않는다. 앞으로 더 살펴보겠지만 이것은 한 회사의 통제 범위를 넘어서는 구조적 요인이다.

국가 거래소를 통해 거래가 이루어지는 케냐에서도 규제가 완화되고 경쟁력 있는 자본 조달이 어려워지자 "많은 독립 수출업자들이 국제 무역 회사에 인수되거나 자금 조달을 위해 그들에게 의존"[140]하게 되면서 대형 다국적 무역 회사와 공급 계약을 체결했다.

이것은 협상력과 주권의 관점에서 볼 때 우려할 만한 것이지만 그것의 잠재적 이익이 없는 것은 아니다. 이러한 대기업은 이전에 거래한 현지 기업들보다 더 나은 기술로 인해 더 효율적일 수 있다. 또한 로스팅 업체와 소비자가 가치 사슬 전반의 투명성을 성공적으로 요구한다면 수직적인 조직이 이를 제공하기에 더 나을 수 있다.

반면에 개발 연구자이자 교수인 라파엘 카플린스키(Raphael Kaplinski)는 일부 생산 국가의 외국인 구매자들이 서로 경쟁하고 협동조합과 농장 수준에서 가격을 올리는 것을 피하기 위해 담합한 증거가 있다고 인용한다.[141] 또한 다국적 커피 자회사는 지역 사회에서 상당한 세수를 빼앗을 능력이 있고 종종 그렇게 한다.[142] 그들은 이익을 다른 곳으로 이전하여 막대한 세금을 적게 내고, 생산 국가에 거의 또는 전혀 지불하지 않기 위해 이전가격*(Transfer pricing)을 사용하여 더 유리한 조세 관할 구역의 자회사를 통해 원가 이하로 수출할 수 있다.[143] 그들은 제품을 땅에 닿게 하지 않고서도 수입하고 수출할 수 있다. 예를 들어 스위스의 한 무역 회사의 인도네시아 자회사가 호주의 수입업자에게 생두 한 컨테이너를 판매한다면, 스위스의 모회사에 파운드당 1달러를 FOB(Free on Board) 조

---

* 다국적 기업이 해외의 자회사와 원재료 또는 제품을 거래할 때 적용하는 가격. 다국적 기업이 이익을 위해 국가마다의 세금 종류와 세율의 차이를 이용, 세부담경감을 목적으로 이전가격을 조작하는 경우가 많다.

건으로 판매할 수 있다. 전혀 이익이 나지 않으면 인도네시아에서 소득세를 내지 않는다. 커피는 스위스로 가는 것이 아니라 호주의 최종 구매자에게 간다. 한편 스위스 회사는 같은 커피를 호주 수입업자에게 파운드당 2달러와 같은 실제 가격에 다시 판다. 2달러는 엄밀히 말하면 인도네시아 회사가 아닌 스위스 회사가 벌어들일 것이고, 따라서 이익은 스위스 세금만 부과된다.

흥미로운 점은, 스위스 관세 정책의 재량 덕분에 스위스에 있는 컴퓨터를 통과하는 이 물건들은 더 이상 공개적으로 통계에 반영되지 않기 때문에, 이후에 어떤 종류의 세금 회피나 다른 전략들이 수행될 수 있는지 알기가 어렵다는 점이다.[144] 커피의 경우 추정치가 다양하지만 전 세계 생산량의 약 50%가 내륙국을 통과하는 것으로 여겨진다.[145] 만약 스위스를 통과하는 전 세계 물량의 최소 50%에 대한 생산국 세금의 대부분이 이전가격을 통해 회피된다고 가정해 보자. 특정 지역 및 국가의 전체 경제에서 차지하는 커피의 비중을 고려하고, 이러한 지역 사회의 많은 시민과 기업이 이용할 수 있는 공공 서비스의 부족을 감안한다면, 이렇게 손실된 세수는 가슴 아픈 일이다.[146] 물론 이것은 모든 거래자들이 이전가격 책정을 최대한 활용하고 있다는 것을 주장하는 것도 아니고, 그렇게 하는 거래자들이 이 행위를 무조건 중단해야 한다고 제안하는 것도 아니다. 단지 이것이 빈번히 일어난다고 인정하자는 것이다.

정부, 규제 기관, 그리고 다자간 협력

구조조정(IMF $)

정부와 국가 기관이 자국의 농작물의 공급과 마케팅을 더 일반적으로 통제해왔지만 1990년대에 들어서면서 자유화와 자유 시장 경제가 미래의 방식이 되었다. 구조조정 프로그램(SAPs)은 국가가 외국 정부와 세계은행, 국제통화기금(IMF) 등 다자간 기구로부터 지원을 받을 수 있는 조건으로 시행되었다.[147] 상업은 자유화되고 외국 행위자와 다국적 기업에 개방되었다. 가격과 환율은 유동적으로 남겨 두고, 공급과 주식은 시장에 맡겨 통제했다.[148] 선진국으로부터 자금을 지원받는 이들과 같은 기구(세계은행과 IMF)들은 개발도상국들에게 자유 무역과 자유 시장 경쟁이 승자와 패자를 결정하도록 장려하면서도, 서방 선진국들에 유리하도록 국내 생필품 생산에 보조금을 지급했다. 이런 방식은 개발도상국이 경쟁적으로 생산할 수 있는 상품들을 제한한 결과를 초래했고, 그들의 많은 제품이 선진국 시장에 진입하는 것을 막았다.[149] 게다가 선진국, 특히 유럽과 북미에서 보조금을 받는 농산물 생산으로 인해 개발도상국에 밀과 같은 저가의 상품들이 넘쳐나게 되었고, 이것으로 가정의 식비는 줄일 수 있었을지 몰라도 국내 식량 생산자들을 쫓아내면서 전반적인 국가 식량 안보를 위협하게 되었다.[150]

신용, 투입 및 확장 서비스 같은 공공재는 민영화되어 이윤만 추구하게 되었다. 이론적으로 자유 시장이 이러한 모든 활동을 조정하게 되면 효율성과 경제 성장이 극대화될 것이다. 그럴 수도 있지만 우리는 커피 시장 개편과 소농의 곤경에서 보았듯이 그 성장은 매우 잘못된 분배로 이어졌다.[151] 커피 생산자들, 특히 아프리카의 경우 그들은 정부의 역할을 맡을 준비가 전혀 되지 않았다는 것을 알게 되었다.[152] 불행하게도 많은 국가 정책 결정, 특히 신자유주의 경제 발전 학파에 동의한 정부의 경우, 토지 집중 및 규모가 생산성과 효율성에 대한 요구 사항으로 간주한다.[153] 적어도 비전통적인 작물(생산 비용이 규모의 경제로부터 크게 도움되지 않는 작물)과 농촌 사회 개발의 경우에 반대되는 방대한 증거에도 불구하고 말이다. 타라 브라운(Tara Brown)은 2012년 논문에서 "IMF 구조조정 정책은 베트남이 외채를 상환하기 위해 저품질의 로부스타 커피 수출에 대규모 투자를 하도록 강요했고, 1990년과 2000년 사이에 베트남은 세계 커피 생산량의 2% 미만에서 콜롬비아를 제치고 두 번째로 큰 생산국이 되었다."고 말했다.[154]

2020년 출판물에서 연구원 로라 저먼(Laura German)은 이전 페이지에서 설명한 전체 프로세스를 요약했다: "가격 변동성은 자유화 정책과 구조조정 정책의 여파로 증가하였는데 그것은 생산 분야의 지배구조를 약화시키고 수직통합을 강화시켰으며 소매 부문의 권력과 이익을 통합시켰다."[155]

규제와 국가 통제는 종종 혁신, 창의성, 진보의 반대 개념으로 여겨지고 때로는 그렇기도 하지만 어떤 경우에 그것은 탐욕을 막아주기도 한다. 물론, 대부분의 경우 두가지 모두일 가능성이 높다. 예를 들어 자메이카 커피 분야에서, 커피 산업 위원회(CIB)는 한동안 자메이카 커피 생산자 협동조합과 수출업체의 유일한 구매자로 활동했고, 국가가 국제통화기금(IMF)에 참여하기로 결정한 1980년대 초까지 수십 년 동안 20배에 달하는 커피 생산량의 증가를 감독했다.[156] 민간 기업 구매자들이 정부의 병목 현상* 을 우회하도록 허용하는 것은 커피에 대한 경쟁이 심화되고 생산자 가격 상승을 초래할 것이라고 추측할 수 있지만 그런 일은 일어나지 않았다. 생산량이 감소하고 CIB의 지원을 받은 협동조합들은 생산자들에게 신용 및 기술 지원과 같은 서비스를 제공할 능력을 잃었고 상환 능력을 유지할 수 없게 되었으며 결국 영업소의 문을 닫게 되었다. 이 결과로 생산자들은 남아있는 개인 구매자들에 대한 협상력이 낮아졌다. 농장 출하 가격은 특히 불안정해졌고 일반적으로 하락했다. 1980년대에 CIB가 물러나게 되기 전에 생산자들은 FOB 수출 가격의 50%를 벌어들이고 있었다. 그러나 2006년부터 2010년까지 그들은 소비자 소매 가격의 겨우 5%만을 벌게 되었고 이는 세계 평균 추정치의 약 절반에 해당하였다.[157][158]

■ 국제수지

정부는 국가 경제에 외화를 유입시키기 위해 다른 필수 상품보다 수출 작물의 생산 증대를 지원할 장려책을 갖는다.[159][160] 대부분의 커피 생산국들은 국제통화기금이나 세계은행에 미국 달러화나 다

---

* 정부가 생산자로부터 커피를 구매하고 소비자에게 판매하는 일을 전담하는 것을 의미한다.

른 경화 외화로 빚을 상환한다. 그래서 그들은 외채를 상환하기 위한 외화가 필요하다. 하지만 동시에 그들은 빚을 갚기 위한 외화를 구입하기 위해 자국 통화를 사용해야 하기 때문에 자국 통화의 가치를 반드시 보호해야 한다.

상품 수출 붐은 종종 국제 민간 은행에서부터 세계은행과 같은 다자 기구에 이르기까지 국제 대출 기관들을 끌어들인다. 상환 기간이 길기 때문에 재임기간이 짧은 정치지도자들은 외채를 얻기 위한 강력한 장려책을 사용하는데 이는 근본적으로 시골에서도 새로운 오토바이를 구매하고 위성으로 텔레비전을 보게 만드는 것과 같이 미래의 경제를 위한 자금을 당겨쓰게 되는 꼴이 되며 국가 소비에 있어 큰 타격을 준다. 이 같은 신용사기가 일어나는 이유는 "상품의 소비 증가가 삶의 질의 향상과 혼동"되기 때문이고, 어떤 수단을 써서든 정권을 유지함으로써 그들의 특권적 자유를 얻기 원하기 때문이다.[161] 불행히도 빚을 지고 있는 커피 생산국의 납세자들에게는 안타까운 일이다. "…부채비용은 미국 달러로 고정되어 있으나 커피 수출국의 달러 대비 통화 가치는 지속적으로 떨어지고 있다."[162]

국제수지는 순수출입액이며 통화의 가치는 통화의 공급과 수요에 의해 결정된다. 그렇기 때문에 정부가 부채를 갚기 위해 화폐를 발행하면 통화공급이 늘어나 그 가치가 떨어지게 된다. 한 국가가 수출하면 상품에 대한 지불을 위해 해당 통화에 대한 수요가 생기게 되므로 가치는 높아진다. 반대로 수입의 경우 상품의 대금 지불을 위한 외화 구입에 자국 통화를 팔게 되므로 수요 감소와 통화 가치 하락으로 이어진다. 그러므로 정부는 비용 지불을 위해 수익성과 상관없이 농부들이 커피를 수출하도록 할 필요가 있다.

경제적으로 자유화된 많은 나라들은 채굴 산업을 운영하기 위해 외국 자본에 의존한다. 커피와 같은 1차 상품의 국제 가격이 하락할 때 생산국들은 그들의 통화 가치와 세수를 지원하는 사업인 수출로부터 얻는 외화 수입이 적어진다. 그 사업이 수익성이 떨어지면서 외국인 투자자들은 더 나은 선택지를 찾고, 이는 생산국들의 국제수지 악화를 초래한다. 빠른 해결책? 그 차이를 메우기 위해 생산량을 더 증가시키면 시장에 생산물이 넘쳐나고, 이는 더한 국제가격 하락을 초래한다.[163]

1970년대에 멕시코 커피 연구소(Instituto Mexicano del Café)는 커피 생산성을 높여 외환 유입을 늘리는 캠페인을 벌였다. 그들은 농업경제학자들의 권고에 따라 녹색 혁명 기술 농업을 구현함으로써 "현대화"하기 위해 커피 재배자들에게 자금을 지원함으로써 이를 수행했다. 그런데 이러한 변화는 소규모 농장의 단위당 생산비용을 크게 증가시켰고, 지역 생태계를 파괴시킴으로 농업의 경제적 리스크를 증가시켰다. 멕시코 커피 연구소는 생산된 커피를 모두 시장가격으로 구매했고, "현대화"를 위한 자금도 커피로 갚았다. 농부들은 커피 생산의 현대화를 위해 정부로부터 빚을 지게 되었지만 그 돈을 갚을 만큼 충분한 수익이 없었기 때문에 변화 전보다 훨씬 상황은 나빠졌다.[164]

장려책에 대한 이같은 잘못된 적용은 커피뿐만 아니라 다양한 농업 분야에서 전 세계적인 혼란을 야기했다. "일부 정부는 엄격한 의미에서 수익성이 없는 것으로 판명되더라도 생산량 증가를 지지했다. 과잉 생산에 대한 압력은 많은 주요 수출국(국가)이 그들의 외환 수입을 설탕에 상당 부분 또는 거의 독점적으로 의존했다는 사실에서 비롯된다."[165] 시장을 범람시키는 이같은 반(反)직관적 경향은 경험되는 가격 변동성을 어느 정도 설명할 수 있다. 예를 들어 1820년대 인도-런던 간의 인디고* 무역이 있었던 동안에 "런던 시장에 전달되는 인디고의 양은 실제 또는 예상 수요 또는 심지어 가격에 전적으로 의존하는 것이 아니라 지불금과 이익을 유럽으로 송금하는 벵골(Bengal)에 있는 회사와 민간 기업의 필요성에 달려있었다. 이로 인해 런던의 인디고 시장이 폭력적이고 완전히 예측할 수 없는 변동으로 투기를 자극해 그 결과 파산이라는 낭비를 남긴 것은 놀라운 일이 아니다."166

▮ 국제적 개입

식민지 이후의 시대에도 커피 경제는 이전 식민지 개척자들과 다른 선진국의 행위자들 모두에게 관심이 있었다. 한 저자에 따르면 "유럽 국가들은 식민지 기업을 풍요롭게 하고 나중에는 식민지로 부를 이전하는 형태로 커피 가격을 안정시키고, 이에 따라 생산국 소득을 안정화하기 위한 (국제커피)협정을 지지했다."167 커피에 대한 국제적인 관심 또한 본질적으로 소위 냉전시대의 정치적 관심이었다. 또한 국제커피협정과 관련하여 "미국은 1960년대에 마침내 서명하기로 동의했는데, 이는 공산주의 영향으로 위협받는 라틴 아메리카 농촌 지역에 대한 일종의 원조였기 때문이다."168

미국 국제개발처(USAID)는 세계 각국의 커피 프로젝트를 적극 지원하고 있다. 그러나 그것의 목표는 생산자 공동체의 번영에 국한되지 않는다. "2019 커피 팩트시트(Factsheet)의 첫 문장은 "미국 커피 산업은 거의 170만 개의 미국 일자리와 2,250억 달러의 국내 총생산을 담당하고 있지만, 거의 전적으로 해외 커피 생산에 의존하고 있다."고 명시되어 있다. 따라서 미국은 자국 내에서 이러한 일자리를 유지하기 위해 안정적인 글로벌 공급을 보장해야 한다.

가난한 커피 생산 지역 사회는 원조를 받을 자격이 있고, 종종 선교를 목적으로 하는 복음주의 기독교 단체들에 의해 도움을 받는 수동적인 수혜자로 여겨졌다. 이러한 초국가적 노력은 로스터와 소비자가 특정 생산자를 그들 공동체의 일원으로 보게 한다는 점에서 생산자와 구매자 사이의 연결과 공감을 확립하는 데 유용할 수 있다.169 특정 종교적 신념 체계를 수용하는 직접적인 경제적 동기가 있다면 일부 사람들에게는 도덕적 회색 영역으로 보일 수 있다. 절박하고 소외된 공동체에 번영을 가져다줄 뿐만 아니라 그들의 종교로 이끌기 위한 임무를 맡은 사람들에게 이같은 연결은 우연히 발견된 기쁨으로 여겨질 수 있다.

소위 "마약과의 전쟁"이라는 국제적 전선은 불법 물질 제조에 사용되는 작물을 커피 식물을 포함한 다른 작물로 대체하는 작업을 포함한다. 비록 결과는 다양했고 승자와 패자가 있었지만, 많은 경우에 커피 생산의 강화와 삼림 벌채로 인한 생물 다양성의 손실을 초래했다.170 때때로 "불법" 작물 대체 또는 외환 창출과 같은 이유로 특정 지역에서 커피 생산량을 늘리려는 외국 주도의 노력이 커피 생산자들에게는 불리한 결과와 시장 상황을 초래했다. 국제 원조 기구의 신자유주의적 수출 주도 성

---

* 고대부터 인도의 중요 수출품으로써 색깔 자체의 이름이자 염료의 이름이고 또한 염료 원료가 되는 식물의 이름이다.

장 전략은 생산량 증가와 농약 집약적이고 고수익의 농업 관행을 장려하여 커피가 시장에 넘쳐나게 했다. 멜리사 머피(Melissa Murphy)는 "공급 과잉 문제와 커피 위기는 다국적 금융 기관의 정책과 연결될 수 있다"고 말한다. 그녀는 특히 IMF와 세계은행을 범인으로 지목했다.[171]

신자유주의가 국제 상품 무역의 많은 부분을 지배했지만 세계의 일부는 다른 방향으로 가고 있다. 예를 들어 에티오피아는 외국 회사들이 자국 내에서 커피를 거래하는 것을 금지하는 단호한 반신식민주의 전략을 취했다. 일부 예외를 제외하고 외국 기업은 에티오피아 상품거래소를 통해서만 에티오피아 수출업체로부터 커피를 구매할 수 있다. 그 목적은 대규모 국제무역업자의 비교우위가 현지 생산자와의 공급망 동력 역학에 영향을 미칠 수 있는 수준을 제한하는 것이다.[172]

C-가격 및 선물 시장

이것은 큰 주제이며, 혼란과 부적절한 비난의 일반적 원인이다. 이것이 어떻게 작동하는지를 이해하기에 앞서 이것은 무엇인지 알아보는 것이 필요하다.

ICE는 파생상품 계약을 제공하고 커피, 면화, 제트 연료, 배기 가스 등 모든 종류의 제품의 터미널 시장 역할을 하는 민간 회사인 대륙간 거래소이다. ICE는 "KC"로 알려진 아라비카 커피에 대한 "커피 'C' 선물" 또는 뉴욕 "C" 계약과 로부스타 커피 선물 또는 "RC" 계약을 소유한다.

ICE는 무슨 일을 하는가? ICE는 단순히 파생상품(선물 및 옵션 계약)을 사고 팔 수 있는 플랫폼을 제공할 뿐만 아니라 구매자와 판매자가 원하는 경우 실제 제품을 교환할 수 있도록 터미널 시장 역할을 한다. 다른 거래소에도 커피 파생상품이 있지만, ICE의 "KC"와 "RC"의 선물계약만큼 실제 커피의 가격 기준으로 널리 사용되는 것은 없다.

파생상품은 "다른 자산의 가치로부터 가치가 파생되는 자산"이다.[173] 이 경우 커피 선물계약의 가치는 계약이 만료되는 시점의 실제 "커피"(기초 자산)의 기대 가치로부터 파생된다.

사람들은 그것을 어떻게 사용할까?

- 헤지하기 위해 : 실제 커피를 사고 팔 계획인 경우 헤지는 헤지를 설정한 날과 실제 커피를 거래하는 날 사이의 가격 변동으로부터 그들을 보호해야 한다.
- 투기하기 위해 : 커피의 가치가 상승하거나 하락할 것인가에 베팅하는 것
- 가격을 알아보기 위해 : 생두를 사거나 팔기 위한 가격을 협상하는 것
- 거래하기 위해 : 실제로 커피를 사고 파는 것

전 세계에는 수많은 커피 파생상품 시장들이 있지만 이 설명의 목적을 위해 ICE에 의해 제공되는 C와 RC, 아라비카 및 로부스타 계약에 초점을 맞춰보자. 이러한 거래소의 선물계약 가격은 전 세계

생두 구매자와 판매자 간의 가격 협상에 매우 중요한 참고 자료가 되어 왔다.

C-가격은 어떻게 결정되고 통제되는가?

C-가격은 뉴욕의 ICE 거래소에서 아라비카 커피 선물계약 가격이며, 개인이 실제로 커피를 판매하는 가격과는 다르다. 그것은 현물시장이다. 폰테(Ponte)는 선물시장가격을 "시장 펀더멘털(생산, 소비, 주식)과 기술적 요인(헤지, 트렌드, 트리거 신호에 대한 반응)의 단기 종합"으로 정의한다.[174] 커피 선물계약의 수요와 공급은 실제 커피의 수요와 공급과 다를 수 있다. 게다가 전 세계적으로 커피 선물계약의 공급과 수요는 한 판매자가 제공해야 하거나 한 구매자가 구매하고자 하는 특정 유형 및 수량의 실제 커피의 공급과 수요와는 분명히 다를 것이다. 런던에 있는 국제커피기구(ICO)도 또한 특정 유형의 생두에 대한 실제 거래를 기반으로 한 커피 가격을 발표한다.

■ 헤징 VS 베팅

"헤징은 금융파생상품의 가격변동(가격 위험)으로부터 투자를 보호하는 것이다."[175]

만약 당신이 판매자라면 가격이 떨어질 때 손해를 본다. 만약 당신이 구매자라면 가격이 오를 때 손해를 본다. 만약 당신이 판매자이면서 동시에 구매자라면 가격이 오르거나 떨어질 때 당신은 손익분기점을 찍는다.

헤징의 개념은 미래에 하려고 하는 것의 정반대의 포지션을 취해서 지금과 미래 사이의 변동과 관계없이, 마치 오늘 실행한 것처럼 거래를 마칠 수 있도록 하는 것이다.

선물계약은 "양 당사자가 기초자산을 고정가격으로 거래하기로 합의하는 장내 금융 파생상품"이다.[176] 선물계약의 가격은 오늘이 아닌 미래의 지정된 날짜의 커피 가격이다. 이 가격은 오늘 이용할 수 있는 정보에 의해 결정되지만, 오늘의 커피 가치를 나타내는 것이 아니라 만료일에 얼마의 가치 있을 것인지에 대한 예측 가치를 나타낸다. "선물가격은 현물가격이 얼마나 변할지에 대한 정보를 담고 있다."[177] 시장 펀더멘털(공급, 주식, 수요)의 예상되는 변화 외에도 선물가격, 즉 미래 커피의 가치는 보유비용을 포함한다. 여기에는 보관비용, 그것이 차지하는 자본의 이자율 및 편의 수익률이 포함된다.[178] (편의 수익률은 기본적으로 자신이 원하는 만큼 보유할 수 있기 때문에 공급충격 발생 시 실물 상품에 대해 얻을 수 있는 잠재적 이익의 프리미엄을 계산한 것이다.)

만약 당신이 계약을 매수하면(롱 포지션*) 계약 체결일에 합의한 가격으로 미래의 날짜에 커피를 구매할 권리를 매수하고 의무를 수락하는 것이다.

만약 당신이 숏 포지션을 취하는 경우 당신은 본질적으로 당신이 가지고 있지 않은 커피를 판매하기로 약속한 것이기에 계약 체결일에 합의한 가격으로 미래의 날짜에 커피를 판매하기로 동의하

---

* 선물계약에서 롱 포지션(Long position)은 사서 보유한다는 뜻이고, 숏 포지션(Short position)은 반대로 선물계약을 매도한 상태를 뜻한다.

는 것이다.

그러나 실제로 계약을 이행하고 계약조건에 따라 커피를 사거나 판매하는 사람은 거의 없다. 대부분의 사람들은 계약 만료 전에 "판매"하거나 계약을 종료하고 계약을 체결한 날로부터 계약을 종료하는 날까지의 가격 차액을 지불하거나 받는다.

만약 당신이 커피를 사거나 판매하고 있다면, 이 같은 계약은 잠재적 가격 변동으로 당신을 보호해주는 유용한 헤지가 될 수 있다. 그러나 각 거래에는 두 가지 면이 있다. 그래서 만약 당신이 매도 의무를 이행하고 싶다면 또 다른 사람도 그에 상응하는 매수 의무를 이행해야 한다. 이것은 당신이 "도박장"에서 경마 게임에 내기를 하는 것과 다르다. 왜냐하면 이것은 더 많은 사람들이 사고 파는 일에 참여할수록 좋은 것이기 때문이다. 매수 및 매도 규모를 시장의 유동성이라고 하며 C(뉴욕 아라비카) 및 RC(런던 로부스타) 시장에서 상당한 참여를 보이는 투기꾼들은 프리미엄을 받는 대신 위험을 감수해야 하기 때문에 꽤 큰 유동성을 받아들여야 한다. 우리는 투기가 언제 그리고 왜 나쁜 시장 상황을 초래하고 왜곡을 일으킬 수 있는지에 대해 나중에 살펴볼 것이다.

큰 규모의 무역업체들은 파생상품 시장에 많이 참여한다. "노이만 카페 그룹(Neumann Kaffee Groupe)과 ED&F 맨 볼카페(ED&F Man Volcafé)는 자체적인 사내 옵션과 선물 중계업체를 보유하고 있다(각각 TRX Futures 및 ED&F Man Commodity Advisors Limited). 소규모 거래자들, 특히 스페셜티 커피를 취급하는 거래자들은 헤지하지 않거나 거래량의 일부만 헤지할 것이다."[179]

불행하게도 실물 커피 거래에 참여하는 많은 사람들은 헤징 수단에 접근할 수 없거나 그들이 제공할 수 있는 모든 혜택을 누릴 수 있는 노하우를 가지고 있지 않다. "선물시장을 이용함으로써 가장 이익을 얻을 수 있는 개발도상국의 생산자들은 헤지를 위해 선물계약을 사용하는 방법에 대한 충분한 지식이 없거나 그 계약에 접근할 수 없다."[180] 이 두 가지 표준화된 상품에 기초한 헤지 수단은 또한 문제의 상품이 샘플 상품과 아주 다를 경우의 위험을 완화하는데 항상 유용한 것은 아니다. 예를 들어 선물계약이 $0.95인 코스타리카 커피 거래를 85점 이상이라는 점수에 헤지하는 것은 그다지 효과적이지 않다. 왜냐하면 점수가 85점 이하인, 거의 절반에 가까운 물량들을 헤지할 수 없기 때문이다. 따라서 판매하거나 구매하고자 하는 100%의 무게를 헤지하더라도 결과적으로 50%를 조금 넘는 정도만이 헤지될 수 있는 것이다.[181]

▍투기 : 유동성은 시장이라는 항해에서 바람과 같다

당신이 헤지하기 위해 파생상품 포지션을 열면 당신은 본질적으로 실제 제품으로 한 베팅의 정반대에 위치하게 된다. 그래서 어떤 일이 있어도 손익분기점을 넘고 포지션을 개설한 날 거래를 실행했을 때와 똑같은 돈을 벌 수 있다. 당신이 실제 위치에 대항하기 위해 일방적인 파생 위치를 열려면 그 반대 위치를 받아들일 누군가가 필요하다. 만약 당신의 포지션이 시장이 오를 것이라는 베팅을 한다면 하락하는 시장에 동일한 베팅을 할 누군가가 필요하다. 만약 시장에 참여하는 행위자들이 거의 없다면 아마도 당신의 베팅을 받아 줄 상대방이 항상 있지는 않을 것이다. 하지만 커피 시장은 투기자들로 가득 차 있기 때문에 (즉, 시장은 믿을 수 없을 정도로 유동적이다) 당신의 베팅을 취할 사람을 빠르게 찾는 것은 문제가 되지 않는다. 만약 당신이 헤지를 하고 있다면 이것은 좋은 일이다.[182]

■ 가격 발견

차등 가격

모든 커피가 동일한 것은 아니지만 두 가지 주요 파생상품 계약에 따라 가격이 (주장되어) 책정되기 때문에, 차이는 "기본" 계약 가격과 합의된 실제 가격의 차이다. 차액은 교환되는 제품과 이미 해왔던 선물계약에 의해 추적된 기초상품*(underlying product) 사이의 차이를 보충하게 될 것이다. 품질은 의심할 여지없는 한 요인이지만, 차액이 반드시 기준 위나 아래의 품질 수준을 가리키는 것은 아니다. 가격은 특정 원산지의 특정 유형의 커피에 대한 공급과 수요 조건을 정확하게 반영한다. 다만 가격이 차등으로 표시된 커피는 모두 선물계약과 관련이 있으며, 교환되는 제품과 크든 적든 관련이 있을 수 있다.

누군가는 다른 커피 상품의 가격이 선물계약 가치에 대한 큰 영향을 미치는 것과 같이 기초상품의 가격과 실제 제품 가격의 다이버전스** 증가 때문에 차등 가격 책정은 스페셜티 커피 상당 부분의 실제 가치를 발견하는데 효과적이지 않다는 주장을 할 수 있다. 스페셜티 등급의 생두와 완제품은 모든 가격 책정의 바탕이 되는 주류 상업 시장에서 점점 더 멀어지고 있다. 88점의 허니 프로세스 마이크로 랏의 가격을 뉴욕-C 가격의 차등 가격으로 책정하는 것은 1997년산 보르도 와인을 3월령 포도 주스의 선물계약에 기반한 차등 가격으로 책정하는 것과 같다.

1990년대 후반부터 스페셜티 커피 시장은 공격적으로 성장했지만 상업용 등급에 대한 수요는 완만하게 증가하였다.[183] 동시에 스페셜티 등급 커피의 생산은 정체된 반면 상업용 등급 블렌드에 사용되는 "하드 아라비카"와 로부스타의 생산은 크게 증가했다. 가격 차등 시스템이 이 상황에 작동했다면 스페셜티 커피 가격은 크게 상승했을 것이다. 그러나 이 시스템은 세계의 모든 아라비카 커피에 대한 전반적인 공급과 수요에 기초하고 있기 때문에 그렇게 되지는 않았다.

스페셜티 가격대에서는 차등 가격도 불균등하게 사용된다. 농장 차원에서 농부들에게 지불되는 가격은 보통 국제 C-가격을 기준으로 하는데, 아마도 다른 대륙에 있는 로스터 수준의 스페셜티 커피 가격은 "C-시장 가격의 변동에 대해 더 안정적"이다.[185] 로스터에게 최상급의 스페셜티 커피 가격은 거

---

* 통상적인 선물계약에서의 기초자산(underlying asset)으로, 여기서는 상품으로 표현. 선물이나 옵션 등 파생금융상품에서 거래 대상이 되는 자산으로 파생상품의 가치를 산정하는 기초다.

** 주가 분석에서 실제 주가의 흐름과 지표의 차이들을 말하며, RSI(Realative Strength Index: 상대강도지수)와 같은 주가 보조 지표와 함께 사용된다. 상승, 하락, 히든 등의 여러 종류로 정의된다.

의 고정되어 있는 반면 이를 생산하는 농부는 C-가격 기준의 수입을 얻는다. (아래 그림 2.1 참조[186])

▦ 실물 거래

ICE 거래소를 통해 일반적인 "커피"를 사고 파는 것은 흔하지 않지만, ICE 거래소는 이러한 목적을 위한 터미널 시장 역할을 한다. 행위자들이 이런 식으로 사고팔 수 있다는 보장이 있기 때문에 최후 수단의 구매자로 볼 수 있다. 워시드 또는 세미 워시드 아라비카 커피는 "C" 시장을 통해 구매 가능한 유일한 제품이다. 그러나 거의 모든 커피는 C-가격 보다 높은 프리미엄으로 실제 시장에서 거래된다. 그러므로 그것은 대표해야 할 상품을 실제로 대표하지 않으며 터미널 시장에서 판매자들에게 실행 가능한 옵션을 제공하지 않는다.[187] 릭 라인하르트는 "실제 실물시장에서 더 많은 가치를 가지고 있기 때문에 아무도 NY에 어떤 것도 입찰하지 않는다."라고 말한다.[188]

▦ 가격 변동

커피 선물시장은 2단계 카오스계라고 알려져 있다. 시스템이 어떻게 작동할지에 대한 예측이 시스템이 실제로 작동하는 방식에 영향을 미친다. 시장은 2단계 카오스계의 예로써 자주 논의된다. 나는 유가나 회사 주식의 미래 가격에 대해 예측할 수 있다. 만약 사람들이 내 예측에 따라 주식을 산다면 가격이 오를 것이다. 이것은 내 예측을 확신시킴으로 자기충족적 예언을 만들어 낸다. (53페이지 그림 2.2 참조[189])

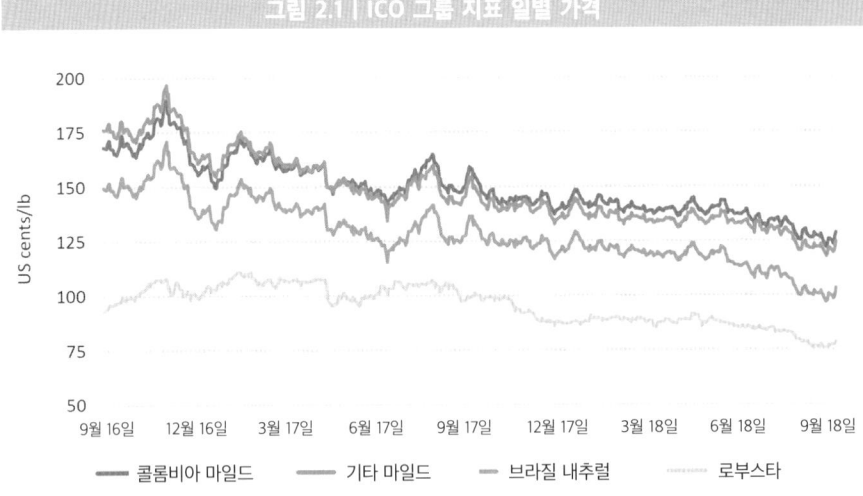

"시장 보고서"(2018). 국제커피기구

그림 2.2 | 과거 커피 가격 차트 데이터

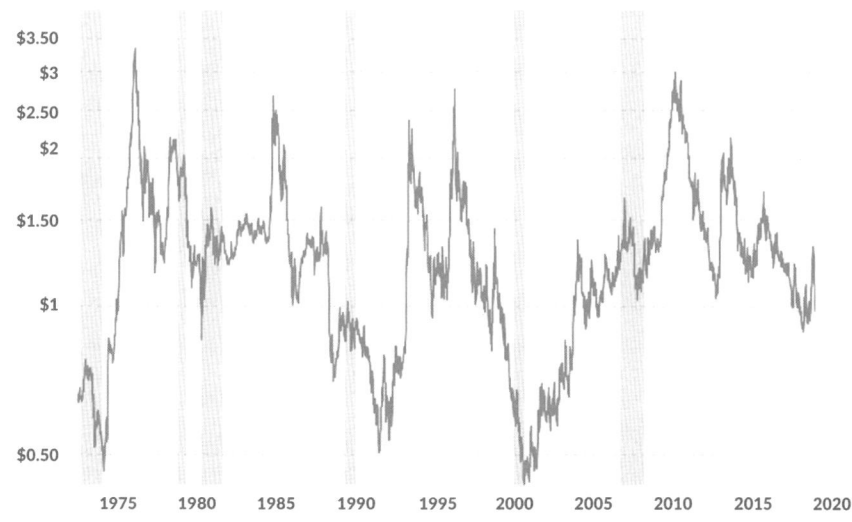

"커피 가격 - 45년 역사 차트". (s.f). 매크로트렌드. 2019년 10월 26일에 확인: https://www.macrotrends.net/2535/coffee-prisehistorical-chart-data

커피 선물가격도 마찬가지로 시장 펀더멘털(공급, 수요, 재고)을 기반으로 예상되는 커피의 미래 가격과 투기자의 인식에 따라 달라지는 계약의 수요와 공급에 따라 달라진다. 투기자들이 커피 선물 계약 시장에서 더 많이 차지함에 따라 그들의 행동은 가격 변동에 더 큰 영향을 끼친다.

변동성[190]

"2000년 이후 국제커피기구의 종합 가격은 2001년 9월 41.17센트/파운드의 최저 가격과 2011년 4월 최고 231.24센트 사이에서 변동했다."[191] 커피 선물가격 변동성도 최근 40년간 증가했다. 국제 커피협정 쿼터제가 발효된 1989년 이전 8년 동안 월별 가격 변동률은 14.8%였다가 1998년부터 2000년까지 43%로 상승했다. 이는 단기적인 시장 관성, 즉 대응에 대한 반응과 관련이 있는데, 이는 ICE 거래소의 KC아라비카 커피 선물시장에 추가된 유동성과 생산국과 지역 집중 등의 부산물로 볼 수 있다. 다른 한편으로 낮은 가격이 지속되는 동안 재정적 압박으로 생산자가 줄어들면서 공급이 부족해지기도 한다.[192] 그림 2.3(54페이지)은 큰 그림을 중심으로 46년간의 변동성이 어떤지를 보여준다.

더 밝은 선은 조사된 기간 동안 미국의 달러 금액으로 나타난 커피의 가치다. 우리는 인플레이션이 2000년 이후로 발생했다는 것을 알기 때문에 미국 1달러로는 과거에 구매했던 것을 살 수 없다는 것

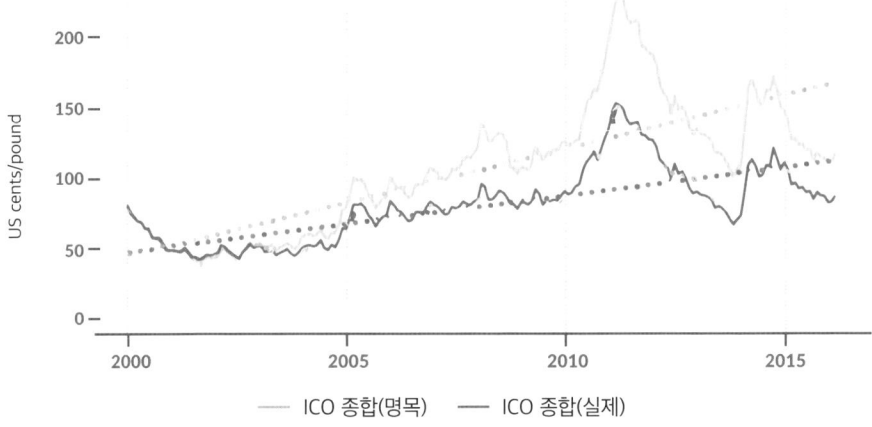

Gaitán, D., van Evert, F., Jansen, D., Meuwissen, M. & Oude Lansink, A. (2018) "베트남 커피 농장의 지속 가능성 성과 평가: 사회적 이익 비효율적 접근. 지속 가능성". 10(11), 4227.

을 안다. 어두운 선은 2000년 미국 1달러 가치를 기준으로 한 커피의 "실제" 가치를 나타내며, 수년간 커피 1파운드 가치의 실제 구매력을 보여준다.[193]

펀더멘탈 FUNDAMENTALS*

생산과 소비

모든 것의 가격을 결정짓는 기본적 관계는 공급과 수요다. 우리가 이미 "커피 경제학 입문"에서 보았던 대로 그것이 얼마가 될지는 얼마나 많은 사람들이 그것을 원하는지에 따라 결정된다. 만약 커피가 거의 없다면 가격은 공급과 수요가 정확히 일치하는 지점까지 올라간다. 그리고 커피를 원했던 몇몇 사람들은 가격이 너무 비싸기 때문에 사지 않기로 결정할 것이다. 그런 다음 지불할 의사가 있는 나머지 사람들이 원하는 수량이 정확히 같아질 때 비로소 가격 상승은 멈출 것이다. 하지만 커피가 많이 남게 되면 모두 팔리는 지점까지 가격은 떨어진다. 그래서 그날 사람들이 원하는 것보다 가격이 떨어지면, 그들은 더 좋은 거래를 이용하기 위해 더 많이 사기로 결정한다. 사람들이 제시된 수량을 정확히 구매하기로 동의한 순간 가격 하락이 멈춘다. 구매자와 판매자가 행동을 바꾸기 전에 가격이 얼마나 변하는지는 수요와 공급의 탄력성에 달려 있다. (55페이지 그림 2.4 참조)

* 국가 경제의 건전성을 나타내는 경제 기초요건을 말한다. 보통 경제성장률, 물가상승률, 재정수지, 경상수지, 외환보유고 등과 같은 거시경제 지표들을 의미하며, 주식 시장에서는 시장 자체가 소유한 경제적 능력이나 가치, 잠재적인 성장성 등을 말한다.

재고

우리는 제품의 가격이 수요와 공급의 균형에 맞춰진다는 것을 알고 있다. 공급은 제공되는 커피의 양이고 수요는 사람들이 소비하기를 원하는 커피의 양이다. 그러나 재고도 이 방정식과 모든 관련이 있는데, 창고에 있는 재고도 커피가 생산되는 것과 마찬가지로 공급의 일부이기 때문이다. 브라질에 향후 1년간 생산(공급)을 위협하는 서리가 내린다고 하자. 수요가 일정하다면 가격이 올라가야 한다. 그러나 만약 작년에 대량 수확으로 인해 산토스 항구의 창고에 6개월분의 공급량이 있다면 서리 피해에 대응할 재고가 없었을 경우에 발생할 공급 쇼크가 완화될 것이다.[194] 만약 로스팅 업체가 전 세계 각 국가의 창고에서 12개월 공급 계약을 체결한 경우 실제 시장에서는 공급의 차질은 거의 눈에 띄지 않을 것이다. 만약 해당 재고가 생산량 감소로 인해 고갈되고 부족량을 메울 충분한 커피 재고가 없이 또 다른 공급 차질이 일어난다면 가격은 크게 오를 것이다. 공급자 관리 재고(SMI)는 로스팅 업체가 거래자에게 계약된 재고를 자신의 장부에 보관하게 하여 보유 재고를 증가시켜 공급하여 가격을 떨어뜨린다.

국제커피협정

1962년부터 1989년까지 국제커피협정(ICA)은 세계 커피 가격 안정을 목표로 국제커피기구(ICO) 회원국에 의해 제정 및 시행되었다. 국가 쿼터는 세계 공급을 통제하기 위해 설정되었으며, 따라서

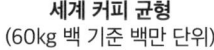

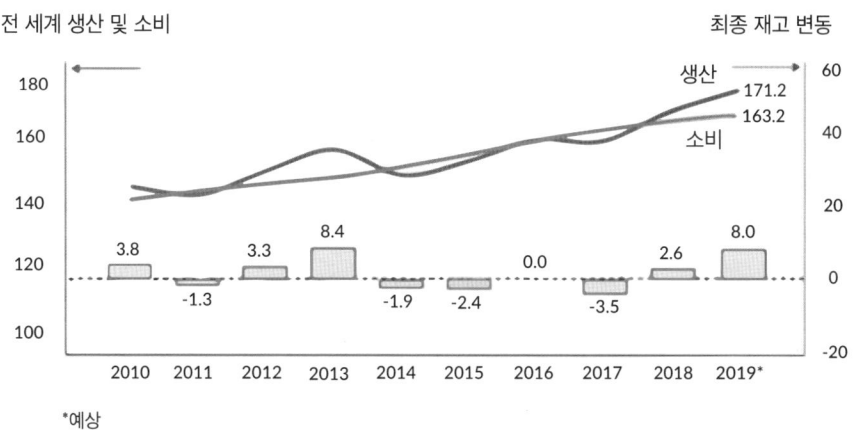

"Panorama Cafetero 2019-2020". (2019). 전국금융기관협회. 주간 보고서. NO.1482.

파운드당 1.20달러에서 1.40달러의 목표 범위 사이에서 가격을 규제한다. "실제로 정부는 진입 장벽을 설정하여 재고와 생산을 통제했다."[195] 폰테에 따르면 미국은 브라질이 세계적인 초강대국이 되는 것을 막으려는 냉전의 이해 때문에 이 협정에 가입했다. 이런 위협이 더 이상 의미가 없어진 1980년대 후반, 미국은 자유 시장을 선택하면서 협정에서 탈퇴했고 그로 인해 협정 파기를 초래하는데 결정적 역할을 했다. 동아프리카에서는 국제커피협정 붕괴에 따른 규제완화 이후 가격 변동성이 증가하고 수출 가격에서 생산자의 몫이 증가하며 수출 가격이 하락하고 농산물 투입 가격이 상승했다.[196] 가격 통제의 장단점에 대해 이 책의 뒷부분에서 자세히 다룰 예정이다.

펀드 투기

우리는 헤징에 사용되는 파생상품 시장에 투기자들이 참여하는 것이 유동성을 증가시켜 거래자 자신의 포지션 반대편에 베팅할 사람들을 쉽게 찾을 수 있게 한다는 것을 확인했다. 본질적으로 근본적 투기는 실제 시장의 펀더멘탈과 관련한 확률을 계산하여 헤지하려는 사람들이나 다른 투기자들의 베팅을 취하는 것이다. 이와 같은 종류의 투기는 실제 커피 수급에 기반하고 있기에 시장에 유익한 것으로 간주된다. 반면에 기술적 투기는 실제 커피, 누가 커피를 마시는지, 누가 커피를 생산하는지에 대해 신경 쓰지 않는다. 오히려 알고리즘에 기반해 컴퓨터를 통한 극초단타매매(high frequency trading)를 하며 차트 상의 움직임에 따라 사고 팔기를 결정하는 경우가 많다. 만약 충분한 수의 컴퓨터들이 다른 컴퓨터들이 베팅한 베팅에 또 다시 베팅하고 있고 또 다른 컴퓨터들의 베팅에 베팅하고 있으며 애초에 그들이 베팅하고 있는 것을 고려하지 않는다면 파생상품 선물계약 가격은 펀더멘탈에서 멀어질 수 있으며 심지어 커피 현물가격을 알려줄 수도 있다.[197] 실제 커피를 거래할 의도 없이 거래량의 대부분을 차지하는 투기꾼들의 영향은 계속적으로 논란이 되어 왔다. 그들의 기술적 거

그림 2.5 | 환율 위험 지수

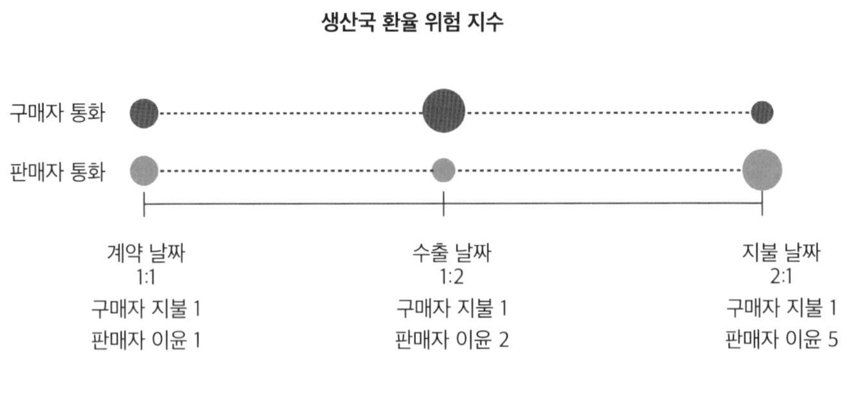

생산국 환율 위험 지수

	계약 날짜	수출 날짜	지불 날짜
구매자 통화			
판매자 통화			
	1:1	1:2	2:1
	구매자 지불 1	구매자 지불 1	구매자 지불 1
	판매자 이윤 1	판매자 이윤 2	판매자 이윤 5

래 활동은 가격 변동을 약화시키지만 시장 펀더멘탈과 무관하게 가격 변동을 일으키지는 않는다는 것이 일반적 견해다.[198][199]

1980년대 이후 선물 거래량은 점점 더 커피의 실제 거래량을 앞질렀다.[200][201] 1980년에는 생두 선적량보다 다섯 배나 더 많은 양이 선물계약으로 팔렸다. 1990년까지 선물계약은 실제 제품보다 8배 더 많은 양을 차지했고 2010년까지 커피 선물계약은 실제 생두 거래보다 거의 16배 더 많이 팔렸다.[202]

릭 라인하르트에 따르면 투기는 시장을 움직이는 것이 아니라 시장을 악화시킨다. 그는 "우리는 내년에 마실 7백만 백 이상의 커피를 재고로 가지고 있다. 일 단위로 표현하면 15일이다. 세상에는 우리가 필요로 하는 것보다 15일 정도 마실 커피가 있다. 그것이 우리가 현재 보고 있는 정도(인터뷰 당시 파운드당 $1)로 시장을 하락으로 몰고 있는 것은 아니다."[203] 펀더멘탈(공급과 수요)에 따른 가격 변동은 선물 거래량에 따라 증폭된다.[204][205] 이러한 변동성은 다른 공급망 행위자들처럼 시장에 대해 헤징할 규모나 자원이 없는 시장에 의존하는 소규모 농부들에게 가장 큰 영향을 미친다.

일부 사람들은 투기가 선물가격을 펀더멘탈과 분리시킬 수 있다고 한다: "지수 연동 가격 형성은 변동성, 투기적 공매도, 펀더멘탈과 가격 사이의 잠재적인 왜곡에 영향을 미친다."[206] 1996년 UN은 "과거 20년에 걸쳐 원자재 선물시장에서 대규모 펀드의 활동 증가로 인해 가격 결정과 시장 펀더멘탈 사이의 연관성이 약해져 가격 불확실성이 커졌다."고 선언하였으며 2018년에 이를 재확인했다.[207][208][209] 투기 행위가 펀더멘탈에서 크게 벗어날 수 있는 이유는 투기자들이 수요와 공급 정보가 아닌 타인의 움직임에 따라 의사결정을 내리는 "기술적 거래"를 하기 때문이다. 현물가격에 영향을 미치는 선물 거래 활동 간의 연관성 부족을 나타내는 지표는 UN무역개발협의회(UNCTAD)가 인용한 바와 같이 해당 상품의 수요 공급 펀더멘털이 독립적으로 변화함에도 불구하고 (다른 원자재 상품의) 미국 거래소에서 선물계약이 있는 많은 소프트 상품 간의 동조 현상이다.[210] 에더러(Ederer, 2013)에 따르면 "커피 가격 변동의 50%는 2006년과 2012년 사이의 선물시장에서 금융 투자자, 특히 자금 관리자들의 순 매수 포지션으로 거슬러 올라갈 수 있다."[211] 따라서 전 세계 수백만 명의 생계를 규정하는 가격 변동의 50%만이 해당 기본 상품과 관련이 있다. UN은 금융화된 상품 시장에 대해 "상품 가격은… 상품의 상대적 희소성에 대한 올바른 신호를 제공하지 않는다. 이는 자원 배분을 저해하고 실물경제에 부정적인 영향을 미친다."고 말했다.[212]

통화

경제 행위자가 매도나 매수를 결정하는 것은 그들이 기대할 수 있는 수익성에 기초한다. 이익은 자국 통화로 계산한다. 커피의 대부분은 국제적으로 거래되기 때문에 환율은 경쟁력에 중요한 역할을 한다. 주요 커피 선물계약은 달러로 호가되기 때문에 구매자나 판매자의 통화 가치는 그들의 수익성과 경쟁 능력을 바꿀 수 있다.[213] 구매자로서 만약 당신의 통화 가치가 미국 달러 대비 상승한다면 당신은 자국 통화 가치로 커피를 더 싸게 구하거나 다른 경쟁사들보다 더 많이 살 수 있을 것이다. 판매자로서 달러 대비 통화 가치가 하락하는 경우 자국 통화로 표시된 생산 비용이 일정하게 유지되는 한 이익(자국 통화 기준)이 증가한다. 그러나 시계추는 언제든지 되돌아갈 수 있고 특정 생산국의 생산자와 수출업자가 현지 통화로 그들의 비용을 충당하는 가격으로 팔 수 없게 만들 수도 있다.[214]

릭 라인하르트에 따르면, "우리가 1달러 이하의 가격으로 커피를 살 수 있는 이유들 중 하나는 달러가 (브라질) 실제 가격 대비 강세를 보이고 있고, 그것은 브라질 커피 농부들에게 더 많은 커피를 생산하도록 장려하기 위한 것이며, 시장은 그 현실에 가격을 매겼기 때문이다. 브라질 농부가 이 시나리오에서 돈을 벌 수 있다는 생각은 시장에서 가격이 형성되는 것으로 실현된다."[215] 브라질 농부들의 생산원가가 현지 통화로 되어 있고, 자국 통화 가치가 떨어지면 커피로 지불되는 달러가 그들에게 더 가치가 있기 때문에 더 큰 이윤을 얻을 수 있다. 수출업체들에게는 매력적인 상황이기 때문에 그들은 나중에 더 나은 가격을 기대하며 커피를 팔거나 보유하는 동기가 부여된다. (브라질이 최대 수출국이기 때문에) "투기자들은 문제의 통화가 브라질의 통화일 때, 환율만큼 시장을 움직이는 큰 동력이 되지는 않는다."[216]

■ 가격 왜곡

단기적인 변동성과 헤지 수단에 접근하는 일은 공급망에서 생산자와 다른 행위자들에게 거슬리는 일이 될 뿐 아니라 투기자들에게는 스스로 만든 변동성으로 인해 이익을 얻을 수 있는 기회가 될 수 있다. 변동성 증가에 대해 사람들은 선물시장 행위자의 행동을 비난할 수도 있지만 지난 수십 년 동안의 전반적인 가격 하락 추세를 볼 때 그들과의 관련성은 거의 없다; 오히려 그 주범은 공급과 수요의 근본적인 펀더멘탈과 다른 통화들 간의 가격에 대한 인식의 차이라고 볼 수 있다.[217]

가격의 역사

"1975년과 1993년 사이에 국제 커피 가격은 세계 시장에서 18% 하락했다. 같은 기간 미국 소비자 물가는 240% 올랐다."[218] "인플레이션을 감안할 때 1980년부터 2005년까지 실제 커피 가격은 66% 이상 하락한 것으로 나타났다."[219] 2018년 커피 바로미터에 따르면 "1980년대 초반 이후 세계 커피 가격은 실질 기준으로 3분의2 수준으로 떨어졌고, 커피 농부의 실제 수입은 그 시기에 절반으로 줄었다."[220] 왜 이런 일이 일어났을까?

커피 가치 사슬의 하류(로스팅 업체와 소매업) 끝에서 늘어나는 소유권과 힘의 집중은 가격 형성으로 이어져, 이는 커피 사슬에서 소득의 불균형을 증가시켰다.[221] 생두의 국제 무역은 소수의 다국적 무역회사들에게 고도로 집중되었고, 때때로 생산자로부터 직접 구매하여 마케팅 채널을 통제하면서, 이론적으로는 가격에 영향을 미치고 있다.[222] 게다가 생산자는 대부분 대체 가능하기 때문에 국제 무역업자들에 비해 협상력이 낮아지고 있다.

로스터들이 사용할 수 있는 생두 재고는 국제 가격 하락에 압력을 가하는데, 로스터들이 더 이상 그들의 장부에 많은 재고량을 보유하지 않기 때문에 주로 다국적 무역회사들이 소유하고 있다.[223] [로스팅 업체들이] 공급관리를 해외 무역업자들에게 아웃소싱하는 것은 재고를 더 쉽게 구할 수 있다는 것을 의미하며, 이는 기존에 알려지지 않았던 낮은 재고와 낮은 국제가격의 상황으로 이어진다. 그 결과 "커피 체인에서 발생한 총 수입의 상당 부분이 농부에서 소비국 운영자로 옮겨졌다."[224] 국가 당국이 생산국에 보유하고 있는 재고는 재배자들에게 효과적인 보험이었다. 커피는 수확기에 가격이 낮을 때 시장에서 보류되고 가격이 좋을 때 팔리며, 환경적 요인으로 인한 흉작을 만회하기 위해 가격과 상관없이 처분될 수 있었다.[225] 이런 시스템은 특히 브라질이 이를 적용했을 때 가격 변경을 원활하게 하는 데 도움이 되었다. 자유화로 인해 국가 당국이 다국적 무역 회사의 보조 역할을 하게 되면서 재고를 통해 가격을 합리적으로 만드는 행위는 줄어드는 경우가 많았고 심지어 역전되기도 하였다.

과잉생산

방 안의 코끼리: 의도적으로 생산량을 늘렸다. 새로운 경작은 개인적 차원에서는 타당하지만 국가 및 전 세계적 차원에서는 무모하고 무책임한 것으로 입증되었다. 국제커피기구(ICO)에 따르면, 1996년부터 2016년까지 전 세계 커피 생산량은 61% 증가했다.[226] 게다가 "커피 생산은 2010년 이후 20% 이상(+2,600만 백) 증가했다."[227] 공급이 수요보다 많거나 잉여가 생기면서 2017-2018 시즌에는 가격이 하락했다.[228]

생산국들은 외환을 창출하기 위해 헥타르당 수확량과 국내 생산량을 증가시켰고, 그 결과 세계 생산량이 증가하며 가격수준이 낮아져서 종종 작은 규모의 농가는 허용 가능한 삶의 질을 제공받지 못하게 되었다.[229] 국가들은 공급 제한에 대해 국제적 합의가 부족하고 자유 무역을 선호하는 신자유주의 경제 및 무역 정책에 따라 더 이상 수출량을 중앙에서 통제하지 않는다.[230] 국제커피협정이 종료된 이후 세계 커피 무역의 자유화는 커피 생산 증가에 기여했다.[231]

브라질과 베트남은 생산 원가를 크게 줄여 판매할 시장이 넘쳐났고 저가 커피 시장환경에서 번성하게 되었는데, 생산원가가 높은 다른 나라의 소규모 생산자들은 더욱 어렵게 되었다.[232][233] 전문성이 커지고 효율성이 높아지면 공급도 늘어나 가격이 하락한다. 베트남의 커피 재배 면적은 1982년 19,800헥타르에서 1999년에는 529,000헥타르(로부스타 90%, 아라비카 10%)로 증가했다.[234] 베트남의 총 커피 생산량은 1992-1996년보다 2012-2016년, 연평균 대비 732% 증가했다.[235]

부분적으로 베트남의 생산량 증가 덕분에 전체 로부스타 수출은 95% 증가한 반면, 아라비카 수출은 1996년에서 2016년까지 38%만 증가했다.[236] 블렌딩 비율을 로스터가 조정할 수 있기 때문에 아라비카와 로부스타 사이에 어느 정도까지는 대체할 수 있으므로 로부스타의 생산량 증가로 인해 아라비카 가격이 영향을 받았다고 저자는 주장한다. (예를 들어 베트남 내추럴 로부스타는 아마도 코스타리카 SHG를 직접 대체하지는 않겠지만, 특정 블렌드 내에서는 로부스타 비율이 증가할 수 있고 대신에 향미가 적은 아라비카의 비율을 낮추고 고품질의 부드러운 아라비카 비율을 증가시킬 수 있게 된다.)

파생 프록시(Proxy)*의 적합성

뉴욕 "C"계약이 마일드 아라비카 커피의 기본에서 벗어났다는 강력한 증거가 있다. 이는 입찰할 수 없는 등급, 즉 하드 아카비카 및 로부스타에 영향을 받으며 추적할 수 없다.[237] 그 가치는 더 이상 기본 상품인 마일드 아라비카의 가치를 대표하지 못한다. 아라비카 재배자들은 일반적으로 거의 모든 협상의 기반이 되는 파생상품 시장을 지배하는 다른 상품들보다 생산에 훨씬 높은 비용을 소비한다. 우리는 이것이 여전히 비주류 이론이고, 대담한 주장이라는 것을 알고 있다.

"뉴욕의 기본 입찰 가능 상품은 워시드 아라비카이고 그것은 전 세계에서 거래되는 것은 아니다. 워시드 아라비카의 생산과 소비는 30년 동안 제자리걸음을 했다. 반면 세계 커피 백(bag)의 생산과 소비는 기본적으로 약 1억 개에서 1억 7천만 개로 상당히 빠르게 증가했다."고 릭 라인하르트는 말한다. "이러한 성장의 85%는 내추럴 아라비카와 로부스타에서 발생했다. 뉴욕 시장이 가격 발견 메커니즘으로써 실패했고, 선물시장으로써는 약간 실패했으며, 때때로 터미널 시장으로써 실패한 이유 중 하나는 시장이 내추럴 아라비카와 로부스타를 거래할 때 시장 자체가 워시드 아라비카와 연동되어 있기 때문이다. 이 두 제품 모두 뉴욕에 대해 헤지되어 있지만 그곳에서 인도될 수 없다. (워시드 아라비카 선물계약의) 가격에 미치는 영향은 내추럴 브라질 커피와 워시드 커피에 대한 차익 거래를 고려해 보면 실제 시장 가치와 로부스타의 시장 가치와 더 많은 것과 관련이 있다. 그래서 그 세력은 뉴욕('C' 계약)의 가격 발견 메커니즘을 상당히 왜곡시켰다."[238] 마일드 아라비카 커피의 뉴욕 "C" 시장은 정의상 "그것만의 파생 시장이 되었다. 내추럴 아라비카의 파생상품은 많이 거래되었다."[239]

제3의 계약

하드 아라비카(대부분 브라질의 저품질 내추럴 프로세스 커피)가 가장 많이 거래되고 있고 상호 배타적인 시장 펀더멘탈이 고품질 워시드 아라비카 커피의 가격을 왜곡(인하로 이끄는)하는 경우, 그것들에 대해서만 별도의 계약을 맺지 않는 이유는 무엇일까? 그렇게 하면 "C" 계약은 대표할 수 있는 워시드 아라비카의 실제 시장을 추적할 수 있다. ICE 거래소는 런던 로부스타 계약과 뉴욕 아라비카 계약을 모두 소유하고 있다. 한 업계 전문가에 따르면 ICE 거래소는 위와 같은 계약을 시도했지만 목적에 맞지 않아 다시 시도할 계획이 없다고 한다.[240] "뉴욕 시장은 대부분의 경우 판매자들에게 잘 작동하지 않지만… 때로는 구매자에게도 효과가 없을 때도 있고… 그것은 커피 사업에 직접적으로 관

---

* 프록시란 동조화 현상으로 A와 B가 비슷한 경향을 보일 때 사용한다.

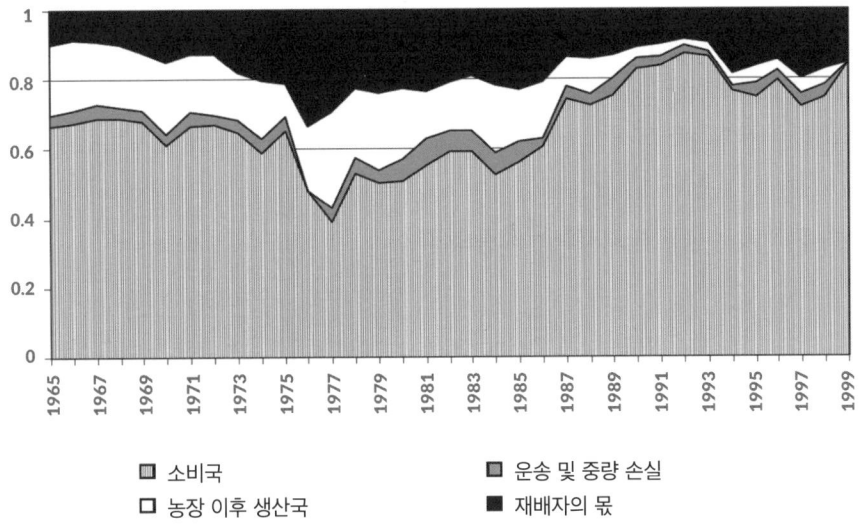

그림 2.6 | 소득 분배 : 최종 소매 가격의 몫

소비국
농장 이후 생산국
운송 및 중량 손실
재배자의 몫

Fitter, Robert & Kaplinksy, Raphael. (2009). "커피 시장이 더욱 분화됨에 따라 제품 임대에서 누가 이익을 얻을까? 가치 사슬 분석". IDS 단신. 32. 69 - 82.

여하지 않는 사람들에게 매우 효과적이다. 비상업적 헤지는 시장에서 좋은 시기를 보내고 있다. 그것은 많은 변동성을 가지고 있고, 어떤 경우에는 좋은 통화 헤지이기도 하다. 더 큰 금융 세계에서는 제3의 계약을 실현시킬 욕구가 거의 없다."[241] 결국 이 시장을 통한 헤지에 관심이 있는 사람들은 소수이며 ICE 거래소 수익의 소수를 창출한다.

■ 농부들에 대한 소매 가격에서의 저(低)분배[242]

1970년에는 원두 한 봉지 가격의 20%는 개별 생산자에게, 55%는 생산 국가에게 지불되었다. 1989년 국제커피협정이 종료되면서 1995년까지 농부에게 지급된 가격은 소매 가격의 13%로 떨어졌고, 22%는 생산국(수출업체)에게 돌아갔다.[243] "현재(2020년) 평균 생두 수출액은 커피 시장에서 창출되는 2,000억 달러 수익의 10%에도 미치지 못한다."[244] 이 정도가 수출업자가 벌어들이는 소득이다. 커피 바로미터 2018에 따르면 "중남미의 농부들은 수출 가격의 최대 87%까지 받을 수 있는 반면, 동아프리카의 경우 이는 61%까지 낮아질 수 있다."[245] 에티오피아의 스페셜티 커피인 시다모(Sidamo), 예가체프(Yirgacheffe), 하라(Harrar)의 경우 "2011년 커피 재배자들에게 할당된 몫은 소매 가격의 2.8%에 달했다. 세계 전체 가치 중에 단지 약 5%만이 생산국 몫으로 돌아간다."[246] 바트 슬롭(Bart Slob)에 따르면 가치의 감소는 "로스터 이윤 증가와 분명히 연관되어 있다."[247]

이러한 발생은 고장난 시스템의 자연스러운 징후라고 결론지을 수 있다. 시스템은 오늘날과 같이 기능하도록 의도적으로 설계되지 않았을 수도 있다. 하지만 큰 팀이 한 명의 구성원을 짊어지고 한 손가락으로 사람을 지탱하는 신뢰 운동처럼 시스템이 작동하는 방식으로 혜택을 보는 모든 사람들은 그렇지 않은 사람들이 경험하는 부정적인 결과에 대해 책임을 져야 한다. 필리스 존슨(Phyllis Johnson)은 "시스템은 그들이 의도한 결과를 만든다. 그렇지 않으면 바뀔 것이다… 당신이 만든 건 아닐지라도 최소한 그 결과를 인정하지 않는다면 당신은 공범이다."라고 한다.[248]

소매 가치에서 생두가 차지하는 비중의 감소

완제품 대비 낮은 비율의 생두 금액은 로스터의 이윤을 증가시킨 것뿐만 아니라 효율성을 떨어뜨리지도 않았다. 로스터는 고객 서비스 개선과 커피를 소비하는 공간과 같은 다른 가치를 더하는 일에 그 돈을 썼다. 커피 자체도 이전보다 고객에게 제공되는 제품의 비중이 줄어들면서 이제는 다른 재료의 비중이 커졌다. 카플린스키(Kaplinsky)는 "카페에서 제공되는 카푸치노 한 잔의 커피 함량은 4% 미만"이라고 언급했다.[249]

커피가 고객 경험과 제품 제공에 부여하는 가치가 적어지면서 원재료(생두)의 물질적 가치도 떨어지게 되었다. 물론 생두는 공급망을 통해 로스터까지 전달되기 때문에 이것이 가장 중요하지만, 실제 판매에 있어서는 그리 중요하지 않는 위치를 차지한다. 소비국가의 주류(主流) 산업에서는 로스터 분야 다음으로 브랜드와 관련한 상징적 가치가 우선한다. 음료 소비 수준에서는 커피 브랜드와 소비 시설의 상징적 품질은 물론 제공되는 서비스와 분위기가 완제품 가치의 대부분을 차지하기 때문에 해당 제품에 대한 농부의 기여도가 떨어진다.

문제는 커피가 정말로 전체 산업에서 대체 불가능한 핵심 요소라면, 농가 가격의 하락은 필수적인 연결고리를 관리하지 못한 시장 실패를 의미하는가, 아니면 그저 자연적 질서, 냉랭하고 논리적인 시장이 하는 일, 즉 희소한 자본을 효율적으로 배분하는 일일뿐인가? 진짜 질문은 위험에 노출되어 있는 취약한 사람들이 구성하고 있는 커피 산업과 또 다른 산업들에 자본주의 논리가 적용되어야 하는가? 당신은 신자유주의, 자유무역주의, 시장 개방 정책을 요구할 수 없고 한 잔의 커피에서 차지하는 농부들의 몫이 미미해서 그들이 가난 속에 살고 있다고 불평할 수 없다.

릭 라인하르트는 이 주제에 대해 현명한 의견을 가지고 있다: "로스터에 대한 기대는 커피 생산량이 높아지면 가격이 내려가야 한다는 것이다. 하지만 그들은 가격을 낮추지 않는다. 2012년 "C" 시장은 2.80달러였다. 오늘날 "C" 시장은 명목상 1달러다. 70%나 비용이 절감되었다… 미국에서 커피 한 잔의 평균 가격은 단 한 번도 떨어지지 않았다. 그게 어떻게 정당할 수 있는가?… 생산자가 '저기, 내… 생산비용은 올랐는데 시장이 침체되어 있기 때문에 더 높은 가격을 지불할 수 없다는 거야?'… 이것은 좋게 말해 기회주의적인 행동이고, 나쁘게 말하면 바가지를 씌우는 일이다."[250]

그림 2.7 | 균형 잡힌 지속 가능성 비전을 향하여

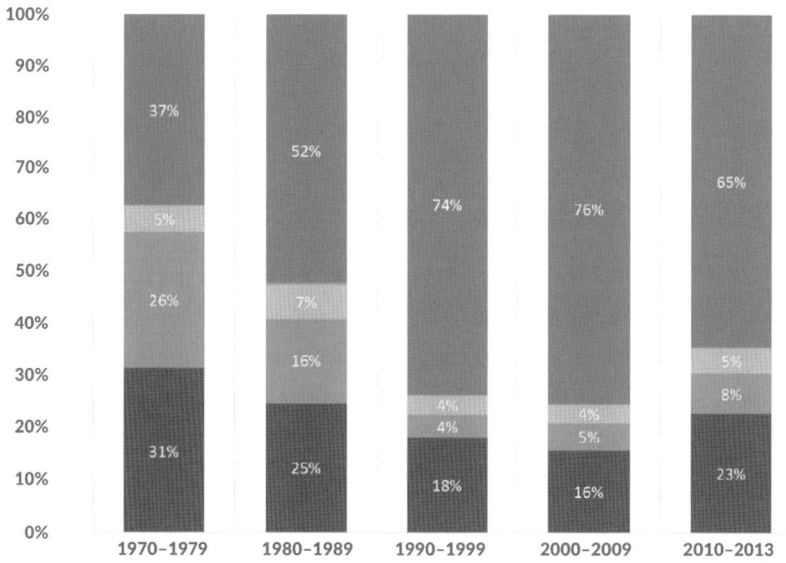

커피 식료품 소매 부문의 가치 분포

■ 농부 ■ 기타 생산국 ■ 중량 감소 및 수입 비용 ■ 수입국의 기타

Samper, Luis & Quiñones-Ruiz, Xiomara. (2017). "커피 산업의 균형 잡힌 지속 가능성 비전을 향하여". 자원. 6. 17.

커피 사이클[251][252]

커피 가격 변동 주기는 상대적으로 긴 기간 동안 이어지는 낮은 가격, 그리고 공급에 영향을 미치는 예측할 수 없는 사건들이 야기한 매우 높은 가격이 주는 짧은 충격들로 특징 지어진다.

1. 공급 부족을 야기하는 기상 현상이 있다. 가격은 폭등한다.
2. 가격이 폭등할 때, 사람들은 이윤을 더 얻기 위해 커피를 심지만 수요-공급의 차이를 메우기 위해 필요한 양보다 더 많은 커피를 심는다.
3. 3년 후 새로 심은 커피가 생산되기 시작하면 가격은 정상화되지만 공급은 과잉이 된다. 가격은 떨어지고 지속적으로 그 가격이 유지되므로 높아진 가격때문에 커피를 심었던 생산자들은 결코 이윤을 얻을 수 없게 된다.
4. 가격이 일정기간 낮게 형성되면 생산자는 그것을 견디지 못하고 커피나무를 베어낸다. 이 일은 계속 반복적으로 일어난다. "한 주기는 길고 그 기억은 짧다."[253]

모래 수렁(Quicksand)

가격이 하락하면 농부들은 생산을 늘림으로써 생계를 유지하려고 노력한다.[254] 만약 그들이 킬로그램당 수입이 적다면, 그들은 똑같이 벌기 위해 생산량을 늘려야 한다. 정부는 또한 빈곤과 사회 문제를 막기 위해 생산을 늘리는 조치를 취한다. 생산량을 더 늘리면 공급 과잉이 더욱 증가하여 가격은 더 낮아진다.[255] 미래의 환경, 안전성 및 향후 생산 능력에도 불구하고 수확량 개선 조치가 시행되는 경우가 많다.[256] [257]

C-가격 VS 생산 비용

생산자가 가격 문제에서 벗어날 방법이 없을 때, 다음 과정은 느린 하향 나선형으로 시각화될 수 있다. 소득이 낮으면 농장에 투자할 돈이 없게 된다. 농장 예산에는 더 이상 토양 조절(비료), 병충해 방제 및 예방, 오래된 나무 정리, 가지치기와 미래 수확량을 보존하기 위한 기타 유지보수 등이 포함될 수 없다.[258] 그 결과 생산성이 낮아져서 판매할 커피와 수입이 줄어들게 되어 수확 이후에 시설 개선을 위해 투자할 자금이 생길 가능성이 낮아진다. 정비가 안 되면 생산성이 계속 떨어지고, 농장은 해충에 취약해지며, 품질과 생산성은 계속 저하된다.[259]

스페셜티 커피 구매에 관련한 종사자들이 종종 불평하는 생산자 가격을 둘러싼 이야기가 있다. 이 이야기는 월가 어딘가에서 오즈의 마법사가 당긴 레버가 종종 "C"시장이 소규모 스페셜티 커피 농장

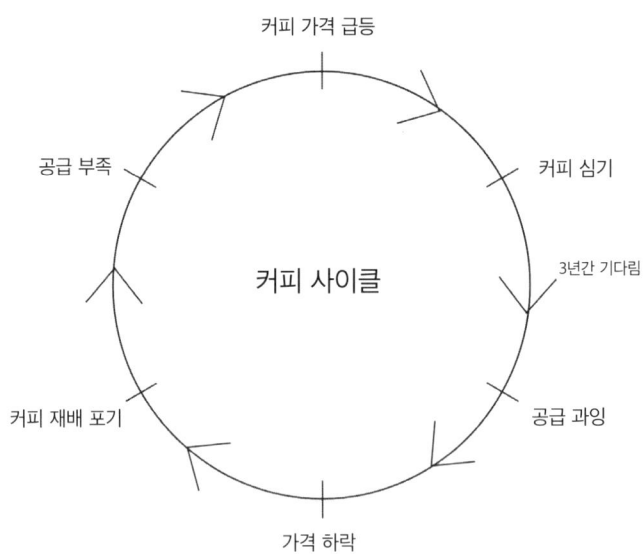

그림 2.8 | 커피 사이클

출하 가격을 낮추는 원인이 된다고 비난한다. 아마도 "코요테"나 "스위스 은행가"가 언급될 것이다. 제품 가격이 생산 비용조차 감당할 수 없다는 것은 통탄할 일이며, 이런 일이 일어날 수 있다는 것도 당혹스러운 일이다. 만약 라떼아트 대회(latte art throwdown)에서 이에 대해 불평하는 사람들이 있더라도, 사실 그 안에서 누구도 이를 책임지지 않기 때문에 공급망 안에서 이를 허용하는 사람들과 마찬가지로 그들 또한 책임이 있다. 결국 그들의 이런 대화는 농부들에게 최소한의 생산원가는 지불되어야 한다는 현실 직시로 마무리되곤 한다.

그러나 C-가격은 생산 비용에 근거해야 한다. 만약 실제 커피에 지불되는 가격이 오랫동안 생산원가보다 낮다면, 농부들은 재배를 멈추고 공급을 줄이고 결국 가격을 올릴 것이다. 과잉생산 조건에서 C-가격은 생산자들이 생산을 중단하지 않고 받아들일 최소한의 가격이다. 차등적 가격을 포함한 C-가격 수준에서 비용을 확실히 감당할 수 없는 경우: 그것은 당신의 생산 비용에 근거하지는 않지만 다른 누군가의 생산 비용이 당신이 그 시장에서 경쟁력이 없다는 신호를 보내고 있다는 뜻이다. 이론적으로 공급-수요 조건으로 인해 특정 유형의 커피 농사가 수익성이 없게 된다면 농부들은 다른 일을 하게 될 것이다. 그러나 새로 재배하는 커피나무에 3년을 투자하게 되면, 생산하기도 전에 빚더미에 올라 앉을 수도 있다. 다른 선택지(환금 작물)가 거의 없거나 전혀 없고 온전히 현금에 의존해야 하는 농부일 때(많은 사람들이 그러하듯), 길거리에서 구걸하는 것이(혹은 이보다 더 나쁜 상황

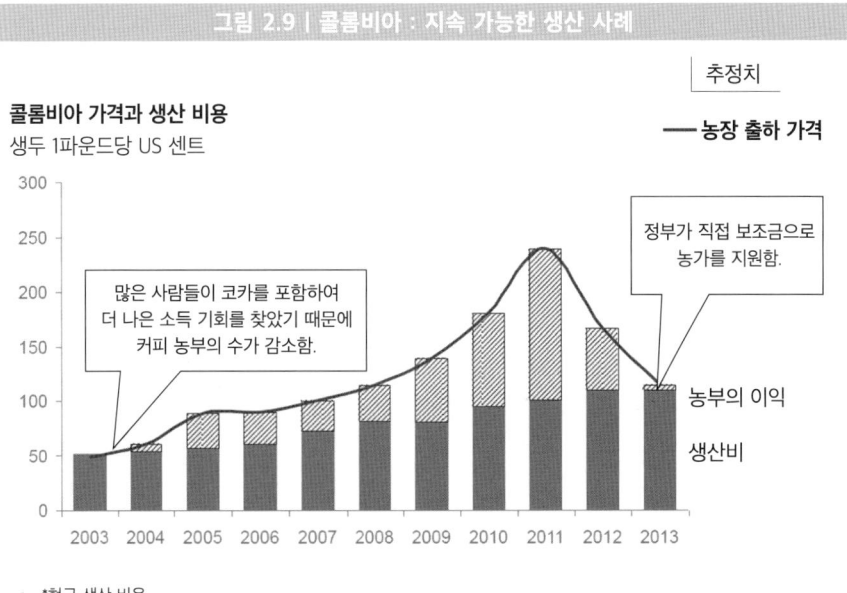

그림 2.9 | 콜롬비아 : 지속 가능한 생산 사례

*현금 생산 비용
ICO, FNC, 테크노서브 분석

"콜롬비아 지속 가능한 커피 생산을 위한 비즈니스 사례". (2014). IDH 지속 가능한 무역 이니셔티브. https://www.urosario.edu.co/Mision-Cafetera/Archivos/Business-case-write-up-v20140930-FINAL.pdf에서 2019년 10월 26일에 검색.

이) 더 매력적인 대안이 될 때까지 당신은 오랜 기간 극심한 가난과 비참한 삶을 견뎌내야 할 것이다.

시장이 가격 변동을 허용함으로써 스스로를 규제하는 동안 일어나는 각각의 모든 변동은 고통스럽다. 과도한 투기로 악화된 저가격의 기간 동안 토지 소유권을 특정 사람들에게 집중시키고, 생산자 가족과 지역 사회에 심각한 사회적 인도적인 문제를 야기한다.[260] 더 행복한 커피 농부를 원하는가? 그들 모두에게 커피가 아닌 다른 것을 하는 방법을 가르치라.

가치 사슬에서 힘의 역학

협상력

이 개념은 수출업체와 수입업체, 농부와 화물혼재업체, 카페와 로스터 등 커피 가치 사슬에 대한 분석 전반에 걸쳐 나타날 것이기 때문에 이 개념을 이해하는 것은 중요하다. 이것이 분명하게 드러나지 않을 수 있지만 이러한 역학 관계는 모든 가치 사슬 안에서 이루어지는 모든 거래에 영향을 미친다. 우리가 여기서 사용하고 있는 세계적 가치 사슬은 "서로 다른 방식에서 경쟁의 상대적 강도의 결과로써 가치 사슬 내의 부의 분배를 설명하는 접근 방식"이다.[261]

가치 사슬 안에서 힘의 차이

가치 사슬 안에 특정 연결이 집중되면 행위자가 "의사 결정 권한"을 통해 힘을 발휘할 수 있다. 다른 요소가 없을 때 거래의 일방 당사자가 다른 편보다 더 많을 때, 그 수가 적은 편의 당사자가 더 많은 협상력을 갖는다. 그들이 누구와 일할 지에 대한 선택권을 더 많이 가질 수 있기 때문이다. 커피 농가는 커피 가치 사슬 안에 가장 많은 경제 행위자들이므로 구매 시장에서 가장 낮은 협상력을 가질 수밖에 없다. 옥스팜(Oxfam)에 따르면 "소규모 농부들이 직면하는 그들의 생활 소득 문제의 핵심은 농부들이 짊어진 농업의 위험과 시장참여에 있어서의 낮은 협상력 사이의 상당한 불균형에 있다. 이러한 불균형은 우연이 아니라 개별 공급망, 상품 부문과 국가 공공 정책 의제 수준의 구조적 장벽에 의해 강화된다."고 한다.[262]

구매자 집중

가치 사슬 안에서 더 집중된 연결은 덜 집중된 연결보다 더 많은 시장 지배력을 갖는다.[263] 이 불평등이 구매자 그룹이 지불하는 가격에 영향을 미칠 수 있는 지점까지 도달하면 그것을 구매 과점(oligopsony)이라고 한다. 이런 관성과 상관없이 불평등이나 비대칭은 "가치 사슬의 다른 단계에서 기업이 벌어들인 이익을 감소시키는 경향이 있다."²⁶⁴ 당신이 빅매치 경기에 들어갈 수 있는 마지막 티켓을 얻었다고 하자. 그 티켓을 원하는 사람이 당신 뒤로도 100명 더 있었다. 당신은 그 티켓을 팔기를 원한다. 이 가치 사슬 안에서 당신은 누구에게 얼마를 주고 팔 것인지를 결정할 수 있는 모든 힘을 가지게 된다. 왜냐하면 이 사슬에서 판매자의 링크가 당신에게 완전히 집중되어 있기 때문이다. 당신은 그 100명 중 아무나 고를 수 있다. 그 결정은 오로지 당신에게 달려있다. 당신은 모든 시장 지배력을 가지고 있지만 그들은 아무것도 가지고 있지 않다. 이 가치 사슬은 확실히 비대칭적이다.

만약 당신이 그 지역에서 유일한 커피 구매자라면 어떨까? 100명의 농부들은 음식을 사기 위해 커피를 팔아야 한다. 당신은 고객에게 커피를 공급하기 위해 오직 10개 농장의 커피만 있으면 된다. 100명의 농부는 당신이 필요하다. 당신은 오직 그들 중 10명의 농부만이 필요하므로 당신은 원하는 것을 선택할 수 있지만 그들은 경쟁해야만 한다. 그러므로 당신은 모든 힘을 쥐고 가격을 정한다. 왜냐하면 그들은 다른 옵션이 없기 때문이다. 만약 한 농부가 당신에게 "아니오"라고 말한다면, 당신은 신경도 쓰지 않을 것이다. 당신이 필요로 하는 커피를 구할 수 있는 사람들이 훨씬 많이 있기 때문이다. 장기적 결과는 단순한 가격 협상을 넘어선다: "이윤, 그리고 혁신과 성장을 위한 자원은 가치 사슬에 집중되는 지점에 자연스럽게 끌려오게 된다."²⁶⁵ 왜 당신은 파머스 마켓(farmer's market)에서 흥정을 할 수 있지만 월마트(Walmart)나 테스코(Tesco)에서 할 수 없는가? 월마트와 테스코는 당신이 그들을 원하는 만큼 당신을 필요로 하지 않기 때문이다.

각 거래는 독립적이다

교환의 각 지점은 고유하고 다른 모든 것에서 독립적이며 수요와 공급, 그리고 구매자와 판매자의 협상력에 기초하여 가격이 형성된다.²⁶⁶ 수입업자-로스터 거래에서 로스터는 C-가격 1.0-1.40 달러인 86점의 커피를 구입하기 위해 파운드당 4달러를 지출해야 할 수도 있다. 수입업자가 로스터에 그렇게 많은 비용을 청구하는 것은 비윤리적인가? 그렇게 하지 않는다면 비자본주의적일 것이다. 농부-화물혼재업체 거래에서 농부는 협상력이 거의 없기 때문에 화물혼재업체(상인, 협동조합, 코요테 등)는 구매자들 사이의 경쟁 부족과 판매자의 절박함 덕에 같은 86점의 커피를 팔도록 농부를 설득하기 위해 원가보다 단지 몇 센트만 올린 가격을 제시할 수도 있다. 화물혼재업체가 농부가 제품을 포기하는데 필요한 최소 금액을 살짝만 넘는 돈을 지불하는 것이 비윤리적인가? 그렇게 하지 않는다면 비자본주의적일 것이다. 객관적인 시장의 힘은 두 가지 가격을 모두 정한다. 농부-화물혼재업체 가격과 수입업자-로스터 가격의 차이는 공급망의 차익 거래 수익이고, 한 장소의 시점, 그리고 다른 장소의 시점 사이의 제품 가치 차이를 의미한다. 차익 거래는 무역이 일어나는 이유다. 공급망에 있는 사람들이 그 수익을 유지하는 것이 비윤리적인가?

지난 수십 년 동안 개별 소규모 농부의 협상력 감소는 국제적인 가치 사슬 행위자들 사이에서 가치 유지 및 부의 분배에 있어 불평등을 심화시켰고, 생산자들이 그들의 장기적인 성장에 유리한 조건을 협상하는 능력을 약화시켰다.²⁶⁷ "커피는 다른 식품과 많은 유사점이 있다. 그러나 커피 무역과 같이 거대한 힘의 차이에 기반한 세계 상품 산업은 거의 존재하지 않는다."[268] 다른 연구원에 따르면 "세계 커피 가치 사슬은 다국적 기업이 소유한 대형 로스팅 업체와 브랜드가 막대한 영향력을 행사하고 부가가치의 대부분을 차지하기 때문에 구매자 중심이라는 특징이 있다."고 말한다.[269]

커피 가치 사슬의 협상력은 상품 거래의 각 측면에 있는 행위자의 수를 넘어선다. 소비자의 마음 속에서 대체 가능하지 않은 브랜드 제품은 사슬 내 협상력을 높일 수 있다. "생산자와 로스터 간의 협상력 차이는 부분적으로 시장 주도 가치 사슬 시스템과 브랜드 또는 소매 경험과 관련한 무형적 가치를 창출하고 마케팅할 수 있는 능력으로 설명될 수 있다. 따라서 대부분의 가치 창출은 식료품 체인점, 고급 음료 제조 기술 또는 소매 커피 체인과 같은 대량 유통 매장에서 발생한다."[270]

소매 수준에서는 공급망 안에서 발생하는 부정적인 변동을 반대로 전가하는 것만으로도 이윤이 그대로 유지된다. 시작 지점의 생산자는 충격을 흡수할 준비도 덜 되어있고, 직면한 상황에 대한 어떤 조치를 취할 능력도 가장 적은 산업 충격 흡수자의 역할을 한다.[271][272] "상품 가격 변동은 농부들의 가치 유지를 결정하는 반면, 국제적인 산업 가치 지출은 생두 가격 변동에 훨씬 덜 의존한다. 그 결과 2011-2012년과 같이 생두 가격이 상대적으로 높은 시기에도 식료품 소매 채널 내 총 수입에서 생산자들은 훨씬 더 낮은 몫을 차지했다."[273]

재배자와 무역업체

재배자와 그 대표 조직이 다국적 무역회사에 판매하는 가치 사슬의 통로는 다국적 기업은 누구로부터든지 커피를 살 수 있는 반면 재배자 조직은 소수의 대규모 무역업체 외에는 그들이 선택할 여지가 거의 없기 때문에 상당히 불평등하다.[274] 자유 시장에서 다국적 무역회사가 소규모 국가의 수출업체를 인수하여 경기장에서 제외시키게 되면 생산자는 팔 수 있는 선택의 폭이 좁아져 그들의 협상력은 더욱 줄어들게 된다. 이러한 관계는 "공급업체들이 계약을 협상할 기회가 거의 없고 지속적으로 비용 절감에 대한 압력을 받기 때문에 다국적 기업에 유리하다."[275][276]

생산자 그룹의 낮은 협상력을 갖게 만드는 것은 그들 간의 분열과 통합된 목소리를 내는 단체가 없기 때문이다. "마케팅 공간이 없다는 것은 농부들이 그들의 가치 사슬 지대의 몫을 올리기 위한 능력을 더욱 감소시킨다."[277] 많은 경우 생산자와 그들의 대표조직은 본질적으로 어디에 팔 것인가에 대한 선택권이 없기 때문에 제시된 것보다 더 나은 조건과 가격을 협상할 힘이 없는 소위 전속 시장 (captive market)에 참여한다.[278] "생산 및 수출국의 증가로 인해 생산자의 힘이 감소하여 로스터들에게 많은 힘이 실리고, 그들은 시장 지배를 할 수 있게 된다."[279]

무역업체와 로스터

지난 10년 동안 커피 시장은 생산국 행위자들보다 지배적인 지위를 누리는 국제 무역업체들의 권력이 커지는 것을 경험했다. 그 이유는 로스터들 간의 통합 때문이다. 대형 로스터들의 수가 줄어들고 무역업자들의 총매출에서 그들이 차지하는 비중에 커질수록, 로스터들은 무역업체들에게 더욱 중요하게 되었다. 무역업체들은 만약 로스터들이 어딘가로 이전한다면 많은 손실을 보기 때문에 로스터들을 고객으로 유지하기 위해 더 많은 무언가를 할 것이다. 릭 라인하르트에 따르면, "대형 무역 회사들은 전통적으로 금융의 진입지점과 시장의 양면을 알고 있다는 점 때문에 많은 권력을 쥐고 있었다. 그들은 구매자와 판매자 모두를 알고 있고, 사실 수년 동안 구매자들이 판매자를 만나거나, 그 반대의 경우가 없도록 확실히 했다. 왜냐하면 그것이 그들을 더욱 가치 있게 만들기 때문이다." 무역업자들은 점점 더 "로스터들이 부르는 노래에 맞춰 춤을 추어야 한다…."[280]

전속 공급망

강력한 구매자(공급자의 생산물의 전부 또는 대부분을 구매하고 또 그것을 선택할 수 있는 많은 공급업체를 가진 사람)는 제품, 가공방식을 요구하는 것으로 힘을 행사할 수 있으며, 공급업체가 그들에게 더욱 의존하도록 만들 수 있다.[281] 공급업체는 고객을 유지하고 종종 요구사항을 준수하기 위해 자원을 투자할 수 있도록 필요한 조정을 할 것이다. 이런 경우 다른 구매자는 이러한 조정에서 상품을 구매할 가치를 찾지 못할 수도 있고 다른 구매자를 위해 맞춤 제작된 제품을 원하지 않을 수도 있다. 공급체는 결국 강력한 구매자에게 지나치게 의존하게 된다. 예를 들면 스타벅스의 C.A.F.E. 프랙티스(Practices) 같은 구매자 소유 인증이다. 생산자들은 그에 맞는 채널에 접근할 수 있다면 관련 가격 프리미엄으로 이익을 얻을 수 있지만, 스타벅스에 팔지 않는 다른 구매자들은 스타벅스 상표의 인증으로부터 아무런 가치도 얻지 못할 것이다. 생산자들이 인증을 얻기 위해 투자를 해야 한다고 가정하면 그들은 그들의 투자를 회수하기 위해 스타벅스 구매자에게 연결될 것이다. 그들의 전환 비용(다른 구매자와 함께 작업을 시작하기 위해)은 스타벅스 인증을 취득하고 새로운 구매자가 요구하는 다른 인증을 받기 위한 투자 손실일 수 있다.

■ 긴급성

가치 사슬의 힘은 또한 구매와 판매 링크 사이의 긴급성의 차이에 따라 분배된다. 당신이 건조 파치먼트 커피를 가지고 있다고 가정하자. 당신이 샘플을 가지고 마을에 간다면 가격은 낮게 책정된다. 당신이 생각하는 좋은 가격을 제시하는 사람이 아무도 없다. 만약 당신이 영리한 농부여서 필요한 대부분의 식재료를 재배하거나 충분히 먹고 살 만큼을 비축해 두었기 때문에 그날 음식을 살 돈이 충분하다면, 당신은 전문 수출업체에게 전화를 걸어 샘플을 보내 그들에게 더 많은 돈을 받을 수 있을지 알아볼 수 있을 것이다. 하지만 만약 당신이 젖은 파치먼트나 상태가 안 좋은 체리를 가지고 있다면, 당신은 당신의 상품이 쉽게 썩을 수 있기 때문에 수출업자를 부를 시간적 여유가 없을 것이다. 지금 마을에 있는 큰 규모의 구매자가 제시한 가격에 반드시 이를 팔지 않으면 썩어서 버리게 될 것이다. 이 같은 판매에 관한 당신의 긴급성으로 인해 가치 사슬에서 당신의 위치는 아주 취약한 위치에 놓이게 된다.

BD 임포츠(Imports)와 국제 여성커피연합(IWCA, International Women's Coffee Alliance)의 필리스 존슨은 운전자본의 접근성에 기초한 협상력의 차이가 가져온 기회주의를 인정한다. "시장은 개발도상국의 개인 자원 부족을 이용한다. 이 모든 것은 가장 작고 취약한 생산자들에게 돌아간다. 왜냐하면 재정적 폭풍을 견디지 못하는 사람들이 늘 있기 때문이고, 또는 빚 없이 생계를 유지하기 위한 최소한의 자금이 필요한 사람들이 있기 때문이다."[282] 그녀의 경험으로 볼 때, 이것은 빨리 대금 지불을 받으려 하는 바가지 가격 생산자로 나타난다.

많은 소규모 커피 생산 농부들은 수확과 관련하여 상환 일정을 가진 채무를 계속 지고 있다. 그 빚은 슈퍼마켓, 그들이 존재하는데 필요한 기반 시설과 보안을 갖춘 지역 은행, 비료 유통업자, 친척이나 폭력적인 고리대금업자에게 진 빚일 수도 있다. 채권단이 수확 사실을 알게 되면 생산자들은 빚을 갚기 위해 빨리 팔아야 한다는 압박을 느낄 수 있다. 커피 구매자들은 종종 수확철이 다가오면 커피로 갚을 돈을 빌려주곤 한다. 이 경우 그들은 시장을 사로잡고 있어서 조건과 가격을 정할 수 있는 상당한 협상력을 가지고 있다.

생산자들은 헤지하지 않는다

변동하는 가격은 모든 커피가 매일 판매되도록 보장하는 유일한 길이다. 만약 시장 참여자들이 가격 변동에 대항하여 헤지할 수 있다면 거의 위험이 없게 된다. 그러나 대부분의 생산자와 그들 조직은 헤지할 수 없기 때문에 가격 변동에 매우 취약하다.[283][284] 테크노서브(TechnoServe)에 따르면, "동아프리카에는 1,000개가 넘는 습식 가공소가 있는데, 이 가공소들은 농부들로부터 커피 체리를 구입하

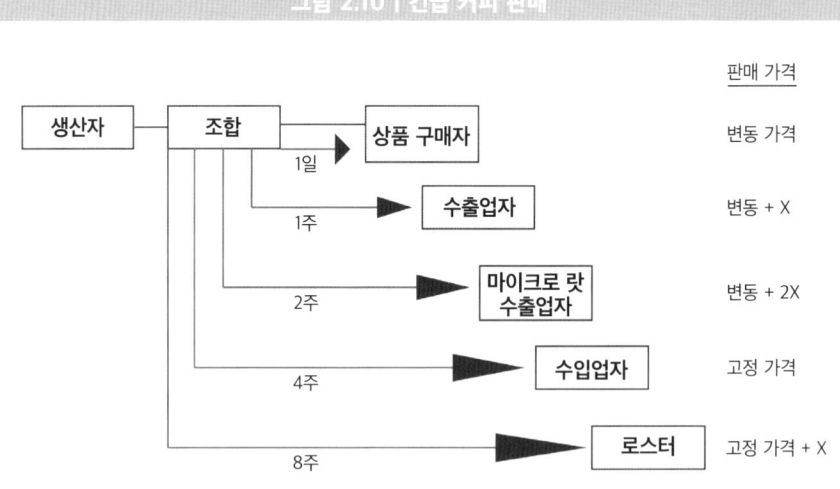

그림 2.10 | 긴급 커피 판매

고 몇 달 후에 시장 가격에 대한 어떤 보호도 받지 못한 채 생두를 판매한다."[285] 헤지하기 위해 사용되는 파생 기반 금융 상품에는 유동성, 중개 서비스에 접근성, 그리고 복잡한 시스템에 대한 지식이 필요하다. 규모가 크고 자본이 풍부한 수출 생산자만이 헤징 수단에 접근할 수 있다.[286] [287]

선물계약을 이용해 헤지하는 구매자의 경우 가격 변동으로부터 보호되면서 가능한 오랫동안 가격 고정을 늦추는 것이 좋다. 국제 무역 회사들의 광범위한 헤지와 생산국 판매자에 대한 그들의 협상력 증가는 생산국 판매자들이 필연적으로 감수해야 하는 위험을 증가시키는 "완전하거나 고정된 선도 가격에서 '고정 가격(PTBF)' 계약으로 전환"하는 것으로 입증될 수 있다.

라이프니츠 경제정보센터(Leibniz Information Center for Economics)에 따르면, 소규모 거래자들이 파생상품 기반의 헤지 상품에 접근하는 것이 더 어려워졌다고 한다.[289] 헤지 상품에 접근할 수 없는 거래자들의 헤지되지 않은 거래 위험 외에도 파생상품 헤지는 자금 조달에 접근하기 위한 전제조건이 되고 있다. 이는 소규모 무역업체와 생산자-국가 행위자의 운전자본 접근 능력을 제한하고, 다국적 무역업체와 경쟁할 수 있는 능력을 제한하며, 일반적으로 생산국 국경 밖에 있는 가장 큰 기업에 대한 실물 커피 거래의 집중을 잠재적으로 가속화한다.[290]

헤지되지 않은 변동성 = 긴급성

생산자와 그들의 대표 조직은 시장 변동성에 노출되고 이를 완화할 수 없기 때문에 더 높은 가격을 요구할 수 있는 부문으로 업그레이드할 수 없다. 협동조합이나 민간 중개업자와 같은 화물혼재업체들은 농부들에게 그날의 가격을 기준으로 지불한다. 일반 또는 최후 수단의 구매자들, 종종 대형 무역 회사들 또한 그날의 가격을 기준으로 구매한다. 그들은 전문 수출업체, 국제 수입업체나 로스터 등 더 나은 시장을 찾을 수 있지만 샘플 테스트와 협상에는 시간이 걸린다. 만약 협상이 실패하거나 샘플이 승인되지 않는다면 그들은 시장을 기준으로 팔아야 한다. 그때쯤이면 시장이 하락했을 수도 있고, 손해를 보고 팔아야만 할 수도 있고, 그들의 일을 수행하기 위해 필요한 운전자본을 다 써버릴 수도 있다: 생산자들로부터의 변동성 결집.

따라서 안전한 베팅은 그들이 변동에 노출되는 시간을 최소화하기 위해 구매 후 가능한 한 빨리 파는 것이다. 비록 농부들에게 훨씬 더 큰 보상을 줄 수 있는 최고의 잠재적 커피 시장을 찾지 못한다는 것을 의미할지라도 말이다.[291] 종종 판매의 문제는 최종 구매자, 즉 그들이 팔고 싶을 때 언제든지 가지고 있는 커피를 가져가는 구매자가 최상의 가격을 제시하지 않을 가능성이 있다는 것이다.

만약 커피의 품질이 우수하거나 일반 상품과 차별화된 무엇이 있다면, 오직 특정 구매자들만이 그것을 높이 평가할 것이다. 상품이 독특할수록, 고유한 가치에 대해 기꺼이 값을 지불하고자 하는 구매자들 사이의 수는 점점 더 적어진다. 고급 스페셜티 랏과 독특한 마이크로 랏은 잠재 구매자들에게 샘플을 보내고 기다려야 한다. 수출업체들은 그들의 수입업체 고객들에게 샘플을 전달해야 할 수도 있고, 그 기다림은 더 길어질 수 있다. 생산자 그룹이 더 높은 가격 및/또는 고정된 가격을 원하는 잠재 구매자에게 샘플을 보내는 경우 샘플이 거부될 수 있다. 만약 이와 같은 일이 일어난다면, 화물혼재업체는 상품 시장이나 최종 구매자에게도 되돌아가야 하며, 시장이 하락한다면 큰 손해를 볼 수도 있다.

그렇기 때문에 로스터나 커피 모험가가 새로운 가공이나 단일 농장 마이크로 랏의 분리를 요구하며 나타날 때, 많은 그룹들이 그들의 돈을 신경질적으로 거절하는 이유다(또는 대부분 동의하고, 악수한 후에 나쁜 거래라는 것을 깨닫고 포기한다). 이로 인해 차별된 품질의 커피를 가진 생산자들이 더 나은 가격을 제공하는 차별화된 시장에 접근하지 못하도록 막는다. 이것은 협동조합(화물혼재업체)의 잘못이라기보다는 조합원들이 정상적으로 일할 수 있는 시장으로의 접근을 어렵게 하는 금융(재정) 장치의 부족에 그 책임이 있다. 그것은 또한 화물혼재업체가 그들이 견딜 수 있는 것보다 더 많은 위험을 부담하리라는 구매자 측의 기대가 엇나가는 것이기도 하다. 협동조합과 그 밖의 화물혼재업체들이 금융과 헤지 수단에 접근할 수 있도록 개선하면 이러한 상황이 완전히 바뀔 것이다. "…협동조합에 가격 리스크 관리 서비스를 제공하여 소작농들의 취약성을 더욱 줄일 수 있는 중요한 기회가 있다."292

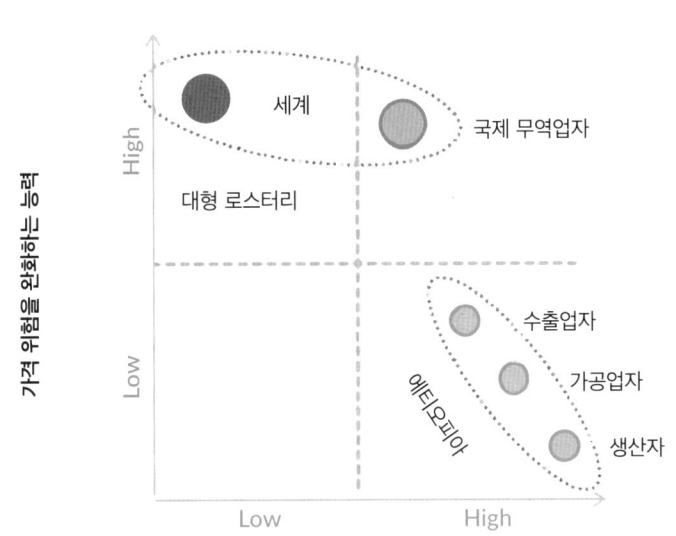

Tröster, Bernhard. (2015). "세계 상품 사슬, 금융 시장 및 현지 시장 구조: 에티오피아 커피 부문의 가격 위험." 작업 문서 56 페이지, Österreichische Forschungsstiftung für Internationale Entwicklung (ÖFSE) / 오스트리아 개발 연구 재단.

■ 근접성 및 운송

시장과의 근접성은 또한 경제 주체의 협상력을 결정하는 중요한 요인이 될 수 있다. 지구가 점점 더 상호 연결되고 기술이 장거리 통신을 이전보다 훨씬 더 실현 가능하게 만들었지만, 이러한 통합은 교통과 통신 인프라가 열악한 고립된 시골 지역에 위치한 많은 생산자들에게 반드시 필요한 것은 아니다.

특정 스페셜티 온상에서는 생산자가 공급망에서 비교우위의 힘을 활용하고 스페셜티 구매자와 품질 기준으로 가격을 협상하는 것이 쉬울 수 있다. 하지만 다른 외딴 지역, 스페셜티 구매자들이 구매하러 직접 가지 않거나 관능 품질 분석이 어렵고 가공 인프라가 부족한 지역의 농부들은 스페셜티 시장에 접근하는 것이 불가능하지는 않더라도 훨씬 더 어렵다.

생산자에게 그들의 위치라는 것은 운송 비용과 통신 기술에 대한 접근성을 의미하며, 스페셜티 공급망의 관련자와의 접촉에 오랜 시간이 걸리고, 무언가를 전달한다는 것은 엄두도 못 낼만큼 비싸거나 위험한 일이기도 하다. 농장에서 화물혼재 지점으로의 운송은 일부 농부들에게는 무시할 수 있는 비용을 의미하지만, 다른 농부들에게는 총 생산 비용의 상당 부분이나 손익의 차이를 의미할 수도 있다. 불균형한 인프라 개발과 상업 중심지의 위치 변화는 소규모 생산자에게 때때로 선거권 박탈, 불법 작물 재배, 그리고 심각한 사회 및 환경 문제로 이어졌다. 계약된 운송수단이 엄청나게 비싸거나 존재하지 않는 극단적인 경우 생산자들은 그들의 농장 문 앞에 도착한 중개인이 제시하는 가격이 얼마든 간에 받아들이고 팔아야만 한다.[293]

커피가 농장 차원에서 파치먼트로 가공되지 않거나 협동조합 같은 농민 대표 단체가 처리하지 않는 경우 상황은 더욱 심각하다. 젖은 파치먼트는 훨씬 더 무겁기 때문에 운송 비용이 더 많이 들고 매우 부패하기 쉽다. 체리는 건조된 파치먼트보다 무게가 평균 5배 이상 나가며 수확 후 24시간 이내에 가공해야 하기 때문에 농부들에게 구매자와 협상할 수 있는 작은 창구만을 남겨두게 된다. 구매자들은 이것을 잘 알고 있다. 농부들은 빠른 부패를 피하기 위해 얻을 수 있는 것을 취할 것이다.

예를 들어 호세 안토니오 게라(José António Guerra)는 콜롬비아 안티오키아(Antioquia)의 야노(Llano, 나무가 없는 대초원) 위 높은 언덕에 살고 있으며 휴대 전화를 소유한 적이 없다. 이 지역은 무장 저항세력의 존재와 영향으로 인해 수십 년 동안 콜롬비아 외부인 출입조차 금지되어 왔다. 그 지역은 스페셜티 지도에 나와 있지 않아서 현지 생산자들의 최선의 노력에도 불구하고 스페셜티 구매자들은 그곳에 가지 않는다. 생산자들은 콜롬비아 전국 커피 재배자 연맹(FNC, the National Federation of Coffee Growers of Colombia) 계열의 "협동조합"과 기본 상품 가격 이하를 지불하는 소수의 지역 상인들만 보유하고 있다. 우리는 안티오키아 출신의 안내자 후안(Juan)을 통해 호세와 연락했다. 호세와 연락을 취하기 위해 후안은 하루 종일 그의 농장 일꾼 중 한 명을 보내 메시지를 전달한다. 파치먼트 커피는 말 그대로 노새에 의해 한 번에 300킬로그램씩 산을 내려와 가장 가까운 마을로 운반되는데, 그곳에서 일주일에 한 번 있는 트럭에 제품 가치의 약 5%를 내면 가장 가까운 도시인 메데인(Medellin)까지 커피를 운반할 수 있다.

2019년 1월, 우리는 호세의 파치먼트 4,500킬로그램을 받았다. 수분 함량이 한계를 넘었기 때문에 거부할 필요가 있었다. (좋은 사람들이든 바보들이든, 우리는 호세에게 일어날 일을 고려하여 거부하지 않기로 결정했다. 집단 전체가 그 불상사에 대한 대가를 치러야 할 것이고, 나머지 구성원들은 그 대가를 불공평하다고 여길 수 있기 때문이다.) 어려운 상황이지만 호세는 버텨왔다. 그의 농장 위치에서 야생으로 조금 더 깊숙이 들어간 곳에서는 많은 농부들이 이제 코카를 재배한다. 코카는 훨씬 더 콤팩트한 상업용 상품으로 변형될 수 있고 코카의 공급망에서 픽업 서비스를 제공한다.

▌밑바닥을 향한 경주

앞서 논의한 바와 같이 우리는 커피 생산과 같은 작업을 수행할 때 국가나 지역의 비교우위에는 보통 다른 국가나 지역의 생산 비용이 포함된다는 것을 알고 있다. 우리는 또한 가장 큰 소비자용 커피 브랜드 중 다수가 커피 원산지와 등급의 유연한 조합으로 구성될 수 있는 브랜드화된 블렌드를 판매한다는 것을 알고 있다. 그래서 로스터는 원산지 국가에 구애받지 않으면서 그들이 판매하는 제품의 일관성을 달성하기 위해 하나의 산지를 다른 곳으로 대체할 수 있다.

이러한 상황은 원산지 국가들끼리 경쟁력 있는 가격을 제공하기 위해 서로 겨루게 만든다. 만약 그들이 수출을 위해 커피를 계속 생산하려고 한다면, 때때로 가격 경쟁력을 유지하는 것은 생산자들의 삶의 질 향상과 환경 보호를 저해할 수 있다. 예를 들어 에콰도르의 농부들은 미국 달러의 사용과 상대적으로 높은 최저임금, 노동자 보호법 때문에 상업용 등급의 세계 커피 시장에서 경쟁하기 어려운 과제에 직면해 있다. 반면 베트남 커피는 다른 산지에 비해 커머셜 등급 수준의 관능적인 품질에도 불구하고 낮은 생산 비용으로 인해 세계 수출 시장에서 경쟁력을 가질 수 있었다.

가격 경쟁력을 유지하기 위한 이러한 생산 비용의 "밑바닥을 향한 경주"는 세계 생산의 증가 속에 각국을 서로 가격 전쟁에 몰아넣었다.[294] 일부 국가는 품질 잠재력과 인프라, 생산 비용 등에서 비교우위를 가지고 있어 로스팅 및 무역 회사와 함께 시장점유율도 집중됐다. 상위 10개 수출국은 1992년과 1996년 사이에 전 세계 커피 수출의 평균 75%를 차지했다. 10년 후, 상위 10개 수출국은 거래되는 커피의 86%를 차지했고,[295] 2021년 현재 5개 생산국은 전 세계 공급의 70% 이상을 책임지고 있다.[296] 생산이 일부에 집중되는 것은 생산과 수출을 방해할 수 있는 환경 및 정치적 요인과 같은 충격에 전 세계 공급을 더 취약하게 만든다. (75 페이지의 그림 2.12 참조[297])

▌산업의 자기 파괴

시장 경제에서 모든 기업의 목표는 이윤을 추구하고 수익을 극대화하는 것이다. 이를 위해 기업은 비용을 최소화하고 가장 높은 이윤을 가져올 수 있는 가격으로 상품을 판매한다. 만약 시장의 힘(찾아낸 또는 마술처럼 나타난)이 이윤을 더 얻어낼 수 있는 약간의 여지를 제공한다면, 그것은 받아들여진다. 그런데 왜 우리는 지속 불가능하며 점점 소멸해 가는 방식으로 커피를 재배하고 거래하는가?[298] 같은 이유로 선출된 공무원들은 악화되는 사회 기반 시설을 수리하고 장부의 균형을 맞추는 대신에 공공의 부채를 늘리고 그것으로 새로운 공원을 조성하고 다리를 놓고 싶어 한다.

소규모 농가들에게는 생존의 문제다. 만약 우리가 다음 주에 먹을 게 없다면, 내년을 염려하지 않는다. 그래서 우리는 토양의 건강을 악화시키고 수원을 오염시키며 미래에 어느 시점에 산사태가 일어날 수도 있는 방법을 시행할 것이다. 만약 우리가 그 이상을 바라볼 때에만 이러한 일들이 중요한 일이 될 것이다.

공개적으로 거래되는 기업의 경우, 신의성실 의무라는 법이 있다. 만약 그것이 불법이 아니라면, 그리고 그것이 이익을 증가시킨다면, 여러분은 그것을 해야 할 의무가 있을 것이다. 하지만 언제 이익이 날까? 만약 당신이 내년에 0.5%의 수익성 향상을 위해 50년 안에 커피가 자라나는 환경을 희생 시킨다면 그것은 옳은 결정일까? 아마 그럴 것이다. 그 의사결정 과정은 회사가 운영하는 부문의 장기적인 경제적 지속 가능성을 고려해야 한다. 그러나 기업은 투자자들에게 많은 숫자를 보여주어야 한다(혹은 자금이 삭감되거나 해고될 위험이 있다). 5년이라는 사모펀드의 시간적 범위를 고려할 때, 관련된 사람의 경력 기간과 수명을 더하면 장기적인 부문 지속 가능성은 우선순위가 아니다.

상장 커피 회사의 창업주 마틴 디드릭(Martin Diedrich)은 미래의 공급 위기에도 불구하고 낮은 가격을 이용하려는 일부 무역업자들과 로스터들의 성향에 대해 "그들은 문제를 뒤로 미루려고만 하며 다음과 같이 이야기한다… '때가 되면 미래와 거래를 해야만 하는 순간이 오겠지만, 우리는 지금 당장 이 판에서 돈을 가져가야 한다.'"고 말한다.[299] 또 다른 캘리포니아에 있는 수익성이 좋은 그라운

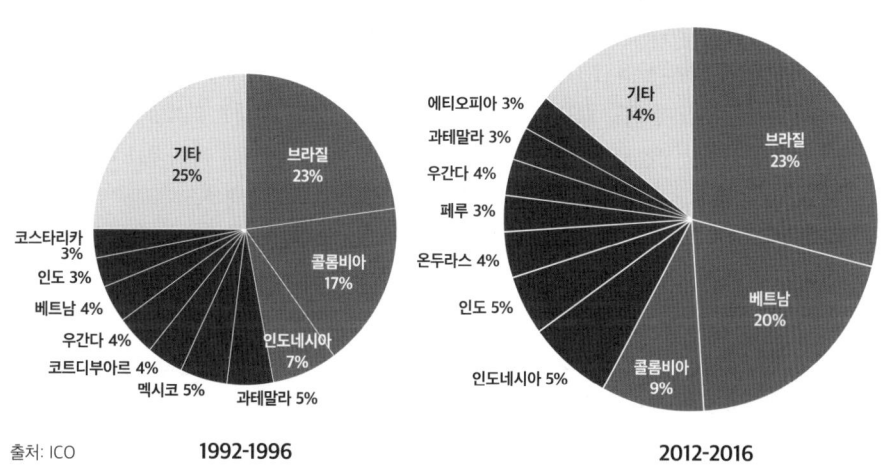

그림 2.12 | 국가별 세계 커피 수출 비중

"커피 무역 흐름의 발전". (2018) 국제커피기구

드워크 커피(Groundwork Coffee)의 공동 설립자인 제프 친(Jeff Chean)은 같은 현상에 대해 이렇게 설명한다: "가격에만 초점을 맞추는 접근 방식은 어떤 면에서는 자기 파괴적이다."[300]

예를 들어 상당한 수출 가격 프리미엄을 요구하는 높은 품질에 대한 세계적인 찬사에도 불구하고 르완다에서는 지난 20년 동안 투자 수준(따라서 생산량)이 절반으로 감소했다.[301] 최근 한 연구에 따르면 다국적 무역 회사들 중 하나인 습식 가공업체 및 수출업체를 포함한 강력한 시장 주체들은 "인위적으로 낮은" 커피 체리 가격을 유지해 왔다.[302] 이것은 약 30%로 언급되는 수출업자의 이윤에는 유리하지만, 생산 투자에 대한 낮은 인센티브로 인해 가장 취약한 생계형 농부들을 제외한 모든 사람들의 생산량을 크게 감소시키고, 가장 작은 소규모 농가들이 계속해서 손실을 보며 생산하도록 만들었다.[303] 이처럼 더 많은 생산량과 체리 생산자들의 생계 소득에 대한 합리적인 이윤 대신에 가공업자들과 수출업자들은 절반의 물량에서 30%의 이윤을 선택했다.

아마도 커피 산업 자체의 장기적 지속 가능성, 즉 원재료 없이는 운영할 수 없는 생두의 가용성을 높이는 방식으로 운영하는 것이 타당할 것이다. 그러나 그렇게 하려면 전 세계의 치열한 경쟁자들 사이에서 조정, 합의, 그리고 단기적인 희생을 필요로 할 것이다.[304] 지극히 논리적이기는 하지만, 국제적인 책임에 대한 장기적인 비전과 의식 수준은 여전히 꿈으로 남아 있다. 분산된 커피 공급 시스템 내에서는 다른 사람들이 그것을 얻기 전에 가능한 한 많은 것을 가져가게 만드는 동기가 존재하며, 모든 사람이 똑같이 희생할 것이라는 보장이 없다면 그 누구도 단기적인 희생을 하려고 하지 않는다.

■ 가치 정의하기 : 문화와 상징

"진정한 힘은 가치를 축적하는 데 있는 것이 아니라 가치를 구성하는 요소를 정의하고 게임의 조건을 설정하는 데서 나온다."[305] 농부는 커피를 만들 수 있는 생산 요소를 통제하지만, 커피 감별사에 의해 정의되는 고품질이라는 시장의 정의에 꼭 들어맞아야 한다. "북반구의 커피 감별사들은 끊임없이 새롭고 더욱 이국적인 맛을 추구한다. 전 세계 열대 커피 재배 지역의 농부들은 앞으로 4~5년 동안 재배와 수확을 위한 결정을 내리는 데 있어 자신들이 불가능하고 불리한 위치에 있는 것을 알게 된다. 이러한 조건에서 상징적 생산 수단을 통제하는 사람은 가장 많은 물질적 가치를 뽑아낼 수 있다."[306] 피셔(Fischer)는 품질 좋은 커피가 무엇인지 교육하는 제3의 물결 바리스타들을 "문화적 중개인(cultural middlemen)"이라고 부르기도 한다. 그들은 자신의 제품에 의미나 상징적 가치를 적극적으로 부여하고 그것에 대해 가격을 매겨 차익거래 기회를 만들어냄으로써 "가치 영역을 연결"하는 기민한 생산자이지만, 대부분은 단지 따라잡기 위해 노력하는 것에 그친다.

세계의 북반구의 사람들이 끊임없이 변하는 "품질"의 개념을 구성하는 것이 무엇인지를 결정하는 한 농부들은 항상 시대에 뒤떨어져서 가치 사슬에서 중요한 위치를 차지할 수 없을 것이며, 상호 교환이 가능하고 심지어 상품화 될 수도 있을 것이다. 유행은 내추럴 프로세스에서 무산소 가공(anaerobic washed)으로, 게이샤에서 줄무늬 스파이시 부르봉(또는 실제로 존재하지 않거나 존재하지 않을 수도 있는 다른 커피 품종)으로 바뀌지만 농부들은 이를 알 수가 없다. 로스터는 단순히 공급원을 바꿀 수 있는 반면, 농부들에게는 작년에 잘 팔린 커피와 유행을 따라잡기에는 부적절한 인프라만 남겨진다. 위험은 다시 생산자 수준으로 밀려난다. 단도직입적으로 말해서, "마르크스가 중요하게 주장했던 물질적 생산 수단에 대한 통제는 상징적 생산 수단에 대한 통제와 유통경로에 대한 통제로 퇴색되었다."[307]

재배 부문의 조직

■ 세분화

식민지 시대에는 대농장(plantation or hacienda) 시스템이 일반적이었다. 소수의 부유한 지주들은 농경지의 거대한 면적을 통제하고 농민, 노예, 나양한 수준의 강제 노동을 사용하여 대량의 커피를 생산했다. 이러한 토지과두제는 식민지의 "독립" 이후에도 계속되었고, 일부는 오늘날까지 계속되었다.[308] 스페인 식민지 이후의 정부는 "엘리트가 그들의 특권을 보호하는 제도를 설계"하는 방식으로 관리되어 경쟁을 제한하고 지배 계급의 구성원들에게 많은 기회를 제공하였다.[309] 노예제도가 불법화되고 일부 지역에서 고용법이 엄격해졌을 때, 수백 명의 정규직이 있는 대농장 개념은 그들에게 매력적이지 않게 되었다. 규모의 경제는 높은 인건비와 노동의 불경제 때문에 반박당하거나 부정되었고, 커피 생산 비용이 크게 증가하여 결국 식민지 시대 이후 커피 생산 세계의 일부 지역에서 많은 대농장들은 문을 닫았고, 대부분의 경우 소작농이나 토지 임차의 어떤 학대적인 형태로 전환되었다.[310]

콜롬비아에서 커피 생산은 19세기 말에 지역 농민들이 소작을 하거나 "반노예 토착 임금 노동 제도"를 채택함으로써 카카오와 면화 같은 노예 집약적 작물을 대체했다. 20세기 초중반까지 콜롬비아 서부 안티오키아 지역의 소작농들이 남쪽으로 식민지를 개척하면서 주로 가족 노동력을 사용하여 파치먼트 단계까지 소규모의 수직적 통합 커피 생산이 가장 효율적인 방법임이 분명해졌다.[312]

규모의 경제는 생산량이 증가함에 따라 단위당 생산 비용이 감소하는 현상이다. 이러한 비용 절감은 일반적으로 전문화(조립 라인을 생각해보라; 작업자는 반복 작업을 매우 빠르고 정확하게 수행한다)를 통해 일별 기계 운용 시간 등 특정 비용을 더 큰 작업 양에 분산시키는 데서 비롯된다. 노동의 불경제*에서 운영은 더 많은 독립적인 노동자에 의존하지만, 그러한 노동자들은 소유주만큼 효율적으로 일할 동기가 없고, 그들은 감독 및 관리 구조가 필요하다; 따라서 직원당 및 임금당 생산성은 감소하는 경향이 있다. 이것은 노예제도 이후 대규모 커피 생산에서 경험한 것이다.[313]

---

* 조직의 규모가 커지며 비용 절차 시스템 등을 효율적으로 통제하지 못할 때 평균 비용이 다시 상승하는 것을 규모의 불경제라 한다. 노동의 불경제는 규모가 커지면서 비효율이 발생하여 노동 생산성이 떨어지는 것을 말한다.

그림 2.13 | 비용 절감에 대한 압박

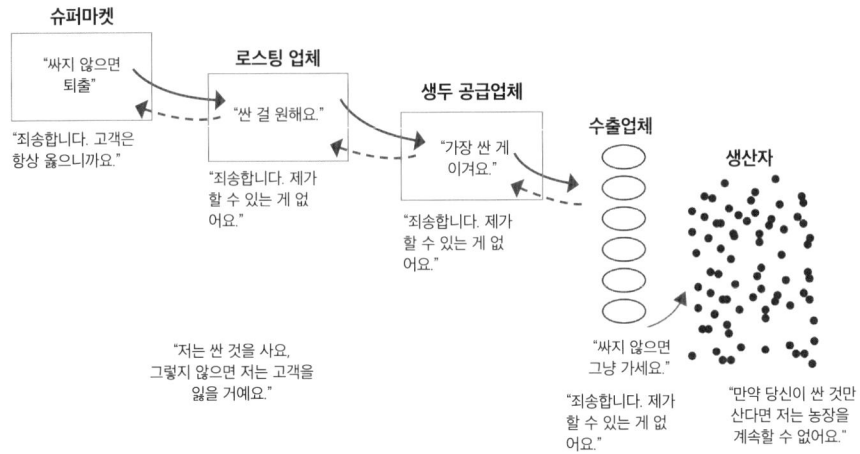

강압적인 커피 재배

많은 식민지와 후기 식민지 커피 생산 지역에서의 강제 또는 강압적인 커피 농사는 공식 및 비공식 국가, 식민지 및 신식민지의 생산 수준을 보장하는 수단이었다. 네덜란드령 자바 섬에서는 농부들이 그들의 땅의 일부를 열대 수출 작물 중 하나를 재배하도록 바칠 의무가 있었고, 땅이 없는 사람들은 이 농작물들 중 하나를 생산하는데 그들의 시간의 일부를 바칠 의무가 있었다.[314] 20세기 초 아프리카 식민지의 많은 지역에서 강제 노동(영리하면서도 사악한 다양한 형태의 노예 제도)에서 강제 소작농으로 전환되었다. 콩고 자유국*에서 이것은 수출 작물을 심게 하기 위한 재정적인 장려책과 함께 다른 일을 하기 어렵게 만드는 물리적 제약을 수반하는 당근과 채찍 형태의 강압이었다.[315] 식민지 토지, 대농장, 광대한 소유지(latifundio)[316] 시스템이 비효율적인 것이 되면서 이러한 유형의 강압적인 결과와의 조정은 식민지 국가에서와 같이 세계 여러 곳에서 다양한 형태로 시행되었다.

"많은 원주민들이 자급자족하고 커피 농장에서 임금 노동을 필요로 하거나 원하지 않는 중앙 아메리카에서 정치와 경제 엘리트들은 종종 그들을 빚더미나 아주 힘든 소작인 관계로 몰아넣었고, 그들의 공동 토지를 박탈했다. 그리고 그들을 총구 아래에서 커피 농장에서 일하도록 강요했다."[317] 원주민들은 부랑자법에 의해 시장보다 낮은 임금으로 커피 농장에서 일하도록 강요받았고, 그렇지 않으면 과테말라 같은 중미의 많은 지역과 식민지 이후의 많은 다른 지역에서 투옥될 위기에 직면하였다.[318] "민주적으로 선출된 (과테말라의) 하코보 아르벤스(Jacobo Árbenz) 대통령이 국가의 토지 소유권이 극도로 불평등하다는 문제를 해결하기 위해 토지 재분배를 시도했을 때— 그 나라 농경지의

---
* 현재는 콩고 민주공화국(Democratic Republic of Congo)이라고 한다.

72%가 2% 조금 넘는 농장에 의해 통제되었다— 그는 1954년 중앙정보국(CIA)의 지원을 받은 쿠데타에 의해 전복되었고, 쿠테타 세력은 그 후 재분배를 철회하고 국가를 수십 년간 잔인한 독재, 저개발, 내전의 길을 걷게 한 권위주의 정권으로 대체되었다.[319]

■ 독립 이후의 노예제도, 여전히 혼종은 존재한다

식민지 시대 이후 대부분의 커피 생산국들의 인간, 토지, 노동자의 권리는 의심할 여지없이 향상되었지만, 불평등, 봉건제, 계급 이동성의 부족이라는 유산은 여전히 남아 있다. 토지 개혁, 토지 소유권의 증가, 대규모 커피 농장의 비효율성은 소작농들을 커피 생산의 중요한 세력으로 부상할 수 있게 했다. 그럼에도 불구하고 부유한 지배층에 쏠린 토지 소유 집중은 오늘날에도 여전히 일어나고 있다. 농부들의 부채와 궁극적인 채무 불이행은 농부들이 그들의 땅을 버리게 만들고 있다. 대부업자나 기타 채권자에게 상환하기 위해 시장 가치 이하로 팔리는 경우가 많고,[320] 종종 유동성이 있는 대지주들에게 좋은 거래가 되이 팔리는 경우도 있다.

기계화

1888년 아메리카 대륙에서 노예제를 폐지한 마지막 국가였던 브라질에서는 노예가 기계로 대체되었고, 대규모 커피 농사가 여전히 존속하고 있다. 대규모로 성장하는 사업체는 가치 사슬의 협상력을 유지하고, 경우에 따라서는 가공소나 수출업체와 같은 시장의 앞선에 있는 곳을 흡수하며 그에 따라 부가가치를 창출할 수 있는 능력을 유지한다.

■ 수익성 높은 연결의 집중

비록 대규모 토지 소유와 농업 운영은 노예제나 다른 억압적인 노동 제도 없이는 효율성을 유지할 수 없었지만, 식민지 토지 귀족들은 쉽게 사라지지 않았다. 오히려 많은 경우 그들은 습식 가공소, 건식 가공소 및/또는 수출과 같은 공급망에서 자본 인프라 및 지식 집약적 연결(또는 관문)로 중심을 옮겨갈 수 있었다.[321] 왜냐하면 공급망의 이러한 연결들은 대부분 고도로 집중되어 있었기 때문이다. 즉 단 한 명 또는 극소수의 가공소와 수출업자에게만 판매해야 하는 농부들이 많았고, 이 농부들은 사실상 지불 조건과 가격을 협상할 만한 교섭력이 없었다는 것이다.

비록 농부들이 대농장 구조의 붕괴에 따라 자신들의 땅을 경작할 수 있는 독립성을 갖게 된 것에 대해 기뻐했을지 모르지만, 세계의 많은 지역의 소규모 커피 농부들은 현대적 세계 커피 공급망에서 그들의 이전 주인들이 만들어 놓은 수렁에 갇힌 채, 계속 가난의 악순환에 빠져 있게 되었다.

공급망의 병목이 된다는 것에는 충분한 동기가 있다. 이는 공급 채널을 소유하고, 브랜드 충성도를 가지며, 가치가 없는 상품에 가치를 추가하는 비법이나 블랙박스를 지닌다는 것이다.[322] 당신이 보는 것이 당신이 얻는 것과 같은 일반적인 상품에서는 이러한 기회가 드물 수 있다. 공급망의 병목이 되면, 망 내 행위자로 머무를 수 있는 권력과 함께 공급망의 처음부터 끝까지, 훨씬 넓은(상품화되고 밀집된) 협상력이 생긴다. 수출업체, 전자상거래 플랫폼 또는 잘 알려진 슈퍼마켓 브랜드는 일종의 병목이다. 그러나 커피 농부는 수없이 많고 대부분 일반적이다(적어도 그들은 자신이 그렇다고 생각한다). 이것이 제한된 보상을 위해 상당한 위험을 감수하는 소규모 농부들이 커피 재배의 대부분을 하는 이유다.

비슷한 현상은 1930년대 멕시코의 유카탄에서 경험되었는데, 당시 농업 개혁은 이전에 농장 노동자였던 농민들에게 토지를 재분배했다. 스티븐 토픽(Stephen Topik)은 "이론적으로는 농장 노동자(campesino)들이 자신들이 경작한 토지의 공동 소유자들이었지만, 실제로 그들은 한 명의 대표로 사람이 아닌 연방정부의 에지달 은행(Ejidal bank)을 선택했다"고 말했다. "게다가, 대부분의 경우 이전의 토지 소유자들은 가공소(desfibradora)에 대한 통제권을 유지했고, 개혁 이전의 강압적 방식이 지속되는 것을 묵인했다."[323]

이 식민지 시대의 유산은 생산 국가의 가치 사슬에서 권력이 분배되는 방식으로 오늘날에도 지속되며, 때로는 명시적인 법에 의해 유지되기도 한다. 최근 수십 년 동안 커피 부문이 눈에 띄게 약화된 자메이카에서는 정부의 허가를 받아 커피 체리를 가공하는 것만 합법이며, 이는 대규모 사유지에서만 가능하다. 안드레아 존슨(Andrea Johnson)은 "(커피 체리를 가공하기 위한) 면허를 취득하기 위해 거의 부동산을 보유해야 한다는 사실은 식민지 시대부터 내려온 거대한 폐습이다."라고 덧붙인다.[324] 기본적으로 법에 따라 소규모의 생산자들은 부패하기 쉬운 제품에서 부패하지 않는 제품으로 전환하기 위해 커피 체리를 가공하고 가치를 더하려면, 이것이 유일하게 가능한 사람들인 부동산을 소유한 생산자들의 신세를 져야 한다.

자원 투입으로써의 생산자

어떤 경우에는 많은 농업 가치 사슬에서와 같이 가공업자와 완제품 판매자가 완전한 수직적 통합을 피하는 것이 더 합리적이다. 생산자들이 한 명의 구매자에게 종속되어 있고 생산이 위험하며 수익성이 별로 없다면 다른 누군가가 그것을 하도록 하는 것이 더 낫다. 그 사람이 선택지가 많지 않다면, 그들은 악조건 속에서도 계속해서 회사에 원재료를 제공할 것이다. 영국 섬유 회사들은 인도의 인디고 생산자들과 이런 상황에 직면했다. "처음에는 그 회사는 지역 재배자들로부터 염료를 구입했지만 점차 유럽 자본과 특히 가공 분야에서 유럽의 기술이 인디고 생산으로 확산되었다. 그 의도는 유럽 시장에서 성공하기 위해 필요한 정기적인 공급과 균일한 품질 기준을 보장하는 것이었다. 하지만 원자재 생산 자체는 인도 소작농들의 손에 남아 있었다."[325] 만약 농부들이 더 이상 그것을 생산하기를 원하지 않는다면? 다른 방법으로 그들을 의무화하라. "임대료를 지불하고 토지 및 생존에 대한 접근을 보장하기 위해, 소작농들은 인디고 가공업자들로부터 현금 서비스를 받았고, 다음 추수 때 인디고 재료로 상환할 것이다."³²⁶ 이러한 구조는 커피 수확에서 자주 볼 수 있으며 기계, 신용으로 제공되는 비료, 구매자로부터 대출 등의 형태를 취할 수 있다.

많은 생산자들은 무질서하고 세분화된 시장에서 구매자를 찾기 위해 필사적이므로 기업들과의 계약은 꽤 괜찮을 수 있다. 그러나 단일 구매자에 대한 의존 또는 계약이나 부채에 기초한 의무는 그들을 가격이나 조건에 영향을 미칠 힘이 없는 취약한 위치에 놓이게 한다.³²⁷ 합법적으로 구매하거나 효율적으로 관리할 수 없는 대규모 토지를 효과적으로 통제할 수 있기 때문에 이러한 방식은 기업에게 매우 중요하다.

또한 기업은 생산 비용과 위험을 관리하고 부담할 필요 없이 제품 공급을 보장받는다. 이런 경우에, 소규모 농부들은 그들의 모든 독립성에도 불구하고 근본적으로는 임금이나 사회 안전망이 없는 대규모 농장의 직원과 같고, 기업가가 될 모든 위험을 감수한다해도 성장 잠재력도 없다. 그들은 고용인으로서의 안정성도 없이 모든 제약만 받게 된다.³²⁸ 공급망 안에서 그들 상품의 다음 연결 고리는 "몇 개의 대규모 다국적 생산업체들에 의해 엄격하게 통제되고 있기 때문에"³²⁹ 더 이상 가치를 추가하거나 업그레이드할 가능성이 없다.

르완다에서 한 소식통이 상황을 전한 것처럼, 강제 소작 협정에 따라 식량 자급 농업에서 의무적인 환금 작물 재배로 바뀌어 대부분의 후투족(Hutus)은 빈곤에 빠지고, 투치족(Tutsi) 지주에게 의존하게 되었다. 이 제도 하에서 1980년대 농촌 가구의 70%가 커피에 의존하고 있었다. 1989년 말 국제커피협정 종료에 따른 커피 가격의 급격한 하락은 커피 재배 지역에 심각한 기근을 야기했다. (모든 경제적 측면을 차치하더라도, 사람들에게 충분한 식량을 공급할 수 있는 토지가 있음에도 기근이 발생했다는 것은 받아들일 수 없다.) 이 상황은 미국이 지원하는 세계은행과 IMF의 신자유주의적 구조조정 정책(정부 지출 감소)과 결합되어 더욱 시민 소요를 부추겼고, 르완다 인구의 20%가 살해된 끔찍한 1994년 집단 학살(대부분의 투치족이 후투족에게 살해됨)의 원인이 되었다.

■ 농부 협동조합

대부분의 커피 생산자들은 규모가 작고 고립되어 있으며, 여러 이유로 인해 거대한 세계 커피 시장에서 자신의 자리를 지키기 어렵다. 많은 생산자들은 그들의 규모와 집단적 중요성을 높이기 위해 협동조합, 협회, 연맹을 포함하여 다양한 이름을 가진 조직을 통해 서로 힘을 합친다. 다양한 조직 구조, 의사 결정 과정 및 자원 분배 방식뿐만 아니라 생산자의 언어로 된 이러한 단어에는 무수히 많은 의미들이 있다. 좋은 것, 나쁜 것, 그 사이에는 모든 것들이 있다. 생산자들의 협력 단체는 코요테의 속임수에 넘어갈 수 있는 소규모 농부들에게 시장 접근과 가격 개선을 제공할 수 있다. 하지만 그들은 또한 생산자들의 수고에 의해 생산된 자원들을 빼돌리고 낭비할 수도 있다. 몇몇은 부패했고 경영진의 이익만을 채우려는 의도를 가지고 있다. 일부는 관료주의적이고 가치 사슬에서 생산자의 위치에 대해 무관심하여 더 나은 대우를 받도록 하는 일을 제한한다. 그러나 많은 사람들은 선의를 가지고 있으며 생산자들이 알든 모르든 간에 그들에게 이익이 되는 일을 한다.

영국에 본부를 둔 비정부기구(NGO)인 트윈(Twin)은 '소농생산자단체(SPO, smallholder producer organization)'라는 용어를 사용하며, 이 단체를 '생산자가 소유하고 통제하는 자율적인 농촌 사업'으로 구분한다. SPO는 "자발적인 개방형 회원 자격과 민주적 의사결정(즉, 1인 1표)"을 가지고 있다.[330] 유감스럽게도 "전 세계 2,500만 명의 소규모 커피 농가 중 20% 미만만이 SPO에 속하는 것으로 알려져 있다."[331]

조합은 무엇에 좋은가?

생산자 조직은 거래 비용을 절감하는 데 도움을 줄 수 있다.[332] 전신 송금 수수료, 계약서 작성, 통관 중개 고정 수수료, 생두 한 컨테이너를 구성하는 47명의 생산자를 위한 육상 운송 조직 또는 47개 샘플에 대해 완전한 품질 관리 프로세스를 실행하는 것을 상상해 보라.

협상력

그들은 조직 전체를 통해 생산자의 협상 지위를 높일 수 있다. 협동조합, 협회 또는 기타 대표 조직으로 구성하면 소규모 농부들은 집단적 규모와 중요성을 모으고, 가치 사슬의 훨씬 더 큰 인접 연결 통로와 관련하여 더 나은 조건을 협상할 수 있는 영향력을 향상시킬 수 있다.[333] 왜냐하면 시장성 있는 수량(컨테이너 적재량)을 집계하고 더 전문적으로 마케팅 활동 비용을 분산시킬 수 있기 때문이다.[334] "소규모 농부들 간의 협력 또는 집단 행동 증가는 세계적인 가치 사슬로의 통합에 중요한 단계로 파악된다."[335]

협동조합, 연맹 및 다른 형태의 집단 생산자 대표에 의해 확립된 규칙과 프로토콜은 종종 저항에 부딪히고 독립 생산자의 자율성과 혁신 가능성을 제한한다는 비난을 받지만, 그들이 잘하는 것은 대규모 구매자의 약탈적 협상 전술에 대한 집단 보호막을 제공하여, 대규모 구매자의 협상력을 감소시키는 것이다. 그들은 본래 가부장적인 특징이 있지만, 그들이 구성원들의 성장과 다양한 전략을 제공한다면 이것은 반드시 나쁜 것만은 아니다. 협동조합 및 그와 유사한 생산자 집단은 종종 엄청난 규모인 구매자에 대한 생산자의 협상력을 집단적으로 증가시키는 카르텔(가장 좋은 의미에서)과 같은 것으로 간주될 수 있다.

금융에 대한 접근

생산자 단체에 참여하면 소농들이 소액 신용대출과 농업 확장과 같은 지원에 접근할 수 있도록 도울 수 있다.[336] 한 연구원은 SPO 회원들이 종종 "스페셜티 시장에서 더 높은 가격을 기다리며 저가로 구매하는 중간 상인들에게 일부 커피를 현금을 받고 파는 경우가 많다"고 한다.[337] SPO는 운이 좋게도 조합원들로부터 구매할 수 있는 자본이 충분히 있다면 좋겠지만, 생산자들이 가져오는 모든 것을 구매할 자본이 충분하지 않은 경우가 많으며 현금을 보유할 정도로 빨리 커피를 팔지 못하는 경우도 많다. 스페셜티 프리미엄을 노리고 대상 시장이 위축되면, SPO로서는 현금 흐름 상황이 더 어려워질 수 있다.

규모

소규모 생산자들이 공동으로 노력에 참여하여 중복된 활동에서 시간을 절약하고 서비스 제공자들에게 더 중요한 고객을 대표할 때 이점이 있다. 구매 시 집단적 접근 방식은 SPO가 거래를 시작할 수 있는 운전자본을 가지고 있다고 가정할 때, 소농들이 공급자들과 협상력을 가질 수 있게 하고, 가격을 낮출 가능성이 있다. 예를 들어 전체 그룹이 필요로 하는 1년 분량의 비료를 구입하는 것과 각 구성원이 1년에 5번 필요한 비료를 구입하는 것을 비교하면 판매자의 경제성이 크게 달라질 수 있다.[338] 조합 운영은 퇴비화 및 품질 관리와 같은 규모의 경제성과 효율성을 향상시킨다.

시장 접근성

생산자들이 시장에 판매힐 상품을 한데 모을 수 있게 하는 조식의 구성원은 그들이 시장에 더 잘 접근할 수 있도록 할 수 있다. 많은 농부들의 커피를 통합한 SPO는 회원들을 대신해 수출 가능한 표준 단위인 컨테이너를 판매할 수 있다. 그렇게 하면 컨테이너로 집계하여 이윤을 얻는 화물혼재업체가 아니라 컨테이너 단위로 구매하는 누군가에게 판매할 수 있다.[339] 이것은 그들이 가치 사슬의 한 단계를 건너 뛸 수 있게 하고, 심지어 원한다면 그들 자신의 상품을 수출하고 국제 수입업자들과 직접 거래할 수 있게 한다. 개별 농부들의 랏의 통합은 거의 모든 경우에 발생한다. "농부들 스스로가 통합하지 않으면, 아무런 힘도 없이 뒤섞여 통합된다는 사실을 알아야 한다. 밖에 있는 모든 무역상들은 컨테이너에 가득찬 커피를 선적하고 판매한다. 이러한 통합은 당사자의 참여와 상관없이 이루어질 수 있다."라고 릭 라인하르트는 말한다.[340] 생산자 협력의 이러한 측면은 규모를 늘려 협상력을 집단적으로 향상시키는 것과 함께 이루어진다. 옥스팜(Oxfam)에 따르면 수출 단계에서 일하는 협동조합에 속한 소규모 농부(커피 생산자만이 아님)는 그렇지 않은 농부보다 최종 소비자 가격의 22% 더 많은 수입을 올리고 있다.

협동조합의 과제

모든 커피를 섞기 때문에 생산자들의 랏의 익명성은 가능한 최고의 품질을 만들기 위한 그들의 동기를 감소시킬 수 있다. 탁월해지려는 동기가 없으면 경제적 신호는 최소 공통 분모만 유지하면 된다는 생각을 갖도록 할 수 있다. 만약 당신이 조직에서 가장 품질이 떨어지는 생산자와 같은 돈을 받는다면, 왜 굳이 당신이 그들보다 더 좋은 품질의 상품을 생산하려고 하겠는가? 많은 생산자 조직들은 "고품질 커피 생산에 대한 명확한 장려책을 제공"하지 않는다.[341]

용광로? 아니면 샐러드 그릇?*

각 생산자는 당연하게도 각각 서로 다른, 발전하는 관능적 프로파일과 품질 수준을 제공한다. 협동조합이나 협회의 구성원들은 불가피하게 다양한 품질을 생산하는데, 그 차이는 때로는 넓고 때로는 좁다. 모든 품질을 혼합하여 균일하고 다소 일관된 블렌드로 만들어 대규모로 판매해야 하는가? 가장 높은 점수를 받은 랏의 생산자들이 낮은 점수를 받은 랏을 기본적으로 보조하는 것이 공평한가? 평균화는 각각이 제공하는 품질이 다를 때 생산자의 수입을 안정적으로 만드는 데 도움이 될 수 있다. 하지만 그것은 또한 생산자 소득 잠재력 또는 경제적 동기를 제한할 수 있다. 각 조직의 구성원과 리더는 용광로와 샐러드 그릇 중 하나를 결정해야 한다. 품질의 범위는 최고의 생산자에 의해 제공되는 보조금의 비중을 결정한다. 베이컨(Bacon)은 "만약 이 전략이 충분한 정보에 입각한 민주적 결정의 결과가 아니라면 더 높은 품질의 커피를 생산하는 그 구성원들을 소외시킬 위험이 증가한다." 고 말한다.[343]

민주주의의 비효율성

여느 민주적 조직과 마찬가지로 의견 불일치는 불만족, 이탈, 비효율을 초래할 수 있으며, 정치는 자원을 고갈시킬 수 있다. 지도자를 민주적으로 뽑는 조직에서도 불가피하게 노력의 연속성 부족과 단기적 과제에 집중하는 것은 지도부 교체와 얄팍한 선거운동의 증상일 수 있다. 회원 투표와 대표성으로 인해 의사 결정 과정이 느리고 예측할 수 없다. 특히 회원이 정보를 얻지 못하거나 의사 결정을 파악할 수 없는 경우엔 더욱 그렇다. 협동조합 사업에 대한 일반적인 비판은 직원과 경영진의 개인적인 야망이 부족하다는 것이다. 더 큰 그룹의 대표로서 그들은 필연적으로 독립 기업가만큼 얻거나 잃을 것이 많지 않다. 기업가들은 그들이 소유한 무언가에 대한 자산을 쌓기 위해 동기부여를 받고, 그들이 가진 모든 것을 잃을 처지에 놓이기 때문에, 그들은 더 많은 역경을 견뎌내고 그들의 상사에 대한 월급쟁이들보다 더 큰 긴박감을 느낄지도 모른다.

금융에 대한 조직의 접근성[344]

소규모 생산자에게 자금 조달이 어렵거나 불가능하듯이 생산자 단체에도 자금 조달이 불가능할 수 있다. 세계의 많은 커피 생산 지역에서 생산자들은 그들이 원할 때마다 언제든지 원하는 만큼의 커피를 판매하는 것에 익숙해져 있고, 커피를 시장에 내놓는 날 수중에 현금이 생길 수 있다는 것을 알고 있다. 많은 소규모 농부들은 그들의 상품의 시장성을 당연하게 여기며, 수확 기간 동안 생산물의 일부를 팔지 않고 전체 수확물의 수확과 가공에 대한 비용을 지불할 예비금 없이 빠듯한 현금 흐름 구조를 운영한다. 어떤 농부들은 1-2주일 이상 버틸 여력이 없다. 빠른 판매가 일반적인 분야에서 생산

---

* 다문화 이론의 주요 이론으로서 용광로(Melting Pot) 이론은 다양한 문화를 가진 사람들이 섞여 하나의 동질한 문화를 만들어 가는 것을 의미하며, 샐러드 볼(Salad Ball) 이론은 서로 다양한 문화를 가진 사회구성원들이 각자의 문화 정체성을 유지하며 사회 내에서 조화로운 통합을 이루어 나가게 하는 이론이다.

자 구성원으로부터 커피를 "구매"할 재정적 능력이 없는 조직은 생산자들을 통합 및 조직하거나 자체적인 제품 마케팅에 관여할 가능성이 거의 없다. 그러한 경우 생산자 조직의 회원 가입 혜택은 상당 부분 실현되지 않는다. 생산자 집단이 회원들로부터 합산하기 위해 신용 한도에 접근할 수 있는 경우에도, 그러한 자금조달 비용(이자율)은 종종 너무 커서 다국적 무역업체 및 국제적인 출처로부터 운전자본에 때로는 4분의1 미만의 비용으로 접근할 수 있는 자회사와 경쟁할 수 없다.

모두의 모든 것 [345]

협동조합 경영은 어려운 결정을 내려야 한다. 즉, 운영이 상업적으로 실행 가능한 경우 잉여금으로 무엇을 할 것인지 결정해야 한다. 그들은 자신들에게 자원을 분배해야 한다는 회원들의 압박과 조직에 투자해 장기적인 발전과 탄력성에 대비해야 한다는 내부 압력 사이에 균형을 맞춰야 한다.[346] 구성원들이 손에 든 현금을 중시하는 만큼 성장과 탄력성에 대한 투자를 중시하지 않는다면 민주적으로 선출된 지도자들은 재선을 위해 단기적인 초점을 맞춰 자원을 분배해야 하는 위험한 선택에 동기 부여가 된다.[347]

부패와 투명성

"지도부 차원의 부패는 농부 차원의 불신을 빠르게 초래한다. 부패가 일어나면 농부들은 발로 투표한다— 그들은 커피를 다른 곳에 판다…"[348] (공식적으로 말하자면 불신은 특히 가격이 하락할 때 발

그림 2.14 | 커피 생산자 조직 - 용광로 VS 샐러드 그릇

	분리	통합
생산자 입장에서	실적 기반 소득 개인 위험 품질 향상을 위한 개별 인센티브 가장 좋은 랏 = 가장 비싼 가격	공통 수익 위험 분산(품질) 품질에 따른 가격이 간접적 관계 가장 좋은 랏이 가장 나쁜 랏을 보조하는 관계
조직 입장에서	복합적 마케팅과 판매 리스트 높은 상업적/재고 위험 예측할 수 없고 계속 변하는 판매 높은 판매 비용	단순하고 직접적인 마케팅과 판매 리스트 낮은 상업적/재고 위험 일관된 판매 낮은 판매 비용

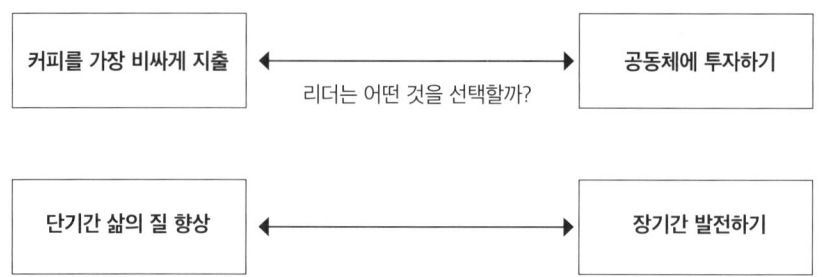

생산자는 그들에게 개인적으로 이익이 된다고 느낄까?
또는 세금처럼 조합의 이윤을 생각할까?

만약 구성원이 부패로 조사한다면,
그들은 빠르게 조합에 맡겨둔 돈을 인출할까?

생할 가능성이 높다.) 투명한 기록 보관 및 현금 흐름, 제3자 감사 및 회원 감사를 통해 리더가 부패에 빠질 여지를 최소화할 수 있다. 협동조합 리더십 급여 또한 자원 봉사 서비스에 비해 노동자들이 자신들이 이용당하고 있지 않다고 느끼도록 도울 수 있고 부패나 횡령에 대한 그들의 정신적 정당화의 가능성을 최소화할 수 있다. 인도네시아 협동조합에 대한 연구에 따르면, "감사 위협조차도 실질적이고 통계적으로 유의한 부패 감소를 이루어 낼 수 있다."고 한다.³⁴⁹

동아프리카에서 몇 년간 협동조합 내부를 연구한 테크노서브에 따르면, "농부들이 비용, 이익, 지급액을 이해할 때, 그들은 더 헌신적이고 충성스러운 공급자로 남는다. 협동조합이 성공하기 위해서는 구성원인 농부들이 협동조합을 소유하고, 통제하고, 이익을 얻는다는 것을 근본적으로 믿어야 한다."³⁵⁰ 이 정보를 공유하고 생산자들에게 그것을 이해하고 활용하도록 가르치는 것은 상당한 비용이 들 수 있다. 중요한 사명으로 간주되지 않을 수 있기 때문에 우선순위에서 밀리기 쉽다. 그러나 그것은 조직의 장기적인 지속 가능성에 매우 중요할 수 있다.

생산자 충성도

농부들은 생산자 단체에 소속되어 커피를 팔 수 있는 시장에 접근할 수 있을지 모르지만, 그들이 다른 곳에서 팔지 않도록 하는 효과적인 방법은 거의 없다. 측면 판매*(side-selling)는 가공소 가동이 초과되거나 공급이 불가능할 경우 수출 계약을 이행할 수 없는 경우에 발생하는데 이는 협동조합 운영에 심각한 지장을 줄 수 있다.³⁵¹ 생산자가 회원에게 제공하는 혜택을 이용하지만 상업적 노력에 기

---

* 협동조합을 통하지 않고 다른 통로로 판매하는 것을 말한다.

여하지 못하는 경우 역시 조직은 이와 같은 어려움에 빠질 수 있다. 트윈(Twin)의 보고서에 따르면, 생산자들이 측면 판매에 대한 동기로는 비경쟁적인 구매 가격, 지불 지연 또는 특정 시기에 생산자로부터 구매할 수 없는 것, 그리고 "일부 구성원들이 불평등하게 이익을 얻고 있다는 인식"이 포함될 수 있다.[352]

협동조합처럼 생산자들을 위한 서비스에 돈을 쓰지 않는다는 사실 때문에 개인 구매자가 커피 생산자에게 더 높은 절대 가격을 제시할 수 있는 경우가 있다. 만약 생산자들이 그들의 수익에서 판매 가격의 일부를 빼서 이러한 서비스의 자금 조달에 기여해야 한다는 것을 인식하지 못한다면, 측면 판매는 생산자들에게 매력적이면서도 죄책감을 느끼지 않게 할 수 있다. 그러나 판매량에 따라 협동조합에 제공되는 이윤이 없다면, 생산자와 각 부문에 매우 중요한 이러한 서비스를 제공할 능력을 잃게 된다. 또한 협동조합의 존재는 경쟁적이고 역동적인 시장을 유지하는 데 필수적일 수 있다. 예를 들어 1980년대 자메이카 커피 시장의 경우, 개인 구매자의 진입과 그에 따른 협동조합의 붕괴는 구매자에 대한 생산자의 협상력과 생산자에게 지급되는 수출 가격의 비중을 극적으로 감소시켰다.[353]

민주적으로 운영되는 협동조합과 협회는 소농들에게 제공되는 가격과 지원을 크게 개선할 수 있다. 그러나 그들이 어디에나 있는 것은 아니며, 많은 농부들은 그러한 지원 네트워크에 접속할 수 없는 고립된 지역에 위치해 있다.[354] 세계의 대부분의 생산자들은 그러한 통합 서비스에 가입되어 있지 않다. 게다가 루트 캐피탈(Root Capital)에 따르면, "기존의 대다수의 조합 담당자들은 장기 대출을 책임지고, 내부 신용 기금을 설계하고, 개인과 R&R 대출을 시작할 능력이 부족하다."[355] 이러한 조직들은 필수적으로 민주적인 구조로 운영되는데, 이를 고려할 때 커피 공급망을 재설계할 수 있는 능력에 대해 많은 논란이 있다. 협동조합 운영을 수행하는 각각의 개인적 이익 동기는 중요한 동기가 되지 않을 것이다. 협동조합에서 얻을 수 있는 제한된 수입은 협동조합이 유치할 수 있는 인재, 특히 행정, 경영, 판매 및 고객 서비스에 중요한 인재를 제한할 수도 있다.

지역 협동조합의 강점과 운영 정책은 커피 생산 가족의 번영과 빈곤의 차이를 의미할 수 있다. 특히 차별화된(스페셜티) 부문 참여와 관련하여 분리 정책, 품질 관리 인프라, 가격협상 등은 물론 조직 인력의 전반적인 효율성과 책임은 생산자에게 큰 영향을 미칠 수 있다.

수요

소비자 선호도 및 트렌드

소비는 개인의 필요를 충족시키기 위해 행해진다. 수잔 L. 헨리(Susan L. Henry)에 따르면, 그것은 "그룹, 특히 계급, 지위, 민족 집단에서 구성원 자격을 나타내는 더 중요한 방법 중 하나다."[356] 그리고 소비는 생활 방식이나 삶의 방식을 반영한다. 그녀는 또한 매슬로우(Maslow)의 인간 욕구 단계 구조를 언급하면서, "기본적인 생리적 욕구를 제외하고 다른 욕구는 사회 문화적 환경에 의해 조성된다."고 한다.[357] 우리는 커피 가치 사슬에서 최종 소비자의 위치와 역할을 분석할 때 이것을 명심해야 한다.

수요 양극화

커피에 대한 수요는 증가하고 있을 수 있지만, 모든 종류의 커피가 똑같이 증가하고 있는 것은 아니다. "커피 수요가 늘어난다면, 그것은 저품질 원두(기술 향상과 수용성 커피 수요 증가를 반영)와 스페셜티 커피(틈새 시장으로의 확장을 반영)라는 스펙트럼의 양 끝에 있을 가능성이 높다."[358] 공급도 양극화되어 있지만 수요가 증가하고 공급이 정체된 고급 커피까지도 과잉 생산된 저품질 커피에 묶여 있고 자유로울 수 없는 가격 책정 체제(뉴욕 및 런던 선물계약)에 의해 끌어내려져 생두 단계에서는 가치가 떨어진다.[359] 다른 경쟁 지역과 비교하여 차별화된 품질을 생산할 수 있는 능력이나 생산 비용이 높아 비교우위가 없는 생산자 및 지역조차도 중기적으로는 상황이 더 쉬워지지는 않을 것이다. 문제를 해결할 수 있는 방법이 없고, 더 많은 나무를 심어 수확량을 증가시키는 정책은 수출 판매로 외화를 필요로 하는 정책 입안자들에게 매력적이지만 종종 거시적 상황을 모르는 농부들의 상황을 악화시킨다.[360]

주류 품질에 대한 비(非)수요

폰테(Ponte)에 따르면, "소비자들은 한 블렌드 또는 브랜드 간의 미묘한 품질 차이를 식별할 수 있는 기술을 가지고 있지 않다."[361] 따라서 만약 품질이 똑같이 낮고 소비자에게 그 차이가 인식되지 않는다면, 품질에 대한 브랜드 이름은 많은 소비자들에게 진정으로 부가되는 유일한 가치다. "대부분의 커피 소비자들은 고품질의 커피를 인식하는 관능적 기술이 부족하기 때문에 그들은 제품의 본질적인 품질을 반영할 수도 있고 그렇지 않을 수도 있는 가격, 포장, 광고와 같은 외부 단서에 의존할 가능성이 더 높다."[362] 수용 가능한 고객 대 수용 불가능한 고객의 혼재가 시작되는 품질의 한계값이 어디인지 정확히 알고 있는 많은 브랜드들은 이 기회를 놓치지 않는다. "로스터는 그들이 구매하는 생두의 품질이 어떤지에 대해 완전한 정보를 알고 구매를 하지만, 고객에게는 거의 아무 정보도 제공하지 않는다. 이러한 요인은 시장 집중력의 증가와 함께 커피에 대한 세계 가치 사슬의 주도적 위치를 확보할 수 있게 해주었다."[363]

소규모 커피 농부와 지역 중개인 사이의 상황과 유사하게, 품질 정보의 비대칭은 강력한 브랜드를 가진 로스터가 가격을 낮추거나 시장의 반발을 겪지 않고도 품질을 낮출 수 있는 기회를 만든다.[364] 비록 최종 사용자의 관능적 품질에 대한 인식이 무역업자와 로스터의 인식과 같지 않은 것처럼, 여러 분야와 지역에 따라 차이가 있다. "북미 구매자는 아시아 및 유럽 시장의 구매자보다 관능적 품질에 더 민감하다."[365]

톱니바퀴 효과(Ratchet effect)*

1994-1995년 이탈리아와 1997년 생두 가격이 급등했을 때 많은 로스터들은 소비자를 위해 가격을 인상하는 대신 더 저렴한 등급의 생두를 구입하여 품질을 떨어뜨렸다. 판매는 부진하지 않았다. 그 후 가격이 다시 하락했을 때 로스터는 품질을 다시 회복하지 않았다; 오히려 그들은 이윤의 폭을 넓혔다.[366] 이렇게 할 수 있다는 것은 실로 놀라운 발견이었다!

1999년부터 2003년까지 미국에서는 생두 가격이 약 절반으로 떨어졌다. 한편 소비자 물가는 평균 15% 하락했다.[367] 비용이 줄었을 때 가격을 낮추지 않은 회사들을 비난하는 실수를 범하지 말자. 당신의 딸이 직장을 구해서 당신이 더 이상 부양할 필요가 없을 때 당신의 상사에게 임금을 적게 달라고 요청하겠는가? 나는 그렇게 생각하지 않는다. 또한 생두 가격이 떨어져서 비용을 적게 지불한 로스터들을 탓하는 함정에 빠지지 말자. 회사에서 월급이 올랐으니 집주인한테 집세를 올려 달라고 요구하겠는가? 당연히 아니다! 미국의 로스터와 소매업체들도 원재료 비용이 오르면 "파운드"의 크기를 16온스 실제 파운드에서 현재 커피 "파운드"라고 하는 12온스 봉투로 줄임으로써 소매 가격 인상에 저항했다.

■ 커피의 가치

가치=지불할 의향

가치는 가격이 아니다. 정확한 가격은 가치 또는 소비자가 어떤 것에 대해 기꺼이 지불할 수 있는 금액과 같다. 소비자는 가격이 너무 높게 책정되면 제품이나 서비스를 원해도 구매하지 않는 방식을 택한다. 만약 가격이 너무 낮게 책정되면, 즉 소비자가 지불하고자 하는 최대 금액보다 낮게 설정되면 판매자는 그 금액에서 손해를 보게 된다.

반대로, 판매자에게 있어서 상품의 가치는 그것을 포기하려는 그들의 의지다. 교환에 있어 구매자가 더 많은 협상력을 가지는 구매자 시장에서, 판매자에게 상품의 가치란 그들이 그것을 포기할 최저 가격으로 정량화될 수도 있다. 보통 시골 지역 커피가 이런 경우다. 농부들은 음식을 사고 생산 비용을 지불하기 위해 돈이 빨리 필요하다. 구매자는 거의 없으며 대부분 기본 상품 가격으로 구매하기 때문에, 농부들이 우수한 상품을 팔기 위해 제공해야 하는 금액은 일반적으로 기본 상품 가격보다 약간 더 높을 뿐이다. 왜냐하면 아무것도 받지 못하는 것보다는 어떤 것이라도 받는 것이 좋으며, 더 나

* 일단 어떤 상태에 도달하고 나면, 다시 원상태로 되돌리기 어렵다는 특성을 지칭하는 말이다.

은 제안을 기다릴만큼 여유가 없기 때문이다.

소비자에게 제품 가치의 합은 교환가치다. 즉, 소비자들은 제품을 구매하기 위해 돈을 지불하고자 할 때 커피를 예로 들면, 그들이 화장실을 가도록 돕는 것으로부터 그들이 하루 동안 자신을 이타적으로 느끼게 하는 것, 그리고 바리스타와의 핑크빛 기류까지 포함해 커피가 전달해 줄 모든 것을 고려한다. 공정한 공급망이라면 가치의 모든 구성 요소를 만들고 전달하는 데 관련된 각각의 개인에게 누가 무엇을 했는지에 따라 보상이 돌아갈 것이다.

재료

재료의 가치는 "사용가치"로, 우리가 그 제품으로 무엇을 할 수 있는지로 정의할 수 있다. 구멍 뚫는 기계는 구멍을 뚫을 수 있다는 것이 가치가 된다. 이론적으로, 그것은 객관적이며 구매자와 판매자의 정체성과는 무관하게 존재한다. 상품은 그 물질적 가치에 따라 사고 팔린다; 측정하고 검증할 수 있는 것 외에는 어떠한 것도 고려되지 않는다. 생두의 물질적 가치는 커피를 마시는 사람들에게 그것의 물질적 가치를 결정하는 발견 가능한 품질 속성에 기초해야만 한다. 이 값은 품종, 재배 기후, 재배 관행, 수확 후 가공, 선별/준비 및 보관 조건과 같은 측면에 의해 영향을 받을 수 있지만 확실하게 정의되지는 않는다. 로스팅 된 커피의 물질적 가치는 로스터의 기술, 신선도 등과 같은 부가적인 요소에 있다. 2018년 커피 바로미터에 따르면, 오늘날 로스터와 소매점의 차별화는 주로 "고급 소비자들에게 어필"할 수 있는 브랜드 포지셔닝에 초점을 맞추고 있으며 지속 가능성은 차별화 요소로 평가되지 않는다고 말한다.[368] 이론적으로는 측정 가능하고 객관적임에도 불구하고, 관능적 프로파일과 같은 일부 요소는 개인 소비자의 선호도에 따라 서로 다른 양의 가치를 창출할 수 있다.

상징성

커피의 상징적 가치는 제품의 유용성과 객관적으로 측정할 수 있는 품질 외에 소비자의 평가, 따라서 제품의 가치에 영향을 미칠 수 있는 다른 많은 요소들을 포함한다. 이러한 요소에는 포장, 브랜드 평판, 원산지 평판 및 인증이 포함된다. 상징적 가치는 그것을 "좋은" 것으로 만드는 무형의 요소들(고도, 품종, 농부 성별, 윤리적 이슈에 대한 인식 등)의 총합이다. 이런 부분은 생각할 가치가 없는 것처럼 들릴지도 모르지만, 그것은 소매 경제의 꽤 중요한 부분이고 많은 산업에서도 역시 중요하다. 베커트, 뢰셀, 솅크(Beckert, Rössel, Schenk, 2014)에 따르면 "와인의 가격 차이는 대부분 생산 비용과 블라인드 시음 평가와는 무관하다; 오히려 상징적인 가치에 기반을 둔다."고 한다.[369] 자기 표현은 소비에서 파생될 수 있다. "많은 제3의 물결의 커피 소비자는 품질이 우수한 커피를 마실 뿐만 아니라 장인의 품질과 진정성에 대한 막연한 윤리와 멀리 있는 타인(타국의 농부)과의 관계를 (그들만의 독특한 방식으로) 구매하고 있다."[370] 소비자에게 제품의 가치는 다른 사람이 그것에 부여하는 가치에 전적으로 의존할 수 있다.³⁷¹ "관능적 품질은 가격에 큰 영향을 미치지만, 가장 높은 프리미엄은 같은 나라의 다른 커피와 비교했을 때 상위 등급을 획득하는 데 있다."³⁷²

지위

커피를 포함한 모든 제품은 사회적 지위를 통해 소비자에게 가치를 창출할 수 있다. "오늘날 사람들은 종종 그들이 구매하고 제공하는 커피 및 기타 상품들을 통해 자기의 정체성과 정치적 성향을 도출하고 표현하려고 시도한다."³⁷³ "스페셜티 커피 산업은 커피를 일종의 신분 상징이나 생활 방식의 선언으로 나타내며, 이러한 사회적 선언³⁷³은 풍부한 지식을 바탕으로 커피를 소비할 수 있는 능력을 인정하는 것이 핵심이다.³⁷⁴

독특성

특히 스페셜티 로스터들 사이에서는 멀리 떨어져 있어 접근하기 어려운 커피에 대한 독점적인 접근을 통해 독특한 제품을 제공하고자 하는 욕구가 존재한다. "이러한 구매자들은 누구에게도 제공되지 않는 커피를 로스팅하고 싶어하며 어느 정도 제품의 독점성을 원한다."³⁷⁵ 제품의 독특성, 독점성, 진정성을 보여주는 많은 스페셜티 로스터는 "흔하지 않은 채널을 이용하여 커피를 수급하려 하고 있으며, 제품과 농부와의 사회적 관계 모두에서 '독점성'을 보여주고 있다."³⁷⁶ 예를 들어 페이스북에 접속해서 농부에게 직접 생두를 구매하여 항공편으로 보내게 하는 것은 수입업자에게서 구매하는 것보다 비용이 적게 들고 농부는 더 많은 이익을 남길 수 있다. 이것은 충분히 이해할 수 있지만, 생산자나 지역 사회에 그들이 단지 몇 년간의 성공적인 마케팅 실행 후에 충분히 원래 해 왔던 방식보다 어떻게 더 나아졌다고 말할 수 있는가?

진정성

커피의 상징적 가치가 원산지에 내재된 요소에 의존하고 있다고 해서, 그것이 자동적으로 커피 제품에 내재되는 것은 아니다. 특정 생두의 "이야기"는 제품이 통합되고 상품화되면서 없어지지만, 상품화는 경쟁력 있는 가격으로 소비자에게 전달되도록 하는 유일한 방법이다. "가치를 더하는 과정은 제품의 정체성과 차별성이 원산지에서 확립되어 가치 사슬을 따라 이동하는 동안 유지되어야 한다."³⁷⁷ 생두의 상징적 가치를 추가(또는 유지)한다는 것은 정보에 대한 논쟁, 소량의 독특한 커피를 구분하고 추적하는 것, 블로그와 브로셔 및 기타 커뮤니케이션 채널을 통해 해당 정보를 공유하는 것들에 상당한 비용이 든다는 것을 의미한다. 공급망 전체에 걸쳐 5백 마이크로 랏을 이동하는 데 드는 모든 서류 작업의 추가 관리 비용을 상상해 보라. 5개의 컨테이너 적재에 대한 동일한 양의 서류 작업이지 않은가?

이러한 무형 가치가 추가되는 과정은 "비일반화"와 "비표준화"³⁷⁸를 포함하며, 그 가치는 보통 그것을 추가하는 사람이 부여한다. 이 가치는 종종 "대담한 커피 탐험가"³⁷⁹ 또는 인디애나 존스와 같은 커피 모험가의 이익을 위해 그들에게 장악될 수도 있다. 이 정형화된 이야기는 "너무나 모호하고 독특한 미지의 스페셜티 커피를 탐구하여 제품에 더 많은 교환가치를 부여하고, 스스로에게 개인적인 존경을 더한 커피 구매자의 낭만적이고 유쾌한 여정"을 강조한다.[380] 이 부가가치 중 얼마나 많은 부분이 전달 과정의 비용을 부담하는 사람들과 이를 구성하기 위한 삶을 살아가는 생산자 개인에게 분배되는지는 논쟁할 가치가 있다. 콜롬비아의 한 북미 중개인은 그의 사업을 "현대, 커피 탐험가들… 콜롬비아의 외딴 지역에서 특별한 커피를 공급하기 위해 농장을 돌아다니며 스페셜티 커피를 찾는다…"라고 마케팅 한다.[381] 그것은 거칠고 낭만적으로 들린다.

독점성

독특함과 유사하게, 상품의 제한된 공급은 객관적인 품질에 상관없이 그것을 더 매력적으로 만들 수 있다. 만약 모든 사람이 가질 수 있을 만큼 그것이 충분하지 않다면, 일부를 소유하고 있다는 것은 당신의 사회적 지위에 대한 증거다. 다른 사람들이 소유할 수 없다는 사실은 그것을 원하는 사람들에게 훨씬 더 매력적으로 다가온다. 다만 독점성을 중시하는 시장 부문을 활용하는 조직은 자신의 성공에 쉽게 희생양이 될 수 있다.

예를 들어 생산자 단체와 소규모 수출업체 그리고 소위 "직접 거래자"는 이윤이 낮은 사업을 영위하며 그들이 일정한 규모에 도달하기 전까지는 수익성이 없을 가능성이 높다. 그들은 그들의 상품이 단지 아무도 그것을 가지고 있지 않기 때문에 독점적으로 여겨진다는 것을 깨닫지 못하고 처음에는 이를 판매하는 것이 다소 쉽다고 여길 것이다. 하지만 그들이 성장하며 프로젝트를 지속 가능하게 만들기 충분한 규모에 도달하게 되면 필연적으로 더 많은 사람들과 회사들에게 더 많은 커피를 팔아야 한다. 그들은 지속 가능한 판매량에 도달하기 전에 독점적 가치가 감소한다는 것을 알게 될 것이다. 독점성을 유지하려면 공급을 제한해야 한다. 다만 프로젝트가 많이 팔리지 않아도 마진이 충분해야만 성공할 수 있다. 소규모 수출업자들의 경우, 그들의 상품을 독점적으로 유지하기 위해 생두 구매자들의 관심이 수출업체를 작게 유지하는 것에 있고, 이는 사실상 농부들의 수입을 감소시킬 수 있다는 것을 의미한다.

컵 오브 엑설런스

컵오브엑설런스(Cup of Excellence, COE)와 베스트 오브 파나마(Best of Panama)와 같은 몇몇 고급 경매 프로그램들은 스페셜티 커피의 독점성과 고급스러움의 전형이다. 바헤닝언 대학(Wageningen University)의 COE 결과에 대한 연구는 독점적인 공급업체 관계를 맺는 것뿐만 아니라 "희소성 매력"(소량 사용 가능)이 "독특한 제품 인식에 상당한 영향을 미치고 있다"는 결론을 내렸으며,[382] 이는 로스터들이 많은 양의 생두에 대해 기꺼이 높은 가격을 지불한다는 것을 의미한다. 동아시아 스페셜티 커피 시장, 특히 일본에서는 "고품질의 커피로 소비자에게 전달하기 위해 COE 브랜드로 마케팅되는 경우가 많다."[383] 그렇기 때문에 농부가 제공하는 제품의 객관적인 품질과는 완전히 별개로 이러한 커피를 구매하는 것 자체에 실질적인 가치가 있다.

COE 경매 결과에 대한 한 연구에 따르면 1위를 차지하면 경매에서 2위를 차지하는 것보다 100% 이상 프리미엄이 붙는다는 것을 보여준다. 평균 품질 점수 차이는 1.21점에 불과하다.[384] 따라서 모든 작은 마을과 커피 협동조합이 심사 대상인 랏의 물질적 가치에 더해 커피 가격에 독점 프리미엄이 추가되기를 바라면서 자체 커피 대회를 신속하게 개최하는 것은 놀라운 일이 아니다. 불행하게도 경쟁의 장이 축소되고 대회가 더 흔해지면, 독점성의 상징적 가치는 줄어들게 되는데, 실제로 많은 경우에 자선 대회로 대체된다.

상징적 가치의 윤리

당신이 끌렸던 무언가를 좋아하게 된다면 그것은 당신에게 가치있는 것이다. 만약 당신이 빨간 셔츠보다 녹색 셔츠를 더 좋아한다면, 당신은 녹색 셔츠를 사야 한다. 만약 당신이 당신의 셔츠에 있는 말 모양이나 청바지에 난 구멍 때문에 그것에 끌리는 경향이 있다면, 그것은 당신의 소비에 영향을 미치는 당신의 개인적인 가치 인식이고 아무도 당신으로부터 그것을 빼앗을 수 없다. 어떤 가치가 상징적인지, 즉 그 유용성에 기여하지 않는 속성일지라도, 상징적 가치 때문에 더 많은 돈을 지불하는 것은 아무런 문제가 되지 않는다. 1,500달러짜리 핸드백과 같은 상징적 가치는 때로는 극단적으로 비춰질 수 있다. 또 넥타이와 같은 어떤 상징적 가치는 평범할 수도 있다. 넥타이는 착용자가 표현할 수 있게 문화적으로 정의된 이미지 외 다른 목적에는 전혀 사용되지 않기 때문이다. 제품에서 가치를 정의하고 도출하는 방법과 자원을 분배하는 방법에 대해 우리 자신에게 솔직해지는 것이 중요하다.

만약 당신이 유명 농부의 커피를 정말로 원하고 그 가격이 당신에게 그만한 가치가 있다면, 당신은 그것을 사야 한다. 유명 농부의 커피와 동등하거나 거의 비슷한 수준의 커피를 가졌지만 이를 알릴 수 있는 동등한 자원에 접근하는데 한계를 가진 무명의 생계형 농부의 커피 가격이 반값이나 그 이하로 책정된다면 이는 커피 품질이 절반이라서가 아님을 명심하라. 가격 차이는 마케팅 채널 접근성 차이, 국제 브랜드 구축 자본, 구매를 위해 방문하는 사람을 접객할 자원, 무명 농가가 접근할 수 있는 공급망에서 상대적으로 협상력이 부족하기 때문에 발생한다.

그림 2.16 | 커피 품질의 가치 분포

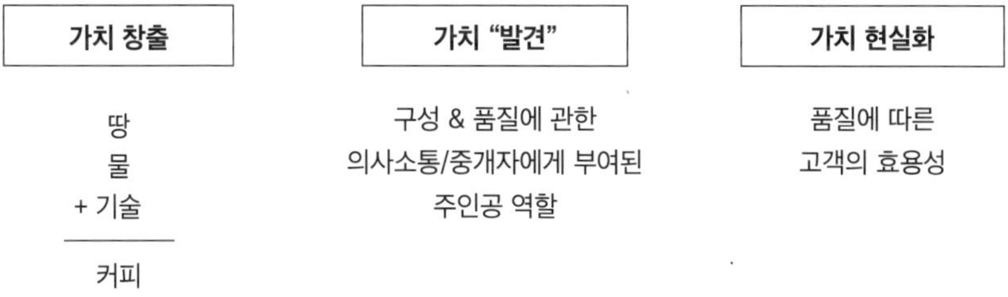

가치 창출	가치 "발견"	가치 현실화
땅 물 + 기술 ――― 커피	구성 & 품질에 관한 의사소통/중개자에게 부여된 주인공 역할	품질에 따른 고객의 효용성

대면/경험

제품을 소비하는 경험 또한 제공되는 제품의 가치의 중요한 부분을 차지한다. 커피 준비(로스팅, 그라인딩, 추출까지의 모든 과정), 서빙, 카페의 분위기 또한 제품 가격의 상당 부분을 차지할 수 있다. 농부가 제품을 판매하여 버는 금액과 일정량의 커피를 사용하여 준비된 음료에 소비자가 지불하는 가격 사이에는 엄청난 차이가 있다. 그러나 이것이 전부는 아니다. 일부 사람들은 커피가 그 제품의 영혼이라고 생각할 수 있지만, 생두는 음료로 제공되기까지 과정의 비용에 많은 부분을 차지하지 않는다.[385] 소비 경험의 가치에는 물리적 공간과 미학 (카페), 커피 준비와 바리스타의 기술 수준, 소비자가 소비 행위로부터 자신의 사회적 정체성을 정의하는 능력, 그리고 다른 고객과 함께함으로써 부가되는 가치가 포함된다.

생두에 대한 특정 카페의 비용 구조에서 차지하는 비율과 상관없이, 평균적으로 지난 수십 년간 소매 가격이 상승함에 따라 재배자들에게 지급되는 가격은 확실히 실질적으로는 감소했다. 고급 스페셜티 카페를 만들고 운영하는 데 드는 비용이 모두 증가하는 동안 그 카페들은 더욱 정교해졌다. 이러한 추세는 공정한 공급망 보장의 우선 순위에 의문을 던진다. "커피 사업은 어떤 모습이어야 하는지에 대한 기대치를 설정하기 때문에 운영 비용이 많이 든다."라고 커피 전문가이자 언론인인 에버 마이스터(Ever Meister)는 말한다. 그녀는 자원이 다른 것으로 흘러 들어가기 때문에 농부들에게 생계 수입을 보장할 기회를 놓쳤다고 생각한다. "나는 카페를 짓는 데 100만 달러가 들 필요가 없다고 장담한다… 그리고 당신은 소비자들에게 그들이 충분한 돈을 쓰지 않고 있고 그것이 과테말라의 농부들이 굶주리고 있는 이유라고 말할 수 있을까?"[387]

커피의 윤리적 가치

소비는 신체적 그리고/또는 쾌락주의적 필요를 함께 충족시키면서 동시에 정치적 의사 표현이나 자신의 가치 표현이 될 수 있다. 자신의 이타적인 자아상을 뒷받침하기 위해 커피를 사용하는 능력이나 파급 효과를 창출할 수 있는 소비 행위의 가능성은 제품 자체의 상징적 가치의 일부가 될 수 있다.[388] 이는 제품을 납품하는 공급망의 실제 가시적 영향과 관련될 수도 있고 그렇지 않을 수도 있다.

사람들은 자신에게 제품을 전달하는 공급망의 윤리에 어느 정도 관심이 있다. 공급망 안에는 모순이 있다. 순진함이 있다. 조작이 있다. 하지만 평균적으로, 사람들은 한 세대 전보다 훨씬 더 관심을 갖고 있다. 우리는 변화의 속도가 빨라지기를 바랄 뿐이다. 사람들은 그들이 윤리적이라고 생각하는 기업을 지원하고 스캔들에 휘말린 다른 기업들을 피하고 싶어한다.[389] 유니티 소싱 앤 로스팅(Unity Sourcing and Rosting)의 아담 스트라우스(Adam Strauss)는 다음과 같이 말한다. "고객이 (윤리적이라고 믿는) 내 관행에 대해 매우 잘 반응하는 것 같다… 나는 심지어 (제품에) 정보도 잘 쓰지 않는다… 나는 이야기를 전한다. 관계가 있어야만 이야기를 가질 수 있다."[390]

소비주의를 위한 치료법: 소비

소비주의는 21세기 세계의 일부다. 쾌락을 위한 소비는 특히 고소득 국가에서 많은 개인들의 사회 생활에서 중요한 부분을 차지한다. 일반적으로 환경적, 사회적 이유로 비윤리적인 것으로 간주되는 특정 상품의 소비는 일부 소비자 사이에서 죄책감을 유발한다. "사람들은 이 관계에 대해 이야기하기를 좋아한다… 그것은 소비자들이 우리의 소비주의에 대해 더 좋게 느끼도록 만든다. 만약 우리가 반대편에 있는 사람들과 연결되어 있다고 느낀다면, 우리가 얼마나 많이 소비하는지 검증하는 데 도움이 된다고 생각한다."[391]

여러 연구자들에 따르면, 커피가 소비자들이 다른 소비에 대한 죄책감에서 벗어나기 위해 구매하는 제품 중 하나라는 것은 아이러니하다. 소비는 매우 중심적인 활동이기 때문에 해장술과 같이 스스로에 의해 야기된 죄책감을 치유하기 위해 사용된다. "공정무역 및 이와 유사한 형태의 소비는… 두 가지 상반된 경향, 즉 탐욕에 대한 욕구와 탐욕에 대한 죄책감을 만회하려는 욕구를 함께 가져온다."[392] 소비주의적 죄책감을 완화하는 커피의 능력은 그 자체로 현금화 가능한 가치가 된다. 소비자의 죄책감과 빈곤에 대해 각인된 이미지는 "커피에 접목되어, 사용가치를 초월하고, 일종의 왜곡된 윤리 가치를 창출한다."[393]

소비자를 대상으로 한 파푸아뉴기니 커피 마케팅과 농촌 생산자 커뮤니티의 현실에 대한 페이지 웨스트 교수의 분석에 따르면, 이국적이고 원시적이며 가난한 사람들의 매혹적인 이미지에 대한 많은 부분이 커피를 팔기 위해 조작된 것으로 나타났다. 그녀는 묘사된 시나리오들이 "환상적이고 특히 소비자들에게 매력적이기 때문에 마케터들에 의해 만들어졌다"고 주장한다.[394] 만약 커피 뒤에 있는 빈곤이 판매 포인트라면, 이러한 빈곤의 완화는 소비자들에게 제품의 가치를 떨어뜨리는 것을 의미하며, 인센티브의 완전한 불일치를 의미할 것이다.

스페셜티

"스페셜티 커피"라는 용어는 "원래는 표준화된 제품으로 블랜딩 되는 커피의 특성보다는 커피의 고유한 개성을 중시하는 틈새 시장을 분류하기 위해 사용되었던 용어였다."[395] 그것은 사람에 따라 다른 의미를 가지며 끊임없이 발전하고 있다.

■ 스페셜티 물질만능주의

무엇이 좋은 커피를 만드는가?

그것은 당신이 "좋은"을 무엇으로 정의하는가에 달려있다. 그것은 우리가 앞서 살펴본 많은 원료의 가치만큼 좋은 것이다. 고도가 커피를 좋게 만드는가? 고도는 품질에 영향을 줄 수 있지만 매우 많은 요인 중 하나일 뿐이다. 위도에 따라 일부 고도에서는 매우 고품질의 커피를 재배하는 것이 불가능할 수 있다. 고도는 기후에 대한 대강의 설명 자료이며, 커피의 품질과 어느 정도 상관 관계가 있지만, 기껏해야 대략적인 지표로서 제품을 맛볼 수 없을 때 약간 유용한 자료일 뿐이다. 또한 고도로 추정된 기후는 위도와 함수관계다. 에콰도르 일부 지역의 2,000미터는 고품질의 제품을 생산하는 데 이상적일 수 있지만, 멕시코의 나야리트(Nayarit)나 브라질의 상파울루 주에서는 커피가 2,000미터에서는 생존조차 할 수 없을지도 모른다.

그렇다고 해서 정확한 고도가 구매자에게 실질적인 가치를 창출하지 않는다는 뜻은 아니다. 그 경우에 만들어진 가치는 중요한 것이 아니라 상징적이다. 커피 재배지의 고도를 기준으로 커피의 순위를 매기고 선택하는 것은 상징적인 가치의 등급이다.

품종이 커피를 좋게 만드는가?

이 논의는 다이아몬드와 같다. 다이아몬드와 큐빅 지르코니아 중 어느 것이 보석을 만드는데 더 유용한가? 똑같다. 정말 그런가? 그렇다면 왜 많은 사람들이 다이아몬드를 사는 데 더 많은 돈을 쓰는가? 다이아몬드는 우리가 그것을 가치있게 여기기 때문에(또는 그렇게 믿도록 조작되기 때문에) 보석 중에 가장 가치가 있다. 85점의 게이샤는 똑같이 즐길만한 85점의 카투아이에서는 찾을 수 없는 독특한 향미를 가지고 있을 수도 있다. 게이샤는 희소성과 독점적 가치, 그리고 반드시 그런 것은 아니지만 물질적 가치로 인해 더 가치가 있을 수도 있다. 하지만 85점의 부르봉은 동일한 향미 프로파일을 가진 85점의 곰팡이에 저항력이 강한 카스티요보다 훨씬 더 가치가 있을까? 이는 곰팡이균의 감염 위험이나 예방 비용을 감당할 수 있는 더 많은 자원을 가진 부르봉 농부들을 선호하는 지극히 개인적인 선택이라고 주장될 수 있다. 트라이브 커피 파머스(Thrive Coffee Farmers)와 오번 대학(Auburn University)이 실시한 연구에 따르면 COE 경매에서 여러 품종으로 구성된 랏은 "평균 13% 낮은 가격을 받는다."고 한다.[396]

"좋은" 맛이 커피를 좋게 만드는가?

그렇다면 고가의 커피의 속성을 고가의 시계나 핸드백의 특성과 비교할 수 있을까? 어떻게 하면 루이비통 지갑의 가격을 합리화할 수 있을까? 루이비통 지갑과 현지 생산자가 만든 유사한 지갑의 가격 차이가 전체 품질 차이와 일치하나? 파나마 보케테(Boquete) 지역의 에스메랄다 농장(Esmeralda Estate)의 88점 게이샤와 콜롬비아 톨리마(Tolima)의 알려지지 않은 생산자의 88점 카투라 사이의 품질 차이가 가격 차이를 정당화할 수 있을까? 언급된 바와 같이 가격에서 엄청난 차이를 헤아리기 위해서는 상징적인 가치가 포함되어야 한다.

차이점은 대부분의 대중이 루이비통과 동일한 품질의 미적으로도 우수한 독립 또는 지역 회사의 제품 가격이 루이비통의 10%에 불과해도 루이비통 지갑에 2,000달러를 쓰는 것이 어리석다는 점을 인정한다는 것이다. 온두라스에 있는 무명 소규모 농부의 파운드당 4달러인 86점 파라이네마 품종은 많은 사람들이 "비싸다"고 생각하는 반면, 86점의 코나에 파운드당 20달러, 부유한 가족의 대농장에서 나온 90점의 게이샤를 파운드당 200달러씩 쓰는 것은 여전히 받아들여지고 있으며, 심지어 스페셜티 커피 업계에서도 존중받고 있다.

대부분의 사람들이 정기적으로 마시는 커피와 비교할 수는 없지만, COE 경매 결과는 경매 판매 가격으로 정량된 가치가 반드시 심사위원단의 관능적 품질 측정과 일치하지 않는다는 유사한 이야기를 말해준다. 2020년 엘살바도르 우승자는 90.3점을 받아 파운드당 80.10달러에 팔렸다. 코스타리카 우승자는 90.27점을 받아 파운드당 66.90달러에 팔렸다. 니카라과 우승자는 91.2점으로 다른 우승자보다 더 높은 점수를 받았지만 파운드당 36.90달러에 판매되었다.[397] 구매자들은 그들이 좋아하는 제품의 모든 측면에서 가치를 끌어낼 자격이 있지만, 이것은 많은 구매자들이 주장하는 것처럼 컵 품질이 전부가 아니라는 것을 보여준다. 에버 마이스터에 따르면, "그것은 우리가 아직 모르는 더 많은 가치 판단이 이루어지고 있다는 것을 보여주며, 나로서는 납득이 되지 않는 일이다. 만약 우리가 품질에 대해 엄격하게 평가하고 보상한다면, 니카라과 커피는 (코스타리카 커피를) 납작하게 눌러 버렸어야 했다."[398]

■ 농부의 가치

커피의 품질과 가치에 대한 책임은 누구에게 있는가? 누가 그것으로부터 이익을 얻나?

릭 라인하르트는 고급 스페셜티 분야에서 가치의 일반 속성에 대해 비판적인 견해를 가지고 있다. "스페셜티의 사업적 측면도 꽤 착취적인데 그 이유는 스페셜티 커피의 근원을 찾아 그것을 발견하려는 대담한 커피 모험가가 있다는 생각을 전제로 하고 있기 때문이다… 이 대담한 커피 탐험가들에 의해 땅에 있는 것이 저절로 발견된 것은 아니다. 농부가 땅을 생두로 바꾸면서 벌어지는 가치 창출이 있다. 구매자는 구매하고자 하는 제품의 매개 변수를 파악하여 포착하는 잠재적 가치를 추가할 수는 있지만, 가치 창출의 대부분에 기여한 바는 없다… (이것은) 가치 창출과 가치 분배가 무엇인지에 대한 모든 사고에 엄청난 피해를 주며, 소비자가 여기에 관심을 갖지 못하도록 확실하게 차단한다. 농부가 가치를 창출하고 품질을 높이며 소비자가 즐기는 특정 커피 제품을 만드는 데 어떤 역할을 했는지에 대해서는 전혀 이야기하지 않는다."[399]

농부들은 커머셜 등급으로 끝나는 일반 또는 낮은 품질의 커피보다는 스페셜티 품질에 대해 더 많은 돈을 벌지만 소매점에서 벌어들이는 프리미엄 등급의 가격만큼 벌어들이는 곳은 어디에도 없다.[400] "공급망 동력 역학"에서 언급했듯이 거래 가격은 판매자들이 받아들일 최소 가격인 만큼 시장이 지불하고자 하는 최대 가격이다. 만약 판매자(농부)가 대안이 거의 없거나 전혀 없고, 그들도 정확한 품질을 모르는 부패하기 쉬운 제품을 가지고 있다면, 제품을 판매하도록 설득하는 데 많은 프리미엄이 필요하지 않다. 물론 스페셜티 공급망은 여러 품질 검사, 샘플 발송, 더 작은 로스트 배치 크기에서부터 300달러짜리 앞치마, 스마트 저울과 맞춤형 티타늄 탬퍼에 이르기까지 더 높은 비용을 부담해야 한다.

농부와 소매업자와 생산자 사이의 인간적 연결이 더 중요해진 "제3의 물결" 또는 "경험적" 부문은 전형적인 (아메리카 대륙의) 남북 무역의 "의존 경로"를 변경할 수 있는 기회를 제공한다.[401] 사람들은 그들이 소비하는 제품에 대한 더 많은 정보를 원하기 때문에 포착해야 할 가치가 있으며, 이는 생산된 차별화된 품질에 대한 생산자의 보상을 향상시킬 수 있다. "이 비즈니스 모델은 상품 시장의 변덕스러움에도 흔들리지 않는 가격으로 장기적인 관계를 구축하기 위한 인센티브를 제공하고, 농부들과 소매업자들 모두가 추가적인 가치를 창출하기 위해 서로 의존하는 관계형 가치 사슬 거버넌스(governance)를 개발할 수 있다."[402] 새로운 제품 생산의 시도와 전달은 향상되고 더 저렴해진 국제 통신 기술과 여행을 통해 촉진되고 있다.

모두에게 가능한 것은 아니다

명확하고 간단한 해결책이 있듯이, 커피 농부들이 경작한 모든 땅에서 스페셜티 품질의 커피가 나오지는 않을 것이다.[403] 완벽한 신자유주의적 합리화에서는 노력과 근면, 기민한 투자는 언제나 결실을 맺을 것이다. 따라서 만약 좋은 가격을 받을 수 없다면 그것은 당신이 열심히 일하지 않은 결과로 품질이 형편없기 때문이다. 하지만 모든 경우에 그렇지는 않다. 조직의 등급척도에 80점 이상이라는 SCA품질에 대한 정의에 따르면, "생두의 5% 이상은 스페셜티가 될 수 없다."고 한다.[404]

생산자가 스페셜티 품질의 커피를 생산하고 스페셜티 시장에 판매하기 위해서는 몇 가지 요소가 필요하다. 첫째, 그것을 가능하게 하는 지리와 기후가 필요하다. 가공을 최적화하기 위한 지원과 피드백이 필요하고, 때로는 인프라와 운영 비용에 투자할 자본이 필요하다. 많은 생산자들은 커피 품질이 물리적인 것 이상이라는 사실, 정확히 똑같이 생긴 두 개의 생두가 소비자 시장에서는 다른 맛과 다른 가치를 가질 수 있으며, 더 큰 생두가 항상 더 나은 것은 아니라는 것을 깨닫지 못한다. 만약 그들이 맛의 차별화를 진짜로 인식하더라도, 많은 사람들은 커피가 어떤 맛을 내야 하는지 모르고, 모범적인 예시가 될 만한 커피를 생산하는데 필요한 기술을 개발하기 위한 훈련의 기회도 부족하다.[405] [406] 마지막으로, 그들은 우수한 품질을 평가하고 기꺼이 지불할 수 있는 시장들에 접근할 필요가 있고, 구매업자들이 어떻게 일하며 공정한 가격이 어떻게 형성되는지를 알기 위해 이런 시장들에 대한 이해가 반드시 필요하다.

다른 투자와 마찬가지로 스페셜티 품질의 커피를 생산하기로 한 결정에는 비용과 잠재적 이윤과의 관계가 평가되어야 한다. 첫째, 가능한 최고의 기술 지원에도 불구하고 자연과 식물은 예측할 수 없다. 품질을 개선하기 위해 시행하는 조치가 효과가 있을 것이라는 보장도, 가치 있게 만드는 가격에 접근할 수 있을 만큼 효과가 있을 것이라는 보장도 없다. 둘째, 가격 보장이 없다. 만약 스페셜티 구매자가 C-가격에 추가 차액(대부분처럼)을 지불한다면, 우리는 C-가격이 어떻게 될지 모른 상태에서는 투자가 보장될지 알 수 없다. 적절한 비율의 로스터 가격으로 스페셜티 커피를 구매하고자 하는 구매 업자와 접촉할 수 있다는 보장도 없다. 게다가 샘플링 주기는 길고 구매자보다 판매자가 더 많다. 많은 사람들은 양질의 제품들은 알아서 팔린다고 주장하고 싶어한다. 만약 당신이 커피 농부라면, 그 말은 항상 거짓에 가깝다. 진실과 꽤 가까운 말은, 뛰어난 품질의 커피를 생산하기 위한 노력에도 추가적인 비용이 든다는 것이다.

■ 가격 : 스페셜티 분야의 승리자는 누구일까?

스페셜티가 생산자에게 얼마나 도움이 되는가?

많은 경우, 소규모 농부 다음에 연결되어 공급망 내에서 필수적이고 가치 있는 기능을 수행하는 한두 지점은 관능적 품질을 측정할 수단이 없거나 관심을 가질 수단이 없어 농부가 스페셜티 품질을 중시하는 부문에 적극적으로 참여하고 그에 상응하는 프리미엄을 얻는 데 방해가 되는 경우가 많다. "대부분의 경우 품질은 커피 체리나 파치먼트의 외관을 통해 품질을 평가하는 중개자의 판단에 따라 결정된다… 제3의 물결 소비자에 대한 이해는 기껏해야 어렴풋한 정도다."[407] 한 줌의 파치먼트를 훑어 보는 것만으로도 심각한 물리적 결함이나 곰팡이와 같은 몇 가지 문제를 발견할 수 있지만, 이들이 고급 스페셜티 분야에서 중요하게 여기는 관능적 품질을 결정하는 유용한 요소는 아니다. 시각적 테스트를 기반으로 하는 커머셜 구매자의 평가는 관능적 프로파일의 평가와 상반될 수도 있다. 예를 들어 대부분의 커머셜 구매자들은 흰색 또는 매우 연한 베이지색 파치먼트와 종종 더 높은 관능적 품질의 생산에 기여할 수 있는 더 깊은 발효의 지표인 노란색 파치먼트를 혹평할 수 있다.

"스페셜티 시장을 통해 공급되는 고품질 커피는 농장에서 직접 구매하지 않는 한 반드시 더 높은 농장 출하 가격으로 판매되지는 않는다."[408] 이 글은 최소한 커피 공급망 내 여러 희생양의 부분적인 결백이라도 입증하려 시도했지만, 이것은 전반적인 문제다. 변명의 여지가 없다. 스페셜티가 대부분의 생산자들에게 막다른 골목에서 벗어나는 길은 아니지만 그것을 생산할 기회가 있는 사람들은 그들이 생산하는 가치에 따라 보상받아야 한다. 어떻게? 계속 읽어보자.

비록 스페셜티 로스터를 위한 생두가 농부들에게 더 높은 가격으로 제시되는 경향이 있더라도, 상품 등급 이상의 프리미엄은 소매 수준에서 커머셜과 스페셜티 가격의 차이로 인해 더 작아진다. 완제품의 가치에서 생산자에게 돌아가는 몫은 스페셜티 커피가 커머셜보다 훨씬 적다.[409] 소비자는 평균적으로 스페셜티 등급의 커피 원두를 커머셜보다 3.5배 더 비싸게 비용을 지불하는 반면, 농부는 평균적으로 기본 품질 가격의 1.35배 또는 35퍼센트의 프리미엄을 받는다.[410]

관능적 품질은 또한 각 시장의 커피 감별사에 의해 정의되고 지속적으로 재정의되는 이동 목표이기도 하다. 프랑스 사회학자, 피에르 부르디외(Pierre Bourdieu)가 이야기한 "맛은 배타적이고 구별되는 집단적 증명에 가깝다"며 "관능적 품질은 근본적으로 좋은 맛과 나쁜 맛을 구별하는 것"이라고 차우 멍 한(Meng-Han, Chau)에 의해 인용되었다. 바리스타 챔피언이나 소비자에게 인정받는 브랜드 소유자와 같이 비공식적으로 임명된 유행의 선도자들은 "좋은" 맛을 결정하며, 이는 사람들이 즐기는 "좋은 맛"에 영향력을 행사한다.

품질 정보 비대칭

로스터와 생산자 간의 이러한 보수 차이 중 일부는 생산자들이 체리나 파치먼트 커피와 떨어지는 교환 시점에서는 품질을 알 수 없다는 것이다. 대부분의 수출업체들은 아마도 물리적 품질이나 기타 비관능적 요인을 조정하여 일일 가격으로 모든 생산자로부터 커피를 구매한다. 가치는 구매자와 판매자 간에 항상 공유되는 것은 아닌 각자의 정의에 따라 각 잠재 소비자가 할당한다. 좋은 차익 거래는 특정 유형의 가치를 인식하지 못하는 사람에게서 구매하고 이를 인식하는 사람에게 판매하여, 공급망 내에서 판매자가 자신의 제품의 가치를 인식할 수 있었다면 받을 수 있었던 가치를 추출하는 것이다.[412] 품질이 인식되고 거래가 품질을 기반으로 협상된다면, 협상 가능성은 당사자의 품질에 대한 이해, 인지 능력, 요구 사항에 달려 있다.

이러한 현상은 생산 국가의 생두에서 종종 발생하는데, 보통 생산국 국가 중개자가 오로지 물리적 측면만을 기준으로 생산자로부터 구매했을 때 일어나며, 농부(판매자)도 이를 인식할 수 있다. 차익 거래는 구매자가 물리적 측면 외에도 해당 거래의 구매자에게는 매우 실제적이지만 중개자에게 판매할 때 농부에게는 인식할 수 없는 것을 감각적 품질에 기초하여 수출업자나 수입업자에게 판매할 때 발생한다.[413] 구매자는 판매자가 인식하지 못한 품질을 선택함으로써 이익을 얻는다; 구매자가 인식하지 못한 결함을 숨김으로써 판매자는 이점을 얻을 수 있다. 그러나 결함은 결국 실현되기 마련이고, 구매자는 향후 해당 판매자와 협력하지 않을 것이라고 가정할 수 있기 때문에 판매자의 이런 이점은 일시적이다.[414]

이제 사람들은 스페셜티 커피의 생두와 음료에 훨씬 더 많은 돈을 지불하고 있고 농부에 의해 제품에 추가된 속성을 중요시하고 있지만, 생산자들은 일반적으로 약간의 가격 프리미엄만 (만약 있다면) 바라보고 있을 뿐이다. 루이스 삼페르에 따르면, 스페셜티 부문의 출현은 "역동적이고 활기찬 부문임에도 가치 사슬 거버넌스의 큰 변화를 일으키거나 장기적인 산업의 지속 가능성을 만드는 농부들의 경쟁적 위치 변화에 실패했는지 보여주는 간과된 사례"다.[415]

관능적 품질과 소비자 가치를 설명하기 위한 가치 사슬만 재조정될 수 있다면, 많은 스페셜티를 생산하는 소규모 농부들의 생활 수준과 경제적 지속 가능성을 개선할 수 있는 좋은 기회가 있다. 케냐에서는 "오래된 습식 가공소를 새것으로 교체하면 잠재적인 스페셜티 생산량이 수출량의 60%까지 증가할 수 있다"고 주장했다.[416] 더 나아가, "케냐 최고의 커피는 소규모 농부들에게서 나온다. 농장 대부분은 잘 익은 체리를 덜 익은 체리와 분리하지 않음으로써 인건비를 절감했기 때문에 높은 수준의 품질에 도달할 수 없었다."[417]

생두 구매자의 모순

논의한 바와 같이 커피의 가치는 상징적 속성에 크게 의존한다. 따라서 생산자들에게 더 높은 품질에 투자하도록 장려하고 파운드당 평균 예산이 높은 로스터와 연결하는 것만으로는 고급 생두의 판단에 일관성 없는 주관적 기준이 적용되기에 소득을 크게 향상시키기에는 충분하지 않을 수 있다. 예를 들어 85점의 에콰도르 커피는 유사한 컵 프로파일을 가진 85점의 콜롬비아 커피보다 훨씬 높은 가격에 쉽게 팔 수 있다. 술라웨시 커피는 종종 흙내음과 이국적인 가죽 향을 가지고 있는 반면, 같은 향을 가진 엘살바도르 커피는 결함이 있는 것으로 간주되어 "불쾌한 쓴맛이 나는 포도주(wet dog)"로 묘사될 수 있다.

일부 로스터들은 원두와 생두의 이윤이 일정하지만, 많은 로스터들은 총 예산 안에서 운영하며 따라서 커피마다 다른 이윤을 얻게 된다. 이것은 일부 랏에 돈을 더 많이 쓰고 다른 랏에는 저렴한 것을 쓰는 방식으로 산지마다의 기본 차이를 이용하여 손익을 맞출 수 있다. 그들은 파나마 게이샤와 같은 아주 비싸고 이국적인 커피를 유명한 농부들로부터 소량 구입하여 명성을 얻거나 최소한 자랑할 권리를 얻을 수도 있다. 그들이 이러한 생두 구매 가격을 정당화할 만한 가격을 고객에게 부과할 수 없는 한, 그들은 하우스 블렌드를 구성하는 생두와 같이 다른 데일리 커피 요소들의 가격을 낮춰 그것을 만회해야만 할 것이다.[418] 로스터는 높은 등급의 케냐 커피와 코스타리카 커피에 접근하기 위해 높은 가격을 책정해야 하는 반면 수준 높은 콜롬비아 커피와 온두라스 커피는 저렴한 가격에 살 수 있으므로 총 예산의 균형을 맞출 수 있다.

최근 들어 지방 정부에서부터 생산자 협동조합, 수출업체에 이르기까지, 가치 사슬 내 다양한 행위자들이 다른 국가의 로스터들을 초청해 자신이 제공한 커핑 폼에 따라 "판단"하도록 하는 수많은 "콘테스트"가 열리고 있다. 때때로는 긴 여행, 생산자와 바로 옆에서 셀카를 찍을 수 있는 기회, 그리고 충분한 환대와 높은 가격을 원하는 사회적 압력은 구매자들이 높은 품질을 위해 시장 가격 이상의 상당한 프리미엄을 지불하도록 동기를 부여할 수 있지만, 보통은 소름 끼칠 정도로 대단한 랏은 아니다. 이 프리미엄은 생두 판매자가 생두 구매자에게 제공하는 경험적 가치로 설명할 수 있다. 이러한 전략이 추가 프리미엄을 더하는 데 성공할 수 있다 하더라도, 구매자들은 다른 저렴한 생두 구매로 손실을 보충해야만 한다. 게다가 이러한 콘테스트에서 농부들의 순위는 보통 일관성이 없고 주최 기관들은 종종 단일 농장을 관리할 물류 능력이 부족하기 때문에 일회성 판매를 넘어설 미래의 영향은 의문으로 남는다.

스페셜티 ≠ C-계약

우리는 상품의 특성을 정의하는 것들이 동질성과 (대체 가능성) 상호 교환성이라는 것을 이미 알고 있다. 대체 가능한 제품은 익명의 상품 거래소를 통해 효과적으로 판매될 수 있다. 상품과 구매자가 상품에 부여하는 가치가 상품 거래소의 기초 상품과 다를 때, 거래와 가격 책정은 더 이상 쓸모가 없어진다. "C" 시장의 기초 상품(마일드 아라비카)과도 겹치지 않고, 거래가 실제로 선물계약에 영향을 미치는 상품인 하드 아라비카와 로부스타와도 겹치지 않는 특정 차별화된 유형의 커피가 수요 공급 시장에 존재한다. 1997년산 보르도 와인의 가격에 웰치스 포도 주스를 기본값으로 책정하겠는가? 예를 들어 리터당 WGJ(웰치스 포도 주스) + 12059 센트? 물론 그렇지 않다. 제품 자체가 너무 다르고, 구매자들의 니즈 역시 다양하므로 전혀 말이 되지 않는다. "최종 결과를 예측하기에는 너무 이르지만, 스페셜티 커피 생산자, 수입업체, 로스터/소매업체들은 사업을 관리하기 위한 대체 가격 발견과 헤지 도구를 찾고 또 찾기 시작했다." … "C-가격이 1달러 오를 때마다 스페셜티 가격이 1.09달러 상승했다. 그러나 조사 대상 판매 계약 중 87%가 C-가격을 기준을 사용했기 때문에 통계 논리가 순환적으로 보인다."[419]

스페셜티 상품

스페셜티 커피가 더 비싸고, 스페셜티 농부들이 더 많은 돈을 번다면, 모든 농부들은 그냥 스페셜티만 만들어야 한다. 하지만 아니다! 모든 커피 품질이 개선된다면, 스페셜티 커피는 더 이상 차별화되지 않을 것이다. 즉, 동일한 수요-공급 방정식을 따르고 동일한 가격 수준에서 안정화될 것이다. 스페셜티 커피의 가격은 구매자들이 품질을 보상하기 원하기 때문에 일반 커피보다 높은 것이 아니다. 스페셜티가 모든 농부들을 구할 것이라는 명제를 설명하기 위해 종종 사용되는 은유는 모든 사람들이 같은 출구를 향해 달린다는 것이다. 그것이 모든 농부들에게 탈출구가 되지는 않을 것이다.

   스페셜티 커피는 일반 커피와 다르기 때문에 가격이 비싸고, 따라서 기본 품질의 대량 커피보다 우수하다고 볼 수 있다. 일반적으로 가격은 기초 품질과 얼마나 다른지에 대한 가치, 즉 기초 가격의 요소와의 차등을 통해 책정된다.[420] 그러나 일반적으로 "스페셜티 커피"라고 알려진 것이 더 주류가 되고 있다.[421] 만약 모든 커피가 스페셜티 커피라면, 그것이 기초 품질이 될 것이다. 그 가격은 사람들이 그것의 품질에 신경 쓰는지 여부와 상관없이 공급과 수요에 따라 결정될 것이다. 그것은 새로운 상품일 것이고 우리는 그것의 가격이 정확히 오늘날의 물가처럼 오를 것이라고 예상할 수 있다. 진입 장벽은 스페셜티 커피의 차등적 가치를 지키는 것이다.[422]

   무엇이 그것을 "스페셜티"로 만드는가? 희소성은 그 가치의 일부다. "COE 경매에서 제공되는 커피의 양과 가격 사이에는 음의 상관관계가 있다(너무 많이 제공되면 배타성이 사라지기 때문)."[423] 그래서 이 커피는 훌륭하고 비쌀 것이다. 하지만 그것이 많다고 해서, 그것은 덜 좋고, 따라서 가치가 덜한 것이 될까? 아니다. 희소성이 적기 때문에 가치가 떨어진 것뿐이다. 이 사례는 "C" 시장에서 몇 광년 떨어진 이 초-프리미엄(ultra-premium) 부문에서도 여전히 공급과 수요가 사람들이 무엇을 지불할지에 영향을 미친다는 것을 보여준다. 생산자들은 "희소성과 스페셜티를 마케팅 및 브랜드화 함으로써 다른 경쟁업체의 관행과 제품에 차별성을 둔다."[424]

PART 3

농장

농장 재정

▌생산자의 의사결정

위험 회피

소규모 생산자들은 대부분 한 번의 흉작으로도 전부를 잃을 만큼 여유자금이나 현금 보유량이 낮아 경제적으로 취약한 위치에 있다. 그들의 의사결정은 농업 운영의 불확실성과 커피 생산의 오랜 전통에 따라 이루어졌다. 그들 대부분은 필연적으로 위험을 피하지만, 종종 쉽게 무방비 상태가 된다. 그들은 품질, 수익성, 생산량 등을 개선하기 위한 대안을 평가할 때, 아주 작은 위험요소에도 견딜 힘이 없다.[425] 소규모 생산자가 짊어지는 공급망 위험의 상당 부분은 공급망에서 그들의 협상력을 약화시키는 요소로 작용한다. "위험과 권력의 불평등은 다수의 상품 부문에서 대규모로 분산된 농부들과 집중된 구매자들 사이의 종속적 관계에서 고스란히 나타난다."[426] 반면에 더욱 다양한 수입 경로를 가진 대규모 생산자들은 이색적이고 높은 가치가 있는 상품을 생산하기 위한 인프라 구축과 같은 위험을 감수해낼 능력이 있다. 대부분의 소규모 생산자들이 가지고 있는 대체 생계 수단의 부족은 결국 공급 가격 저탄력성의 원인이 된다. 쉽게 말하면, 생산 원가 이하로까지 판매 가격이 떨어질지라도 농부들은 다른 선택의 여지가 없어 그 가격에 커피를 넘길 수밖에 없다는 것이다. 물론 또 다른 요인은 추가 손실을 감수하더라도 생산자들이 투자 (또는 매몰 비용)를 포기하기를 꺼리는 매몰 비용 오류다.

▌매몰 비용

농부들에게 지불되는 커피 가격이 생산 비용보다 낮을 때 경제학(아담 스미스에 따르면)은 사람들이 그들의 자본(토지, 노동력, 돈)을 더 효율적인 노력에 할당하면서 농사를 짓거나 더 수익성이 좋은 일을 시작하도록 지시한다. 결국 이런 일은 일어날 것이고 농부들은 가장 유익한 결정을 하겠지만, 그런 결정은 많은 사람들에게 상당한 어려움을 의미한다. 생산자들이 이전 생산에서 수익을 내지 못하고 빚을 지게 되면 그들은 그 빚을 갚기 위해 생산을 해야 한다. 그들은 돈이 없고 커피를 다른 것으로 대체할 자본을 구할 곳도 없으며, 새로운 작물이 성숙하고 생산되기 시작할 때까지 기다릴 시간은 더욱 없고, 다른 것을 생산할 전문 지식이 없을 수도 있다.[427] 손실을 메우려다 오히려 더 큰 손해를 보게 된다는 옛말이 있지만, 커피 농장의 경우에는 농부들이 커피에서 벗어나 다른 곳에 눈을 돌리지 않아도 될만한 돈이 필요하다. 이러한 의존, 부채, 자원 부족 등의 상황은 그들이 생산을 위한 여러 요소들을 소유하거나 최소한 통제하더라도, 특히 과점 시장에 대한 선택권과 협상력이 거의 없을 때 많은 생산자들을 임금의 노예가 되도록 만든다.[428]

시장 제품

여러 지역에서 서로 다른 규모의 생산자들은 생두, 건조 파치먼트, 젖은 파치먼트 또는 체리를 시장에 내놓을 수 있는데, 이는 판매 분야의 설정과 그들이 관리할 수 있는 인프라의 종류에 따라 결정된다. 대부분의 경우 생산자들은 여러 형태의 제품 중 적어도 두 가지 중에서 선택할 수 있다.

건조 파치먼트

건조되었지만 아직 파치먼트 껍질을 벗기지 않고 선별되지 않은 워시드 커피를 말한다. 허니 가공 방식과 내추럴 가공 방식의 건조 파치먼트는 가치 사슬에서 유사한 특성을 가지고 있다. 파치먼트는 반부패성이며, 차선의 조건에서 몇 주 동안, 최적의 조건에서 몇 개월 동안 보관할 수 있는 부가가치가 있는 제품이다.[429] 고유한 관능적 특성은 SCA 척도를 기반으로 측정할 수 있고 수익을 창출할 수 있다.[430] 신선한 커피 체리를 건조 파치먼트로 가공하는데 필요한 도구를 사용할 능력이 있는 생산자는 젖은 파치먼트와 커피 체리를 파는 생산자에 비해 구매자에 대한 협상력에서 뚜렷한 이점을 가지고 있다. 만약 당신이 평균 이상의 품질을 생산할 수 있다면, 그것을 구매하는 시장에 접근할 수 있는 유일한 방법은 해당 구매자들과 거래할 수 있는 제품을 제공하는 것이다. 그들 중 대부분은 건조 파치먼트나 준비된 생두만을 승인할 것이다.

건조는 가공 과정에서 가장 위험하고 문제가 되는 단계 중 하나일 수 있다. 스페셜티 품질에 중요한 느린 건조는 현금 흐름의 부담을 주고, 수확기 동안 기후가 습할 경우 위험할 수 있다. 빠르고 뜨거운 건조는 농부들이 최소한의 상품 가격을 얻도록, 심지어는 스페셜티 가격을 받을 수 있도록 보장한다. 하지만 그 상품들은 유통기한이 짧을 수 있고, 수출업자나 농부에게 돈을 지불하는 중개업자에게는 해외 고객에게 상품이 도착한 후 왜 젖은 골판지 같은 맛이 나는지를 설명해야 하는 시한폭탄과 같은 존재일 수 있다는 것을 생산자들은 이미 알고 있거나 모르고 있을 수도 있다.

습식 파치먼트

이 형태는 껍질을 벗기고 세척한 후 건조되지 않은 커피를 가리키며, 결국 워시드 가공으로 판매될 것이다. 개화부터 성숙한 커피 체리 수확까지 200일에서 260일이 소요된다.[431] 껍질 제거는 수확 당일 또는 그 다음날에 이루어지며, 정상적인 조건인 경우 대부분 지역의 재배자들은 5-20일 동안 건조한다. 콜롬비아에서 젖은 파치먼트 상태로 판매하는 농부들은 비용 절감 없이 단지 5-20일 일찍 돈을 받기 위해 건조 파치먼트의 기본 상품 가격 이하로 낮춰서 판매한다. 이는 마치 처음부터 자동차를 만드는 과정에서 핸들 부착을 제외하고 거의 다 완성된 자동차를 원래 가치에 훨씬 밑도는 가격으로 핸들 부착 업체에 팔기로 결심하는 것과 같다. 게다가 곰팡이 및 기타 결함에 빠른 속도로 취약해지기 때문에 워시드 가공이 시작한 때부터 시한폭탄의 시계는 이미 똑딱거리고 있다. 또한 건조 파치먼트보다 훨씬 더 무겁기 때문에 젖은 채 구매하여 건조를 해야 하는 중개인의 운송비 부담은 더욱 늘어난다.

습식 파치먼트의 판매가 그렇게 나쁜 거래라면 왜 생산자는 이런 방식으로 파는 것을 선택하겠는가? 종종 이 선택은 현금 흐름의 어려움과 절박함 때문이다. 체리 수확은 생산 비용의 70%까지 차지할 수 있으며 생산자는 커피를 팔기 전에 피커에게 지불할 준비금을 가지고 있지 않을 수도 있다. 많은 사람들은 심지어 비용을 지불하는데 필요한 일주일치 현금도 채 가지고 있지 않다. 이것은 부실한 자금 관리와 낮은 금융 이해력, 또는 단순히 자원 부족과 빈곤의 결과일 수 있다. 어쩌면 세 가지 모두의 조합일 가능성도 높다. 생산자들은 그들이 커피를 가지고 있다는 것을 알고 압력을 가하는 슈퍼마켓과 농산물 유통업자에게 빚을 질지도 모른다. 생산자는 그들의 생산 비용을 알지 못할 수도 있고 그들이 습식 파치먼트를 원가 이하로 얼마나 싸게 팔아야 하는지 모를 수도 있다. 그들은 또한 가족의 요구, 휴일, 마을 행사와 같은 주변의 압력으로 인해 또는 이미 커피를 판매한 동료들과 함께 술잔을 기울이기 위해 다음 주에 받을 돈보다 당장 오늘 받을 돈에 훨씬 더 많은 가치를 둘 수 있다.

날씨가 도와주지 않으면 특정 지역에서는 건조가 어려울 수도 있다. 너무 빠르고 뜨거우면 목적지에 도착하기 전에 바래지게(망가지게) 될 것이다. 너무 느리면 곰팡이균이 번식해 생두에 결함이 생길 것이다. 어느 날 아침에 커피를 세척했다고 하자. 그날 오후는 맑고 화창하다. 그러면 당신은 햇볕을 이용하기 위해 오후 내내 커피를 펼쳐 놓겠는가? 만약 매일 화창한 날씨라면, 점진적인 건조 과정을 원하는 당신은 아마도 그러지 않아야 할 것이다. 하지만 당신은 날씨를 통제할 수 없다. 만약 당신이 이번 주의 화창한 햇볕을 택하지 않았는데 다음 주에 비가 온다면, 당신의 커피는 곰팡이가 피어서 쓸모없게 될 것이다.

신선한 체리

커피 체리는 가장 기본적인 의미 외에는 다른 내재가치가 없는 원재료로, 커피의 형태 중 1차 상품과 가장 가깝게 정의되는 시장성 있는 형태다. 체리는 또한 그것의 가치에 비해 가장 무겁고 부피가 큰 커피 제품으로 수확 후 24시간 이내에 판매되어야 한다. 대개 상당한 운송 비용과 일반적으로 소수인 잠재적 구매자 집단을 고려할 때 커피 체리의 소규모 판매자들은 구매자들과의 협상력이 거의 없다.

중앙 집중식 습식 가공소의 보급률은 지역에 따라 크게 다르다. 케냐에서는 습식 가공소의 91%가 중앙 집중식이다.[432] 반면 탄자니아에서는 생산의 95%가 소규모 농부에 의해 수행되며 "거의 대부분"의 습식 가공도 농장 단계에서 수행된다.[433] 농장의 인프라 및/또는 생산자의 가공 품질에 대한 지식이 부족한 경우, 중앙 집중식 습식 가공은 평균 품질과 일관성을 높이고 농부들의 수입을 높일 수 있다. 이점이 없는 것은 아니다. 농부들은 수확기에 하루 3~4시간의 노동시간을 절약할 수 있고, 전문적인 기술 노동자를 고용한다면 품질과 일관성에 대한 통제력을 강화할 수 있으며, 환경 규정 준수를 보다 쉽게 추적할 수 있다.[434] 그러나 농부들은 커피 체리를 보관할 수 없기에, 매일 운송과 판매가 필요할 수 있고, 결국 시간 절약은 무의미해진다.

로스팅 기계와 마찬가지로 습식 가공소는 규모의 경제로부터 이익을 얻는다. 하루에 2,000킬로그램의 체리를 처리할 수 있는 습식 가공소 기반 시설은 하루에 200킬로그램의 체리를 처리할 수 있는 시스템보다 확실히 10배 미만의 비용이 든다. 로스팅 기계처럼 노동력은 특히 규모의 경제에 민감하다. 한 명의 가공소 운영자가 200킬로그램보다 2,000킬로그램을 처리하는 데 10배가 훨씬 안 되는 시간을 소비하기 때문이다. 따라서 모든 종류의 농장에서 습식 가공을 가능하게 하는 생산 임계 값이 있다. 커피 경작지가 종종 1헥타르 미만이거나 일부 지역에서는 이보다 훨씬 작은, 동아프리카의 많은 커피 생산 지역에서는 개별 생산자가 직접 습식 가공소를 운영한다는 것은 불가능에 가깝다.

체리 형태로 판매하게 되면 다른 형태에 비해 소득이 증가할 수 있지만, 생산자의 자기 결정, 독립성, 협상력은 확실히 감소한다. 스티븐 토픽은 코스타리카의 습식 가공소의 중앙 집중화를 언급하며, "커피 사업과 그 사회적 관계를 통제하는 열쇠는 습식 가공 방법이 어떻게 구성되어 있는지와 밀접하게 연관되어 있었다."[435] 이 경우 처음에는 커피 체리의 생산자들은 다양한 구매자들을 만날 수 있었는데, "고객을 위한 경쟁이 치열한 경우가 많았지만 동시에 수혜자들(beneficiadores)은 농민에게 제공되는 가격 또는 적어도 체리 수령 시 제공되는 선금을 조정하여 그들의 단체 교섭 지위를 개선하려고 했다"[436] 체리 구매자들은 때때로 선금을 제안했고, 그 후에 "상환이 불가능한 채무자들로부터 땅을 빼앗을 수 있었다." 다른 대부분의 커피 생산국들과 달리 코스타리카는 가용 노동력을 고용하는 소수의 대규모 농장들로 구성된 광범위한 대농장 시스템(Hacienda system)을 가지고 있지 않았다; 오히려 커피를 소규모로 생산하기 시작했고, 지금도 비슷한 상황이다. 부유한 코스타리카 지배 계층은 처음부터 소규모 생산자들에게 저가의 원료인 체리를 구입, 가공해 수출하는 것에 특화되어 있었다.[437]

"가격 투명성을 왜곡하며 여기저기서 커피를 구매하는 수집가 무역상들의 독점적 행태로 인해 마을 차원의 커피 마케팅 시스템의 시장 구조는 상대적으로 불리하다."[438] 농업경제 전문가 부스타눌 아리핀(Bustanul Arifin)은 또한 남부 수마트라 생산자들의 가장 큰 우려 사항으로 단일 구매자 제도를 꼽는다. 비교적 규모가 크고 자본이 많은 농부들 또한 때때로 부가가치가 높고 차별화된 상품으로 가공 및 판매하고자 같은 지역의 다른 소규모 농부들로부터 가공되지 않은 커피를 구매해 그들 자신을 독점의 병목에 위치시킨다. 대개 기술과 인프라는 기본적이지만, 소규모 농부들은 거래에 대한 이해가 낮고 기회비용에 대한 이해 역시 부족할 뿐만 아니라 단기적인 사고방식과 현금 필요성으로 인하여 쉽게 제품을 팔아넘긴다. "소규모 농부들은 교육, 교통, 기술이 부족한 경우가 많기 때문에 그들은 보통 시장 가격을 알지 못하고 그들이 할 수 있는 모든 수단을 동원해서 커피 콩을 팔아야 하는 경우가 많다."[439]

르완다에서 단일 체리 구매자 시스템은 예외적으로 심각한 결과를 가져왔다. 이 공급망에서 지역법은 생산자들을 해당 국가에서 운영하는 많은 체리 구매자 중 한 명에게 한정하고, 그 구매자에게 판매자에 대한 완전한 독점권을 부여한다. 이런 일방적인 협상력 아래서 정부가 제한한 최저 가격은 일반적으로 최고 가격이 되기도 하는데, 이는 주변 커피 생산국보다 24%나 낮다고 한다.[440] 가격이 충분하지 않다고 여겨지더라도, 다른 곳에서 체리를 판매할 능력이 없기 때문에 생산자들의 유일한 방법은 생산을 줄이는 것이다; 이는 상대적으로 규모가 크고 커피에 의존도가 낮으며 능력있는 생산자들이 택하는 방법이다.[441]

체리 구매자들은 그들만의 "블랙박스"인 습식 가공소를 통해 커피에 상당한 프리미엄을 얻거나 커머셜 품질 가격의 몇 배가 될 수 있는 차별화된 품질을 생산해 낼 기회가 있을 때, 그들은 농부들에게 체리에 대한 높은 가격을 지불할 수 있고 실제로도 그런 일이 종종 일어난다. 저자가 콜롬비아에서 인용한 몇몇 사례들은 농부들이 건조 파치먼트의 무게에 상응하는 신선한 체리로 같은 가격을 받거나 심지어 조금 더 많은 돈을 번다는 것을 보여준다.

의도적으로 스페셜티 커피를 판매한 적이 없는 농부들에게 적게 일하고 같은 액수의 돈을 몇 주 일찍 벌 수 있다는 제안은 거절하기에는 너무 좋은 제안이다. 지금 당장 그 수치가 매력적이라고 할지라도 의존도 증가, 제품을 변형하고 업그레이드할 수 있는 능력의 상실, 그리고 체리의 빠른 부패로 인한 판매의 긴박함은 농장들을 파멸의 길로 이끌 수도 있다. 현재 더 높은 금액을 지불함으로써 자가 가공을 어리석게 보이도록 만드는 해당 지역의 체리 구매자들은 어쩌면 미래에는 선택권이 줄어든 농부들의 상황을 역이용할 수 있다. 물론 그 체리 구매자들이 농부들의 약점을 이용하지 않을 만큼 친절한 마음을 가진 훌륭한 사람일 수도 있지만, 결국 다음 세대의 농부들로부터 체리를 구매할 그들의 후손들은 그리 친절하지 않을 수 있다. 습식 가공에 대한 학습이 없고 인프라가 부족한 미래의 농부들은 고립되어 가공업자에게 의존하고, 체리 구매자가 결정하는 만큼만 벌거나 또는 그들의 농장을 잃게 될 수 있다.

이 말이 믿어지지 않는가? 콜롬비아 안티오키아 안데스에 있는 대규모 협동조합(3,000명 이상)의 예를 들어보자. 이 협동조합은 콜롬비아에서 처음으로 대규모로 생산자로부터 커피 체리를 구입하기 시작한 곳 중 하나였고, 많은 농부들은 그들의 작업량을 줄일 수 있는 기회로 조합의 이점을 선택했다. 이 책이 완성되기 직전, 협동조합은 외부 감사에 의해 약 3천만 달러의 손실이 발견되었고 곧 붕괴되었다. 조직과 그들의 기반 시설에 무슨 일이 일어날지는 불확실하지만, 해당 지역의 수백 명의 농부들은 더 이상 그들의 협동조합에 체리를 팔 수 없을 것이다. 그 공백을 메우기 위해 등장할 다음 구매자는 생산자 소유의 협동조합만큼 관대하지 않고 기회주의자일 가능성이 높다. 그렇지 않으면 농부들은 건조 파치먼트 공급망에 다시 합류하기 위해 그들의 습식 가공 능력을 힘겹게 재개발해야 할 것이다. 그래도 긍정적인 면은 생산자들이 체리를 판매한 지 불과 몇 년밖에 되지 않았고, 농부들을 분명히 더 어려운 상황에 처하게 만들 세대 간의 지식 격차가 아직은 없다는 것이다.

육용계(肉用鷄)*

북미의 고기 생산을 목적으로 키우고 판매하는 계육 시장은 유사한 시장 구조로의 전환한 경험이 있다. 이런 사실은 생산자들에게 체리 수집상들에게 팔기 위해 습식 가공소 폐쇄를 고려하는 것에 대한 경고로 작용할 수 있을 것이다. 닭의 도축과 가공은 심각한 통합 과정을 거쳤고, 닭의 "사육자"들은 충분히 성장한 닭을 팔 수 있는 선택지가 거의 없게 되었다; 이러한 높은 수준의 통제 때문에, 즉 닭 사육자는 많고 구매자는 한 명 또는 극히 적었기 때문에 이런 흐름에 저항할 수 없던 농부들은 의무적으로 구매자의 주문에 지속해서 굴복해야 했다.442 커피 체리뿐만 아니라 닭의 경우에도, 제품이 차별화되지 않았을 때 시장은 독점력 행사에 매우 유리해지며 판매자는 한 명 또는 소수의 구매자에 크게 의존하게 되고, 생산자는 제품을 판매하는 지리적 여건에 제한을 받는다. 이러한 상황에서, 특히 생산자가 문제의 제품을 생산하는 데 많은 투자를 하고 있고 다른 제품으로 쉽게 바꿀 수 없는 경우, 공급망에서 그들의 위치는 고용 안정성과 복지가 보장되지 않는 피고용인과 비슷해지고 독립적인 기업가의 모습과 멀어지게 된다.

농가 소득 잠재력

체리 그 자체로 컵 품질을 아는 것은 불가능하다. 그런 방식은 존재하지 않으며 커피의 가치는 습식 가공소에서 더해진다고 추론할 수 있는데, 그것은 특징 없는 쌀이 전문 요리사의 손에 의해 베네치아 리조또가 되는 방식과 같다. 피카소의 페인트 판매 상인이 피카소의 그림의 가치에 대해 보상받지 못한 것처럼, 농부는 나중에 다른 개인에 의해 추가된 이 가치에 대해 보상받지 못한다.443 만약 생산자가 습식 가공 공정을 관리하지 않는다면, 그는 공급망에서 그의 제품의 위치를 업그레이드할 기회도 어떤 종류의 가치를 더할 능력도 없다. 공급망에서 다른 행위자에 의해 추가된 모든 가치는 그들의 몫으로 돌아간다. 체리 안에 있는 놀라운 품질의 잠재력은 생산자에게 보상되지 않는다.

효율성

조합원들이 소유하고 수익이 소유주들에게 분배되는 협동조합 가공소는 잘 관리되고 자원이 효율적으로 사용되며 분배되는 한 이들에게 종종 이득이 되는 다른 시나리오를 제공한다. 물론 이것이 영구적으로 적용된다는 보장은 없으며, 습식 가공 공정을 넘겨주는 것을 고려해야 하는 생산자에게는 위

---

* 고기 생산을 목적으로 기르는 닭, 주로 구이용 영계를 의미한다.

험이 따르는 것도 사실이다. 체리 판매 농부의 수입도 비용과 판매 가격에 따라 결정되기 때문에 가공업자의 효율성, 가공 능력, 마케팅 능력에 따라 달라진다.

생산자가 얻게 될 파이 조각의 크기는 구매자나 협동조합 정책에 달려있겠지만, 파이의 크기 자체는 조직의 공정성이나 이타성, 지배력의 강도가 아니라 그 성과에 의해서 결정된다. 생산자들은 비록 이러한 단계들이 판매 후에 발생하더라도, 그들의 구매자들이 공급망의 나머지 부분과 관련하여 어떻게 수행되고 있는지를 예리하게 인식할 필요가 있다.

테크노서브 보고서에 따르면 케냐의 경우와 같이 가공 분야가 비효율적일 때, 많은 제안들을 저울질할 국제 구매자들은 가공업체의 비효율성에 따른 추가 비용을 받아들이지 않을 것이다. 오히려 생산자들은 그들의 통제를 벗어난 모든 비용을 반영한 체리 가격을 얻게 될 것이다.[444] 2008년 케냐의 중앙집중식 습식 가공의 평균 비용은 2008년 체리 1킬로그램당 0.11달러(생두 1파운드당 약 0.70달러)로 에티오피아보다 77%, 탄자니아보다 81% 높았다. 이 비용은 불가피하게 생산자에게 전가되며, 케냐의 경우 습식 가공소의 유휴 생산 용량이 비용 소모의 큰 이유였다.[445] 이 사례에서, 테크노서브는 더 작고 저렴한 협동조합 습식 가공소의 설립과 조합 리더들에게 경영, 협치, 커피 품질에 대한 자문을 통해 긍정적인 결과를 얻었다고 주장한다. 이를 통해 간접비를 낮추고 판매 가격을 개선할 수 있었기 때문이다.[446]

품질

중앙 가공소는 보통 가공과 관련된 미생물학적 과정을 잘 이해하고 바람직한 기록 관리와 일관성을 지향하는 개인을 고용할 수 있는 규모를 가지고 있다. 따라서 습식 가공을 숙련된 전문가에게 맡기면 품질이 향상되는 경우가 많다. 습식 가공소를 중앙집중화하는 것은 농부들이 가공소를 운영하도록 하는 것보다 쉬운 일이다. 이를 위해 농부들을 훈련시키고, 정확성의 이유에 대해 가르치며, 기록 보관과 정밀성의 사고방식을 도입하면서 필연적으로 일어나는 농부들의 반발에 대처하는 과정들이 생략되기 때문이다. 생산자들에게 경제적 기회를 제공하고자 자신의 시간과 돈을 쓰고도 무관심과 의심 섞인 냉대를 받아 온 일선의 사람들이 지닌 냉소적인 시선도 이해가 된다. 파치먼트 커피 구매자들은 수년간의 가르침과 간청에도 습식 가공에는 아무런 관심도 없고 품질을 위한 가공도 하지 않은 채 쉬운 목표조차 이루지 않고 기회를 날려버리며 "자기 자신을 돕는 것도 관심이 없고" "우리가 본인들을 위한 모든 것을 해주길 바라는" 농부들을 지켜보면서, 그들의 샘플을 지속적으로 거절하며 쉽게, 그리고 이해될만하게 진저리를 쳤다.[447]

개발 기금과 NGO에게 중앙 집중화는 경제적 관점에서 보면 상당히 쉬운 판매다. 커피 품질이 좋지 않으면 농부 훈련은 자원 집약적이며 성과로 이어지지 않을 수도 있다. 전문 인력이 있는 중앙집중식 가공소는 습식 가공 운영으로 인해 일반적으로 품질이 떨어지는 지역에서 컵 품질 개선을 보장하지만 이는 더 큰 파이(판매 가격)가 분할되어야 함을 의미한다. 만약 파이가 충분히 크고 습식 가공 운영자들이 생산자들과 사회적 계약을 맺고 있다면, 실행 가능한 기회라는 것은 모든 비용을 충당할 수 있고 투자는 합리적인 시간 안에 회수할 수 있으며 심지어 생산자들조차도 일은 덜 하면서 더 많은 보수를 받을 수 있음을 의미할 것이다. 그리고 그러한 단체들의 자본가인 후원자들에게 습식 가공소는 물을 포도주로 바꿀 수 있는 병목이자 현금이 발생하는 곳이며, 그것을 통제하는 사람은 누구나 품질의 한계 가치(가공소가 생산하는 품질과 생산자들이 이전에 그들의 농장에서 생산하던 것의 가격 차이)를 소유한다.[448]

중앙집중식 및 개별 습식 가공의 경제성은 차치하고, 여기엔 인간개발 측면도 있다. 스페셜티 등급의 커피를 생산해 낼 잠재력을 가진 지역의 사람들 대부분은 스페셜티 커피 생산을 하고 있지 않다. 농가들은 수십 년 동안 고군분투해왔지만 이제는 많은 사람들이 그들의 땅을 버리고 있다. 다음 세대가 커피 농사라는 가업을 계승하고 그 땅에 계속 거주하기 위해서는 경제적 안정과 번영에 대한 희망과 고무적인 소명이 주어져야 한다. 비록 대부분의 소규모 가공업자들이 뛰어난 스페셜티 품질을 생산하지 않더라도, 그들은 그렇게 할 수 있는 잠재력을 가지고 있다. 그들의 뜻대로 사용할 수 있는 그들의 도구들로 할 수 있는 일에는 한계란 없다. 체리 판매는 직계 가족의 생계를 변화시키지 않거나 즉각적으로 가계를 개선시키지 못하며, 그들의 잠재적 수익에 절대적인 상한선을 두면서 상품 가격 변동에는 영구적으로 영향을 받게 만들고, 다만 정교함과 창의성이 요구되는 가공 과정의 일부로부터 그들을 벗어날 수 있게는 해준다. 반면 그들 스스로 가공하는 것은 혁신하고, 창의성을 표현하고, 공급망에서 제품의 지위를 업그레이드하고, 상품 시장을 보다 차별화된 부문으로 진입시킬 수 있는 기회를 제공하며, 생산자의 가족 소득을 어떤 상한선도 없이 증대시킬 수 있는 잠재력을 제공한다.

진퇴양난

대부분의 경우 생산자들은 젖은 파치먼트나 체리보다 건조 파치먼트 생산을 선호하지만, 체리 판매가 농부들에게 가장 유망한 경우들도 있다. 인프라가 존재하지 않고, 농장이 너무 작아서 가장 작은 가공소에 투자해도 상환하는 데 수십 년이 걸리는 경우엔 체리를 파는 것이 더 유리하다. 커피를 건조하지 않는 농부에게 있어 체리 판매는 일반적으로 워시드 커피가 판매되는 시장 상황에서 습식 파치먼트를 판매하는 것보다 더 유리하다는 것을 증명할 수 있을 것이다. 워시드 커피가 제대로 건조되지 않은 경우 바람직하지 않은 미생물 활동, 특히 컵 결함을 일으킬 수 있는 곰팡이가 발생할 가능성이 높으며, 특히 세척과 건조 과정에서 상당한 지연이 있을 경우 더욱 그렇다. 이럴 때 체리 안에 있는 씨앗은 젖은 파치먼트 안에 있는 씨앗보다 더 많은 잠재적 가치를 지닌다.

생두의 판매 가격에서 체리가 차지하는 비율이 젖은 파치먼트에 비해 상당히 높을 수 있다는 점을 고려하면, 생산자의 몫으로 할당되는 파이의 조각은 더 커질 수 있다. 체리 구매자가 파이를 어떻게 자르기로 결정했는지(판매 가격의 몇 퍼센트를 지불하는지)는 전적으로 구매자에게 달려 있다. 물론 젖은 파치먼트를 판매하는 농부가 할 수 있는 가장 최선의 일은 건조를 시작하는 것이다. 농부들이 비용 편익을 정당하게 평가받을 수 있다는 사실을 제공받고도 여전히 파치먼트 건조에 관심이 없다고 결정한다면, 그들이 한 명 이상의 신뢰할 수 있고 능력 있고 투명한 체리 구매자들에게 접근할 수 있는 한 체리 판매가 그들에게 이상적인 판로의 형태일 것이다.

시장 접근

정상적인 제품의 경우라도 마케팅 채널에 대한 접근은 판매자가 매력적인 가격을 받을 수 있는 능력과 마찬가지로 필수 요소다. 자본이 풍부한 생산자 그룹과 귀족 계층의 농장 소유자들은 브랜드를 개발하고 국제 무역 박람회에 방문하며 구매자들과 문화적으로 관계를 맺을 수 있을 것이다. 대부분의 소규모 농부들은 그들이 생산할 수 있는 품질이나 또는 생산할 수 있다는 것을 알고 있는 것과 관계없이, 지리적, 문화적, 기술적 고립과 함께 멀리 떨어져 있는 사업체와의 접촉 부족으로 인해 시장을 찾는데 어려움을 겪고 있다. 이러한 생산자들은 구매자, 중개자, 생산자 그룹 및 해당 지역에서 우연히 운영되는 연결 사업체에 의존하며, 그들의 사업 범위 안에 매몰될 수 있다.

채널 통제의 집중은 소규모 생산자들을 협상력이 없는 취약한 위치에 놓이게 하고 채널의 대표가 제시하는 모든 거래를 받아들이도록 강요한다. 극단적인 경우, 다국적 무역회사들은 운송 인프라와 심지어 항구까지 소유하고 있다.[449] [450] "접근이 제한되고 경제적 대안이 거의 없는 지역에 거주하는 소규모 생산자들은 생두를 판매하는 데 있어 선택의 여지가 거의 없다. 너무 가난해서 생두 가공을 위해 소형 껍질 제거기(pulper)를 구입하지 못해 중간상(카시크/cacique, 코요테/coyote)들의 커피 구매 시스템에 종속될 수밖에 없다."[451]

르완다의 경우 (2009년 기준) 커피 분야에서 차별화된 스페셜티 시장에 접근할 수 있는 유일한 참여자는 중앙집중식 습식 가공소 운영자였다. 많은 농부들이 스스로 가공하고 건조하는 동안(아마도 중요한 품질 프로토콜 없이) 그들은 낮은 가격으로 상품 및 지역 소비 시장에 판매할 수 있었다. 체리는 건식 파치먼트보다 가공이 덜 됐음에도 불구하고, 일반적으로 농부들은 체리를 워싱 스테이션(washing station)*에 파는 것이 더 이익이었다. 비록 워싱 스테이션이 부가가치에 대한 책임을 지면서 그곳에서 생산되어 스페셜티 시장에 판매되는 품질에 부가되는 프리미엄을 차지할 권리를 가졌지만, 그 당시 워싱 스테이션은 농부들이 그들의 체리를 제때에 가져올 수 있도록 충분히 가까이만 있다면, 농부들에게 비교적 좋은 거래를 제공했다.[452]

스페셜티는 소규모 농부들이 이윤을 개선할 수 있는 훌륭한 대안이지만, 스페셜티 시장에 접근할 수 있거나 소수이더라도 혜택을 그들에게 되돌려주는 조력자가 있는 경우에만 해당된다. 농장은 규모와 정보, 기술 및 계약을 체결할 수 있는 능력이 있을 때 스페셜티 시장에 훨씬 더 잘 접근할 수 있다.

상품을 위한 마케팅 채널 구축을 시도하는 생산자는 해외 구매자와 소통하고, 사내 품질 관리 프로토콜(커핑 랩 및 커퍼)을 구현하여 품질 보장을 위한 커핑 피드백을 요청하거나 사용하며, 상품을 구매자에게 제안할 때 그 상품의 품질과 시장 가치를 파악할 수 있는 능력이 있어야 한다. 그렇게 한다

---

* 르완다의 습식 가공소를 의미한다.

면 가치 사슬 아래의 중개업자가 가져갔던 마땅한 가격 프리미엄을 받을 수 있게 된다.

부가가치 더하기/ 업그레이드 하기

커피에 가치를 더하는 것에는 여러 가지 방법이 있지만 그 속성과 제품 자체가 잠재 구매자에게 효과적으로 마케팅되지 않거나 그들이 원하는 방식으로 전달되지 않는다면 아무 의미가 없다. 생산자는 컵의 품질을 개선함으로써 생두의 가치를 높일 수 있는데, 생산자가 이를 위해 더 높은 가격을 기꺼이 지불할 의사가 있는 기업에 전달할 수 있는 수단이 있다면 가치를 실현할 수 있다. "코스타리카스페셜티커피협회(SCACR)의 부회장은 코스타리카는 브라질, 베트남과 같은 국가들과 가격면에서 경쟁할 수 없다고 언급했다. 따라서, 우리는 품질을 향상시켜야 한다. 우리가 공급하는 사람들은 가격 쇼핑객들이 아니라 품질 쇼핑객들이다."[453] 상징적 가치는 독특함, 진정성 또는 배타성을 높일 수 있는 여러 방법으로 추가될 수 있다. 인증, 검증 또는 기타 방식의 환경 관리를 통해 가치를 추가할 수도 있다.

농부 로스터와 수출업자

만약 국내 수출업자들과 중개업자들이 그들의 커피에 지불된 가격 프리미엄에 참여할 기회를 생산자들에게 제공하지 않는다면, 생산자들은 스스로의 힘으로 수출해야 한다! 다이렉트 트레이드 만세! 자신의 공급망을 소유하는 것은 종종 상품 취약성의 탈출구로 생각된다. 그러나 공급망의 가공소 및 수출 부분은 규모의 경제로부터 이익을 얻는데, 이는 소규모 생산자가 수입업체나 심지어 로스터 수준까지의 이윤을 얻을 수 있음에도 불구하고 자신의 수출 공급망을 만들어 내고 시장에서 경쟁력을 유지하는 것이 현실적으로 불가능하다는 의미다. 비교적 큰 규모의 생산자들이 추가적인 위험을 감수하고, 더 많은 역할을 맡으며, 불확실성을 견딜 수 있는 자원과 욕구가 있다고 가정하면 그것은 실행 가능할 수 있다.

제품의 변형은 음료를 마시는 최종 소비자에게 도달하기 전에 필요한 작업을 더 많이 함으로써 가치를 더할 수 있다. 공급망에서 더 많은 처리 활동을 수행하는 것을 수직적 통합이라고 하며 운영자의 이윤을 증가시킬 수 있지만, 이것이 반드시 결과로 이어지는 것은 아니다. 효율적인 가공은 당연한 것이 아니며, 생산자의 가공이 전통적인 구매자의 가공보다 덜 효율적이라면 생산자는 실제로 수직적 통합을 시도하지 않았을 때보다 순이익이 더 적을 수 있다. 가공 및 로스팅을 운영하기 위해서는 상당한 비용이 드는 인프라와 기술이 요구될 수 있다. 운영 공간의 임대료 및 급여와 같은 간접비는 고정 비용을 증가시킬 수 있다. 특히 로스팅 된 커피 원두의 경우, 자신의 농장에 거주하는 생산자들은 잠재적인 구매자들을 대상으로 효율적인 마케팅과 산업 표준에 맞는 고객 서비스를 제공하는 데 적합하지 않을 수 있다.

원두의 평균 가격이 생두의 평균 가격보다 높기 때문에, 수천 명의 생산자, 생산자 협동조합, 지방 정부, 그리고 심지어 국가 마케팅 기관들을 위한 너무나 명백한 해결책은 원두를 수출하는 것이다.[454] 이것은 그 나라의 외화 수입을 늘리고, 작은 마을에 더 많은 일자리를, 생산자에게 더 많은 돈을 가져다 준다. 즉 더 많은 세금이 금고에 들어간다. 매력적인 전망이긴 하지만, 이것이 제대로 되는 경우는 극히 드물다.

수출 경제는 개발도상국의 소농들에게 만연한(아마도 의도치 않은) 소위 문화제국주의 —커피 재배 지역의 대부분에 전기가 들어오면서 위성 텔레비전을 통해 매일 부유하게 살아가는 북반구 시민들의 삶에 대한 열등감에서 비롯된— 를 자양분으로 삼는 모든 문제들의 해결책으로 제시되었다. 이 논리는 외국인은 돈이 많기에 내가 그들에게 판매를 하면 그들에게는 보잘것 없는 액수지만 나에게는 아주 상당한 금액을 지불할 것이라는 논리다. 안타깝게도 이 이론은 대부분의 경우에 결함이 있다. 고가 시장은 높은 품질과 높은 수준의 서비스를 요구하므로, 로스터로서 수출을 희망하는 사람들에게는 접근하기 어렵거나 기대만큼 수익성이 없을 수 있다.

첫째, 원두의 해외 시장 진출은 결코 쉬운 일이 아니다. 원두 구매자를 대상으로 하는 거래는 대부분의 생산국 행위자들에게 익숙한 과정이 아닐 것이다. 그들에게 연락하고 판매하는 비용은 그들이 구매할 물량에 대해 벌어들인 이윤으로 상쇄되지 않을 수 있으며, 일반적으로 이것은 보통 지역 로스터들이 구매하는 생두의 양보다 훨씬 작을 수밖에 없다. 수출된 원두를 신선하게 판매하려면 증가하는 물류 비용을 충당하기 위해 상업적인 품질의 시장 가격보다 훨씬 높은 가격에 판매되어야 한다. 만약 소량의 관능적 품질이 우수한 커피를 수출한다면, 신선도를 유지할 수 있는 빠른 배송은 항공화물만이 유일한 선택지이다. 수출 또는 수입국의 규제 당국과 관련된 모든 서류에 문제가 발생하기 때문에 산패 손실은 거의 불가피하다.[455] 해상 화물로 운송할 경우 비용에서 더 경쟁력이 있을 수 있지만 이 제품은 최적의 신선도를 넘긴 후 구매자에게 도착할 수밖에 없기 때문에 커머셜 등급의 커피 수출에서만 허용될 수 있다.

스페셜티 카페는 일반적으로 여러 원산지의 커피를 제공하려고 하고 공급업체로부터 장비 및 직원 교육 지원을 누리고자 하기 때문에 판매가 어렵다.[456] 슈퍼마켓과 기타 소매점은 이윤의 상당 부분을 취하고, 공급업체의 상업적 지원을 요구하며, 보통 유통기한 만료 전의 미판매 재고들을 반품한다. 마지막으로 규모와 일관성 면에서 꽤 괜찮은 소비자 직접 판매 사업은 오프라인 점포 없이는 구축하기 어려우며, 온라인은 처음부터 개발하는데 비용이 들고(어쩌면 엄청나게), 다른 국가에서 배송할 경우 높은 물류 비용을 부담해야 한다. 끝으로, 대부분의 커피는 블렌딩된다… 멕시코-인도네시아 블렌드는 멕시코에서 효율적으로 수출할 수 없다.[457]

원두를 수출하는 것이 가능하지 않다면 현지 시장을 위해 로스팅하는 것은 어떨까? 이것은 실행 가능하지만, 훨씬 더 실제적이고, 따라서 자본 집약적인 과정이다. 보통 낮은 등급이나 하위 제품이 들어간 원두의 국내 가격은 생두에 대한 국제 시장 가격보다 낮은 가격으로 제공될 수 있다. 이 경우의 변화는 가치를 더하는 것이 아니라 효과적으로 가치를 파괴하는 것이다. 많은 생산 국가에서 스페셜티 소비 시장이 성장하고 있지만, 스페셜티 구매자가 적고 분산되어 있어 제품을 비용 효율적인 방식으로 마케팅하고 제공하기 어려울 수 있다.

농장 규모

대부분 소규모 농장

국제커피기구(ICO)에 따르면[458] 커피의 70%는 10헥타르 미만 규모로 경작하는 2,500만 명 이상의 소규모 커피 농부들이 생산한다.[459] 그 숫자는 공정무역연합(Fairtrade Federation)에 따르면 80%다.[460] 중앙 아메리카에서는 농장의 85%가 15헥타르 미만인 반면, 대지주들은 중앙 아메리카 전체 농장의 3.5%에 불과하지만 전체 커피 재배지의 48.6%를 소유하고 커피의 57.8%를 생산한다.[461] 파푸아뉴기니에서는 농부의 86-89%가 소규모 농장주다.[462] 케냐에서는 소규모 농장주들이 전체 커피의 60%를 생산한다.[463]

소규모 농부와 대규모 농부는 생활 양식, 평균적인 생활 수준, 사회적 취약성, 품질 잠재력, 가치 사슬에서의 협상 지위 등에서 많은 차이가 있다. 규모가 큰 농부들은 커피 마케팅에 적극적으로 참여할 수 있는 능력이 더 뛰어나고 일반적으로 소규모 생계형 농부들보다 더 높은 가격을 요구할 수 있는 경제적 탄력성을 가지고 있으며 심지어 공급망에 위치한 몇 단계를 뛰어넘을 수도 있다. "데이터에 따르면 농장 출하 가격은 블라인드 커핑 점수보다는 농장의 규모와 농부의 사회적 자본에 더 의존한다. 이 시장에서 실질적인 경제력은 상징적 가치의 용어를 정의하고 상품망 전반에 걸쳐 그러한 상징적 가치를 번역해 전달할 수 있는 능력에 달려 있다."[464]

생산자(또는 더 가능성이 높은 농장주)의 교육 수준, 정보 접근 및 일반적인 세속성(예를 들어 소셜 미디어 기술)도 상당한 상업적 이점을 지닌다. "고지대 커피 유행의 가장 큰 수혜자는 큰 규모의 생산자보다 작은 중간 규모의 생산자들이었다. 이들은 수 세대에 걸쳐 사업을 해왔으며 비원주민 출신의 소유주로서 북미 또는 유럽 시장에 생산과 품질에 대한 매력적인 이미지를 제시하는데 필요한 사회적 자본을 상속하고 구축한 비토착 소유 농장인 경향이 있다. 이 농부들은 흔히 대학 교육과 같이 더 나은 교육을 받았고, 최소한 약간의 영어를 구사할 수 있으며, 인터넷과 휴대폰 및 다른 상거래 기술의 얼리어답터가 되는 경향이 있다."[465]

커퍼(cupper)와 같은 내부 직원이 있는 대규모 농장들은 좋은 거래를 성사시킬 능력, 즉 그들이 기꺼이 받아들일 수 있는 가격으로 거래할 의향이 있는 구매자를 찾기까지 기다릴 수 있는 재정적 여유가 있다. 반면, 현금이 부족한 소규모 농장들은 청구서를 지불하기 위해 어떤 가격이 제시되든 그 값에 팔아야 할 것이다. 대규모 농장은 인프라를 구축하고 품질 향상을 위한 위험성 있는 실험을 수행할 자본에 더 자주 접근할 수 있다. 그러나 대규모 운영이 매우 효율적으로 관리되고 관성적으로 운영되는 경우에는 비용을 절감하고 생산량을 극대화하는 데 초점을 맞추는 경우가 많다.

기업식 영농 VS 생계형 농업

소규모의 가족 생계형 농장은 귀족이나 기업 소유의 영농 기업 운영과 공통점이 거의 없는데, 위험을 감수할 능력이 없고 자본에 접근할 수 없다는 점에서 특히 그렇다. 그들은 서로 다른 목표와 요구를 가지고 있으므로 다르게 관리해야 한다.

생계형 농부에게 농장은 가족의 거주지이자 주요 생계수단이다. 전부는 아니더라도 대부분 가족 소득은 농장에서 나온다. 그러므로 농장이 돈을 벌지 못하면 가족도 돈을 벌지 못한다. 가족이 돈을 벌지 못하고 식량을 재배하지 않으면 먹을 것이 없다. 생존을 위해 농장의 재정적 성과에 전적으로 의존하고 있음에도 불구하고, 대부분의 생계형 농부들의 비용 구조와 수익성에 대해 거의 알려진 것이 없다는 것은 놀라운 일이다.

불행하게도 농업경제와 관련된 많은 농촌 개발 정책은 대규모 기업식 농업에 적합한 모범 사례만을 개발한다. 전문 경영인들에 의해 운영되는 농장이 가장 잘 운영되는 농장이어야 한다는 생각 때문

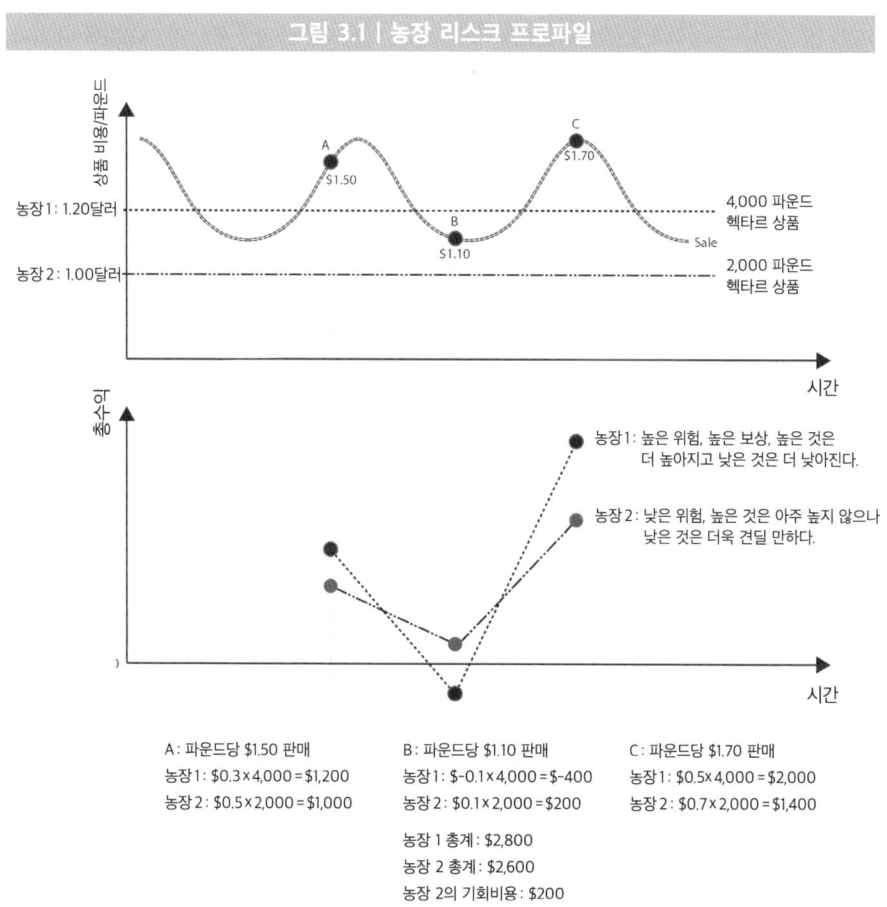

그림 3.1 | 농장 리스크 프로파일

이다. 소규모 생계형 농장의 리스크 프로파일은 대규모 산업화된 농업 운영과는 다르다. 기업식 농업은 수익성을 극대화하기 위해 필요한 위험을 감수한다. 이들은 큰 매몰 비용을 감당할 수 있고 수확과 시장이 실제로 타격을 입었을 때 큰 이윤을 얻는 대가로 수익이 낮거나 마이너스인 기간을 견딜 수 있다. 기업식 농업은 일반적으로 소규모 농부가 가지지 못한 가격 헤지, 수출 및 경쟁 신용 시장과 같은 시장과 서비스에 접근할 수 있다.

날씨와 시장이 불리할 때 이윤을 극대화하기 위해 동일한 위험을 감수하는 대부분의 소규모 농부들은 유리한 조건을 활용할 수 있을 때까지 충분히 오랫동안 사업을 유지하며 버틸 수 있는 여력이 없다. 기업식 농업이 저축과 신용 한도에 의존하는 어려운 시기에 대부분의 생계형 농부들은 경제적 어려움을 견뎌낼 뿐 시장이나 상업 서비스, 토양의 상태를 좋게 만드는 것과 같은 수확 전 투자에 대한 접근성을 갖지 못하기 때문에 큰 규모의 기업만큼 좋은 시기를 활용하지 못한다. 규모가 큰 기업식 농업 투자 수익의 공식은 여러 면에서 생계형 농가의 생활 수준과 안정성을 위한 공식과 같지 않다.

일반적으로 취약한 소규모 농부들의 경제적, 사회적 상황을 고려할 때, 탄력성과 일관성은 투자 포트폴리오의 일부인 농업 관련 산업의 운영과 농장보다는 생산자 가족에게 훨씬 더 가치있을 수 있다. 잠재적 투자 수익이 가장 높은 작물에서 벗어나 생산 작물을 다각화하는 것은 산업화된 농장에게는 좋지 않은 결정이 될 것이다. 반면, 생계형 농장으로서는 전반적인 수익 잠재력이 감소할 수 있지만 달걀을 여러 바구니에 나누어 담는 것이 작황 실패나 시장 충격에서 가족을 보호하는 영리한 방법이 될 수 있다. 기업식 영농 기업에 종사하는 노동자들을 위한 식량 생산은 일어나지 않을 것 같지만, 가족 농장의 경우 문자 그대로 기아를 막는 중요한 울타리가 될 수 있다. 산업화된 농장 운영은 단위당 비용 대비 수확량 개선에 투자하는 비용 편익을 결정하기 위해 장기 및 헤지 판매 예측을 평가한다.

위험을 감수할 수 있는 운영의 경우, 총 생산을 증가시키기 위한 일정 수준의 단위당 생산 비용은 알려진 가격으로 안정적인 시장에 대한 접근성을 고려할 때 감수할 만한 위험이 될 수 있다. 현지 구매자에 의존하는 소규모 농부 입장에서는 단위당 생산 비용이 오르면 손익분기점 문턱이 높아지고 수확기가 되면 판매 가격에 영향을 미칠 방법이 없기에 어쩔 수 없이 손해를 보고 팔아야 할 가능성이 높아진다. 어려운 시기를 견디기 위한 저축액이 없다면 침체의 결과는 기업식 영농 기업보다 소규모 농부 가족이 더 큰 영향을 받을 수밖에 없다.

생산 비용

투입

농업을 위한 투입은 모든 커피 농장의 생산 비용의 상당 부분을 차지하며, 조건, 위협, 예산, 위험 허용 범위 및 농부의 목표에 따라 사용할 투입물, 방법 및 빈도와 관련하여 많은 결정을 내려야 한다. 논의한 바와 같이, 언급된 조건과 요인에 따라 생산자마다 다른 레시피가 필요하다. 투입물에는 비료, 식재 및 가공을 위한 인프라, 재료 및 도구, 안전 장비 및 운영 작업자의 인적 요구 충족에 필요한 것들이 포함된다.

화학적 투입물 : 토양 조절 및 해충 방제

생산자들로부터 훨씬 더 뒤쪽에는 농부들에게 커피를 재배하는 데 필요한 (또는 필요하다고 생각하는) 투입물을 판매하는 회사들, 즉 농약 공급업체들이 있다. 최근 수십 년 동안 많은 지역과 전 세계의 커피 농부들에게 서비스를 제공하는 공급업체들이 집중되어 왔다. 커피 구매자들의 집중이 생산자들을 더 약한 협상 위치에 놓이게 하는 것과 같은 방식으로, 1980년대 이후 농약 회사들 사이에서 일어난 통합은 다른 쪽 끝에서 농부들을 압박했다. 1980년대 후반 전 세계 농약 매출의 90%는 상위 20개 회사가 만들었다. 2002년까지는 7개 회사가 지적 재산권과 식물 품종 보호로 인해 전 세계 물량의 90%를 판매했다.[466]

소매 커피 브랜드들이 생두 가격이 올랐을 때는 판매 가격을 올리고, 반대로 떨어졌을 때는 판매 가격을 그대로 두는 것과 비슷하게, (적어도 인용된 콜롬비아에서와 같이) 농약 유통업체들은 일반적으로 농약 수입에 사용되는 미국 달러화 대비 자국 통화가치가 하락할 때 동일한 방식을 취하는 것으로 알려져 있다.[467] 생산자에게 제공되는 확장 및 농업 자문 서비스는 특히 농약 회사 직원이 제공하거나 이해 상충이 있을 때 농화학 제품의 사용 또는 남용으로 편향될 수 있다.[468] 많은 소규모 농부들에게 그 결과는 때때로 높은 생산량을 얻게 했지만 이는 생산 비용이 높은 농업 시스템, 그리고 화학 물질 유출의 증가 때문이었다.

재배

국제커피기구(ICO)에 따르면 커피나무의 수명은 조건과 품종에 따라 8년에서 20년 사이에 달라질 수 있지만, "커피나무의 수확량 프로파일에 따라 교체 시간이 상당히 짧아질 수 있다."[469] 커피나무의 평생 수확량을 포함한 재배 비용은 재정적으로 재식(栽植)하기에 최적인 품종과 수확 횟수를 수학적으로 명시한다. 그러나 이를 계산하는 소농은 거의 없다. 많은 사람들이 지역 전통을 따르고, 여력이 될 때 다시 심거나, 소농의 재정 최적화보다 국가 수출량 선호에 따른 지역 당국의 지침을 따른다. 오늘날 커피나무의 감가상각을 포함해 고정 생산 비용를 계산하는 생산자는 거의 없다.

▰ 노동

수확 노동은 수작업으로 이루어지는 지역에서는 총 비용의 70%를 차지한다.[470] [471] 커피를 재배하는 세계의 많은 곳에서 채굴주의적 산업과 국제 송금으로 인한 경제 성장 덕분에 노동력은 인근 도시 건설을 포함한 다른 부문과 경쟁하면서 점점 더 비싸지고 있다. 또한 커피 농장은 불법 이민자로서 비공식적으로 일하기 위해 고소득 국가로 이주하려는 유혹을 받는 노동자들을 놓고 국제적으로 경쟁하고 있다. 이 경쟁은 농부들이 노동자들에게 나라를 떠나는 대신 머물면서 일할 수 있도록 더 많은 돈을 제공해야 하기 때문에 국내 노동 가격을 상승시킨다.[472] 이러한 인구 통계학적 변화와 소가족화, 기본적인 필요 충족을 위한 화폐경제(통화 가치 부족)와 같은 요인들로 인해 농부들은 이전 세대보다 고용된 노동력에 더 많이 의존해야 했다.[473]

노동자 부족

우리가 피커(picker*)들의 권리를 생각하는 것은 피커들이 공급망에서 하위에 있고 학대받는 경우가 많은데 농민들도 이들의 노동력이 부족할 때 어려움을 겪기 때문이다. 커피 가격이 낮고 노동력 공급이 적은 가운데 소규모 가족 농장에서는 피커들이 결국 농장주보다 훨씬 높은 순이익을 얻는다는 사실을 여러 사례를 통해 알 수 있다. NGO인 솔레다드(Soledad)에 따르면, "다양한 경제 부문에서 인구통계학적 진화와 기회의 증가는 노동력 부족을 구조적 문제로 만든다… 일부 지역에서는 생산 비용이 증가한 반면 다른 지역에서는 (인건비 증가로 인해) 커피 생산이 불가능해지고 있다."[474]

건설과 같은 다른 부문과의 경쟁, 그리고 중미 텔레비전 드라마나 북미 시트콤에서 방영된 도시 번영과 풍요에 대한 환상 외에도, 콜롬비아의 선의의 아동 노동법은 많은 젊은이들을 커피로부터 멀어지게 했다. 커피 피킹은 매력적이지 않다. 비록 경우에 따라서는 미숙한 도시 노동보다 높은 수입을 제공하고 상대적으로 낮은 생활비를 감당하기만 하면 되지만 그럼에도 일부 지역에서 이 일은 하층 노동으로 간주되고, 오히려 쇼핑몰 접객원으로 일하는 것을 더 매력적으로 여긴다. 15세 이상의 사람들은 부모의 허락을 받아 일할 수 있지만 (콜롬비아에서) 위험하다고 여겨지는 커피 피커로는 일할 수 없기 때문에 그래서 그들은 다른 분야에서 먼저 경력을 시작할 수밖에 없고, 이후에 돌아와 커피 밑바닥 일부터 다시 시작하게 되기란 쉽지 않다.[475] 일부 중미 국가들에서와 같이, 노동자들의 이주는 노동력 부족을 야기하거나 악화시켰다. 예를 들어 노동자들은 더 나은 임금을 기대할 수 있는 이웃 나라로 이주할 수 있었고,[476] 혹은 심지어 건설, 농업 또는 다른 분야에서 일시적으로 일하기 위해 북미로 이주할 수 있었다.

커핑 테이블에서 전화를 걸어 생산자들에게 잘 익은 체리만 따 달라고 요청하는 것은 쉽다. 허나 만약 당신이 커피를 피킹한 적이 있다면, 이것이 불가능하다는 것을 이해할 것이다. 심지어 수확이 집중된 시기일 때, 모두가(아주 작은 커피 농장 제외) 고용 인력으로 피커를 쓰는 상황에서는 더욱 그렇다. 사실 대부분의 커피 세계에서 스페셜티는 일반적이지 않고 커머셜 채널에서는 몇 개의 안 익은 체리나 "부분 성숙" 체리를 신경 쓰지 않는다. 그래서 피커들이 일하는 전체 농장의 5%만이 피커들에게 잘 익은 체리만을 따도록 주문하고 95%의 농장은 크게 신경쓰지 않을 때, 특히나 인력이 부족한 시기일수록 그러한 주문은 그들에게 큰 영향력이 없다. 피커들은 그저 하루에 더 많은 수확을 할

---

* 커피 체리를 수확하는 사람을 피커라고 한다.

수 있는 다른 농장으로 일하러 갈 것이다. 이러한 현실을 고려할 때, 부양 선별(float sorting)은 대부분의 미성숙 체리와 과성숙 체리를 분리하는 좋은 방법이다. 이것은 손으로 하는 선별만큼 좋지는 않지만, 훨씬 더 효율적이다. 꽤 많은 물이 필요할 수 있지만, 체리 그물과 같이 물을 빼내지 않고도 할 수 있는 더 효과적인 방법들이 있다.

고용의 질

커피 농장에서 일하는 것은 보통 일용직 노동이기 때문에, 노동자들은 정확히 그들의 근무일수나 수확한 체리 양에 따라 임금을 받는다. 대부분은 계절적이고 불안정하며 농부들로부터 정규직이나 안정적인 스케줄로 일할 기회를 제공하겠다는 약속도 없다.[477] 노동자들은 얼마나 오랫동안 일을 할 수 있는지, 언제 끝나는지, 언제 다시 시작하게 될지에 대해서도 모를 수도 있다. 작업을 수행하기 위해 더 많은 노동자들이 필요한 대규모 농장은 더 많은 안정적인 일자리의 기회를 제공할 수도 있다. 땅을 잃거나 팔아버린 소규모 농부들이 구매자에게 고용되어 결국 더 안정되고 더 높은 소득을 얻는 경우들도 있다. 생산자들은 그들의 사업을 박봉 수준의 "먹고 살 만한 정도의 수입"과 맞바꾸는 것에 만족할 수도 있지만, 공동체의 힘의 역학, 의존성, 사회적 구성은 매우 다르며 장기적으로 많은 사람들에게 바람직하지 않을 가능성이 높다. "대농장은 일반적으로 적은 임금을 받으며 소농들에 비해 미래에 대한 보장이 거의 없는 떠돌이 노동자들을 특징으로 한다."[478]

▮ 기회비용

많은 비용 계산 모델은 고정 비용으로 자신의 가상 급여를 포함하도록 권장하지만 이 숫자는 임의적일 가능성이 크다. 보다 합리적인 고려 사항은 기회비용일 수 있다. 가족 노동에 대한 기회비용은 시장 가격을 사용하여 계산해야 하는데, 이는 지역 상황에 따라 다를 것이다. 커피를 생산하는 토지의 기회비용은 합리적으로 임대료다. 그리고 수확물 관리에 사용되는 자본의 투자 비율은 그것이 투자되는 시간에 대한 기회비용일 것이다.[479] 그러한 계산이 정확하기 위해서는 전체 가상 시나리오를 고려해야 한다. 많은 농부들은 마을이나 도시에 일용직 노동자나 다른 미숙련 노동자로 일하러 갔을 때보다 그들의 농장에서 얻는 이윤이 더 적지만, 그러한 급여를 받기 위해서는 비용 구조 또한 크게 바뀌어야 할 것이다. 도시 생활비: 다세대 주택에서 임차로 지내며, 대중교통을 이용하고, 준비된 음식을 사는 것 대비 농장에서 집세를 내지 않고, 가족이 먹을 음식 대부분은 아니더라도 일부를 재배하는 것. 정량화할 수 없지만 중요한 것은 농업의 생존 가능성을 계산하기 위해 사용되는 가상의 기회에서 일하고 생활하면서 경험할 수 있는 행복과 만족이다. 만약 농부가 단추 재봉사로 생계를 유지하거나 하루 4시간의 통근을 견딜 수 없다면, 이는 농사와 대조해 비교할 현실적인 대안이 아니다.

많은 생산 비용 계산 모델은 기회비용, 또는 농가 구성원이 다른 곳에서 다른 일을 하면서 얻을 수 있는 임금을 생산비용으로 사용한다. 이것은 농업의 수익성과 농장을 버리고 다른 일을 할 가능성을 평가하는 유용한 도구이지만, 실제로 보수를 받지 못하기 때문에 무보수 노동의 기회비용을 손익분기점이나 수익성을 계산할 때 항목으로 포함하는 것은 이치에 맞지 않다. SCA의 한 보고서는 농장의 하루 수익을 의미하는 "일당에 상응하는 임금"을 농부들의 급여인 것처럼 사용할 것을 제안하는데, 이것은 그들의 이익이고, 그들이 가져갈 수 있는 돈의 양과 기본적으로 동일하기 때문이다.[480]

공공재

커피를 재배하는 모든 작업은 어느 정도 수준의 공공재로부터 이익을 얻고, 그 중 일부는 다른 것들보다 더 많은 혜택을 받는데, 대부분 지리적 위치에 기인한다. 공공재에는 도로, 교육 및 의료 서비스에 대한 접근성, 안전 및 공공 질서, 법률 시스템 및 토지 권리가 포함된다. 공공재는 종종 농부들에게 중요한 생산 비용을 나타낼 수 있으며, 그에 대한 상대적 접근성에 따라 경쟁적 우위 또는 불이익을 겪게 된다.

교통 및 인프라

공급망에서 이용할 수 있는 공공재 및 인프라, 특히 운송 비용은 농부의 수익에 중요한 영향을 미친다. 농장에서 시장으로 커피를 이동하는 비용과 실행 가능성은 커피의 가용성에 영향을 미치며, 따라서 생산자가 공급망에서 커피에 대해 받아들일 수 있는 최소 가격에도 영향을 미친다. 커피가 어떤

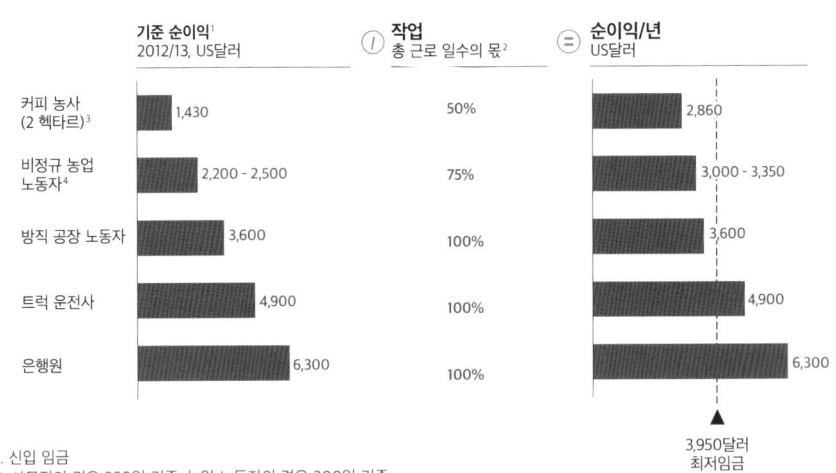

그림 3.2 | 콜롬비아 : 지속 가능한 커피 생산 소득 비교

1. 신입 임금
2. 사무직의 경우 260일 기준, 농업 노동자의 경우 300일 기준
4. 일일 임금 20,000페소(콜롬비아)와 연간 220일 노동 기준

테크노서브 분석 내 주주 인터뷰. DANE, tasalarib.org

형태로 판매되든 운송 비용은 손익의 차이를 만들 수 있다. 만약 농부가 부패하기 쉬운 체리를 팔고 있다면, 운송업자는 엄청난 협상력을 가지게 된다. 그들은 그들이 원하는 만큼 요금을 청구할 수 있고, 농부는 체리의 상품성을 잃지 않기 위해 돈을 지불할 것이다. 운송비는 일반적으로 무게에 따라 부과되기 때문에 총 판매 가격에서 차지하는 운송 비용은 그들이 판매하는 커피 형태(건조 파치먼트, 젖은 파치먼트 또는 체리)에 따라 크게 달라질 수 있다. 도로 인프라가 제한된 지역의 교통비는 터무니없이 비쌀 수 있다. 우간다 옥스팜이 실시한 연구에 따르면 "지역 가공소까지 커피 한 백을 15㎞ 정도 운송하는 비용이 현지 가공소에서 캄팔라(Kampala)까지 100㎞를 운송하는 비용보다 비례적으로 훨씬 저렴하지는 않았다."[481] 어떤 경우에는 농부가 농장에서 시장으로 커피를 옮길 수 있는 대중 교통 서비스가 없다. 이런 경우 그들의 유일한 선택은 보통 트럭을 타고 시장에 도착한, 판매 협상에서 모든 권한을 가진 중개인들에게 판매하는 것이다.

공공재의 불균일한 사용

이 책의 "커피경제학 입문" 파트에서 언급한 바와 같이, 경제적 외부성은 경제 활동으로 발생하지만 경제 운영자가 지불할 의무가 없는 비용을 포함한다.[482] 특히 자원 부족으로 규제가 시행되지 않거나 자유 시장의 자율 규제 능력이라는 이름으로 고의적으로 무시되는 등 농업에서 공공재 사용이 불균일하게 이루어지는 경우가 많다. 규제의 부족은 심지어 간접적인 보조금을 의미할 수도 있다.

예를 들어 커피 재배 지역의 대부분의 정부는 토지 소유자들에게 그들이 심을 수 있는 것과 심지 말아야 할 것을 말하지 않는다. 따라서 토지 소유자는 얕은 뿌리를 가진 커피나무를 심거나 더 나쁘게는 계절성 폭우가 자주 내리는 마을이 내려다 보이는 가파른 경사면에 소를 방목하기로 결정할 수 있다. 산사태로 인해 마을의 집들이 부서지거나 수백 명의 생산자들이 의존하는 도로의 일부분이 유실되었을 때, 토지 소유자는 도로와 주택을 재건하기 위해 돈을 지불해야 하는가? 대부분의 관할 구역에서? 아니다. 정부나 그 누구도 비용을 지불하지 않는다. 책임이 없는 농부들은 매일 무책임하게 농사를 지을 수 있는 수혜를 얻지만, 누구도 보상할 의무가 없기에 우발적으로 일어난 일로 발생하는 손실 비용을 감당해야 한다.

농부에 대한 인센티브

■ 생산성, 비용 또는 품질

커피를 생산하기 위해 토지와 투입물을 관리하는 방법은 무궁무진한데, 어떤 방법은 다른 방법보다 더 효과적이며, 어떤 방법은 더 많은 투입물, 기계 또는 노동력을 필요로 하고, 저마다 다양한 양의 완제품을 생산한다. 같은 토지에서 더 많은 생산을 하는 것은 일반적으로 좋은 일이지만, 토양과 다른 천연 자원이 고갈되고/또는 합성물 투입 의존도가 생산 단위당 생산 비용을 증가시키게 되면 생산량 증가로 인한 수익은 감소될 수 있다.

르완다 커피 부문에 대한 2020년 연구는 투자 수익 감소 상황을 보여준다. 소규모 생계형 농장은 평균적으로 생산을 늘리고, 궁극적으로 수익을 늘리기 위해 필사적으로 판매 가격보다 더 많은 돈을 투자한다.[483] "수익률을 낮추더라도 수익을 최대화하는 것이 이런 가구가 빈곤층으로 미끄러지는 것을 막기 위한 유일한 선택이다. 그들의 주된 투자는 자신의 가사 노동이다. 생산성 향상에도 불구하고, 그들의 높은 노동력 투자는 대부분의 커피를 수익성이 없게 만든다."[484]

전 세계 농부의 70%는 평균 헥타르당 4백을 생산한다.[485] (일반적으로 받아들여지는 국제적인 "백(bag)"의 정의는 생두 60킬로그램 또는 132파운드다.) 대규모의 산업화된 농장을 포함한 세계적인 평균 생산량은 헥타르당 12백이다. 브라질의 헥타르당 평균 생산량은 24백, 베트남은 40백, 인도네시아는 7백이다. "아시아의 평균 생산량은 사하라 이남 아프리카의 두 배이며, 라틴 아메리카의 생산량은 아프리카보다 60% 더 높다."[486]

한 저자는 케냐에서 "국가 생산성 수준이 헥타르당 289킬로그램에 불과하고 커피의 56%를 생산하는 소농들은 훨씬 더 나쁜 상황이기 때문에 그들이 가진 기회는 생산성을 통해 생산량을 늘리는 것이다."라고 주장한다.[487] 목적을 이루는 방법은 한 가지만 있는 게 아니며, 동일한 방법이 모든 사

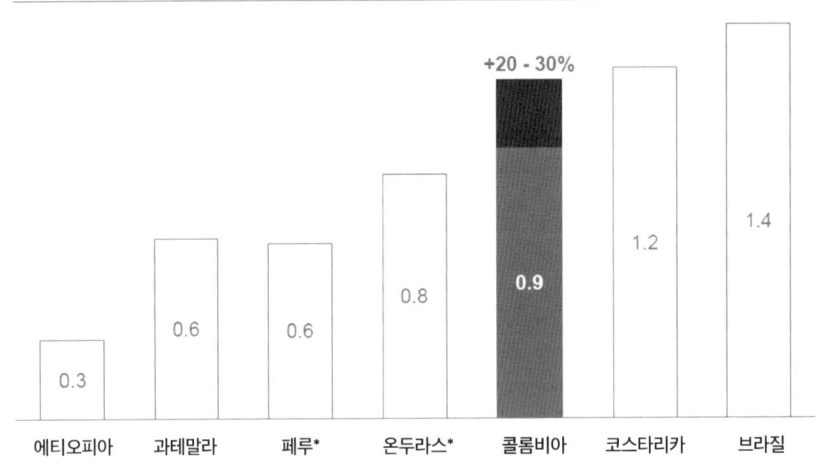

그림 3.3 | 콜롬비아 : 지속 가능한 커피 생산량

* 최근 몇 년간 곰팡이균으로 인해 수확량 감소했음. 국제커피기구(생산량) 커피 생산 지역 정보를 위해 국가 커피 연합과 이해관계자를 인터뷰함.

"콜롬비아 지속 가능한 커피 생산을 위한 비즈니스 사례"(2014). IDH 지속 가능한 무역 이니셔티브. 2019년 10월 26일 검색, https://www.urosario.edu.co/Mision-Cafetera/Archivos/Business-case-write-up-v20140930-FINAL.pdf

람에게 효과가 있는 것은 아니다. "농부가 실현하는 생산량 수준은 투입물 선택과 확률적 요소(예컨대 기후 조건, 해충 및 질병 등)에 따라 달라지며, 이것이 생산량 변동을 초래할 수 있다. 비료, 살충제와 같은 투입물의 사용과 특정 농업기술의 시행을 통해 농부들은 이러한 요인의 영향을 어느 정도 완화할 수 있다."[488]

가격이 낮을 때(ICO에 따르면 2006년과 2016년 사이에 생두 가격은 종종 생산자가 지불한 비용보다 낮았다), 자원이 적은 생계형 농부들은 비용을 줄여야 한다. 이것은 "좋은 농업 관행과 농장의 지속 가능성을 위한 투자 자금이 없거나 적기 때문에 결과적으로 품질과 수확량이 감소하고 이것은 소득 감소와 이런 악순환이 지속되는 부정적인 소용돌이"가 발생한다.[489] 고정 비용과 제한된 토지를 고려할 때 농부가 생계를 개선할 수 있는 설득력 있는 전망은 수확량을 향상시키는 것이다. 그럼에도 불구하고 더 많이 생산한다고 해서 수확이 끝날 때 더 많은 돈이 남는 것은 아니다. 어떤 커피 재배지에서 투자나 유지보수가 거의 없이 일정하게 소량을 생산하고 있다고 가정하자. 이곳은 약간의 유지 보수와 관리만으로도 훨씬 더 많은 양을 생산하게 될 것이다. 특정 시점을 지나면서부터 추가 생산 비용이 커피 판매로 발생하는 추가 수입을 초과할 것이다. 이 임계점 이후에 생산량을 개선하는 것은 말이 되지 않는다. 이 시점에서의 생산량은 생산자가 커피에 대해 얻을 수 있는 가격에 따라 달라지며, 따라서 항상 변한다. "생산량이 증가하면 일반적으로 헥타르당 커피 생산 비용이 증가하며, 특히 단기적으로는 농장의 수익성이 저하될 수 있다. 농업 시스템에 대한 투입 비용을 낮추는 것은 종종 커피 생산량을 늘리는 것보다 더 나은 수익성 전략이 될 수 있다. 투입 비용이 낮은 농업 시스템은 생산 비용 또한 낮기 때문이다. 이러한 저비용, 저수확 시스템은 다른 수익원으로 소득을 다양화하는 농부에게 상대적으로 적은 소득을 가져다 주지만, 고비용 고수익 시스템보다 수익성은 더 높다."[490] 농장의 평균 생산 비용의 증가를 의미하는 생산량 향상은 추가적인 가족 소득(농장 이익)을 창출하지 못할 수 있으며 불가피하게 손익분기점 판매 가격이 높아져서 손해를 보고 판매하는 위험이 증가될 수 있고, 이는 생산자에게 심각한 사회적 영향을 미칠 수 있다.[491] (124페이지, 그림 3. 4 참조)

게다가 수확량을 증가시키기 위한 좋은 농업 관행이 "농업 시스템에 자동적으로 더 많은 이익을 보장해 주지는 않는다."[492] 물론 헥타르당 수확량은 헥타르당 투자를 상쇄하기 위한 특정 수확량이 필요하기 때문에 중요하다. 이 계산은 이러한 상쇄를 예상할 수 있기에 유용하다. 그러나 헥타르당 수확량을 더 늘리기 위해 헥타르당 투자가 증가해야 하는 경우에는 투자 수익은 감소한다. 앞서 언급한 SCA 연구 보고서(현재 성장하는 시스템과 관련하여 전 세계에서 연구함)에 따르면 생산자 판매 가격에 따라 "킬로그램당 생산 비용을 낮추고 헥타르당 비용에 대한 투자를 줄이면 수익성이 높아진다."[494]

커피나무에서 얼마나 많은 체리를 수확할 수 있는지에 많은 관심이 쏠리지만, 다른 형태의 제품을 판매하는 농부들의 생산 지표는 이것뿐만이 아니다. 파치먼트 커피와 가공한 수출용 생두의 관계를 결정하는 물리적 품질은 생산자 보상과 많은 관련이 있다. 생두 손상을 최소화하기 위해 디펄퍼 보정을 해야 하고, 깨끗한 습식 가공소를 유지하며, 적절한 보관 공간 확보를 포함하여 파치먼트-생두 생산량을 극대화하기 위한 다양한 조치를 취할 수 있다. 생두 크기 분포는 또한 특정 부문에서 시장성과 가치를 가질 수 있다.

높은 생산량 또는 낮은 단위당 생산 비용을 추구하기로 한 결정 외에도 많은 농부들에게는 세 번째 선택지가 있다. 바로 차별화된 품질을 생산하는 것이다. 이 전략은 종종 저비용 전략보다 높은 단

그림 3.4 | 생산성 향상의 수익 감소

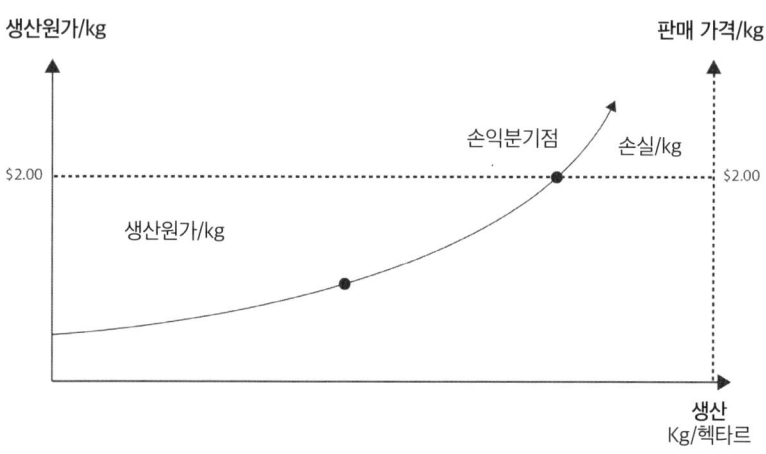

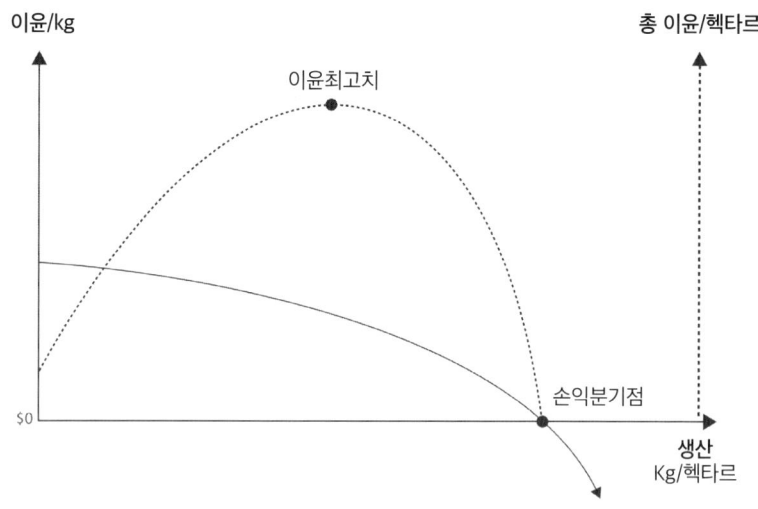

위당 생산 비용으로 인해 생산량에 초점을 맞춘 전략보다 생산량이 더 낮다. 그럼에도 불구하고 생산자가 제품의 가치를 높이 평가하고 비용을 지불할 의사가 있는 구매자들에게 접근할 수 있다고 가정하면 잠재적인 이득은 상당히 클 수 있다. 더욱이 소규모 생산자의 경우 낮은 단위당 생산 비용을 유지하면서 높은 관능적 품질이 가능할 수 있어 잠재적으로 소득을 극대화하기 위한 이상적인 전략이 될 수 있다.

소규모 농부들의 득실

소규모 농부들은 큰 기계 장비를 사용하고, 더 많은 선적을 보내며 공급자들로부터 더 많은 양의 투입물을 구매하는 것과 같은 규모의 경제가 만들어내는 기회가 없을 수 있다.[494] 그러나 이것은 우리가 소위 계층의 불경제라 칭하게 될 결핍, 즉 직원 관리와 조율에 소요되는 비용과 자영업자에 비해 무관심할 수밖에 없는 직원들로 인한 비용으로 인해 균형이 맞춰질 수도 있다. 소규모 생계형 가족 농장에서의 가족 노동은 효과적이고 효율적으로 일할 수 있는 완벽한 동기를 가질 수 있으며 직원에 대한 감독이나 관리가 필요하지 않다.[495]

소규모 생산자들은 저축한 돈이 많이 부족하거나 이미 빚을 지고 있을 가능성이 높고, 이런 취약성으로 인해 위험을 더욱 회피해야 한다. 소규모 생산자들은 급여를 지급하거나 시장과 날씨의 변동에 따른 압박이 있을 때 생존하기 위한 단기 신용에 접근할 기회가 적거나 아예 없다. 저자가 인터뷰한 많은 농부들은 자신들의 상황을 개선하는 유일한 방법은 더 많이 생산하는 것이라고 확신한다. 그늘용 나무를 베고 하이브리드 품종을 심어야 "현대화"할 수 있는 대출을 받는다. 그러나 그들은 이전보다 훨씬 더 많은 합성 투입재를 구매해야만 조밀하게 심어진 단일 작물 시스템에서 축복의 결과가 있을 것임을 사전에 전해 듣지 못한다.[496] 건조 파치먼트 1킬로그램당 생산 비용이 증가한다. 물론 판매 가격이 높을 수록 더 많은 돈을 벌 것이다. 하지만 가격이 낮으면 이전보다 더 취약해진다. 규모가 크고 다양한 작물을 재배하는 농가들은 손해를 보면서도 1년의 매출을 견뎌낼 수 있지만, 이것은 생계형 농가가 먹고 살기 위해 어려운 결정을 내려야 한다는 것을 의미한다. 전 세계의 많은 생산자들은 이것이 앞으로 나아갈 길이라고 확신시키는 전략에 속아왔다. 국제 기부자들은 높은 손익분기점 판매 가격 때문에 농부들을 더 취약하게 만든 중앙 아메리카 기술화 프로그램에 자금을 지원해왔다.[497] 1970년대부터 1990년대까지 미국의 "마약과의 전쟁"과 관련 "개발" 프로그램은 콜롬비아와 페루, 볼리비아에서도 동일하게 환경적인 악영향을 미쳤다.[498]

▍차별화된 시장에 대한 접근성

차별화된 품질의 커피 생산에 투자하려는 생산자의 결정에 큰 영향을 미치는 요소는 투자에 상응하는 차별화된 가격을 지불할 구매자에게 지속적으로 접근할 수 있는 능력이다. 많은 생산자들은 상대적으로 고립되어 있고 이러한 부문의 구매자들이 어떻게 일하고 어디에서 그들을 찾을 수 있는지에 대해 익숙하지 않기 때문에, 어떤 비용 증가가 성과로 이어질지 알지 못해 어려운 도박과도 같다. 반면에 만약 농부가 차별화된 품질의 커피를 생산하지 않는다면 그들은 누가 그 잠재적인 품질의 커피를 높이 평가하고 구매할지 결코 알 수 없을 것이다. 일반적인 품질에 대한 보장된 시장이 있고 잠재적으로 차별화된 제품(예컨대 내추럴 가공 방식과 같은)에 대한 시장이 없는 한 차별화된 품질을 생산하려는 의욕은 꺾일 수밖에 없을 것이다.[499]

이 결정은 생산자들의 위험 내성과 관련이 있는데, 이것은 자본이 풍부하고 미래 지향적인 농부들에게는 중요한 요인이 될 수 있으나 한 번의 흉년으로 토지를 잃을 수 있는 농부들에게는 아주 힘든 일일 수밖에 없다. 이러한 상황과 전 세계의 많은 농촌, 농업 공동체의 구성원들의 전통적이고 보수적 성향을 고려할 때, 자신의 익숙함을 떠나 낯선 시도를 하는 것은 위협적인 일로 보일 것이다 특히 평균 이상의 품질에 대해 어떤 형태로든 인센티브가 제공되지 않는 경우, 현지 구매자들이 사용하는 구매 시스템 역시 고품질 생산의 동기를 무너뜨릴 수 있다.

전 세계의 많은 생산자들은 수출업체에서 국가 정부, 비료 생산과 판매자들까지 다양한 가치 사슬 행위자들로부터 생산량과 품질 개선에 대한 요청을 받는다. 헥타르당 수확량을 증가시키는 조치들은 환경뿐만 아니라 관능적 품질 자체를 저하시킬 수 있다.[500] 만약 농부들이 품질에 대한 적당한 대가를 지불하는 시장에 접근할 수 없다면, 그들이 잠재적으로 가용할 수 있는 전략은 저비용 고수확 뿐이다.

■ 품질 기반 생산을 위한 동기 부여가 없다

"상인들과 구매자들이 그들에게 제공한 인디고의 품질을 (거짓말로) 낮춰 저가로 거래하려고 노력했기 때문에, 재배자들은 필요한 추가 관리를 보상할 수 있는 더 높은 가격을 얻을 기회를 잡기보다는 제품의 품질이 더 낮더라도 가능한 한 많은 양을 생산하는 것이 타당했다."[501]

포스트 국제커피협정(ICA) 시대에 많은 나라에서 커피 구매와 마케팅이 자유화된 후, 자유 시장 경쟁은 구매자(중개업체 및 수출업체)들의 경쟁 심화로 인해 고품질 생산을 위한 동기를 감소시켰다. 이러한 경쟁은 농부에게 지급되는 FOB(수출) 가격의 비중을 높이고 그들에게 지급을 가속화했다.[502] 구매자는 회전율을 높이고 금융 비용을 최소화하기 위해 구매와 수출을 빠르게 진행해야 했고 가공을 거친 모든 커피 백을 커핑할 시간이 없어 생산자 모두에게 같은 가격을 지급했다. 이런 환경은 생산자와 지역 화물혼재업체 수준에서 전 세계 커피 산업의 대부분에게 해당된다. 큰 블렌드의 품질은 체인의 후반부에서 인지될 가능성이 높으며, 이에 중개자, 수출업자 또는 수입업자는 품질 프리미엄을 얻게 되지만, 이미 농부와의 거래를 마쳤거나 농부의 신원에 접근할 수 없는 경우, 해당 프리미엄의 일부를 재배자에게 반환할 가능성은 없다.[503]

자유화된 동아프리카의 구매자들 사이의 커피에 대한 경쟁이 확대되면서 농부들에게 지불되는 FOB 가격이 더 높아졌지만, 아울러 그것은 품질에 대한 구매자들의 요구를 약화시켰고 농부들은 더 낮은 품질로도 같은 수입을 가져갈 수 있었다. 결국 전반적인 품질 하락은 FOB 가격을 감소시켰고, 이로 인해 재배자들도 낮은 가격을 받게 되었다.[504] 아무도 이런 일이 일어나도록 의도하지 않았다. 재배자들과 수출업자들은 단지 그들의 개인적인 이익을 추구했다. 자본주의 신자유주의 이론에 따르면, 자유 시장은 모든 사람에게 더 높은 기준을 적용하고 공급망의 중복되지 않는 모든 행위자들의 수익을 극대화해야 했어야 했다. 그러나 실상은 그렇지 않았다.

생산자 수입

"2016년 국제커피기구가 4대 커피 생산국의 농장 수익성을 검토한 결과, 2006년에서 2016년 사이에 커피 농부들은 보통 적자 운영을 하였고, 커피가 생존 가능한 생계를 제공하지 않는다는 사실이 확인되었다."[505] 2019년 국제커피기구에 의해 조사된 연구에 따르면, 강한 제도적 커피 체계와 시장의 차별성에도 불구하고 콜롬비아 농장의 53%는 이윤을 남기지 못한 것으로 추정된다.[506] 게다가 2019년 국제커피기구(ICO) 보고서에 따르면, "고비용 원산지"(브라질을 제외한 거의 모든 곳에서 손으로 체리를 수확하는 곳)에 있는 농장의 25-50%가 "전체 생산 비용을 충당할 수 없었다."[507]

■ 품질 프리미엄을 위한 접근

앞서 논의한 바와 같이, 차별화된 시장에 대한 접근성과 차별화된 가격이 전 세계 수백만 커피 생산자들 모두에게 가능한 것은 아니다. 가장 유리한 위치는 대규모 농장과 자본이 풍부한 범세계적 생산자들에게 있다. 좋은 품질 생산을 위한 인센티브가 없으면 어떠한 방식으로든 보상받는 경우가 드물기 때문에 전반적인 커피 품질은 저하되고 기본 가격도 떨어져 취약한 생산자들의 상황이 더 악화된다.

1980년대 초부터 생두를 사왔고 태어날 때부터 생두에 둘러싸여 있었던 킨 커피(Kéan Coffee)의 설립자인 마틴 디드릭에 따르면, "나는 내가 찾고 있는 몇 안 되는 보석을 찾기 위해 그 어느 때보다 요즘 훨씬 더 많은 커피를 커핑해야 한다." 그는 생산 비용이 상승했고 가격은 그대로 유지되었다고 설명한다; 스페셜티 경제학은 생산자의 소득에 반영되지 않기 때문에 그들은 어딘가에서 경비를 줄여야만 했다. 심지어 구매자가 높은 품질의 생두를 판매하는 채널에서 커피를 판매하는 경우에도 프리미엄 가격에 대한 이윤이 종종 생산자들에게 돌아가지 않은 채 그들에게 평균 이상의 커피를 생산하도록 장려했다.

때때로 농부들은 품질 정보에 대한 접근성이 상대적으로 약하기 때문에 스페셜티의 프리미엄에 속고 있다: 구매자들은 샘플을 커핑할 수 있는 기술과 도구를 가지고 있지만 대부분의 농부들은 그렇지 않기 때문이다. 때때로 그 문제는 구조적이다. 각각의 품질 평가는 공급망의 특정 교점에서 거래

비용을 증가시킨다.[508] 만약 사슬의 각 단계에서 물리적 및 관능적 품질 검사를 수행한다면, 그 비용은 이윤에 반영되어 생산자들에게 남겨진 몫이 줄어들 것이다. 많은 커피가 최종적으로 구매자와 판매자 모두가 관능적 품질(수출자-수입자 또는 수입자-로스터)을 인식하는 교환 지점에 도달하면 판매 가격에 반영된다. 그러나 이윤을 크게 낸 판매자가 그에게 판매한 사람에게 연락하여 자신의 이익을 나눠주겠다고 제안할 가능성은 희박하다. 1985년부터 2000년까지 국가간 거래되는 커피 가격의 차이가 증가했는데, 이는 특정 품질에 대해 지불되는 차별화된 품질과 프리미엄을 반영했다. 같은 기간, 생산국의 농부들에게 지급되는 가격의 차이는 실제로 줄어들었다. 우수한 품질의 커피에 대해 비싼 값을 지불하지만 정작 이를 생산하는 사람들은 평균적으로 그들의 노력에 대한 보상을 받지 못했다.[509]

이러한 "생산자와 소비자 사이의 비대칭적인 정보 환경은 투자, 위험 관리 및 기술 채택과 관련하여 정보에 입각한 결정을 내릴 수 없는 생산자에게 불이익을 준다."[510] 이것이 어떤 생산자도 자기가 생산하는 품질에 대해 정확한 보상을 받지 못한다는 것을 의미하는 것은 아니다. 반대로 필요한 정보에 접근할 수 있는 많은 대규모 농장을 소유한 국제적인 농부들에게는 관대하고 "공정한" 가격이 지불된다.[511] 이것 자체는 잘못된 것이 아니다. 문제는 생두 공급망 구조가 스페셜티 프리미엄으로 삶의 질에서 가장 큰 혜택을 받을 수 있는 대부분의 소규모 농부들에게 이러한 보상을 함께 누릴 기회를 갖지 못하게 하고 있다는 점이다.

품질 리스크

관능적 분석이 없으면 프리미엄과 할인은 평균과 이전의 경험을 바탕으로 책정될 것이며,[512] 그로 인해 일부는 다른 사람들보다 품질 개선으로 인한 혜택을 받기가 더 어려워진다. 보편화되고 기술적인 종합 농업 관행과 센서로 가득 찬 가공소에도 불구하고 커피 생산은 불가피하게 예측 불가능한 자연에 의존한다. "우리는 커피 로스터가 스페셜티 커피 로스터일 가능성은 존재하지만 커피 농부가 스페셜티 커피 농부일 가능성은 존재하지 않는다는 것을 직시해야 한다."[513]

품질을 위한 가공은 또한 워시드 커피의 발효를 포함하여 여러 면에서 위험할 수 있다. 발효는 추출과 로스팅에서 긍정적인 맛과 향을 발달시키는데 핵심적인 역할을 한다. 발효는 많은 경우 커피 콩의 점액질 제거를 위한 것뿐 아니라 스페셜티 커피의 관능적 특징과 상업적 매력을 더한다. 이것은 당연하게 들릴 수 있다: 왜 농부는 최종 소비자를 위해 향미를 향상시키는 일을 하지 않을까? 왜냐하면 발효는 대부분 통제되지 않고 거의 모니터링되지 않는 환경 안에서 이뤄지며, 이는 불안정하고 예측할 수 없기 때문이다. 첫째, 과발효는 과소발효보다 훨씬 더 심각하기 때문에 오래 진행될수록 위태로워질 수 있다. 둘째, 품질이 뛰어난 커피를 구매하는 스페셜티 채널은 커머셜 등급과 상호 배타적일 수 있다. 더 오래 발효한 파치먼트는 노란색으로 보이고 과일 향이 난다. 커머셜 생두 구매자들은 종종 이것을 결함으로 간주하고 기본 상품 가격에서 가격을 깎을 것이다. 그들은 뽀얗고 평범한

그림 3.5 | 품질 분석 비용

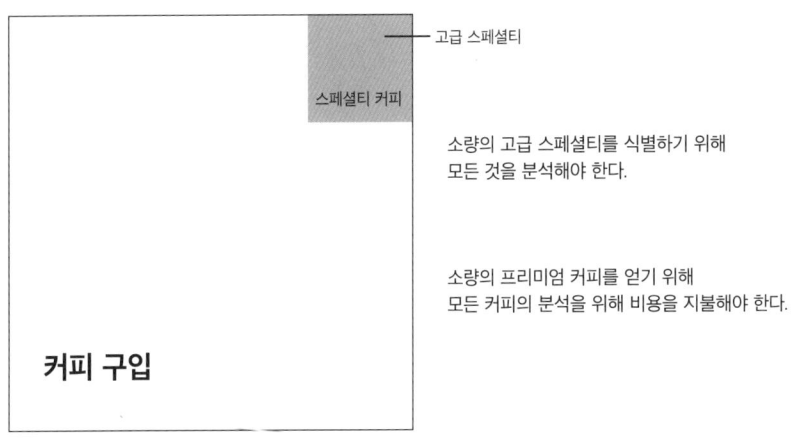

맛을 좋아한다. 그래서 긴 발효를 진행하는 사람은 의지할 안전망이 없다.

고품질 커피 생산에 투자하려면 구매자들은 결과가 항상 엇갈린다는 사실을 고려해야 하며, 대부분의 생산자들은 자신과 가족의 삶의 질을 심각하게 위태롭게 하는 낮은 점수의 위험을 감수해야만 한다. 릭 라인하르트에 따르면, "스페셜티 커피 세계는 열심히 일함으로써 우리가 항상 놀라운 커피를 전달할 수 있다고 믿는다. 그리고 로스터가 열심히 일하고 원료를 선별적으로 구매함으로써 항상 놀라운 커피를 전달할 수 있다는 것은 사실이다. 그러나 그것은 농부들에게 똑같이 적용되지 않으며 우리는 그것을 수용해야 한다." 라인하르트는 커피가 기대에 미치지 못할 때 구매자들의 엄격한 기준이 내포하고 있는 의미를 다음과 같이 설명한다: "상황이 나아지면 내년에 다시 오겠습니다… 저는 당신과 당신의 가족을 굶겨 죽이려는 건 아닙니다. 이건 그냥 사업일 뿐이지요. 아이가 아파서 진료를 받을 수 없게 하려고 한 건 아니었어요. 정말 죄송하지만, 그거 아세요? 제 고객들은 88점짜리 라떼를 원합니다."[514]

일관성 없는 품질 측정 가능성

이미 언급했듯이, 농부들이 건조 파치먼트 커피를 파는 대부분의 시장에는 물리적 품질에 따라 조정되는 단 하나의 가격만 존재하며, 관능적 품질에 대한 인센티브는 없다. 스페셜티 수출업자 또는 중개업자의 경우, 그들의 차익 거래 기회(싸게 사고 비싸게 파는 것)는 품질 정보의 비대칭성과 관련이 있다. 대부분의 재배자들은 커핑에 대한 교육을 받지 않았고 양질의 실험실에 접근할 수 없기 때문에 그들은 결코 그들 제품의 품질을 알지 못한다. 중개업자는 이러한 도구를 가지고 있을 수 있으며, 기초 상품 가격 또는 그보다 약간 높은 가격으로 구입하여 품질 프리미엄을 붙여 판매할 수 있다. 종종 중개자들은 관능적 품질 정보에 접근조차 하지 못하고 품질 프리미엄을 얻을 수 있는 가능성은 제품이 공급망의 다음 단계로 넘어간 후에야 발견된다. "커피 가격의 높은 변동성과 평균적인 커피 재배자가 거래하는 양이 적기 때문에 거래 비용, 특히 가격 발견 및 물류 단위 비용이 농부들에게 중요할 수 있다. 이는 고립된 지역에서 다른 커피의 가격이 덜 투명할 수 있고 이것은 지역 거래자들에게 이익을 취할 기회가 있음을 의미한다."[515]

농부들 간의 교환 시점에서 품질 등급의 투명성이 결여되어 가격 협상에서 심각한 불이익을 받고 있다. 대부분의 스페셜티 생산자들은 그들이 가지고 있는 커피의 품질을 모르고 그것을 결정할 장비와 기술에 접근할 수 없기 때문에 상품의 가격을 책정하지 못하고 단지 받아들일 뿐이다. 당신이 메르세데스 벤츠를 팔러 갔는데 바이어가 "기아(Kia) 해치백 시장 가격을 알려 주겠다"고 한다면 자신이 진짜 벤츠를 가지고 있는지, 기아차를 가지고 있는지 알 길이 없는 것과 같다. 정보를 숨기는 것으로 협상력을 가지려고 해서는 안 된다.

농부 컨트롤

어떠한 형태의 노력이건 시스템으로부터 벗어나 가족의 기본적 생활 수준을 향상시키려는 노력은 존경할 만하다. 그러나 시장에 대한 소규모 생산자들의 이해는 종종 불완전하거나 외부인에 의해 왜곡된다. 품질의 측정 가능성 외에도 많은 생산자들은 제품의 가격을 적절히 책정하기 위해 사용할 수 있는 가격 참고 자료가 부족하다. 그들은 뉴욕의 카페에서 라떼 한 잔의 가격이 얼마인지 알고 있고 자신이 얼마나 적은 돈을 벌고 있는지에 대해 격분하고 있지만, 그들은 일반적으로 공급망 전체의 비용 구조와 그들의 구매자가 망 내의 다음 단계에 얼마를 청구할 수 있는지 알지 못한다.

공급망에서 농부-수출업체-수입업체 연결 고리는 종종 불투명하기 때문에 적어도 수입업체에서 생산자까지, 소규모 농부들은 공급망을 통해 커피 가격이 어떻게 책정되는지, 로스터나 최종 소비자에게 그들의 커피 가격이 어떻게 책정되는지에 대해 거의 알지 못하는 경향이 있다. 따라서 그들이

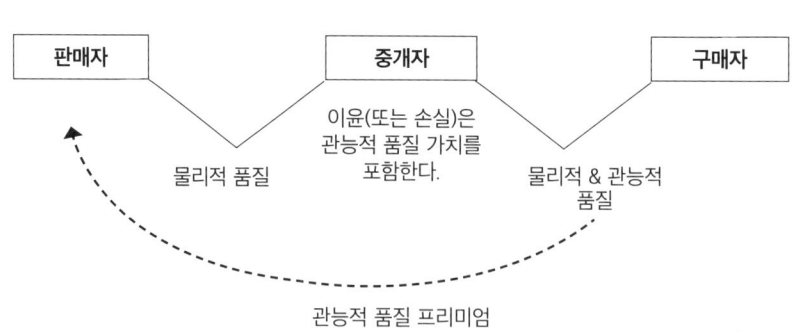

그림 3.6 | 커피 품질 정보 비대칭

받을 거라 예상할 수 있는 가격에 대한 참고 자료가 없다. 현재 대부분은 뉴욕 C-가격 및/또는 뉴욕 가격에서 파생된 국가 공시 가격, 그리고 대회 수상이나 커피에 부여된 기타 가치로 인해 커피의 재료 또는 사용-가치의 몇 배에 달하는 가격을 매기는 COE 또는 다른 경쟁 옥션에만 접근할 수 있다. 그들은 수출업체와 정확히 협상하기 위해 수입업체들이 지불하는 경향이 어떤지 알아야 하고,[516] 그들이 제공해야 하는 고유한 제품을 시장의 다양한 부문들이 얼마나 가치 있게 평가하는지 이해할 필요가 있다. 서로 다른 커피 분야에 대한 시장과 비즈니스의 속성에 대한 진정한 정보는 이 야심찬 생산자 분야가 자신의 상황과 미래를 바꾸는 데 크게 도움이 될 것이다.

가격이 떨어지면, 생산 비용이 가장 낮은 재배자들은 살아남고 다른 재배자들은 실패하며, 토지는 더 집중된다.[517]

FOB 가격의 비율

농부의 생산 가격과 제조된 음료 가격을 비교하는 것은 농부들을 분개하게 만드는 원인이다. 보다 적절한 가격 비교는 FOB 가격 중 농부들에게 돌아가는 비율이다. 이것은 일반적으로 파치먼트 커피를 판매하는 농부들의 생두 대 라떼의 비교와는 매우 다르다. 이것은 매우 간단한 표준화된 공정을 사용하여 생두로 변환되므로 표준화된 가공 비용이 추가되고 공급망에서 정당화할 수 있는 모든 이윤이 추가된 본질적으로 동일한 상품이다. 그러나 농부들이 체리를 판매할 때 가공을 통한 부가가치 또는 실패 가능성과 같은 수많은 변수와 잠재력이 존재하기 때문에, 상황은 근본적으로 벽돌 제조업자와 주택 판매자와의 계약으로 되돌아간다.

설사 농부들이 국제 가격을 알 수 있다 하더라도 국제 시장에 접근성이 부족하기 때문에 가격에 가까운 어떤 것도 협상하기 어려울 것이고, 농부들은 결국 중개업자에 전적으로 의존하게 된다. 그러한 독점 상황(많은 농부 대비 카르텔화 될 수도 있고 아닐 수도 있는 소수의 중개자)에서 농부는 사실상 협상력이 없으며 중개자가 제시하는 모든 가격을 받아들일 것이다.

농부가 받을 수 있는 최대 가격은 판매 가격에 따라 달라지며, 이는 공급망의 효율성, 다시 말해 가공 비용과 농장부터 선적까지의 비용에 의해 결정된다. 예를 들어 일반적으로 대량으로 이동하고, 대형 기계로 가공하며, 저렴한 포장재로 출하되고, 단위당 많은 양의 품질 관리 노동이 필요하지 않은 커머셜 등급 랏은 가공 및 협상에 상당한 자원이 필요한 단일 농장 50파운드의 소규모 랏에 비해[518] 훨씬 저렴한 공급망을 가지고 있다. 상업용 수출업자가 상품 등급 제품의 컨테이너를 준비하는 데 필요한 FOB 가격의 비율은 작은 "커피 모험가"가 25개의 랏 코드와 각각의 진공 포장 상자에 인쇄된 완전한 추적 정보가 있는 혼합 컨테이너를 구성하는 데 드는 비용보다 훨씬 적다. 생산자가 사용할 수 있는 총 FOB 가격의 부분은 인프라, 정부 및 기타 규제, 세금 및 준세금, 그리고 농장에서 선박으로 커피를 가져오기 위해 배치해야 하는 자본 비용으로 인해 시장에 따라 크게 다르다.

거의 모든 농부들이 직접 커피를 가공하고 대부분 건조 파치먼트를 파는 콜롬비아에서는, 대부분의 농부들이 커머셜 등급의 실제 FOB 가격의 최대 80%까지 벌 수 있었다. 중앙집중식 습식 가공소의 수용력이 과잉 공급되는 케냐에서는 이러한 불충분한 운영에 들어가는 고정 비용이 FOB의 상당 부분을 차지한다: "평균 FOB 가격의 58% 정도가 소규모 농부에게 지급될 수 있다. 그러나 (일부 협동조합의 대출금 상환 및 비용 초과와 같은) 다른 공제가 있을 수 있기 때문에 이것이 반드시 지급되는 것은 아니다."[519] 우간다에서는 국가커피위원회(National Coffee Board)를 폐지한 후 "생산자 가격이 수출 가격의 40-50%에서 70-80%로 올랐다."[520] 테크노서브는 르완다의 생산자들이 일반적으로 수출 가격의 60%의 이익을 얻는 반면, 그들의 프로그램의 일부인 협동조합에 참여하는 사람들은 FOB 가격의 80%의 이익을 얻는다고 증명하였다.[521] UN식량농업기구(FAO)에 따르면 1976년부터 2005년까지 일반적으로 농부들에게 지불된 FOB 가격의 비중이 일반적으로 증가했으며, 이는 "…시장 자유화, 세금 감소, 품질 개선" 때문이라고 한다.[522] 생산자들의 파이 조각은 커졌지만, 전체 파이의 크기는 감소했다.

소외, 강압, 시장 조작의 역사적 유산은 차치하고 로스터에게 농부는 공급자다. 그들은 독립적인 사업주들이다. 로스터는 품질이 일관되게 경이로운 경우를 제외하고, 그 농부가 친절하다고 해서 다른 농부들보다 더 많은 돈을 지불해서는 안 된다. 오히려 공급망은 품질을 보상하는 평등한 방식으로 조직되어야 한다. 다시 말해 공정한 경쟁의 장이어야 한다. 모든 사람이 품질을 보장할 수 있는 것도

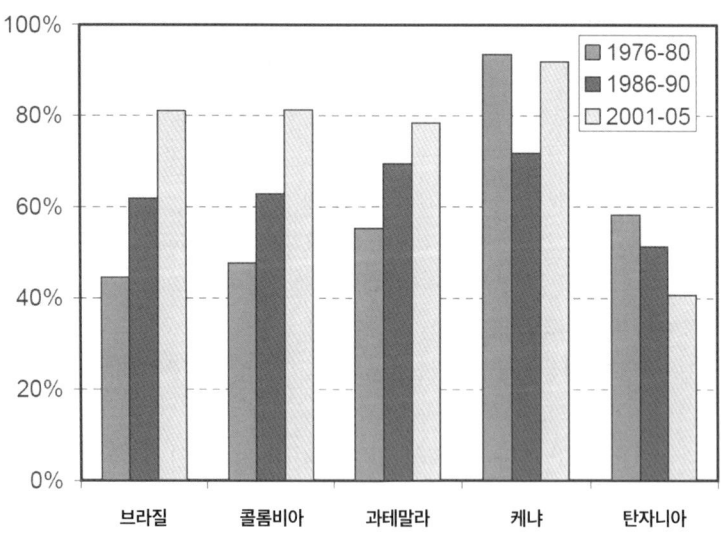

그림 3.7 | 아라비카 생산자 가격- 수출(FOB)가격의 비율

Gilbert, Christopher. (2006). "코코아 및 커피 부문에 적용한 상품 가공의 가치 사슬 분석 및 시장 지배력". 이탈리아 트렌토 대학 경제학과, 경제학 연구 논문.

아니고 모든 사람이 품질을 보장할 의향이 있는 것도 아니다. 만약 생산자가 그 가격에 만족하지 못하거나 지속 가능하지 않은 두 가지 중 하나에 해당한다면 그들은 잘못된 사업을 하고 있는 것이다. 현재 대부분의 소규모 농부들이 그렇듯이 그들은 그들 제품의 시장 가치를 알지 못하고, 본질적으로 구매자들의 자비에 따라 구매자들이 원하는 만큼 돈을 받는다. 종종 낮은 가격인 경우가 많다. 때로는 높고, 때로는 "공정"하다고 불린다. 마치 농부들이 고용인이나 어린아이처럼 취급되듯이, 농부들이 벌어야 할 것을 구매자와 로스터가 결정한다는 개념은 이상하게도 과거 식민지 지주, 대농장, 봉건적 위계를 연상시킨다.

■ 완제품의 비율

최근 수십 년 동안 권력은 로스터와 최종 판매자에게 유리하게 이동하여 이들의 이윤이 증가하였고 생산자를 포함한 다른 생두 공급망에 지불되는 최종 제품의 이윤 비중은 불가피하게 감소되었다. 1989년(국제커피협정이 파기된 해)부터 2004년까지 원산지 국가에 지불되는 소매 가격의 비율은 50%에서 20%로 감소했고, 농부들이 벌어들인 비중은 20%에서 13%로 떨어졌다.[523] 2015년까지 10% 미만으로 줄었고,[524] 현재(2021년)까지 크게 바뀌지 않았다.[525] 이러한 공급망 활용은 부분적으로 로스터와 소매업자가 공급망에서 협상력을 높이고, 공급망 내 다른 모든 사람들의 협상력, 특히 로스터가 원산지 국가의 커피를 다른 것으로 대체할 수 있는 능력이 상대적으로 감소한 덕분이다. "통제권은 농부에서 지역 상인, 수입업자, 로스터, 다국적 기업, 그리고 20세기 대부분의 기간 동안 국가로 넘어갔다."[526] 거의 항상 최종 사용자에게 그 자체로 판매되는 제품인 바나나 생산에서 수익의 12%만이 생산국에 남게 된다.[527]

"파이 나누기(Cake-division)" 오류

UN식량농업기구(FAO)가 인용한 바와 같이 커피 완제품을 가공하고 유통하는 소비국의 비용이 원산지 국가의 생두 생산 비용보다 더 빠르게 상승했다는 것은 언급할 만한 가치가 있다.[528] 생두의 실질 가격은 하락한 반면 로스팅 및 브루잉 커피의 실제 가격은 일부 부문에서 증가되어 온 것이 사실이다. 그러나 두 사건 사이에 인과관계가 있다는 증거는 거의 없다. 로스터와 농부 사이에 분배되는 은유적인 케이크는 없다. 소비자를 위한 경험과 준비를 통해 만들어낸 완제품의 부가가치는 생산자를 깎아내리고 가난하게 하려는 악의적인 의도가 아니다.

사실 생두는 지구 반대편에서 제공되는 5달러짜리 라떼에 들어가는 많은 투입물 중 하나다. 생산자들이 완제품 가격에서 차지하는 비중을 기준으로 수입을 한정하는 것은 벽돌 판매업자가 주택 가치에 따라 가격을 한정하는 것과 같다. 판매자들이 판매를 늘리면서 영리하게 가격을 올릴 수 있다면 공급자들에게 더 많은 돈을 빚지고 있는 것일까? 절대 가격은 중요하다; 다른 제품의 가격을 공유하는 것은 단지 논지를 흐릴 뿐이다.

그라운드워크 커피의 제프 친은 경제학자인 제프리 삭스가 이 상황에 대해 무책임하고 단순하게 묘사한 것에 대해 필자와 함께 회고했다. 수천 명의 성난 커피 농부들로 붐비는 회의실 안의 장면을 단지 상상만 할 수 있었다. "모든 농부들과 회의실 안의 나머지 사람들은 '왜 그들은 우리에게 그 중 일부분도 지불하지 않는가?'라고 말했다. 나는 생각했다. '이런, 우리는 카페를 짓는데 50만 달러를 썼습니다. 1년 안에 문을 닫아야 한다면? 당신은 그 일에도 참여할 건가요?' 한 쪽에만 참여하고 다른 쪽에는 참여하지 않을 수는 없다."[529]

동전의 다른 측면은 소비자들이 커피 제품에 기꺼이 지출할 가격을 올리는 것이 반드시 생산자 소득을 증가시키는 것은 아니라는 점이다. 이로 인해 공급망에서 생두 가격을 인상할 수 있지만, 소매 가격이 일반적으로 지난 수십 년 동안 상승한 반면 생산자의 소득은 상승하지 않았다는 것을 고려할 때, 생산자 소득도 오를 것이라고 믿을 이유가 없다. 로스팅, 배송, 서빙 비용이 확실히 증가했지만, 생산자의 소득을 자발적으로 증가시키는 대신 새로운 비용이 공급망 안에서 선택적으로 추가되었다. "오랫동안 메시지는 '소비자들에게 더 많은 돈을 지불해야 한다고 설득하는 것'이었다. 하지만 다른 분야의 예를 통해 알 수 있듯이 그런 종류의 낙수 효과는 실제로 작동하지 않는다. 소비자가 카페에 돈을 지불하고, 카페는 그 돈을 그들의 사업에 다시 투자하기 때문이다. 그들은 돌아서서 (생산자들에게) '저는 소비자로부터 더 많은 돈을 받고 있으니 여기 추가로 무언가를 드릴게요'고 말하지 않는다. 이러한 방식으로는 작동하지 않는다."라고 에버 마이스터는 말한다.[530]

어쨌든 우리가 이 구조적 문제를 어떻게 정의하든 상관없이 스페셜티 생산자들은 평균적으로 커머셜 커피에 비해 최종 소비자 가격에 상응하는 제품 가치의 몫을 받지 못하고 있다. 에모리 대학의 피터 로버츠(Peter Roberts)는 "농부들은 수요를 충족시키기 위해 필요한 스페셜티 커피를 공급할 만큼 충분히 벌지 못한다. 사실 가격은 장비, 자원 또는 마케팅에 투자하는 비용을 거의 포함하지 않는다."고 주장한다.[531]

■ 가격 충격 흡수자로서의 생산자

생산자는 여러 면에서 공급망 안의 충격 흡수자의 역할을 한다. 이것은 의도적으로 설계된 것은 아니지만 대부분의 성장하는 지역에서 공급망이 작동하는 방식과 그것들이 국제 공급망과 상호 작용하는 방식을 고려할 때 그렇다. 가격 고정 시기와 방법, 지급 시기, 계약 기간 등을 포함한 교환 조건은 일반적으로 협상력이 큰 참여자가 정하는데, 우리는 여기에 소규모 농장의 생산자가 속하지 않는다는 것을 알고 있다.[532] 옥스팜에 따르면 "가격 변동성은 수입 단계보다 공급망의 끝인 소비자 쪽에서 3-5배 낮으며, 이는 가치 사슬의 상류 참가자와 하류 참가자 사이의 위험 분담의 격차를 강조한다.[533] 커피 공급망의 대부분 행위자들은 회사 목표를 달성하기 위해 필요한 이윤을 포함하여 표준화된 방식으로 구매 및 판매 가격을 책정한다. 목표 마진을 달성할 수 있는 기회가 아니라면 그들은 제안을 거절할 수 있다. 유가가 오르면 운송업자는 차액을 충당하기 위해 더 많은 비용을 청구한다. C-가격이 오르면 수출업자는 수입업자에게 더 많은 비용을 부과한다. 불확실성이 발생하면 선진 상품 부문의 대부분의 공급망 행위자들은 단순히 위험을 회피한다. C-가격이 하락하고 수입업자가 더 적게 지불할 의사가 있다면 수출업자는 생산자와 중개업자에게 더 적은 금액을 지불한다.

그러나 비료 가격이 오른다고 해서 커피 가격이 반드시 따라 오르는 것은 아니다. 이 경우 생산자의 이윤은 감소한다. 전 세계적으로 커피 평균 가격은 지난 10년 동안 하락한 반면, 생산 및 거래 비용은 2009년부터 2019년까지 약 두 배로 증가했다.[534] "파푸아뉴기니 시골의 연료 가격이 오르더라도 고로카(Goroka)의 수출업자들은 커피에 대해 더 많은 비용을 지불하지 않을 것이며 오히려 생산자의 이윤이 감소할 것이다."[535] 심지어 너무 전문화되어 근본적으로 세계 시장에 영향을 받지 않는 부문에서도 생산자들을 취약하게 만드는 방식으로 상황이 뒤틀리고 있다.

■ 가격 수용자 VS 가격 결정자

"(상품화된 제품의) 개별 생산자는 자신의 가격을 통제할 수 없다."[536] 상품은 모두 동일하기 때문에 구매자는 누구의 제품을 사든지 상관하지 않는다. 그들은 시장이 제시하는 가격을 수용해야 한다. 그러나 차별화된 제품은 다른 제품과 완전히 다른 독특한 것이기 때문에 생산자는 그들이 원하는 만큼 가격을 책정할 수 있고, 사람들은 그 제품의 가치가 가격보다 크다면 구매할 것이다. 그렇다면 제품은 어떻게 차별화되는가? 특허를 받거나 대체 불가능한 기술을 사용하여 만들거나 브랜드와 광고를 통해 구별될 수 있다.

차별화된 상품(상품 거래소에서 교환 가능하고 거래되며 모두 동일하기 때문에 파생상품으로 헤지되는 상품화된 제품과는 반대)의 경우 대체 위험이 없기 때문에 가격을 고정된 상태로 유지할 수 있다. 이것은 로스터와 소비자 수준에서는 사실이지만, 수입업체들은 여전히 대부분의 비용을 시장 차이에 기초해 생산자들에게 돈을 지불하는 수출업체들에게 지불한다. 또 많은 수입업체들이 고정 또는 정가의 FOB 가격을 지불하는 반면, 수출업체들과 커피 수집가들은 거의 항상 상품 시장에 기초해 차등 가격을 지불한다. "고급 시장에서는 차이가 존재하지 않는다." "그것은 오직 한 방향으로만 작동한다… 가격 위험 관리 가능성을 이용하기 위해 무역업체들은 그것을 헤지하겠다는 유일한 목적으로 정해진 가격을 차등 가격으로 전환하고 있다. 그러나 실제로는 모두 정가다."라고 릭 라인하르트는 말한다.[537]

85점의 스페셜티나 유기농 인증을 받은 커피와 같은 제품에 가치를 더하는 것이 반드시 다른 모든 커피와 차별화되는 것은 아니며, 단지 더 작은 틈새 상품 시장에 해당 제품을 배치한다는 것을 명확히 하는 것이 중요하다.[538] 예를 들어 에콰도르 스페셜티 커피는 국가 품질 피라미드의 최상위를 차지함에도 불구하고 생산 비용의 차이로 인해 유사한 품질의 페루와 콜롬비아 랏을 상당히 낮은 가격에 구입할 수 있기 때문에 어려움을 겪고 있다. 진정으로 차별화된다면 대체재가 없을 것이다. 에콰도르와는 달리, 케냐 커피는 다른 나라의 커피와 관련하여 어느 정도 차별화된다. 그것은 다른 나라의 커피에서 복제하기 어려운 특정한 향미 특징을 가지고 있다. 케냐의 스페셜티 분야가 적어도 비슷한 커핑 점수를 획득한 다른 국가의 제품보다 훨씬 더 많이 거래되기 때문에 이러한 상황은 확실히 활용된다. 그러나 내부적으로 생산자, 가공소, 수출업자 사이에서는 예측 가능한 틈새 상품 상황을 볼 수 있다. 독점 시장에 도달하기 위한 기준은 지속적으로 높아지고 있다.

농장의 자급자족 이슈들 [539]

▪ 내재적 위험요소

돈을 벌기 위해 변동성이 큰 상품 시장에 의존하는 것 외에도 커피 생산자들은 처리해야 할 많은 내재적인 위험요소들이 있다. 생물 다양성의 감소는 기술적이고 집약적인 시스템에서 더 흔하며, 이로 인해 감염에 더욱 심각하게 노출되며 싸우기 더 어렵게 만든다. 커피 자체의 유전적 다양성이 낮기 때문에 다른 다양한 영역보다 해충과 질병에 취약하다. 현재 라틴 아메리카에 심어진 아라비카는 비슷한 기원에서 유래되었는데, 이것은 현재 아라비카를 심은 농장은 유전적 다양성이 적고 질병과 해충과 싸울 준비가 덜 되어 있다는 것을 의미한다.[540] 기후 변화로 인해 많은 지역에서 날씨를 예측할 수 없게 되었고 일부 지역에서는 커피를 재배할 수 있는 적합성이 위협받고 있다. 기후가 변화하면서 현재 커피를 경작하는 땅도 역시 더 이상 그것을 지탱할 수 없게 될 것이다. 국제열대농업센터(CIAT, International Center for Tropical Agriculture)에 따르면, 2050년까지 안데스 지역과 중미 국가들은 커피에 적합한 땅의 20-30%를 잃을 것으로 예상된다. 월드커피리서치(World Coffee Research)는 전 세계적으로 커피 생산에 적합한 토지의 50% 감소를 예상한다.[541]

만약 농작물 실패의 위험이 충분하지 않은 경우, 일부 지역에서 농부들은 그들의 땅을 유지할 수 있는지조차 확신하지 못할 수도 있다. 많은 지역에서 재산권은 비공식적이다. 대체될 수 있다는 것은 지속적인 위협이기 때문에 토지의 생산적인 지속 가능성에 대한 투자는 우선순위가 낮다. 콩고민주공화국 키부(Kivu) 주의 일부 지역처럼 가난한 소규모 농부들에게 있어 커피 재배는 재배 지역에 대한 재산권이 전혀 없는 일시적인 것이다. 그들은 한 곳에 소규모로 심고 비료를 주지 않으며, 잘 생산되지 않으면 그 땅을 버리고 다른 곳에 심는다. "재산권을 확보한 농부들은 단일 재배 커피 시스템보다 다층식 혼농임업 시스템을 구축할 가능성이 높다"고[542] 하는데, 생산 지속 가능성이 더 우선이라는 주장과 일치한다.

▪ 정보에 대한 불완전한 접근

생산자들은 시장이 어떻게 작동하는지, 시장 데이터, 가격 책정, 생산하는 커피의 수출 가치와 그들이 요구해야 하는 가격에 어떻게 접근하는지에 대한 철저한 이해가 부족한 경우가 많다. "하지만 우리가 스페셜티 커피 시장 내의 투명성 운동을 장려한다면 이런 종류의 문제들은 사라지기 시작할 것이다."[543] 농부들은 그들이 거래하는 날의 커피 시세가 얼마인지 모를 수 있다. 가격이 급등하면 현지 구매자들이 이에 대해 언급하는 것을 소홀히 할지도 모른다. 온두라스커피협회(Honduras Coffee Institute)에 따르면 이것은 정확히 온두라스의 일부 지역에서 자주 발생하는 일이다.[544]

■ 자본에 대한 접근

작물 다양화, 인프라 개선 또는 모든 사람이 게이샤를 심는 것과 같은 해법을 제안하기는 쉽지만, 저축이나 효율적인 신용 거래에 대한 접근 없이 생산자가 구현할 수 있는 해법을 제안하기는 어렵다. 보통 낮은 이윤과 가격 변동성으로 인해 많은 농부들은 빚의 순환과 단기적인 사고방식에 갇혀 수십 년을 일해도 몇 주간의 준비금조차 마련할 수 없으며, 종종 운영 비용을 지불하기 위해 손해를 보며 젖은 파치먼트를 팔아야 하고, 그들의 제품을 차별화하는 데 필요한 약간의 위험도 감수하거나 진행할 수 없다.[545] "…재정 부족은 커피 농부와 기업이 그들의 사업과 위험 완화 기술에 투자하는 것을 방해"하여[546] 금융 기관의 혜택을 받을 수 있는 고객 수준이 되지 못하게 한다. 소규모 농부가 종종 신용 시장에서 제외되어 협상력이 더욱 감소하는 또 다른 이유는 일반적으로 담보가 필요하기 때문이다. 토지는 커피 생산자들이 대출받을 수 있는 가장 유력한 담보물이지만, 오늘날에도 커피 재배 세계 대부분에서 많은 소농들은 토지 소유권을 증명할 공식적인 증서가 없다. 국제여성커피동맹(International Women's Coffee Alliance) 자메이카 지부의 안드레아 존슨(Andrea Johnson)에 따르면, 많은 가족이 노예제로부터 해방된 이래 그들의 땅에서 커피를 경작해 왔으나 여전히 그 땅에 대한 소유권을 얻지 못하고 있다.[547]

약탈적 대출은 또한 상당한 인구가 합법적인 신용 거래에 접근할 수 없는 환경에서 흔하다. 전 세계의 많은 농부들, 특히 짧은 수확기에 소득이 집중된 지역에서는 커피 판매 전에 운영 및 가족 비용을 지불하기 위해 비공식 채권자에 의존한다. 이러한 대출은 종종 고금리 또는 변동 금리를 수반하며, 고약한 고리 대금 전술이 수반된다. 다른 경우에는 추후 커피 수확을 위한 현금 선지급의 형태로 대출이 이루어지는데, 이는 시장 가격으로 완전 판매와 비교할 때 생산자에게 매우 불리한 조건이다. "비록 현지 구매자들은 그러한 신용 제공을 통해 중요한 역할을 수행하지만, 열악한 인프라 개발과 반경쟁적 관행은 정기적으로 공급망의 가치를 떨어뜨리는 순 가치 이전을 초래해 생산자들에게 더 큰 재정적 압력을 가한다."[548]

고도로 집중된 연결에서 더 큰 공급망 안에 행위자들은 그들의 규모와 더 효율적인 자본 시장을 가진 선진국에서 존재하는 경우가 많기 때문에 신용 거래에 접근성이 더 높다.[549] 대부분의 커피 생산국가에서 신용 시장은 규모가 작고 소규모 농부가 접근하기 어려우며, 금리가 매우 높다. 반면에 대부분의 산업화된 스페셜티 소비 국가에서는 신용 거래에 상대적으로 접근하기 쉽고 이자율이 상대적으로 낮다. 놀랍게도 로스터 시장에 접근하려는 모든 생산자, 생산자 그룹 또는 생산국 연결 기업은 이제 연장된 지불 조건을 제공할 것으로 예상된다. 결제 기한 30일이 빠르게 생두 거래의 표준이 되어가는 가운데, 경우에 따라 결제가 145일 또는 심지어 300일로 연장되는 경우가 생기면서, 지불을 이렇게 오래 기다릴 수 있는 유일한 참여자인 다국적 무역 회사들이 지속적으로 후보자 명단에 올라 시장에 뛰어들게 만들었다. 그들은 기본적으로 커피를 위탁 판매한다. 지불 조건이 연장됨에 따라, "직접 거래"와 유사한 어떤 것이든 가장 크고 부유한 커피 농부를 제외한 모두에게서 더욱 멀어지게 되었다.[550] 비교 우위는 협상력을 높이고 신용 한도가 높은 행위자들이 그럴 수 없는 사람들에 대해 힘을 행사할 수 있게 한다.

은행은 기업이다

농부들이 공급망 파트너처럼 신용에 접근할 수 없기 때문에 공급망과 협상하는 데 불리하다는 게 문제다. 그러나 은행은 기업이라는 점을 명심해야 한다. 고객에게 이윤을 남길 수 있는 제품을 제공하는 것이 그들의 임무다. 그들은 수익을 낼 수 없는 상품을 고객에게 제공할 의무가 없다. 소농은 종종 고립된 시골 지역에 위치하는 경우가 많고 어떤 경우에는 금융 기관에 심각한 재정적 안전 위협을 가하는 경우도 있다. 여기에 소규모 커피 생산 기업, 운영의 비공식성, 그리고 불안정한 세계 시장에서 외화로 팔리는 농산물의 고유한 리스크 프로파일과 결합되어 소농들이 은행으로부터 서비스를 받는 것을 더욱 힘들게 만든다.[551] 자본 시장이 빈약하고 투자위험감수도가 낮은 많은 생산 국가에서 은행이 거래 비용을 낮추고 위험을 줄이면서 사용 가능한 모든 자본을 대출할 수 있는 다른 부문들이 많이 있을 것이다.

■ 농부의 심리상태

소농들은 아무리 가난해도 존엄과 결점을 동시에 가진 사람들이다. 그들은 일부 사람들이 오만하게 바라보듯 어린 고아나 길 잃은 강아지와 같은 100퍼센트 순수한 성인(聖人)이 아니다. 그들은 종종 부정적인 사회적 역학과 무관심, 빈곤, 폭력의 환경에 의해 좌우되는 복잡한 인간이다. 도시와 산업 현대화는 많은 사람들을 점점 더 소외시켰고, 어떤 이들은 외부인들로부터 부적절한 고비용, 고수익, 투입 집약적인 농업 시스템을 구현하도록 강요받는 사기를 당하고 결국 그들에게 빚진 것을 빼앗기기도 했다. 절망감으로 인해 세계의 자원 빈곤층 중 많은 사람들은 자기 연민, 삶의 모든 불쾌감과 필요성을 외부화하는 데서 위안을 찾았는데, 아마도 소위 "시스템"이 그들의 고통의 대부분은 아니더라도 일부 책임이 있다는 것이 사실일 가능성이 높기 때문이다. 빈곤한 지역 사회를 들여다보는 외부인으로서 그들을 환경의 희생자 또는 상황의 원인 중 하나로 특징짓는 것은 쉽다. 다시 말하지만 이 본문에서 흔히 볼 수 있듯이 진실은 모호하고 미묘하며 복잡하다.

도움과 기회를 제공하는 외부인들에게 보낸 냉담과 무관심으로 인해 프로그램이 결실을 맺지 못하게 될 때, 그들의 심리는 극도로 좌절될 수 있다. 그들의 상황을 개선하기 위해 작은 노력을 기울일 수 있는 기회들이 주어졌을 때에도, 자기 소외에 빠져있는 자원이 부족한 많은 생산자들은 조금도 굽히려 하지 않고 그들에게 무언가를 요구하지도 않으며 그들이 마땅히 받아야 한다고 느끼는 것을 모두 그들 조건대로 줄 수 있는 누군가를 기다리려 한다. 그리고 그들이 간단한 지시조차 따르지 않아 일이 어긋나게 된다면, 글쎄, 그것은 그들을 속이는 시스템 탓이다. 평소처럼!

식민지 유산

반면에 이러한 세계관은 소외된 세대에 의해 만들어졌을 가능성이 크다. 파워포인트와 pH측정기로 몇 주 안에 이러한 뿌리깊은 성향을 깨뜨릴 것으로 기대할 수 없다. 특히 무법천지의 시골에 사는 자원이 부족한 많은 개인들은 극심한 역경에 시달려왔고 평생 동안 거의 무력한 상태로 남아있었다. 그들은 생존을 목적으로 단기적인 전망을 그들의 재정적, 사업적 결정에 반영한다. 소외된 소농들과 커피 농부를 이해하려는 외부인은 열대 상품의 역사적 뿌리를 이해해야 한다. 릭 라인하르트는 "기본적인 비즈니스 모델이 주인이 없는 토지와 공짜와 다름없는 노동의 기반 (위에) 세워졌다는 것을 부인할 수 없다. (채굴은) 창립 모델로써… 시장의 구조와 방식, 태도, 접근 방식 및 민감성에 영향을 미쳤다. 이러한 상품 거래의 시작에 (생산자 소외의) 근본 원인을 부인하는 것은 무의미하고 수치스러운 일이다."[552]

대부분의 커피 생산 지역 사회와 같이 불평등이 높고 사회적 이동성이 낮은 반봉건 사회에서 미래에 대한 전망과 개인의 발전 가능성은 다르다. 릭 라인하르트는 자주 논의되지 않는 이러한 역학 관계를 예리하게 이해하고 있다. 그는 "많은 세대에 걸쳐 존재하는 무력감이 있다… 이것은 현재의 방식이고, 앞으로도 계속될 것이다. 그리고 그것이 부당한 것처럼 보이지만 불의의 대를 이어온 삶의 현실이다."라고 단언했다.[553] 경제적 기회와 사회적 이동성에 더 쉽게 접근할 수 있는 고소득 세계의 누군가에게는 이해하기 어려운 사고방식이다. "기업가 정신에 대한 미국인의 고전적인 관념이 생길 수 있었던 것은 이민과 근면 그리고 인내에 대한 보상이 미국 농부들에게 부여된 타고난 권리라는 인식 덕분이다… 우리는 식민지 경제에서 정의된 제국 경제의 계급 구조가 없었기 때문에 이를 넘어서 완전히 이동할 수 있었다… 10세대 동안 완전히 억압당한 사람이 미래의 가능성에 대해 믿는 것과 10세대에 걸쳐 그들 앞에 기회를 가졌던 사람이 미래에 대해 믿는 것은 엄청난 차이가 있다."[554]

식민지 이후의 시기에도 다수의 상황에서 고의로든 과실로든 소외가 계속되었다. 농촌 소작농들은 교육과 사업에서 제외되었고 사회적으로 진출하는 데 방해를 받았다. 외부인들과 사기꾼들이 그들을 속여왔다. 이 중 어느 것도 그들의 잘못이 아니다. 제도적인 소외와 배제는 가난과 절망에 대한 설명이 되지만, 변명이 될 수는 없다. 자원이 부족한 농촌 주민의 현대 경제에 적극적으로 참여할 수 있는 도구가 부족하다는 것은 강력한 공급망 행위자들이 이들을 지배할 수 있는 이유를 설명하지만 역경을 극복하기 위해 이용할 수 있는 도구로 그들이 할 수 있는 일을 해야 한다.

지역 사회 구성원들이 발전을 위한 해결책과 기회를 제공할 때, 생산자들이 혜택을 받으려면 이러한 도구들을 이용해야 한다. 가장 좋은 해결책은 지역 사회에서 나오지만, 많은 외부인들도 아이디어를 제시하여 과거의 잘못을 바로잡기 위해 도움을 주고 있다. 어떤 이들은 무분별한 보조금과 동정심에 기반한 추가 지불의 형태로 무책임하게, 어떤 이들은 역량을 구축하고 탄력적인 공급망을 구축하는 형태로 말이다. 아무런 노력이나 변화 없이 생산자(또는 그 누구에게나)에게 발생하는 이익은 지속 가능하지 않을 것이다(예컨대 2019년 11월/12월 C-가격 및 미국 달러 동시 상승). 소외된 소규모 농장주들이 사회 경제적 상황을 개선할 수 있는 유일한 방법은 그들 스스로가 그것을 원하고 이를 실현하기 위한 조치를 취하는 것이다.

농부들에게 더 많은 돈을 지불하라: 정의인가, 우월감인가?

가치는 보상되어야 한다. 판매자에 대한 연민과 구매자가 갖는 우월감은 커피 거래와 분리되어야 한다. 자선을 통한 자원 이전은 기부자의 마음에 우월감을 심어주고 자선을 받는 사람의 마음에 열등감을 심어주어 남반구와 북반구의 가부장적 관계를 공고히 한다. 소득이 낮고 기본적인 서비스를 받지 못하는 소규모 커피 농부들은 동정, 기부, 헌 옷을 받을 자격이 있는 불쌍한 사람들이라는 것이 일반적인 믿음이다. 그들은 구매자들이 입양하고 돌봐야 할 길 잃은 강아지들이 아니다. 사실 그것들은 보이지 않는 권력의 구조, 많은 경우에 그들에게 불리하게 작용하는 정보에 대한 의존 및 통제에 의해 불이익을 받고 가난하게 유지되는 복잡한 퍼즐의 조각이다. 이러한 구조는 소규모 원료 공급자들뿐만 아니라 소비자, 또는 통합되어 연결된 인접한 공급망의 단계를 구성하는 수많은 사람에게 영향을 미친다. 소비자와 공급망 행위자로서 우리는 동정심을 보내기보다는 보이지 않는 권력 구조들을 식별하고 이해하는 방법을 배워야 하고, 태생적인 이유로 가장 취약한 위치에 놓인 사람들을 이용하지 않도록 확실히 하는 법을 배워야 한다. 판매자가 제공하는 가치 외에 물질적 재산의 관대한 양도는 소외와 불평등의 구조를 해체하는 데 전혀 도움이 되지 않으며 오히려 이를 더욱 공고히 할 수 있다.[555]

▨ 시장 왜곡

당신이 감자칩을 사러 수퍼마켓에 갔다고 가정해 보자. 가격은 0.50달러다. 당신은 이렇게 생각할 수 있을까? "나는 이 칩이 이 가격보다 더 가치가 있다고 생각하는데? 그 칩 제조사가 이 가격으로 파는 것은 내가 부당한 대우를 하는 것이다. 1달러85센트를 지불하겠다. 왜냐하면 그것이 옳은 일이니까." 그럴 가능성은 없다! 모든 사람들은 거래를 좋아한다. 만약 그것이 정해진 가격이라면 그것은 당신이 받는 가격이고, 당신의 양심은 깨끗하다. 유통업체가 칩 제조업체에게 부당한 대우를 해서 당신이 칩을 낮은 가격에 사게 되었다면 그건 당신이 아니라 그가 책임져야 한다. 그렇지 않나? 로스터들에게 본질적으로 옳은 일이기 때문에 저가의 커피를 전달하는 시스템을 피하고 자발적으로 더 많은 돈을 지불하라고 하는 것은 본질적으로 이런 구조와 같다. 생두 거래가 좀 더 공정한 방식으로 진행되기를 원하지만 실제로 그렇게 할 수 없는 로스터와 소매업자들에게는 선택지가 거의 없다. 가격 투명성은 좋은 첫 걸음이다.(나중에 자세히 설명한다.)

■ 빈곤 포르노*

"그들(판매자)이 커피에 원시와 가난의 냄새를 씌우는 것이 단순히 자본과 상업이라는 글로벌 시스템에 참여하려는 재배자들의 이미지를 만드는 것보다 그 가치가 더 높아지는 것 같다."[556] 페이지 웨스트는 커피에 좋지 않은 이미지를 씌워 가치를 더하는 것을 다음과 같이 묘사한다. "소비자들은 자신이 농부들의 더 나은 삶에 대한 꿈에 기여하고 있다고 상상"[557]하며 누군가의 빈곤을 "상징적인 자원"으로 사용한다.[558] 당신이 그것을 분리해서 분석해보면 꽤 사악하게 들린다. 확실히 이런 종류의 마케팅에 매료되거나 반응을 보이는 사람들은 무의식적이거나 스스로 우월감을 자각하지 못한 채 행동한다. 자신의 우월성과 열등감에 대한 많은 문화적 관점들은 너무나 깊이 뿌리박혀 있어서 부지불식간에 일어난다. 개인들은 하늘이 위에 있고 땅이 아래에 있다는 것을 당연히 아는 것처럼, 이런 관념을 애초에 자각하지 못하기 때문에 잘못이라고 여기지 않는다. 이러한 자연스러운 개인의 심리는 이해할 수 있고 용서할 수 있지만, 인류가 상호 연결과 공감의 방식으로 기능할 수 있도록 그러한 가정을 확인하고 검토하는 것이 중요하다. "빈곤 포르노는 서양이 '상대를 구할 수 있는 존재'로 더 우월하고 힘을 가진 자로 자리매김하는 데 중요한 역할을 한다."[559] 이것은 이타주의와 소비주의가 모호하게 교차하는 대목이다. "이런 종류의 상상은 커피 로스터들과 소매상들이 그곳에 가서 거래를 하는 것만으로 사회 정의 프로젝트가 간단히 달성될 수 있다고 암묵적으로 암시한다."[560]

뒤틀린 논리

문제의 후원 유형이 약탈적이지 않고 지원을 아끼지 않는다고 가정할 때, 이로부터 가장 많은 혜택을 얻을 수 있는 사람들을 지원하기 위해 개인의 소비 습관을 사용하기를 원하는 것은 이해할 수 있다. 후원이 반드시 판매자의 상황 개선을 의미하는 것은 아니다. 끔찍한 인도주의적 위기가 발생하고 있기 때문에 예멘에서 커피를 구입하는 것 자체가 반드시 상황을 완화시키는 데 도움이 되는 것은 아니다. 물론 그럴 수도 있다. 그러나 그 의미를 신중하게 고려해야 한다. 생산자에게 표준 가격과 조건으로 제공하는 표준 공급망을 통해 구매하게 된다면 이는 최적이 아닌 조건을 오히려 영속시키는 것으로, 이는 자랑할 만한 일이 아니다.

온순하고 소외된 사람들을 위한 후원이 경쟁적인 수준에 도달하면 위험해지고, 생산자들이 불쌍하게 들릴수록 더 많은 사람들이 그들의 커피를 원하게 된다. 시장 접근성이 부족한 생산자들을 찾고

---

* 빈곤 포르노(Poverty porn)는 가난으로 인한 비극적 상황과 빈곤을 선정적으로 부각시킨 자극적인 사진이나 영상을 통해 사업적인 효과 혹은 특정 목적을 거두는 것을 의미한다.

자 하는 욕구는 칭찬할 만하지만, 그들의 불행과 빈곤 정도에 따라 독특한 판매 제안을 만들어내서는 안 된다. 게다가 이것은 생산자와 구매자를 모순적 상황(Catch-22*)에 빠뜨린다. 구매자들은 가난한 사람들 중 가장 가난한 사람들을 "돕기"를 원한다. 빈곤에 시달리는 생산자들은 소득과 삶의 질을 향상시키기를 원한다. 필연적으로 커피 구매자와 소외된 생산자 사이의 상업적 관계의 성공은 그들의 가난을 덜어주게 될 것이고, 역설적이지만 이로 인해 빈곤이라는 그들의 공통된 가치는 줄어들 것이다.[561]

중재자가 다른 개인이나 집단에 대해 느끼는 우월감의 표현을 "구세주 콤플렉스(savior complex)"라 부르는데, 마이클 셰리던(Michael Sheridan)은 커피 구매자를 "백인 예수 구원자(White Jesus Savior)"라고 이름 붙였다. 파푸아뉴기니의 커피 생산자 커뮤니티 소속의 숙련된 연구원인 페이지 웨스트는 부주의한 신식민주의적 행동 및/또는 마케팅에 대한 해석을 제공한다. 그녀는 "가상의 생산자들은… 자비롭고 올바른 생각을 가진 미국 사업가가 들어와 자본주의의 긍정적인 면을 통해 경제적 평등을 창출하기를 갈망하는 가난한 농부들이다."라고 말한다.[562]

파운드당 6달러짜리 셀카

통상적이지 않은 하나의 일화를 소개한다 : 경쟁 옥션은 수출업자 및/또는 수입업자가 로스터들에게 한 지역에서 가장 좋은 커피를 심사하는 영광을 주기 위해 마련된다. 경쟁하는 모든 커피는 공교롭게도 그곳에서 생산되는 모든 커피의 작은 부분을 차지하는 조직적인 수출업자의 포트폴리오의 일부가 된다. 하지만 괜찮다. 수출업자가 이 지역에서 가장 좋은 제품을 다 보유하고 있다고 얘기하기 때문이다. 일단 심사위원들(심사할 커피의 모든 종류를 공급받는데 관심이 있는 구매자)이 그들의 시간을 아주 편안한 지역에서 사회봉사에 할애한 후 그들은 다음 경매에서 경쟁 경매에 입찰할 수 있다. 그렇다면 심사위원들이 품질 등급 전문성의 수준에 따라 선정되었는지, 아니면 그들의 주머니 사정에 따라 선정되었는지 궁금할 것이다. 심사위원들은 우편으로 샘플을 보낸 경우보다 우승한 커피에 훨씬 더 많은 돈을 쓴다. 작은 랏에 분산된 여행 비용을 포함하면 파운드당 비용은 놀라울 정도다. 생산자는 확실히 지불한 가격의 상당 부분을 벌지만 그것은 그들의 총 수확량 대비 극히 일부분일 것이다… 가격은 또한 경쟁 결과의 순위에 따라 달라질 수 있으며, 특히 높은 순위를 차지한 경우 결과가 반복될 가능성은 낮다. 하지만 왜 로스터들은 이렇게 적은 양의 커피에 더 많은 돈을 지불할까? 흥분, 심사위원으로서의 영광을 얻은 것에 대한 감사, 덤불 속에서 무언가를 "발견"하는 이야기. 각자의 심리는 미묘한 차이가 있지만, 구매자들의 고객들에게는 이국적 외모의 인물과의 셀카, 형편이 좋아 보이지 않는 사람과 약간 번역된 대화를 나눈 일화는 국내의 잠재적인 도매 거래처에 대한 이타적인 판매 전략으로 상징화할 수 있다.

---

* 조세프 헬러(Joseph Heller)가 쓴 《Catch-22》에서 유래한 단어로 딜레마, 모순적 상황에 사용하는 용어다.

PART 4

지속 가능성

지속 가능성이란 무엇인가?

"지속 가능성"이란 단어에는 많은 해석이 있다. 그래서 커피의 경우 "유기농", "윤리적", "책임감 있는" 또는 "재생"과 같은 다른 단어와 혼동되는 경우가 많다. 이 단어 중 일부는 미묘한 의미도 있다. 한 스페셜티 로스터의 표현에 따르면, "책임감과 지속 가능성 사이에는 차이가 있다. 내 생각에 지속 가능하다는 것은 몇 번이고 반복할 수 있다는 것을 의미한다… 반드시 그것이 좋다는 의미는 아니다. 회사의 경우 지속 가능하다는 것은 낮은 가격을 지불하고, 그 결과 회사의 간접비가 낮아지며 그것이 그들에게는 지속 가능함을 의미할 수 있다."563 그럼 책임감이란 무엇인가? 그 정의에 대한 합의점을 찾기란 거의 불가능할 것이다.

커피와 같은 실제 상품과 관련한 지속 가능성은 본질적으로 상품은 영구히 요구되는 수량 이상으로 제공될 것이라는 보증을 의미한다.564 일반적으로 1987년에 브룬트란트 보고서(Brundtland Report)에서 발표된 세계 환경 개발 위원회에서 일반적으로 인정된 지속 가능한 개발의 정의는 다음과 같다: "지속 가능한 개발은 미래 세대의 요구를 충족할 수 있는 능력을 손상시키지 않으면서 현재 세대의 요구를 충족시키는 것이다. 이것은 두 개념을 내포한다: 이는 '요구'의 개념, 특히 세계의 가난한 사람들의 필수적인 필요에 최우선 순위를 부여해야 한다는 개념과 기술과 사회 조직의 현 상태에 기반해 부과되는 현재와 미래의 요구를 충족하는 환경의 능력에 대한 제한 계획이 그것이다.

커피를 지속 가능하게 만드는 구체적인 요소들은 불분명하다: "…자발적 지속 가능성 표준(VSS, Voluntary Sustainability Standards)* 전반에 걸쳐 영향을 분석하기 위한 기준으로 사용할 수 있는 지속 가능성의 통일된 개념이 없다."566 대신에 각자 가장 잘하는 것을 강조한다. 대안으로 UN의 지속 가능 발전 목표(SDGs)** 리스트로 시작하는 것도 나쁘지 않다. 조직이나 직원들의 행동에 대해

---

* 특정한 경제적, 사회적 또는 환경적 지속 가능성 지표를 충족하는 제품을 요구하는 민간 표준
** 지속 가능 발전 목표(SDGs:Sustainable Development Goals)는 2015년 제 70차 UN총회에서 2030년까지 달성하기로 결의한 의제로서 지속 가능 발전의 이념을 실현하기 위한 인류 공동의 17개 목표이다.

당신이 원하는 것을 얘기하자. 그렇지만 이미 그들은 유능한 사람들에게 급여를 지불하고 이러한 것들이 어떻게 작동하는지 조사할 수 있는 많은 자원을 가지고 있다.

대부분의 정의에서 일반적으로 포함하는 농업의 주축 세 가지는 경제적,[567] 환경적[568], 사회적 요소다. 이 세 가지 모두 생산적인 지속 가능성 또는 상품의 가용성을 영구적으로 보장하기 위해 필요하다. 커피 무역의 맥락에서, "지속 가능성"의 의미가 과거의 퇴보를 만회하려는 목표를 포함하여 모든 이해관계자(피커, 무역업자, 바리스타, 수자원, 나무, 새 등)의 전체적인 안녕을 보장하는 것과 동일시된다면, "재생(regenerative)", "회복(restorative)" 또는 "복구(reparative)"와 같은 단어에서 더 큰 특수성을 찾아볼 수 있다.[569]

탄력성(resilience)은 또한 지속 가능성의 기본 구성 요소다. 현재 상황에서 지속 가능성이 가능하려면 조건을 충족하는 것만으로는 충분하지 않다. 진정한 지속 가능성은 일어날 수 있는 미래 상황에 맞설 수 있다. 공급망과 관련하여 탄력성은 "잠재적 취약성을 줄이고 난기류에 저항하는" 능력으로 정의된다.[570] 소농을 위한 커피 재배의 경제적 생존 가능성은 국제 가격과 많은 관련이 있지만, 기후 변화 및 변동성에 대한 탄력성은 향후 수십 년 동안 가장 시급한 문제가 될 수 있다. 전 세계 수요는 가까운 미래에 현재 수요와 예상되는 공급 폭을 훨씬 뛰어넘어 증가할 것으로 예상된다.[571] 현재 생산 동향을 기준으로, 브라질의 연간 생산량과 비슷한 수요 초과가 발생할 것으로 예상되며, 이는 가격을 크게 상승시킬 것이다.[572] 그러나 아무 조치도 취하지 않는다면, 많은 농촌 주민들은 가격이 오르기 전에 고통을 받고 쫓겨날 것이다.[573]

지속 가능성에 대한 모든 논의는 범위를 정의할 필요가 있다. 커피 회사들이 적어도 중기적으로는 전 세계 생산 비용의 절반 이하의 가격으로 커피를 구매하는 것이 지속 가능할 수 있다. 그러나 그것은 전 세계 생산자의 절반에게는 지속 가능하지 않다. 공장에게는 유독성 폐기물을 공장 옆의 강에 버리는 것이 지속 가능성일 수 있다. 그들이 그것을 계속하지 못할 이유는 없다. 그러나 하류 어부들과 그 독성 물고기를 먹는 사람들에게 그것은 지속 가능하지 않다. 그렇다면 지속 가능한 커피를 어떻게 정의할 수 있을까? 누구를 위한 지속 가능성인가? 가파른 경사면의 산업화된 태양광 시스템에서 재배되는 유기농 커피와 공정거래 인증 커피는 경작지 인근 수로를 질산염으로 오염시키지 않기 때문에 지속 가능한 커피일 수 있다. 하지만 전례 없는 장마로 인해 산사태가 발생하여 마을이 묻히게 된다면 경사면 아래에 있는 마을은 지속 가능하지 않다. 보다 일반적으로 커피 공급망을 얘기한다면 지속 가능성은 필연적으로 전 세계의 모든 직간접적 이해당사자들을 포함할 것이다. 그럴 경우 지속 가능성 같은 것은 아예 없을 수도 있다. 우주의 모든 유기농 커피는 지구 온난화로부터 북극곰을 구할 수 없다. 이 복잡하고 광범위한 개념은 짧은 트위터 메시지나 축약된 슬로건으로는 표현할 수 없다.

우리는 왜 커피에 관심을 가질까?

우리가 커피를 사랑하고 즐기며, 공급망을 따라 커피가 우리에게 더 많은 일자리를 제공한다는 사실은 차치하더라도 농부들의 안녕이 우리의 주된 관심사이고 커피 농사가 생계를 유지하는 쉬운 방법이 아니라면, 생산 비용이 많이 드는 지역, 특히 중앙 아메리카, 안데스 지역, 동아프리카에서 만약 커피가 더 이상 존재하지 않게 된다는 것에 대해 우리가 왜 걱정해야 할까? 커피에서 벗어나는 것이 많은 생산자들에게 가장 큰 이익이 될 수도 있다. 커피가 농부들에게 만족스러운 소명과 생계를 계속적으로 제공해 주는 것이 확실하다면, 이 또한 산업과 지구에 가장 큰 이익이 될 수 있다. "높은 고도에서 재배되는 아라비카 커피는 상대적으로 자생림 및 다른 동식물들과 공존할 수 있는 가장 지속 가능한 농업 형태 중 하나가 될 수 있다. 지속 가능한 농업으로 자생림의 형태가 분명 더 좋겠지만, 만약 커피 재배가 유행에서 멀어지고 땅값이 떨어진다면 가장 가능성 있는 결과는 가장 위험성이 약하고 지속 가능성이 가장 낮은 토지 사용 형태 중 하나인 가축 방목 용도의 가파르고 척박한 목초지로 되돌아가는 것이다."[574] 많은 지역에서 커피의 대안은 가축 방목이며, 이는 확실히 환경적으로 지속 가능성이 낮은 토지 사용이다. "콜롬비아에서는 광범위한 축산업이 비옥한 땅(3,400만 헥타르)의 80%를 차지한다."[575] 커피가 실패하면 이 숫자는 확실히 증가할 것이다.

농촌 개발

커피 경제는 전 세계 약 2천5백만 명의 사람들에게 생계를 제공한다. 그것은 농촌 경제의 중요한 엔진이며, 지속 가능하고 안정적인 세계 커피 무역은 커피를 재배하는 농촌 지역 사회의 삶의 질과 안정에 필수적이다. 콜롬비아에서 커피는 농업 고용의 30%를 차지하며 농촌 주민 20%의 주요 수입원이다. 온두라스에서는 그 수치가 더욱 놀랍다: 커피 산업은 전체 경제 활동 인구의 25%의 수입원이다."[576]

■ 농촌-도시 이주

농촌에서 도시로 이주하는 것은 우리가 여기서 적절하게 언급하기 힘든 몇 가지 연구 분야를 포함하는 매우 복잡한 주제다. 표면적으로는 그것이 반드시 나쁜 것만은 아니다. 만약 누군가가 농촌에 살고 커피를 재배하지만, 도시로 이주해서 생계를 위해 다른 일을 하는 것을 더 선호한다면, 그게 뭐가 나쁜가? 이 결정에는 아무런 문제가 없으며 직업을 바꾸고 싶은 사람은 누구나 할 수 있어야 한다. 그러나 이주는 사람들이 떠나는 지역 사회와 사람들이 도착하는 지역 사회에 영향을 미친다. 특히 이주가 경제적 절망이나 물리적 박해로 인해 강요받는 경우에는 더욱 그렇다. 농부들은 변동성이 크고 일반적으로 낮게 평가되는 가격으로 인해 결핍과 불확실성, 미래를 계획할 수 없는 무력감의 시기를 겪

그림 4.1 | 소규모 커피 재배자들이 직면하는 도전에 관한 개요

사회적 이슈들
- 식량 불안
- 영양 실조
- 교육과 의료에 대한 열악한 접근성
- 은퇴/연금 부족
- 성 불평등
- 고령화된 농민 공동체
- 이주와 커피 농사를 떠나는 젊은이들
- 교육 기관 및 적절한 국가 관리 부족

경제적 이슈들
- 생두 가격의 변동성
- 환율 변동성
- 장기간의 실제 커피 가격 하락
- 시장 정보 부족
- 제품 정보 부족
- 생활비 상승
- 커피나무 노화
- 토지 소유권의 불확실성
- 보험 및 헤징 수단에 대한 제한된 접근
- 지역 및 농민 단체를 위한 열악한 서비스
- 생계 소득 없음

환경
- 삼림 벌채
- 생물 다양성의 상실
- 토양 침식과 퇴화
- 농약의 부적절한 사용
- 수질 및 공급의 저하
- 제한된 폐수 관리
- 진화하는 커피 해충 및 질병
- 기후 변화 변동성

Samper, Luis & Quiñones-Ruiz, Xiomara. (2017). "커피 산업을 위한 균형 잡힌 지속 가능성 비전을 향하여".자원. 6. 17.

게 된다. 가격이 저평가되는 기간은 농부들이 그들의 땅을 버리고 더 안정적인 수입과 더 나은 삶을 찾아 희망을 품고 도시로 이주하는 것을 가속화시킨다.[577]

공동체 결속력의 분산 및 상실

소규모 농부들의 소외는 또한 부분적으로 또는 완전히 노동력을 가족 농장에서 더 큰 수출지향적 농장을 위한 임금 노동으로 전환시켜 농촌 인구를 "토지 없는 프롤레타리아 노동자"로 전환시키고, 종종 지리적으로 농촌 가구들을 분열시킨다. "공동체를 결속시키는 도덕적 합의와 상호 이타주의는 필사적으로 돈을 쫓지만, 오랜 기간 돈이 마르면서 그 결속은 함께 서서히 무너진다."[578]

독립성 상실

농업은 많은 지역의 농촌 빈곤층이 독립과 성장, 진보의 가능성에 다다를 수 있는 유일한 현실적 선택지다. 토지를 잃고 농업 산업에 종사하는 것은 더 안정적인 급여는 가능할 수 있지만 대부분의 경우 미래에 소득이 증가할 것이라는 기대 없이, 단지 그 급여로 제한된 삶을 이어나갈 수 있을 뿐이다. 운영 또는 제품 개선이 더 나은 판매 가격으로 이어지기 때문에 이 이윤은 자신의 농장을 운영하는 것과 달리 피고용 운영자에게 도움되지 않을 것이다.[579] 만약 이주한 농부들이 도시에서 일자리를 구해야 한다면 그들의 농업과 농장 경영 지식은 가치가 없기 때문에 그들은 단순 노동 일자리를 얻을 수밖에 없다.

국제적인 커피 농부의 이주

이주는 적어도 처음에는 가족 프로젝트가 아니지만 다른 종류의 의존성으로 연결될 수 있다. 즉, 한 사람의 생계가 "멀리 떨어져 있고 단절된 '타인'에 의해 결정된다"는 의미다.[580] 그 "타인"은 제공자가 되고 그의 관대함이나 무지를 통해 우리를 번영할 수 있게 해주는 성공적인 사람이 된다. 그들은 롤 모델이 될 수도 있고 원망의 원천이 될 수도 있고, 또는 둘 다일 수도 있다.

중앙 아메리카의 농촌-도시 이주의 경우 번영의 원천(일부는 이주를 초래하는 빈곤의 근원 중 하나라고 주장하기도 한다)은 그링고(Gringo, 미국인*)다. 이 경우 미국에 집중된 글로벌 엔터테인먼트 산업은 이민자와 그 일가가 의존하는 "타인"의 특성화에도 역할을 한다. "…서구 미디어의 전 세계적인 확산은 신분과 가치에 대한 전통적인 개념을 해체하고, 개인의 발전에 대한 기대감을 고취시킨다."[581]

특히 비교적 경제적 수단이 낮은 개인들은 이전에 갖고 있던 "의식의 범위를 뛰어넘는"[582] 서구의 미디어 생활 스타일과 상품들에 노출된다. 인상적인 점은, 그들이 존재조차 몰랐던 것들임에도 이를 가지지 못하고 경험하지 못함에 대한 열등감과 비교 의식에 사로잡힌다는 것이다. 이러한 가상의 미

---

* 라틴 아메리카에서 미국인을 부르는 말.

디어 구조가 비록 소규모 커피 농부들의 삶에 관련이 있든 없든 간에, 그들의 상황을 바꾸고자 하는 스트레스와 동기는 현실이다.

농촌에서 도시로 이주하는 것은 국제적으로도 자연스러운 현상이며, 경제적인 절망으로 인해 발생하는 것만은 아닐 것이다. 온두라스의 한 마을에서 미국으로의 이주에 대한 연구는 이민자들이 모두 극도로 가난한 사람들이 아니라 모든 사회 계층에서 온 많은 사람들이 각 개인의 기준에 따라 정의가 확연히 다른 "더 나은 삶"과 "기회"를 찾고 있다는 것을 보여주었다.[583]

국내 문제

일반적으로 남자들은 농장의 수입을 보충하기 위해 현금을 벌 수 있는 일을 찾아 농장을 떠난다. 그 중 일부는 절대 돌아오지 않는다. 일부는 가끔 돌아온다. 한 저자가 인용한 것처럼, 일부는 물질 의존도가 높은 도시에서 돌아와 가정 폭력 문제를 일으킨다.[584]

취약한 커뮤니티

문화적으로 가부장적인 사회에서 남성 지도자가 없는 가족과 공동체는 다양한 위협에 취약하다. 범죄자들이 가족과 지역 사회의 결속력이 부족한 점을 이용할 때 상업적 농업과 채굴 활동을 포함한 자본가들의 침입과 토지 탈취가 발생할 수 있다는 지적이 제기되어 왔다. 어린 소년들을 자신의 대열에 끌어들이는 강탈범들과 갱단들을 포함한 범죄도 이 상황을 이용한다.[585]

커피가 거래되는 방식과 그것이 생산자 공동체에 미치는 영향에 대한 문제에도 불구하고 그것은 많은 농촌 공동체를 위한 상대적으로 좋은 경제적 선택이고 역사적으로도 비교적 번영을 가져왔다. 콜롬비아에서 "커피 생산 지역은 정치적 폭력의 영향이 콜롬비아 내 다른 지역보다 덜했다."[586]

도시 빈곤을 향한 농촌의 이주

소규모 커피 농부는 일반적으로 도시에서 좋은 일자리를 얻을 수 있는 능력을 가지고 있지 않다.[587] 라틴 아메리카와 아프리카 대도시는 대부분 지난 수십 년 동안 높은 수준의 농촌-도시 이주로 인해 이미 문제가 터지고 있다. 그들은 더 많은 사람들을 흡수하는 데 필요한 인프라, 공공 서비스 및 일자리 기회가 없다. 이를 구명 보트의 비유처럼 개인 차원에서 합리화하는 것은 불가능하다… 이미 저 큰 보고타에 1,200만 명이 살고 있는데 우리 가족이 그곳에서 무엇을 할 수 있을까?

개발도상국에서 급속히 팽창하는 도시를 방어하기 위해 신규 이주자들에게 공공 서비스를 신속하게 제공하는 것은 쉽지 않고, 심지어 그들을 파악하는 것조차 어려울 수 있다. 인구 조사와 가구 조사는 특히 도시 지역에서 보통 임시 및 미등록 이주자들이 누락되는 경우가 많다.[588] 여성의 경우 "농업 이외의 비공식 부문에 고용될 가능성이 남성보다 더 높기" 때문에 상황은 더욱 어려울 수 있다.[589] 전직 농부들은 제조업 분야에서 도시 일자리를 얻기 위한 기술이 부족한 경우가 많고 게다가 이러한 일자리마저도 사라지고 있다. 도시의 산업화와 경제 성장은 점점 더 적은 노동력을 필요로 하고 점점 더 적은 일자리를 창출하며 비공식적인 상업과 서비스 부문을 대안으로 남겨두고 있다. 한 보고서에 따르면, "이미 도시에는 사람이 너무 많고 일자리가 충분하지 않다."고 한다.[590]

■ 토지 분배 및 집중

농업이 일종의 게임이라면, 당신은 토지 없이는 아무것도 할 수 없다. 토지 없이는 아무것도 재배할 수 없기에 토지는 필수적인 도구다. 하지만 토지는 유한하고 그것은 주거와 생계, 그리고 먹을거리를 제공한다. 당연하게도 인간은 문명이 시작된 이래로 토지를 두고 싸워 왔고, 오늘날에도 투쟁은 계속되고 있다. 불평등이 심했던 후기 식민지 사회에서의 싸움들은 보통 공정하지 못했다. "토지는 유한하기 때문에 모든 것 중에서 가장 가치 있다. 돈은 가상의 것이다. 언제든지 더 많은 돈을 벌 수 있지만 더 많은 토지를 만들어낼 수는 없다."라고 마틴 디드릭은 말한다.[591]

토지 소유권은 종종 부유한 소수에게 집중되어 있으며 이들은 가장 비옥한 토지와 접근이 용이해 시장 접근성 또한 가장 좋은 토지를 소유하는 경향이 있다. "인구 대부분이 농촌에 거주하는 국가에서 농업 생산 시스템은 점점 더 대규모의 기계화된 농업을 기반으로 하고 있으며, 소규모 농부들은 신용과 기술에 접근이 어렵기에 가뭄과 기후 변화에 적응을 위한 그들의 능력에 압박을 받는다. 농촌-도시 이주는 이러한 변화의 결과이며 도시화의 중요한 요소다."[592]

생산력이 있는 토지의 절반 이상을 전체의 1%에 해당하는 농장이 소유하고 있는 라틴 아메리카의 토지 분배 불평등(그리고 또 경제적 불평등)은 세계 어느 곳보다도 심각한 상황이다.[593] 놀랄 것도 없이 "라틴 아메리카의 어떤 농업 개혁 과정도 토지 소유권의 지속적인 변화를 이루지 못했다."[594]

1960년대에 토지 개혁과 재분배는 가장 큰 관심사였다. 더 많은 개인들에게 소유권과 관리의 권한을 주기 위한 헌신의 노력에도 불구하고, 라틴 아메리카 시골지역에 불평등한 봉건 구조를 유지하고 악화시켜 문제가 되었던 현상인 지역 차원의 토지 집중은 오늘날 더 악화되어 60년대보다 훨씬 더 심각하다.[595]

실패한 농지 개혁의 극단적인 예는 "1952년 민주적으로 선출된 과테말라의 두 번째 대통령 하코보 아르벤스(Jacobo Árbenz)가 봉건 제도를 종식시키고 마야인에게 토지 분배를 목표로 농업 개혁을 도입한 일이다. 이는 미국 소유의 유나이티드 프루트 컴퍼니(United Fruit Company)와 같은 기업들과 토지 소유자들에게 직접적인 영향을 미쳤을 것이다. 2년 후 미국의 지원을 받은 군사 작전은 해당 계획을 폭력적으로 중단시켰고, 이로서 과테말라 역사의 흐름은 영원히 바뀌게 되며 32년간의 피비린내 나는 독재 정권이 시작되었다."[596]

토지는 소수의 부유한 사람들의 손에 집중되는 동시에 일가족의 해체를 더 조장한다. 가족 관습은 커피 농장의 축소로 이어져 가족을 부양하기가 더 어려워질 수 있다. 토지 상속은 일반적으로 커피 재배 세계의 많은 지역에서 아들과 딸에게, 또는 아들들에게만 이루어진다. 보통 상속인 중 누구도 생계 유지에 토지가 충분하지 않기에 수입을 충당하기 위해 다른 일을 찾거나, 일부는 가족 농장

을 떠나야 한다.⁵⁹⁷

변동성으로 인한 집중

소규모 커피 농부가 일반적으로 수확에 앞서 빚을 지고 있는 경우, 흉작이나 가격 저평가 기간 동안 커피 농가는 채무 불이행으로 인해 파산에 이를 수 있다. 그러한 경우에 대출 기관은 토지의 급매에 대비하여 기본적으로 토지 소유권을 취득할 가능성이 높다. 거기서부터 그 토지는 다른 토지의 좋은 거래에 이용되기 위한 수단으로 흉작에도 유동성을 가진 대지주들의 손에 들어가게 될 것이다.⁵⁹⁸ 그 결과로 보다 평등한 자급자족 농업 공동체에서 임금 노동자와 토지 소유자로 구성된 계층화된 자본주의 공동체로 전환된다. 이런 상황이 소규모 농부와 미래 가치 사슬 개선의 가능성에 우호적이진 않지만, 단기적으로는 이상적으로 급여를 받을 노동자들에게 더 큰 경제적 안정을 의미할 수 있다.

생산성

농지 소유권의 보다 공평한 분배는 토지와 노동의 생산성을 높이고, 자원을 보다 효율적으로 할당하며, 경제적 평등을 높이고, 농촌 지역의 고용률을 높여 농촌 지역의 빈곤을 감소시킨다.⁵⁹⁹ ⁶⁰⁰ "소규모 농부의 농장은 에너지 사용에 있어서 매우 효율적이고, 더 큰 농장보다 단위 면적당 생산량이 더 많고, 환경 파괴가 더 적다."⁶⁰¹ 생계형 소규모 농부가 소유한 토지가 많을수록 더 많은 환경 배당금을 산출한다. "토착 토지의 보유권을 확보하는 것은 삼림 보호에 이득을 가져다 주는 저비용 투자다. 실제로 이것은 탄소 포집 및 저장 전략과 비교할 때 비용 효율적인 기후 변화 완화 조치다."⁶⁰²

불안과 폭력

토지를 소유하지 못한 경제적 절망에서 비롯된 사회적 상황과 같이 토지로 인한 분쟁은 대개 폭력적이다. 이 잔인한 투쟁은 콜롬비아에서 가장 심각하다. "토지와 분쟁의 관계는 콜롬비아에서 가장 뚜렷하다. 이 보고서에 대한 데이터 분석 결과 이 지역에서 가장 불평등한 토지 분배가 발견되었다… 마약 밀매업자들과 준군사 조직은 코카인 밀매로 얻은 이익의 일부를 토지 구입에 투자했다; 그들은 현재 국가 전체 면적의 15%에 해당하는 약 5백만 헥타르를 소유하고 있으며 여기에 야자유 농장과 가축 목장을 세웠다."⁶⁰³ 2015년에 암살된 185명의 활동가 중 122명이 라틴 아메리카에 있었고, "이들 중 40% 이상이 토지와 영토 방어, 환경 및/또는 원주민의 권리와 관련된 사람들이었다."⁶⁰⁴

토지를 소유하지 못한 절망과 탄식은 또한 폭력과 범죄로 이어진다. "만약… 농부들이 커피로부터 합법적인 수입을 얻을 수 없다면, 코카인으로 다양화하거나 새로운 무력 전쟁에 빠질 가능성이 있다."⁶⁰⁵ 콜롬비아의 한 연구는 상품 가격이 폭력의 발생과 연관되어 가격이 상승함에 따라 갈등이 감소한다는 것을 보여주었다.⁶⁰⁶ 가격이 떨어지면 사람들이 일자리를 잃거나 임금이 줄어들게 되어 그들은 더 절망적이 되고 무장 활동에 모집되기 쉽다. 한편, 천연자원 상품의 경우 반대의 상관관계가 관찰되었다. 가격이 오르면 갈등도 커진다.[607] 직업이 없는 사람들은 천연자원이 돈이 된다는 사실을 알고 거기에 끼어들고 싶어한다. 천연자원을 통제하거나 통제하기를 원하는 사람들은 접근하거나 유지하기 위해 준군사 조직과 용병 단체를 고용한다.[608]

■ 통화 제정

한때 자급자족이 중심이었던 사회는 최근 세대부터 농장, 마을, 심지어 국가 밖에서 생계를 유지하기 위해 통화 경제(화폐 사용)에 더 많이 의존하게 되었다. 예전 사람들은 먹기 위해 농사를 지었고 후에 그들은 비식품 품목을 사기 위해 재배한 것 중 일부를 팔았다. 그러다가 19세기에 일부 사람들은 먹고 싶지도 않은 것들을 재배하여 화폐로 바꾸었고, 그 화폐를 음식을 사기 위해 사용했다.[609] 누군가는 토지가 있는데 왜 식량을 사기 위해 돈을 구하는지 질문할 수 있다. 제대로 돌아가기만 한다면 농부들은 환금 작물을 팔아서 그들이 식량을 사는 데 필요한 것보다 더 많은 돈을 벌 수 있고, 게다가 다른 상품들을 사기 위한 잉여금을 가질 수 있기 때문이다. 이는 공급망이 국제화되었을 때 많은 행위자와 세계 상품 선물시장, 환율, 시장 및 투입물의 통화 가치와 같은 요인들에 따라 달라지는데, 이에 대해 사람들은 완전히 취약했고 안전망(식품)도 없었다.

농부들이 주로 환금 작물을 생산할 때 그들은 식량을 포함한 모든 필요를 충족시키기 위해 환금 작물의 판매에 의존한다. 환금 작물이 잘 자라지 않거나 잘 팔리지 않고 농부들이 그것으로 충분한 돈을 벌지 못하면 식량을 포함해 아무것도 가질 수 없다. 당신이 멀리 떨어진 도시에 있는 자본력을 가진 투자자라면 커피 농장에서 얼마나 많은 신선한 오렌지를 구할 수 있는지 별로 신경 쓰지 않는다. 당신은 오직 통화에만 관심이 있다. 그러한 이윤 추구자들이 소유한 농장에서 환금 작물은 재배 가치가 있는 유일한 식물이다. 그러나 생계형 농부들의 경우 환금 작물과 그들이 창출하기를 바라는 통화에 대한 전적인 의존은 심지어 식량에 대해서도 충분한 식량 안보 없이 스스로를 취약한 상황에 놓이게 한다.

투자가 환금 작물 생산품을 수출하는 방향으로 흐를 때, 지역 소비를 위한 식량 생산에 대한 투자는 받아들일 수 없는 기회비용을 동반한다. 즉, 수출 작물에 투자하면 더 큰 수익을 얻을 수 있기 때문에 올바른 생각을 가진 투자자라면 다른 것에 투자하지 않을 것이다.[610] 식량이 현지에서 재배되지 않으면 다른 지역이나 다른 나라에서 수입되는 식량 가격은 상승한다. 다른 나라에서 식품을 수입하는 경우(이상하게도 대부분 특정 커피 생산 지역에 있는 경우가 많음) 현지에서의 가격은 환율에 따라 달라진다. 콜롬비아는 "농업에 사용되는 총 850만 헥타르 중 710만 헥타르가 수출용으로 생산되는 대규모 커피, 야자유, 사탕수수 농장이 차지"하기 때문에 세계에서 가장 식량 의존도가 높은 나라 중 하나다.[611] 세계 시장이 요동치면서 식량 가격은 고정된 농장 노동자 임금으로는 감당할 수 없는 가격 수준에 도달할 수 있고, 광범위한 기아는 가장 비옥한 땅에도 도달할 수 있다. 수출 환금 작물에 대한 지역 사회의 총체적 의존은 카드로 만든 집이다.

농장이 가족의 유일한 수입원인 소규모 농부들에게 통화 수입에 의존하도록 강요하는 화폐화된 농촌 경제에서 불안정한 환금 작물 시장에서 나오는 현금 수입은 생존을 위해 필수적이다.[612] 그들은 더이상 자신의 식량을 위해 농사를 짓지 않기 때문에 식량 구입을 위한 돈과 자급자족 농업을 위한 투입물을 구입할 돈이 필요하다. 계절적 빈곤은 특히 커피가 독점적으로 재배되고 1년에 한 번 수확되는 경우 심각한 문제가 된다.[613] 판매 가격이 비용보다 낮으면 가족이 먹고 살 돈이 없고, 게다가 더 나쁜 것은 다음 수확기를 위한 자금을 댈 돈이 없다는 것이다. 이런 방식으로 생산하면 자원이 부족한 소규모 농부들은 극도로 취약한 위치에 놓이게 된다. 그들은 신용 거래에 대한 접근이 거의 불가능하기 때문에 고리대금업자들에게 빚을 질 가능성이 높다.[614] 고리대금업자들의 통상적인 수법을 고려할 때 날씨와 시장이 다음 수확에 좋은 수확과 좋은 판매 가격을 제공하지 않는다면 농장을 잃을 확률이 높다.

소득 다각화와 창의적인 위험 회피 전략은 의존성과 취약성을 최소화할 수 있는 경감책이 될 수 있다. 생산자들은 그들의 커피를 위해 존재 여부가 불확실한, 보다 안정적인 시장을 찾아볼 수 있다. 그들은 더 안정적인 시장을 제공하는 다른 작물로 생산을 다각화하거나 적어도 커피와 독립적으로 변동하는 시장을 통해 소득이 없는 수확의 가능성을 줄일 수 있다. 그들은 커피 수확에 피해를 줄 이상 기후가 다른 작물(들)에게 피해를 주지 않도록 날씨에 대한 내성을 가진 농작물을 심을 수 있다. 수익 극대화에 매진하는 우수한 자본력의 농장들이 가장 수익성 높은 작물에서 벗어나는 것을 그들의 기회비용으로 볼 수 있는 반면, 위험 최소화는 농업 산업가보다 소규모 생계형 농부에게 더 큰 가치가 있다. 취약한 소규모 농부들은 순환 경제의 측면을 구현하여 가계 예산뿐 아니라 생산비 절감 조치를 취할 수 있다. 예를 들어 요리용 가스나 장작의 대체재로 커피와 동물 배설물로부터 메탄을 얻어 연료로 사용하는 생물 소화조(biodigester)를 설치할 수 있다. 또한 물고기를 기르고 퇴비를 만들기 위해 연못을 만들 수 있고 콩과 같은 일시적인 질소 고정* 작물을 순환 재배할 수 있다. 다양한 농장 관리 관행은 대부분의 농업 공공 정책과 모범 사례가 충족되는 대규모 농부보다는 소규모 농부들의 개별적인 요구와 취약성, 위험 내성에 더 적절하다.

전문화 VS 다양화

비교우위는 모든 사람이 자신이 가장 잘하고 가장 효율적인 것만 해야 한다는 것을 의미한다. 그렇게 하면 자신이 가장 잘 하는 일을 통해 더 많은 돈을 벌 수 있고, 자신이 스스로 만들 수 있었던 것보다 더 많은 다른 것들을 살 수 있다. 개념은 타당하지만 이렇게 실행한 결과는 종종 의심스럽고 때로

---

* 세균, 뿌리 혹 박테리아, 녹조류 등에 의해 대기중의 질소(N)가 질소 화합물로 바뀌는 현상을 말한다. 질소는 불활성 상태이기 때문에 생명체가 곧바로 이용할 수 없지만, 질소 고정 과정을 거치게 되면 대기중의 질소는 생명체가 이용할 수 있는 형태(예, 암모니아(NH_3))로 바뀌어 다양한 생체 반응에 사용된다.

는 하위 99%에게는 재앙이다. "바나나 수출 경제는 어떤 생산국도 부유하게 만들지 않았다… 문제는 국가들이 수출로 창출된 이익을 어떻게 사용하는가에 있다."615 비교우위를 활용하여 생산된 상품을 수출하는 것이 항상 나쁜 생각은 아니며, 단지 수많은 변수가 발생할 수 있으므로 다양화가 중요하다. 이것은 많은 사람들이 길을 잘못 드는 지점이다. 수출을 위한 환금 작물 재배는 또한 생계를 위해 외부 행위자와 통화 경제에 대한 의존도를 높이고 농부들이 견뎌야 하는 통화 환율이 위험 목록에 추가된다.616 "남미 남부(Southern Cone*)의 경제는 수출로 얻은 이익을 비수출 경제나 다른 종류의 수출에 재투자했다… 중미 국가들은 같은 부문에만 투자하고 경제를 다각화하지 않았다. 게다가 기존의 토지 및 소득 분배의 극심한 불평등으로 인해 인구의 많은 비율이 바나나 수출의 혜택을 누릴 수 없었다."617 당연히 소수가 생산 요소의 대부분을 통제하는 부문에서의 엄청난 전문화는 큰 계급의 이동성과 부의 평등한 분배로 이어지지 않을 것이다.

식량 안보와 소득 다양화

논의한 바와 같이 가장 많은 통화를 벌어들이는 작물을 전문으로 하는 화폐화된 환금 작물 경제에서 식량 생산은 대개 우선 순위가 아니다. 커피가 수익성이 있다면 농부는 가정용 텃밭에 커피를 조금 더 심으면 음식을 사고도 돈이 남을 정도의 더 큰 흑자를 낼 수 있다. 수확이 부진하거나 판매 가격이 낮아서 커피 판매가 수익성이 없다면 식량이 있던 텃밭에는 커피밖에 없기 때문에 돈도 없고 음식도 없게 된다. 더 이상 자체 재배하지 않는 식량을 구입하기 위한 돈이 줄게 되면 소규모 농부의 가족들은 제한적이고 영양이 결핍된 음식을 먹을 수밖에 없다. 이런 경우 어린아이를 포함한 가족들은 더욱 저렴한 칼로리(탄수화물)를 많이 섭취하게 되며 적절한 발달과 성장에 필요한 다른 필수 영양소의 섭취가 부족해진다.618

비교우위는 또한 커피 재배 지역 사회에서 특정 식품을 더 저렴하게 해 더욱 자급자족 의욕을 잃게 만든다. "미국에서 수입된 값싼 곡물로 인해 곡물 생산의 수익성이 급격하게 떨어졌다."619 구매자의 수익에는 유리하지만, 미국 정부의 곡물 생산 보조금에 의해 야기된 이 불공정한 경쟁은 시장을 왜곡시켰다. 곡물 재배 농부들을 그들의 사업에서 내몰았으며, 커피 생산 세계의 농촌 지역 사회에서 외부 의존과 식량 불안정을 초래했다.620

산업, 정부 및 NGO에서 가격 프리미엄을 높이고 차별화를 제공하는 커피에 대한 좁은 시야(tunnel vision)는 소규모 커피 재배 공동체들 사이에서 식량 불안의 근본 원인인 단일 작물과 통화 경제에 대한 의존성을 해결하는 데 아무런 도움이 되지 않는다.621

커피 생산 시스템은 더 다각적이었고, 가족의 생계를 위한 더 많은 식량 작물을 포함했었다. 마리오 삼페르(Mario Samper)에 따르면, "커피의 복잡성(The Coffee Complex)"은 전통적으로 존재

---

* 남미 원뿔꼴 지역(브라질, 파라과이, 우루과이, 아르헨티나, 칠레로 이뤄지는 지역)을 말한다.

했던 것처럼 커피 외에도 판매하지 않는 작물을 통한 다각화를 특징으로 해야 한다. 1999-2001년 니카라과에서는 수확량이 유난히 적었는데, 많은 농가들이 직접 생산한 것들로 끼니를 해결했다. 당시 소농들은 가족이 일반적으로 소비하는 식량의 절반 이상을 자급자족했다고 말한다.[622] 그러나 2002년 온두라스에서는 낮은 커피 가격이 "가뭄의 영향과 맞물려 30,000명의 온두라스 사람들이 굶주림에 시달리게 되었다."[623] 식량 생산은 중요한 안전장치이지만, 자신의 땅이 없는 시골의 커피 노동자들에게는 아무런 도움이 되지 않는다.[624]

화전(火田) 또는 이동식 경작 농업은 고대 개간 관행으로, 일반적으로 숲 지역을 태우고 몇 년 동안 농사를 지은 다음 다른 지역을 경작하는 동안 그들이 경작한 기간보다 2-3배 더 오래 회복되도록 놔두는 방식으로 이루어진다. 이 관행은 낮은 인구 밀도 조건에서만 지속 가능하다.[625] 따라서 이용 가능한 토지의 약 3분의1 또는 4분의1만이 한 번에 경작된다. 인구가 증가하면 토지가 부족해지고 더 많은 열량이 필요하며 경작지의 휴지 기간이 줄어든다. 이로 인한 삼림 벌채 증가, 토질 저하, 침식 및 작물 수확량 감소는 생산 비용 증가로 이어진다. 토지의 의미가 통화로 수출할 수 있는 농작물을 생산하는 것이라고 말하는 화폐화되고 세계화된 세계에서, 인구의 열량 요구량은 농사를 강화하는 동기가 아니라 농사를 짓지 않는 데 따른 금전적 기회비용이다. 이 기회비용은 그들이 관리하는 땅에서 가능한 한 많은 환금 작물을 경작하지 않음으로써 포기하게 될 현금이다.

우리는 중개인이 더 필요하다! 공급망으로 인해 다각화가 제한된다

달걀을 여러 바구니에 담고, 수입원을 다양화하며, 다양한 식량과 환금 작물을 심는 것은 좋은 생각이다. 그러나 환금 작물이 현금을 제공하기 위해서는 누군가 그것을 사야 한다. 커피의 가격은 품질에 관계없이 참석한 구매자와 제공되는 품질에 대한 그들의 욕구에 의해 결정된다. 그것을 바꾸기 위해 소규모 생산자가 할 수 있는 일은 많지 않다. 그들의 규모로는 더 많은 비용을 지불할 차별화된 시장에서의 효율적인 채널을 가지기 어렵다. 생산자 소유이든 아니든 좋은 중개인이 필요하다. 많은 커피 생산 공동체는 (공동체에서) 커피만 수출하고 다른 모든 것, 심지어 달걀이나 과일처럼 스스로 생산할 수 있는 것까지 수입한다. 커피 가격이 좋을 때 다른 작물을 재배하는 것은 말이 되지 않기 때문이다. 콜롬비아 톨리마(Tolima) 주의 플라나다스(Planadas, 커피가 지배적인 지역의 중심지)의 커피 생산자가 달걀을 생산하기 위해 닭장을 만들어 수입을 다각화하기로 했다면 마을에서 수십 개씩 억지로 팔 수 있을지 몰라도 플라나다스 밖으로 나가는 달걀 공급망은 전혀 찾을 수 없다. 대신 매주 지역 트럭들이 파치먼트 커피를 가지고 떠나 포장 식품들을 가지고 돌아온다. 소규모 농가의 생계는 공급망에 의해 정의된다.

르완다의 식량 불안

르완다에서 1980년대 커피 붐은 황금밭을 캐는 것과 같았다. 다른 작물을 심어야 할 이유가 없었고, 실제 "농부들은 커피나무 외에 자급자족을 위한 작물을 심은 것에 대해 처벌을 받았고, 그 결과 식량

비축량이 크게 부족했다… 정부의 경제 관행은 불안정했으며 인프라와 식량 투자가 부족했다."[626] 따라서 1989년 최초의 "커피 위기"가 가뭄과 동시에 맞물렸을 때, "식량 부족과 부채 증가"가 기근과 아동 영양실조를 야기하고, 말라리아 환자 수가 엄청나게 증가한 것은 당연한 결과였다. "의료와 교육 서비스 같은 국유 기업들은 파산했다. 르완다의 안정성은 커피 생산에 너무 의존되어 있어서, 일단 시장이 붕괴되기 시작하자 국가로서 기능도 붕괴되었다. 많은 투치족(Tutsis)들이 국외로 탈출했고, 정치적 긴장이 다시 고조되었으며, 남북간의 내전 분위기가 조성되었다."[627] 나머지 이야기들은 믿을 수 없을 정도로 슬프고 잔인한데 그 작은 나라에서 50만 명 이상이 살상되었다. 그 갈등에는 여전히 많은 논란이 있으며 이 책보다 더 완전한 작업에서 연구되어야 할 것이다. 그러나 안정되지 않은 커피 시장에 대한 지나친 경제적, 사회적 의존이 상상할 수 없는 비극을 초래한 끔찍한 사회적 상황의 원인이 된 것은 분명하다. 만약 식량 안보와 경제적 다각화가 충분히 갖추어졌다면 르완다에 어떤 일이 일어났을 지는 아무도 알 수 없다. 커피 경제가 이 상황에 기여한 바를 정량화할 수 없지만 역사적으로 간과해선 안 된다.

■ 세대 간의 연속성

재배자 인구의 고령화는 젊은 사람들이 다른 직업을 선택함으로써 앞선 세대들이 하던 일을 대체하지 않고 있다는 것을 의미한다. 이런 현상은 커피 생산 세계의 많은 측면에서 드러나며 그 대부분의 원인은 경제적인 문제다. 커피 생산은 여러 세대 동안 그 세계에 속한 사람들을 경제적으로 불안하게 만들어 왔다. 계절적 배고픔을 견뎌온 부모들은 그들의 자녀가 그들과 같은 상황에 놓이기를 원하지 않는다. 불안정한 커피 경제의 결과로 불리한 성장 조건을 견뎠던 젊은 사람들은 같은 조건에서 가정을 이루기를 열망하지 않는다. 많은 지역에서 교육에 대한 접근성이 향상됨에 따라 커피 농가의 자녀들은 농장을 떠나 커피 재배보다 더 나은 보수를 받을 수 있는 기술을 습득하게 되었다.[628]

젊은 사람들이 커피와 농장에 관심을 갖게 하려면 젊은 가족이 열망하는 삶의 수준에 이르도록 독려하고 안정적인 소명을 보여주어야 한다. 현재 대부분의 경우에는 하지 않고 있지만 충분히 그렇게 할 수 있다. 스페셜티 커피를 생산하고 최종 사용자 시장에 대한 채널을 여는 것은 적절한 재배 조건과 필요한 도구에 접근성을 갖춘 일부를 위한 해결책이 될 수 있다. 만약 커피 산업이 그들이 좋아하는 커피를 재배하는 농가에 젊은 사람들이 계속 머물러 그 일을 하기를 원한다면, 그들은 오늘날의 농부들에게 적절한 수단을 반드시 제공해야 한다.

■ 원조

"원조"란 원조국의 외교 정책 목표, 참여 기업의 이익, 또는 진정으로 다른 나라를 돕기 위해 어떤 형태의 "개발"을 창출하는 것을 목표를 가지고 한 국가(보통은 정부)에서 다른 국가로 보내는 해외 원조를 말한다. 다른 모든 것처럼 여기에도 좋은 원조와 나쁜 원조가 있다. 때때로 그것은 가부장적이며 의존성과 열등감을 조장한다. 예를 들어 케냐 커피 협동조합에서는 "농부들에게 훈련에 참가하도록 비용을 지급하고 무료 교통수단과 식사를 제공하는 NGO 전통은 농부들의 기대를 부풀리고 의존성을 촉발시켰으며, 어떤 경우에는 특정 농부들을 모집하는 노력을 방해했다."[629] 때때로 원조는 시장을 왜곡하고, 지속 가능한 자본 배분을 방해하며, 비뚤어진 동기부여를 만들어낸다.

왜곡된 인센티브 [630]

해외 원조가 빈곤 수준이 높은 국가 및 지역으로 전달되면서, 특히 원조 자금의 일부가 이 소득을 잃는 것을 싫어하는 의사 결정자나 이해관계자에게 돌아갈 때, 빈곤 완화는 어려워진다. 해외 원조는 종종 기부자/대출자가 "좋은" 것으로 간주하는 정책(좋은 예산 관리, 인권 보호, 민영화, 무역 및 투자 자유화 등)의 이행에 달려 있다. 이는 원조한 조직을 만족시키는 방향으로 변화시킨 다음 다시 되돌아가며 매번 "개선"을 보여줌으로써, 자금에 대한 접근성을 확보하는 한편 불안정한 규제 환경을 조성하여 보수적인 투자와 비즈니스 및 일상적인 결정에 단기적 초점을 맞추는 "오락가락한" 정책을 유도한다.

약탈적 대출

국가 정부에 제공되는 해외 원조 패키지에는 국제통화기금(IMF)과 세계은행이 제공하는 대출이 포함되는 경우가 많다. 이러한 대출은 종종 자금에 접근하기 위해 신자유주의적이고 친서방적인 기업 정책을 이행해야 한다.[631] 이러한 조치에는 민영화, 재정 규율, 무역 및 투자의 자유화(규제 완화)가 포함될 수 있다. 이 투자는 높은 금리를 유지하고 외화를 수입함으로써 미국 달러로 지불하기 위해 강력한 국가 통화를 유지해야 한다. 외화는 물건을 수출하고, 돈을 쓰는 외국인 관광객을 받고, 외국인 직접 투자를 받아 수입할 수 있다. 외국인 직접 투자는 국가 산업에 활력을 불어넣고 일자리를 창출할 수 있다. 그것은 동시에 국가 산업을 외국인 소유로 만들고 그 이윤을 해외에서 소비하는 외국인 소유주에게 유출한다.

외국 자본과 현지 통화에 대한 수요를 유지하기 위해서는 금리가 높게 유지되어야 하는데, 이는 현지 사업과 기업가 정신을 불리하게 만든다. 이러한 관할 구역의 운영자들은 겉보기에 본국에서 훨씬 낮은 이자율로 자금을 무한히 운용할 수 있어 보이는 외국 대기업과 경쟁할 수 없다. 이런 상황에 처한 국가들은 외화 수입과 전반적인 경제 성장을 위해 수출이 필요하지만, 경제가 위축되거나 외국인 직접투자(FDI)를 잃게 될 때 자국 통화를 약세로 만들 수는 없다. 이것을 "황금 구속복(golden straitjacket)*"이라고 한다. 이런 일이 발생하면 커피와 같은 수출 작물의 소규모 생산자들의 수입은 때때로 불운한 충격 흡수 장치 역할을 한다. 정부가 시민들에게 유리하지 않은 결정을 내릴 때,

---

* 토머스 프리드먼이 《렉서스와 올리브나무》에서 제시한 개념이다. 세계화를 통한 번영을 위해 규제 완화, 민영화, 관세 인하로 대표되는 황금 구속복을 입으면 세계화를 통한 번영이 기다리고 있다는 내용이다.

"글쎄, 그건 그들이 자초한 일이야."라고 말하는 것은 쉽지만 그렇다고 모두를 똑같이 취급할 수는 없다. 자기 중심적인 권위주의 정치인들은 상대적으로 짧은 정권을 잡은 동안 빠른 보상이나 좋은 지표들을 대가로 기꺼이 미래 세대의 번영을 저당 잡힐지도 모른다.[632] 이것이 외국인들이 다른 사람들을 희생시키면서 그러한 상황을 착취하는 것을 자동적으로 정당화하지는 않는다.

농촌 개발은 복잡하고 미묘하며 경험이 부족한 외부인이 이해하기 어렵지만, 기본적으로 돈이 모든 것을 바꿀 수 있다. 여기서의 교훈은, 만약 당신이 "산지와 같은" 소외되거나 자원이 부족한 사회에 가서 돈을 뿌리기 시작하면, 사람들은 당신을 시장으로 선출할 수도 있다는 것이다. 그러나 만약 당신이 농촌 개발 전문가가 아니고 당신과 당신의 자본이 들어간 상황의 뉘앙스를 깊게 연구하지 않았다면 당신의 돈은 득보다 실이 많을 가능성이 높다.

사회경제적 도전들

■ 커피 가격 "위기"

많은 생산자들이 편안하게 살 수 있을 만큼 대개 충분히 돈을 벌지 못하는 것이 문제다. 여러 문제와 과제가 있지만 무엇이 문제이고 과제인지 확실히 할 필요가 있다. 관련된 요인(베트남), 시스템의 역학(과잉 공급) 및 실제 책임이 없는 행위자(투기꾼)들을 공격하는 것은 시간과 자원의 낭비다.

슬프게도 오늘날의 세계 상품 경제에서, 다른 누군가가 그것을 더 싸게 만들 수 있다면 당신은 운이 없는 것일 수도 있다. 상품 부문에서는 생산 비용이 낮은 재배 지역이 우세하다. "커피 가격이 계속 낮게 유지된다면 이것은 수익성이 낮은 재배 지역에서 수익성이 더 높은 지역으로 생산의 공간 이동을 초래할 수 있다."[633] 각각 날씨와 해충에 취약한 소수의 지역에 집중된 커피 재배는 오늘날 공간적으로 다양한 커피 재배 세계와 비교하여 공급 충격이 증폭되는 상황을 만들 것이다.[634] 차별화된 품질에 대한 기준도 높아지고 있어서 콜롬비아의 많은 지역처럼 이전에는 고품질이던 제품을 상품 팩으로 묶어서 저비용 생산자들과는 경쟁할 수 없게 되었다. "콜롬비아 커피의 경쟁력은 지난 몇 년 동안 하락하여 다른 아라비카 생산자들과 비교할 때 장기적인 생존 가능성에 대한 의문이 제기되고 있다."[635]

시장은 가격을 정하고, 구매자들은 시장이 그들과 판매자들을 위해 정한 가격을 지불한다. 윤리적인 문제는 차치하고, 우리는 현재 시장 가격이 결국 생산량 감소와 그에 따른 부족을 초래할 것이라는 것을 알고 있다.[636] 이러한 불가피성은 미래 계약 기간이나 사모펀드 보유 기간과 같은 임의적인 요인으로 인해 현재의 수급 조건과는 맞아 떨어지지 않는다. 왜 아무도, 아무것도 하지 않을까? 만약 한 회사가 커피 생산을 경제적으로 지속 가능하게 하는 가격을 장기적으로 지불하기 시작했는데 그들의 경쟁 업체는 아무도 그렇게 하지 않는다면 그들은 불이익을 당하기 때문이다.[637] 그들은 마케팅에 투입할 많은 이윤이 없기 때문에 시장 점유율을 잃을 수도 있다. 그들은 커피숍을 많이 열지 않았거나 배당금으로 많이 지불하지 않았기 때문에 투자자들을 잃을 수도 있다. 따라서 이 이슈에 대한 대처는 모든 사람이 동의해야 효과가 있다. 그러나 불행히도 그럴 것 같지 않다.

이 자기파괴는 N분의 1 계산 같은 상황이다. 당신은 친구들과 저녁을 먹으러 간다. 당신은 예산이 빠듯하다. 만약 당신이 혼자라면 저렴한 요리를 주문할 것이다. 하지만 당신은 계산서를 친구와 균등하게 나눌 것이고 당신의 동료들이 저렴한 요리를 주문한다고 확신할 방법이 없기 때문에, 당신은 한계비용(평균 요리 가격 이상)에 나머지가 포함될 것임을 알고 당신의 동료들보다 더 비싼 요리를 주문할 동기가 생길 수 있을 것이다. 만약 당신이 저렴한 요리를 주문하는 유일한 사람이라면, 당신은 당신이 균등하게 계산했을 때 당신의 동료들의 요리 비용을 보조하게 될 것이다. 바로 이런 종류의 일이다.

여기 커피 생산에 관한 중요한 질문이 있다.—수천만 명의 소규모 커피 재배가 실행 가능한 일일까?—석유와 비교해보자. 당신은 석유로 성공하려고 노력하는 가족들에게 불쌍함을 느끼지는 않을 것이다. 그건 단지 게임이고, 그들은 게임을 하고 있을 뿐이며, 때로는 당신이 패배할 뿐이다.

낮은 가격에 저항하기

우리는 커피 공급망과 관련된 많은 문제점들과 그것이 다른 것들보다 더 많은 혜택을 주는 방법을 평가했다. 그러나 시장의 펀더멘탈은 부정할 수 없으며 가치(및 비가치)를 인정해야만 한다. 예를 들면 다음과 같다: 만약 당신이 메기 식당을 운영하는데 사람들은 피자를 원했기 때문에 아무도 식당에 오지 않는다면, 당신은 항의하고 보조금을 요구하며 더 높은 권력자들이 당신의 메기 식당에서 식사를 하도록 강요할 것인가? 물론 그렇지 않을 것이다. 피자를 만들든지 식당을 닫을 것이다. 모든 모험으로부터 이익을 취하려는 개인, 심지어 커피 농장 역시 어느 정도의 책임은 져야 한다. 만약 당신이 일주일에 하나의 의자를 수작업으로 만드는데 로봇이 하루에 1,000개의 비율로 똑같은 의자를 만드는 공장이 생겨났고 생산 비용은 당신의 10분의 1이 되었다. 그래서 그 의자들은 당신의 가격의 절반에 팔렸다. 당신은 배상, 보조금, 그리고 부당함의 종식을 요구할 것인가? 아니다. 당신은 생산 비용을 고려해 생산을 계속하는 것은 현실적이지 않다는 것을 깨닫게 될 것이다.

마찬가지로 브라질 생산자가 현재 미국 달러/브라질 레알(USD/BRL) 환율로 1파운드당 1달러에 클린 컵[638]이 좋은 아라비카를 얻을 수 있고 파운드당 1.10달러 FOB 가격에 만족한다면, 에콰도르에서 같은 품질을 1파운드당 1.40달러로 생산하는 사람은 불행히도 시장에서 제외된다(잠재적인 상징적 가치는 차치하고). 누군가 그들에게 보조금을 지급해야 하는가? 아니면 그들이 경쟁력 없는 현실을 직시하고 다른 무엇이라도 해야 하는가? 그런 상황에서는 그들에게 성공을 가져다줄 제품의 부가가치를 찾거나 아니면 다른 할 일을 찾아야 할 것이다.

커피 가격이 더 높지 않은 이유는 정부나 다른 그룹 차원에서 경쟁력 없는 생산자들에게 지급한 보조금이 그들의 시장 이탈을 막았고, 수요가 늘지 않은 상태에서 비롯된 인위적인 과잉 공급이 보조금에 대한 훨씬 더 크고 지속적인 요구를 만들어냈기 때문이다.[639] 예를 들어 "2013년에 콜롬비아 정부는 처음으로 농부들에게 직접 현금 보조금을 제공했고 농부 소득을 강화하기 위해 6억 달러 이상을 지출했다."[640] 이 분야를 활성화하고 경쟁력을 강화하기 위한 임시 조치는 2018년과 2019년을 포함하여 여러 차례 시행되었다.[641]

비록 커피 사업가가 위험 감수에 책임을 져야 하더라도, 만일 정부나 원조 단체 및 다른 이들이 생산자들을 커피에 의존하는 길로 유도한 다음에 커피가 더 이상 소용이 없을 때 곤경에 빠질 그들을 방관한다면 그때에 책임을 지는 일은 더욱 어려워진다. 많은 경우 생산자들은 다른 생산 활동에 대한 지식이 부족하고, 생계를 위해 이미 화폐 경제에 100% 의존하고 있으며, 해당 그룹을 지원하는 대출을 사용하여 커피에 모든 것을 투자했다. 그럴 경우 그들이 이 난장판이 된 상황을 개선할 책임이 있다는 것은 논란의 여지가 있다. 가장 쉬운 해결책은 커피에 보조금을 지급하고 문제를 뒤로 미루는 것이다. 올바른 해결책은 식량 안보와 경제 다각화를 통해 커피 의존도를 낮추는 것인데, 이것은 더 복잡하고 비용이 많이 든다.

■ 불평등

사람 사이의 불평등과 계층 구조는 1만년 전 농업 혁명이 시작된 이래 오늘날까지 계속되고 있는데, 이것은 다양한 수준의 사회 조직의 양상으로 나타난다.[642] 상호 연결된 세계에서는 이를 무시하기가 더욱 어려워졌고, 일부에서는 전 세계적으로 지대 추구 활동*을 최적화하고 협상력을 활용하여 이윤을 극대화하려는 자본주의적 본능에 의해 악화되었다고 주장할 수 있다. 불평등은 커피 공급망 내에서 극단적인 형태로 존재하며 소비국 공급망 행위자에게는 엄청난 수면 부족의 원인이 되고, 생산자와 원산지 국가 공급망 행위자에게는 커다란 분노의 확실한 원인이 된다.

대부분은 커피 공급망의 불평등이 감소되어야 한다는 것에 동의할 것이다. 하지만 얼마나 줄어야 하는가? 그것은 완전히 없어져야 하는가? 가정을 해본다면, 대부분 소규모 생산자인 커피 공급망의 모든 참여자의 생활 수준과 소득의 완전한 평준화는 소비국 공급망 주체의 가처분 소득의 급격한 악화를 의미할 것이다. 생산자 가족이 옷을 손빨래하고 시내로 걸어가거나 뜨거운 물과 인터넷 없이 생활하는 시간만큼 무역업자, 생두 구매자, 도매상들도 이렇게 많은 시간을 소비하는 것에 만족할지 의문이다. 완전한 평등이 바람직하지 않다면, 만약 그것이 가능했더라도 어느 정도의 평등이 적정한 수준일까? 이 부분을 직면하는 것은 그리 유쾌하지 않은 개념이며 이를 완전히 검토하기 위해서는 다른 책이 필요할지도 모른다.

---

* 지대 추구 행위(rent seeking behavior)는 정당한 생산 활동을 통하여 이윤을 추구하는 것이 아니라, 공급을 제한하거나 경쟁을 제한하는 인위적인 진입 장벽이나 정치적 로비 등으로 부당한 이득을 얻으려는 행위를 말한다.

불신

생산자들은 저자가 대표하는 조직이 저자의 제안보다 더 많은 돈을 지불할 수 있다는 것을 안다. 왜냐하면 저자는 도시의 아파트에 살고 평균적으로 그들보다 부유한 나라의 이름이 새겨진 여권을 가지고 있기 때문이다. 나는 많은 생산자들보다 더 많은 물질적 부를 가지고 있을 가능성이 높고, 어린 시절 교육 기회를 더 많이 받을 수 있었지만, 내가 반드시 더 많은 개인 소득을 받는 것은 아니다. 게다가 내가 그들에게 주머니에서 팁을 줄 것이라고 기대하지 않는 한, 이 제안은 그들이 제공하는 커피 품질의 판매 가격과 그들이 부담해야 할 공급망 비용과는 아무런 관계가 없다.

페이지 웨스트는 구매자의 집이나 수출 사무소를 방문해 본 경험이 있는 파푸아뉴기니 커피 농부들 사이에서 돌고 있는 적의를 인용한다. 그녀는 농부들이 통합도시인 고로카(Goroka)에 사는 커피 산업 종사자들을 상대로 "아무 일도 하지 않으면서 우리가 이룬 일의 이득만 챙긴다"고 말한 것을 전달한다.[643] 공급망과 그 안에 모든 작업들, 그에 수반되는 비용을 이해하지 못한 채, 공급망 위의 다른 사람들이 "모든 돈을 벌고 있다"는 일반적인 가정이 있다. 또 다른 가정: 생산자들이 가격을 정하기 위해 받는 품질 관련 피드백은 기만적이며 그들은 사기를 당하고 있다. 공급망 상대가 배신자라는 기본 가정을 가진 생산자들을 변호하자면, 실제로 많은 공급망 중개인들은 배신자이며 정보가 없는 생산자들의 작업으로부터 과도한 이익을 얻고, 이를 이용했다. 저자가 단지 추측해 볼 수 있는 것은, 때때로 가치 있는 공급망에 대한 이러한 불신은 너무 많은 작은 단위의 수출 업무로 인해 거래 시작과 함께 이어지는 파산의 원동력이 된다는 것이다.

■ 빈곤이란 무엇인가?

UN 밀레니엄 개발 목표 프로그램은 극심한 빈곤을 하루 1.25달러 미만의 소득으로 정의한다. 미국 달러 기준의 이 금액은 구매력 평가 또는 현지 통화로 구입할 수 있는 항목의 비교를 기반으로 한다. UN에 따르면 현재 8억 명 이상의 사람들과 3억 명 이상의 노동자들이 이러한 극심한 빈곤 가운데 살고 있다. 물론 그들은 사람들이 모든 필요를 돈으로 충족시키는 화폐 중심 사회의 통화 소득으로 빈곤을 판단한다. 보다 포괄적이지만 모호한 정의는 물질적인 수단보다 삶의 질과 더 관련이 있다. 빈곤은 수용 가능한 삶의 질이 결여되어 있는 상태를 의미한다. 어디에 선을 그어야 하는지 누가 정할 것인가? UN은 또한 빈곤이 "인권을 침해하는 것으로 간주한다 — 경제적 권리(일할 권리 및 적절한 소득을 가질 권리), 사회적 권리(의료 및 교육에 대한 접근권), 정치적 권리(사상, 표현, 결사의 자유)과 문화적 권리(문화적 정체성을 유지하고 공동체의 문화생활에 참여할 권리)."

개인의 빈곤을 구성하는 요소와 삶의 질의 수용 여부는 개인에게 달려 있다. 자원이 부족한 공동체를 평가하는 외부인들은 다른 사람의 삶에서 자신의 필요가 얼마나 많이 충족되는지에 따라 다른 사람의 삶의 질을 결정하기보다는 이 점을 염두에 두고, 행간을 읽고, 미소 너머를 보고, 사람들의 말에 귀를 기울여야 한다.

커피 생산 가정과 지역 사회의 빈곤을 가볍게 여겨서는 안 된다. 커피 농부들의 빈곤은 현실이다. 릭 라인하르트는 "내가 할 수 있는 일이 있다면 소비자에게 현재 커피 공급자가 사업을 수행하는 방식에 얼마나 많은 고통이 있는지, 그리고 이러한 질문을 커피 공급자에게 해야 한다고 말할 것이다"라고 말한다. "당신의 (커피 판매자의) 해결책은 나에게 편리하다… (하지만) 그 편리함에는 대가가 있고 누군가는 그 비용을 지불한다. 그리고 그들은 그들의 아이들의 영양과 교육, 가족의 생계로 대가를 치르고 있다."[644]

커피 생산자와 그 가족들은 종종 계절적 굶주림, 종종 그들의 땅과 집을 잃게 만드는 고리대금업자들의 위협, 그리고 때로는 임금 노동자들이 겪는 현대의 노예 제도 구성 조건들을 견뎌야 할 수도 있다. "(전 세계 커피의 상당 부분이 생산되는) 라틴 아메리카는 전 세계적으로 소득 불평등 수준이 가장 높다. 이 지역에서 가장 부유한 사람들의 10%가 전체 부의 71%를 소유하고 있다."[645]

빈곤의 원인은 무엇인가?

이것은 적어도 다른 책이 대답해야 하는 또 다른 질문이다. 표면적으로는 두 가지 극단적인 정의가 있다. 최근 수십 년 동안 출판된 대부분의 책들은 그 둘 사이에 있다. 한쪽 극단에는 페이지 웨스트가 해석한 뒤르켐주의자들(Durkheimian*)의 정의가 있다: "빈곤은 인간이 저지른 실수이자 개인이 낳은 사회 문제다: 인간이 가난한 이유는 충분한 정도로 열심히 일하지 않아서다."[646] 다른 극단에서 웨스트는 마르크스주의적 정의를 제공한다: "빈곤은 실업과 탈취를 야기하는 자본주의 체제의 결과다."[647] 여기서부터 대화는 여러 다양한 방향으로 갈 수 있다. 예를 들어 교육에 대한 불평등한 접근이 빈곤을 야기하고 지속시킨다는 것이다. 어려움을 겪고 있는 커피 농부의 경우, "커피로 벌어들인 돈에 의존하는 가족들은 그들의 아이들, 특히 소녀들을 학교에서 쫓아내고 있다."[648]

생계 소득

빈곤을 어떻게 해결할 것인가? 대부분의 빈곤은 구조적이고 체계적이어서 해결하기 어렵지만, 많은 정책입안자들은 아마도 모든 사람들에게 생계 소득을 지급하자고 제안할 것이다. 생계 소득 구성, 특히 지역 사회 외부인이 이를 설정한 경우는 또다른 까다로운 주제다. 생활비에 대한 미묘하고 정직한 시각은 특히 어떤 사람이 자신과 다른 환경에 살고 있을 때 얼마나 많은 돈을 벌어야 하는지에 대한 모든 토론을 수반할 필요가 있다.

세계의 부유한 구매자들이 상대적으로 부유한 위치에서 종종 자원이 부족한 생산자들이 차선의 삶의 질을 견디는 생활 방식을 이야기하고, 어느 수준의 소득이 "그들에게 충분한지" 고려한다는 것은 불쾌한 일이다. 그러나 경제적 현실은 각 커피 농가의 생활 수준을 부유한 세계의 로스터와 카페 소유자가 누리는 평균 수준으로 끌어올리는 일은 몽상에 불과하다. 그럼에도 불구하고 이런 불편한 성

---

* 프랑스의 사회학자인 에밀 뒤르켐(Emile Durkheim)을 따르는 사람들을 의미한다.

찰은 필요하다. 의식적이든 아니든 커피의 "공정한 가격"에 대한 고려는 생산자의 생활 수준을 확립하기 때문이다. 결함 있는 논리를 사용하여 무시하는 일은 쉬울 수 있다.

한편으로는 소규모 농부들이 부유한 세계 부자들의 소득과 비교해서 그들 나라의 생계 소득(대략 연간 4만 달러)을 기준으로 농장의 이윤을 결정한다면 소비자는 지금 지불하는 생두의 5배를 더 지불해야 하고, 생산자들은 아무것도 팔지 않을 것이므로, 결국 그것은 잃어버린 명분이 된다. 다른 한편으로 생산자가 중위 소득*이 낮은 나라에 살고 있어 "모든 것이 저렴하기 때문에" 생산자들은 많이 벌지 않아도 된다고 간단하게 가정할 수 있다. 둘 다 지나치게 단순한 분석이다. 전 세계 여러 지역의 생활비에 대해 검증되지 않은 많은 정보들이 보고되어 있지만, 어떤 경우든 가장 좋은 출처는 해당 지역 사회에서 가장 가까운 곳에 있다. 이 조사는 생산자의 경제적 행복을 보장하는 것을 목표로 하는 사람에 의해 수행되어야 한다.

농장 노동

SCA에 따르면, 수천만 명의 노동자들이 커피 농장에서 일하고 있으며, 이들의 보수는 때때로 총 커피 생산 원가의 70%를 차지한다고 한다.[649] 노동력 부족으로 인해 손으로 수확하는 커피 재배 세계의 전반적인 생산 비용이 상승했으나 대량의 커피가 역사적으로 저가격으로 거래되는 지금, 생산자의 지불 능력뿐만 아니라 커피의 품질과 가용성마저 위협받고 있다. 농장 노동에 대한 부정적인 사회적 인식과 성장하는 도심에서의 경제 발전에 대한 꿈은 농촌 주민들에게 커피 수확에 대한 매력적인 대안이 되고, 노동자를 고용하기 위한 다른 산업 심지어 다른 나라와의 입찰 전쟁을 심화시킨다. "커피 산업의 미래는 농장 노동력을 보다 수익성 있고 실행 가능한 장기 직업 옵션으로 만들어 농장 노동력의 고용과 유지를 개선하려는 창의적인 노력에 달려 있다."[650]

비공식

대부분의 커피와 관련된 일은 농촌에서 이루어지며, 종종 비공식적으로 일처리가 되고 법이 현실과 다르게 매우 높은 수준으로 규정되어 있다. 그러므로 대부분의 노동자는 비공식적으로는 임시로(심지어 일용직으로) 고용되고,[651] "탁자 밑에서"(바깥에는 탁자가 없기 때문에!) 은밀하게 급여를 받으며, 따라서 "법에 명시된 사회적 혜택에 대한 접근이 제한적"이다.[652] 종종 당국의 감독을 받는 대농장의 정식 고용인들은 수확이 농장 노동력의 대부분을 차지하기 때문에 일시적으로만 고용된다.[653]

노동의 비공식성과 그에 대한 착취의 가능성은 심각한 문제다. 그러나 종종 오래된 노동 규정을 준수하고 혜택을 제공하면 농부들의 생산 비용이 더욱 증가하여 많은 지역에서 수익성이 없는 커피 농장 상황을 더욱 악화시킬 것이다. 고전적인 질문이다: 법에 정해진 노동자의 근로 조건을 개선하면

---

* 중위 소득은 소득을 기준으로 전체 가구의 중간에 위치하는 가구의 소득을 말한다. 평균 소득과 다르다. 100명을 기준으로 할 때 평균소득은 100명의 총 소득의 합계를 100으로 나눈 값이라면, 중위 소득은 50번째 위치한 사람의 소득을 의미한다.

노동자들의 삶이 개선될 것인가, 아니면 사람을 고용하는 회사를 죽임으로써 일자리를 없앨 것인가? 더 엄격한 노동자의 복리후생과 권리 강화는 더 많은 비공식 고용을 촉진하고 공식 고용을 제한하여 이전보다 더 적은 노동자가 남게 될까? 이 질문에는 자신의 이익을 추구하기 위한 지지자와 반대자가 항상 있기 때문에 대답하는 것은 불가능하다.

노동자의 권리

노동자의 확립된 권리, 고용법 및 규제의 집행은 국가마다 매우 다르다. 그럼에도 불구하고 모든 커피 생산국은 국제노동기구(ILO)가 제정한 일련의 국제 표준에 서명했으며, 국제법은 이를 준수하도록 규정하고 있다. 이러한 국제노동기구의 기준은 "결사의 자유 및 단체 교섭, 강제 노동과 인신매매, 아동 노동, 평등과 차별, 임금, 노동시간, 건강과 안전에 관한 보호"가 포함된다.[654] 그럼에도 불구하고 "자원 부족, 정치적 의지의 부족 또는 둘 다로 인해" 집행이 불완전할 수 있다.[655]

최저임금이 기본 생필품의 약 40%를 충당하는 것으로 여겨지는 과테말라에서는 "2000년 과테말라의 농장을 조사한 결과 그들 중 누구도 국가 최저임금을 지불하지 않았고, 대다수는 심지어 최저임금의 절반조차 지불하지 않은 것으로 나타났다."[656] 노동조건 개선과 보상을 사용자에게 압박할 수 있는 단위로 노동자를 조직하는 것은 국제법에 의해 보장되는 권리다. 그럼에도 불구하고 이런 노력은 멕시코, 콜롬비아, 브라질, 과테말라에서 폭력에 부딪혔으며, SCA에 따르면 "노동자의 단결권에 구조적인 적대감과 남용" 때문이라고 지적했다.[657]

현대판 노예 제도

오늘날 노예 제도의 현대적 표현은 오늘날 전 세계 많은 산업에 존재하며, 커피도 예외는 아니다. 노동자들에게 가혹한 환경을 견디도록 강요하는 다양한 형태의 조작을 수반하는 지난 세기의 노예 제도처럼 보이지는 않는다. 이런 방법들 중 하나는 부채를 통한 것이다. "부채 속박은 피해자가 돈을 갚을 때까지 직장이나 경작하는 땅을 떠나지 못하게 하기 때문에 전통적인 노예와 거의 구분할 수 없다… 소작은 대출자들을 부채 속박으로 이끄는 친숙한 방법이다.[658] 브라질에서는 지난 4년간 다국적 커피 회사들이 연루된 현대판 노예 사례가 발견되었고,[659] 과테말라에서도 마찬가지였다.[660]

보상 시스템

수확 작업은 손으로 커피 체리를 따는 지역에서 노동 수요의 대부분을 차지한다. 대부분의 피커들은 그들이 가져올 수 있는 체리의 무게에 따라 임금을 받는다. 이 경우 피커들은 체리를 많이 따는 것에 대한 동기부여가 있지만, 잘 익은 커피 체리만 따는 것도 아니고, 땅에 떨어져 있거나 벌레 먹은 체리만 따는 것도 아니다. 수확량이 적거나 성숙도가 고르지 않을 때, 피커들은 하루에 자신들이 원하는 충분한 체리를 얻기 위해 더 많은 나무에서 수확해야 하기 때문에, 숙성도의 일관성은 필연적으로 저하된다. 만약 무게로 지불하고 농장주가 잘 익은 체리만 수확하기를 고집한다면, 피커들은 그것에 상응하는 충분한 돈을 받아야 할 것이고 그렇지 않으면 그들은 요구 사항이 많지 않은 다른 농장으로 옮길 것이다. 대안으로 농부들은 피커들에게 무게와 관계없이 일당을 주는 방식으로 그들에게 잘 익는 것만을 따도록 요구할 수 있지만, 그럴 경우 피커들은 많이 수확할 필요가 없어진다.

두 경우 모두 농부와 피커의 인센티브가 잘못 설계되어 있다. 솔레다드는 콜롬비아와 니카라과의 현장 연구를 바탕으로 조건을 개선하고 농장 계획 및 관리에 피커들을 참여시키면 더 많은 참여와 개선된 결과로 이어질 것이라고 주장한다. 또한 "노동력 유지를 위한 효과적인 전략에는 농장의 생산성 향상, 다양한 임금 지급 모델(가변, 고정, 혼합 또는 추가 보너스), 여성의 노동 참여 및 성과 중심의 시스템 조정, 수확 계획에 피커들 참여 등이 포함된다"고 언급했다.[661]

업무의 지속성

커피 산지에서는 수확기에 일거리가 부족하고 수확 및 가공할 수확물이 없으면 대량 실업이 발생한다.[662] 피커들의 일당은 종종 국가의 최저임금에 해당하는 일일 금액보다 높을 수 있다. 그러나 체리 수확의 계절적 특성 때문에 노동자들은 연중 매일 이 금액을 받지 못할 수 있으며, 수확이 끝날 때 충분한 일거리를 얻을 수 있을지 확신하지 못하는 저소득 가정에 큰 불확실성과 스트레스를 야기한다. 그래서 일부는 다른 일을 찾기 위해 이주하거나 다른 지역의 수확기 동안의 일자리를 찾아 이동한다.

■ 아동 노동

또한 국제노동기구(ILO) 기준에서도 금지되어 있는 아동 노동은 커피 생산 세계 대부분에 존재한다. 케냐에서 커피를 수확하는 사람의 30%는 15세 미만이다.[663] [664] 다른 자료에 의하면 케냐의 커피 노동자의 60%와 온두라스 노동자의 40%가 어린아이다.[665] 그런데 왜 아이들을 고용하는가? 시민적, 정치적 권리에 관한 국제 규약에 따르면 아동 노동은 "저렴하고, 아동은 어른보다 더 유순하고, 훈육하기 쉽고, 불평하기를 두려워하기 때문에" 일부 사람들이 원한다.[666] 이 주제는 논란의 여지도 존재한다. 가난한 가정의 경우 어린이나 청소년이 커피로 가계를 지원하는 데 도움을 줄 수 없다면 그들은 그 차이를 메우기 위해 범죄 활동에 가담하려는 유혹을 받을 수 있으며, 라틴 아메리카의 많은 지역에서 고통스럽게 경험한 것처럼 조직 범죄의 손쉬운 먹잇감이 될 수 있다. 콜롬비아의 시골 학교는 하루 종일 모든 연령대를 가르칠 수 있는 자원이 없기 때문에 보통 반나절 수업을 하는데, 수확기에는 학교가 종종 중단된다.[667] 더욱이 성인 커피 피커들의 경우 대부분 아이들을 돌 볼 사람이 없기 때문에 아이들은 혼자 남겨지고 있으며, 그래서 그들의 부모가 일을 할 때 혼자 남겨져 있거나 또는 그들의 부모에게 불법적으로 도움을 주게 된다.

농장 노동자, 특히 피커들은 커피의 품질과 모든 관련이 있다. 핸드 피킹이 지속될 수 있도록 품질 프리미엄의 잠재력이 충분한 곳에서는 피커와 가공소 노동자가 품질에 대한 책임과 보상을 모두 공유해야 한다. 젊은 농부들이 커피 농장에서 계속 일할지를 결정하는 것과 같이, 농장 노동자들이 시골에 남아 있고 손으로 수확한 커피를 전 세계가 즐길 수 있도록 하려면, 만족스러운 삶을 살 수 있는 기회를 얻을 수 있어야 한다.

■ 성평등 이슈

커피 생산 지역에 따라 정도는 다르지만 여성 커피 농부와 커피 생산 지역 사회의 여성들은 다양한 방식으로 소외되고 커피 경제에 완전히 참여할 수 없었다. "커피 농장의 20-30%는 여성이 운영하며 커피 생산 노동의 70%는 여성이 제공한다."[668]

무보수 노동

NGO 솔레다드의 연구에 따르면, "노동에서 여성의 기여는 종종 보이지 않거나 인정되지 않는다."[669] 여성들은 종종 무료로 일하거나, 남편의 급여로 보상받는 그의 할당량에 기여하는 것으로 기대된다. 예를 들어 남성 농장 관리자들의 아내는 종종 무보수로 농장 기반 시설 주변에서 집안일을 하고 농장 노동자들을 위해 식사를 요리해야 한다.[670] 옥스팜에 따르면, 농가가 더 이상 인건비를 지불할 여력이 없을 때 여성은 정상적인 책임 외에 추가 노동을 하여 차액을 메우고 있다.[671] 여성은 종종 같은 일에 대해 남성보다 적은 임금을 받는다. 온두라스에서는 최대 30%까지 낮다.[672]

두 배의 작업량

여성 가장은 종종 농장 일과 가사 책임의 균형을 맞춰야 하며 두 작업을 모두 수행해야 한다. 남성 농부들보다 더 많은 책임을 짊어지고 수척해진 여성은 "시간 배분(이)… 무력화된 주요 원인"이라고 지적했다.[673] 배우자 농가 단위에 속하는 여성은 남성과 책임이 다른 경우가 많은데, 이는 또한 권한을 상실시키는 원인이 될 수 있다. "가정 안의 여성 구성원들은 상대적으로 적은 시간을 농작물 저장과 판촉 활동에 집중하는 남성들보다 재배와 수확에 훨씬 더 많은 시간을 할애해야 한다. 남성들이 커피 판매에 관여하기 때문에 이들이 대부분 커피 생산으로 인해 수익을 관리한다."[674]

토지 접근

커피를 재배하는 세계의 많은 지역에서 여성들은 남성들처럼 부모로부터 토지를 물려받지 않기 때문에 농촌 농업 경제에서 여성들은 독립할 수 없다. 남편이 죽으면 과부가 가정의 경제권조차 물려받지 못해 자녀 부양에 어려움을 겪는 경우도 있다. 어떤 경우에는 법률로 심지어 여성들이 땅을 소유하는 것을 금지한다.[675] "자신의 토지를 소유하고 토지에 대한 결정권을 가진 여성들은 신용과 같은 다른 금융 자산에 접근할 수 있기 때문에 커다란 경제적 자율성을 가질 수 있다. 생산자로서 여성의 일이 인정되고, 정치 조직과 의사 결정 공간에서의 참여가 증가하며, 성별에 기반한 폭력에 덜 취약해질 것이다."[676]

서비스에 대한 접근 부족 [677]

농부들이 운영을 개선하고 생계를 강화하는데 도움이 되는 농업 훈련과 확장 서비스, 농업 투입물 및 금융 서비스의 이용 가능성은 대체로 남성 농부들에 비해 여성 농부들이 떨어진다.[678] 우간다, 콜롬비아, 에콰도르의 연구에 따르면, 세 나라 모두에서 여성 가장들이 평균적으로 남성보다 교육을 적게 받았다.[679] 여성 농부들의 가사 책임에 대한 추가적인 부담은 그들이 교육,[680] 생산자 조직 회의, 구매자에게 최고의 가격을 제공할 수 있는 마케팅에 할애하는 시간과 같은 기회를 활용할 수 있는 시간을 감소시킨다. 여성 농부들은 토지를 소유하지 않고 저축액이 적기 때문에 협동조합과 같은 농민단체에 참여하지 못하거나 "문화적 편견 때문에 회의에 참석하는 것이 불편"한 경우가 많다.

더 낮은 가격

만약 도구와 서비스에 대한 여성들의 접근 부족과 추가적인 업무량이 충분하지 않다면, 여성 농부들은 종종 그들이 생산하는 커피에 대해 훨씬 더 적은 대가를 받는다. "세계 은행 인구 조사 자료에 따르면 커피 판매 수익은 에티오피아와 우간다의 여성이 가장인 가구의 경우 남성이 가장인 가구와 비교할 때 각각 39%, 44%가 낮다."[681]

지출 습관

여성과 남성은 원칙적으로 동일한 수입 잠재력과 가능성을 가져야 하지만, UN 연구에 따르면 여성의 수중에 더 많은 돈이 있으면 가족과 지역 사회에도 도움이 될 수 있다. SCA가 인용한 크리스 포르스튼(Chris Forston)에 따르면 "여성들은 그들의 소득에 최대 90%를 가계에 재투자하며 가족이 세대 빈곤에서 벗어나도록 돕는다."[682] 반면, 남성들은 "일반적으로 소득의 25% 이상을 소모품에 소비한다."[683]

어떻게 개선할까

이 책에서 논의된 모든 이슈들과 마찬가지로 커피는 전 세계적으로 매우 다양한 환경과 지역 사회에서 재배되며, 따라서 수천 가지의 고유한 상황들 전부나 혹은 대부분에 적용할 수 있는 단 하나의 해결책은 없다. 하지만 당면한 과제가 엄청나다고 해서 시도조차 하지 말자는 의미는 아니다. 우리는 이 문제를 해결하는 일반적인 방법이나 개선하는 방법을 모른다. 하지만 우리가 검토할 수 있는 몇 가지의 아이디어들이 논의되고 있다.

동아프리카 커피 생산자 협동조합과 함께한 조직 경험에 대한 테크노서브 보고서에 따르면, NGO는 남성들에게 아내를 협동조합 회의에 데려오고 농업 교육에 참여하도록 요청함으로써 더 많은 지식을 쌓을 수 있게 상황을 개선했다. 게다가 "아내들이 참석했을 때 남성에게 아내를 데려온 이유를 설명하도록 요청하는 관행을 통해 이 프로젝트가 다른 관점에서 농부 집단을 더욱 세심할 수 있도록 만들었다."[684] 여성 협회는 또한 여성들이 특히 관심 갖는 문제를 진전시키는 효과적인 방법으로 언급된다. "협회의 의제 중 상위에 있는 주제는 일반적으로 토지에 대한 접근성 부족(상속법과 관련), 교육 및 기술 부족, 저축을 위한 자본과 옵션의 접근성 부족, 그리고 커피를 위한 좋은 시장을 찾을 수 없다는 것이다."685

여성에 대한 연민과 그들이 받는 불이익 때문에 남성보다 여성이 생산한 커피의 값을 더 비싸게 구입하는 것은 증상만 치료할 뿐이다. 이런 식의 해결책은 의존적인 시스템을 만들 뿐이며 오직 농부들 사이에 만연한 성 불평등 문화에 기여할 뿐이다. 구매자가 연민이나 죄책감을 완화하기 위해 지불하는 가격 프리미엄은 어려움을 겪고 있는 여성 농부들의 생계를 유지하는 데 도움이 될 수 있지만 생산자의 자존감을 해치고 경제적으로 지속 가능한 발전에 대한 전망에는 오히려 도움이 되지 않는다.

한편, 역사적으로 그리고 현재까지 여성들이 직면한 제도적 불이익과 소외 때문에 많은 여성들이 동일한 노력을 기울였음에도 불구하고 남성들만큼 멀리 나아가지 못했고, 때문에 자신의 잠재력을 최대로 발휘하지 못하고 있다. 이런 잘못은 소급하여 바로잡아야 한다. 많은 경우 커피 보상 규모를 조정하여 여성 소득을 늘리면 적어도 부분적으로는 이루어질 수 있다.

여성들의 목표와 잠재력에 도달하는 것을 가로막는 제도와 문화적 규범은 반드시 바뀌어야 한다. 여성들에게 무차별적으로 돈을 지원하는 일은 쉽다. 그것은 여성들이 직면한 불이익을 유지하는 시스템을 변경하는 데는 아무런 도움이 되지 않지만 그들의 생계 개선에 절실한 자원을 제공할 수 있다. 반면에 여성들이 공급망에 더 적극적으로 참여할 수 있도록 하는 적절한 도구와 기회를 제공하는 일은 그들로 하여금 커피 업계에서 그들을 소외시켜 왔던 일부 구조를 밝히는 데 도움이 될 수 있다.686

성평등을 개선하기 위해 커피 생산자 커뮤니티에 직접 개입하려고 시도하는 커피 공급망 행위자들의 또 다른 문제는 외부인들에게 명백하지 않을 수 있는 문화적 복잡성이다. 때때로 커피 생산 가족 단위에서 여성의 보이지 않는 성 역할은 종종 가족 문화의 일부다. 물론 학대하는 가족이 없다는 말은 아니다. 그러나 가족 역학 관계의 정당성이나 미덕을 특히나 이방인이 진단하는 것은 매우 부적절하고 무책임하다. 게다가 남편에게 복종하는 위치에 있는 여성들 모두가 다 더 많은 독립을 바라지 않을 수도 있다. 성 평등은 그것을 원하는 사회에서 거의 만장일치로 추구될 수 있지만, 그것은 여전히 많은 지역 사회에서는 흔하지 않으며 온두라스 농촌 여성들이 평균적으로 서부 런던 여성들과 동일한 욕구를 가지고 있다고 가정해서는 안 된다. 이것은 주제를 무시할 이유가 되는 것이 아니라 고려해야 할 필수 사항이다. 직접적인 개입과 피상적인 분석을 통해 가족 역학을 교란하는 것은 심지어 여성들에게 개선과 어려움보다 더 큰 해를 끼칠 수 있다. 안드레아 존슨에 따르면 "가장 투명한 방법(커피 업계 참여자가 도울 수 있는)은 커피에 종사하는 여성들의 삶을 개선하기 위해 현장에서 이러한 작업을 수행하는 단체를 지원하는 것이다."687 세계여성커피동맹(IWCA, International Women's Coffee Alliance)은 이런 일을 하고 있는 26개국 중 하나의 좋은 예다. 이 단체의 리더이기도 한 필리스 존슨은 "한 가정에서 성 역할, 책임, 지위의 역동성에 대해 사람들의 생각을 바꾸려고 하는 것은 누군가의 종교를 바꾸려고 하는 것과 같다. 이런 일은 일어나지 않는다. 여성의 권한 부여

는 여성만큼이나 남성에게도 중요하다."라고 덧붙인다.[688]

　멀리 떨어져 있는 로스터들과 카페 소유주들은 불평등을 영속시키는 뿌리 깊은 시스템을 풀기 위해 수표를 쓰는 것 외에 할 수 있는 일이 많지 않을 수 있지만, 이러한 성별 역학을 개선하려면 자원이 필요하다. 많은 NGO와 다른 단체들은 이러한 문제들에 전념하고 있으며 더 나은 자금으로 더 많은 일을 할 수 있다. 세 번째 옵션: 여성이 재배하는 커피에 성별 프리미엄을 지불하고 여성들이 그 중 일부를 받을 수 있기를 바라는 대신, 양성 평등을 개선하기 위해 현장에서 부지런히 일하는 수많은 단체들 중 한 곳에 기부하라. 성평등을 개선하고 여성 농부들에게 권한을 부여하는 조치를 취하고 있는 농부 단체와 공급망을 지원하는 신중한 방식은 많은 사람들이 그러한 조치를 채택하도록 경제적 동기를 부여한다.

　커피 공급망에서 각 주체가 해야 할 일은 결국 개인의 가치로 귀결될 것이다. 이러한 논의는 결국 당신이 이 주제에 대한 독자적인 평가를 자극하고 당신이 가장 존중하고 효과적이라고 생각하는 방식으로 커피의 성평등 개선을 지원하는 당신만의 전략을 개발하는 데 도움이 되기를 바라는 몇 가지 생각이다.

환경

지속 가능한 농경지 이용

커피 생산 지역으로부터 많은 농촌 주민들이 밀려나고 있는 시장 신호에 대해 모든 사람들이 걱정해야 하는 이유 중 하나는 내재되어 있는 환경 악화다. 커피 농장에 존재하는 생물 다양성의 양에 관계없이 농장이 가축 방목을 위한 목초지로 전환되면 생태계는 황폐화되는데, 이와 별개로 그 지역은 더 나은 경제적 수익을 얻을 수 있다.[689] 변화는 이미 진행 중인데, "라틴 아메리카의 모든 숲과 농경지의 20%가 이미 황폐화되었다."[690] 기후 변화로 인해 커피 재배지의 이동과 커피를 계속 선택하는 사람들에 의한 더 높은 고도 지역으로의 이동은 또한 지금까지 토종 및 철새 야생 동물과 생물 다양성의 성역인 중요한 미개간지에 심각한 위협을 가한다. "많은 커피 재배 지역들은 지구상에서 가장 섬세한 생태계 일부의 본고장이며, 커피 재배의 확대는 특히 생물 다양성의 가치가 높은 서식지를 대체하는 경향이 있다."[691]

　소규모 경작지는 대농장보다 생물 다양성과 작물 다양성의 정도가 더 큰 경향이 있다. 심지어 커피 수확량을 희생하더라도 가족 식량 안보와 생산성 위협으로부터 격리가 우선시된다. 따라서 베이컨(Bacon)은 "소규모 전통 커피 농장은 대규모 농약에 의존하는 커피 관리 유형보다 보존 가능성이 높다"는 글리스만(Gliessman)의 주장을 받아들인다.[692] 그는 또한 칼로(Calo)와 와이즈(Wise)의 주장을 인용하여 "많은 소규모 농부들이 전 세계에 상당한 양의, 그러나 보상받지 못하는 환경 보조금을 제공하고 있다."고 한다.[693] 우리가 나중에 논의하겠지만 이 서비스는 보상받아야 한다.

■ 집약 농업

수출 지향적인 농업 경영의 확대로 인해 경작지에 대한 접근성이 떨어진 채 인구가 증가하면 소규모 농부들은 자포자기하는 상황에 빠진다. 이러한 절망감과 함께 더 적은 자원으로 더 많은 것을 생산해야 하는 필요성은 지속 불가능한 집약적인 성장, 화학 물질 투입량의 증가, 그리고 주변 토지의 삼림 벌채를 포함한 기타 환경 파괴로 이어졌다. 그것은 또한 자연림을 농업 개척지로 확장하도록 하는데, 기후 변화로 인해 커피 생산지가 필연적으로 현재 경작되지 않고 있는 높은 지대로 상승하는 추세에 있기 때문에 한동안 계속될 것이다.

멜리사 머피가 세계보존연맹(World Conservation Union)과 퓨처 하비스트(Future Harvest)에서 언급한 바와 같이 "농업 확장은 전 세계 생물 다양성에 가장 큰 위협"이라고 지적한다.[694] 기존 커피 농장의 헥타르당 수확량을 개선하지 않고 2020년까지 예상되는 커피 수요(2014년 추정치)를 충족하려면 현재 매우 섬세하고 다양한 동식물 서식지인 1,000만 헥타르가 커피 농장으로 전환되어야 한다. 현재 추세에 따르면 대부분의 생물 다양성을 저해하는 집약적인 단일 작물 시스템이 될 가능성이 높다.[695] 베트남에서는 커피가 환금 작물로 등장하자 일부 산악 부족들은 커피 경작지를 외부 투자자들에게 팔고 자생림으로 이주하였고, 커피 농부로서 그들은 자연스레 숲을 단일 재배 커피농장으로 전환했다. (아래 그림 4.2 참조[696])

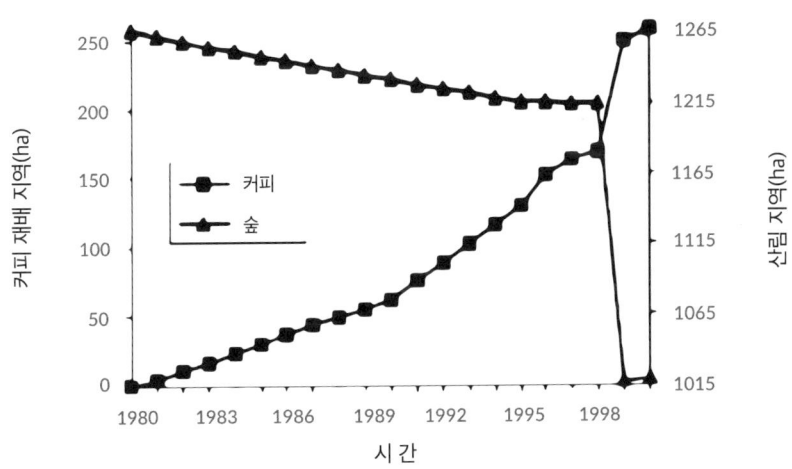

그림 4.2 | 커피 재배 지역의 확장 VS 베트남 닥락(Dark Lak)의 사라지는 숲

Cleland. D. (2010). "커피 생산이 지역 생산자들에게 미치는 영향" 인문대학. 캘리포니아 폴리테크닉 주립대학교

많은 커피 재배 지역에서는 육안으로 확인 가능한 모든 곳까지 한 줄로 늘어선 단일 재배와 농약 "기술"이 성공과 발전의 동의어이고 화학 물질이 없이 다양한 생태계 환경에서 재배된 커피는 후진성과 무질서함의 동의어라는 불행한 낙인이 있다. "농부들은 이것이 국제 시장에서 자신들을 굳건히 하는 과정으로 생각하도록 훈련 받아왔고, 많은 정부들은 그들이 농장을 기술화하도록 장려했다."[697] 그러나 물질적 장단점을 제외하고 유기농 인증은 산업화보다 자연적인 방법을 선택한 농부들을 인정한다. 어떤 경우에는 유기농 인증을 통해 수확량이 향상되기도 하였는데 이는 아마도 농부들이 그들의 일에서 새롭게 찾은 자부심 때문일 것이다.[698] 필자는 자생 그늘 나무를 콜롬비아 농부들이 잡초라고 부르는 것을 들어 왔긴 했지만, "다양하고 풍부한 그늘 나무 카노피(canopy)는 생태적 영향이 적고 환경 친화적인 커피 농장을 위한 기본 토대로 널리 인식되고 있다."[699] 환경에 대한 책임이 바람직하지 않다는 인식은 여전히 만연하고 왜곡되어 있다.

그늘 재배(SHADE IN COFFEE) : 왜 우리가 그것에 관심을 가져야 할까?

대략 1970년대까지 커피는 그늘에서 재배되었으며 이것은 논쟁의 주제가 아니었다.[700] 델라웨어 대학(University of Delaware)의 한 연구에 따르면 아메리카 대륙에서 철새들이 겨울을 나기에 적합한 5백만 헥타르의 땅이 집약적인 커피 농업으로 전환되었다.[701] 커피는 밀도가 높고 다층적이며 토착종이 있는 다양한 혼농임업 시스템에서 재배되는데, 상업적으로 사용 가능한 농경지보다는 오히려 손대지 않은 산림지와 더 유사하다.[702] 집약적인 일광 재배 단일 작물 시스템은 토착 생태계의 완전한 파괴를 의미한다. 벌목되어 오직 커피 농업으로 대체된 천연림은 "새와 곤충의 서식지가 거의 없는" "생태 사막"으로 변모한다.[703] 만약 농업이 인간의 존재와 증가하는 금전적 필요로 인해 불가피하다면 농지 사용과 완전히 보호되는 산림 보호 구역과 집약적인 농업 사이의 설득력 있는 타협이 이루어져야 한다.[704] 슬프게도 전통적인 그늘 재배 커피 시스템은 2010년 현재 모든 커피 면적에서 24%만을 차지하고 있다.

그늘 재배의 이점

식량 안보와 소득 다양화

커피는 감귤류, 아보카도, 바나나와 같은 식량을 생산하는 나무 작물과 함께 경작될 수 있기에 농부들에게 가계 예산을 줄일 수 있는 식량원을 제공하고, 커피 수익이 마이너스일 때 안전망 역할을 하며, 잠재적인 대체 수입원이 될 수 있다.[705] "전통적인 농업 시스템에서 커피는 그늘과 목재를 제공하는 토착 수종을 포함하는 통합 혼농임업 시스템의 일부다. 커피는 또한 옥수수나 바나나 같은 다른 식량 작물과 함께 교차재배된다. 이 시스템은 커피 생산량의 장기적 지속 가능성을 지원하고 물, 토양, 생물 다양성을 보존한다."706

그 안에서 재배되는 다른 작물들은 커피 가격이 낮을 때 자급자족하는 농부들에게 식량과 소득 완충재 역할을 한다.707 목재는 나무가 성숙하여 벌채 및 교체할 준비가 되면 판매할 수 있다.708 연료로 사용되면 나무는 포획된 탄소를 방출하지만, 만약 그것들을 태우는 사람들이 재생 불가능한 탄소 생산 자원을 사용했다면 그것은 여전히 개선이 필요하다. 만약 건물과 같이 목재가 온전하게 유지된다면, 탄소는 결국 분해될 때까지 아마도 10년 또는 100년 정도 동안 갇힌 상태로 유지될 것이다.

조류 생물 다양성(조류)

"조류 생물 다양성의 50% 감소"는 생물 다양성이 있는 그늘 재배 조건에 비해 완전한 일광 재배 조건에서 발생하고 있다.709 "벽지(僻地)형(Rustic)" 커피 재배, 즉 자생림, 자연림, 자연종 혼합 및 자연적으로 존재하는 모든 층의 숲에 커피나무가 산재해 있는 재배 시스템으로 생물 다양성에 가장 좋으나710 생산량은 가장 낮다. 의도적으로 활엽수 그늘이 있는 빽빽하게 심어진 커피 밭은 생물 다양성을 위한 차선책으로 더 많은 생산성을 제공한다. 생물 다양성에 최악인 것은 가장 많은 투입물(농약)을 필요로 하고 가장 많은 커피를 생산하는 완전 일광 재배, 완전 단일 재배 커피다.711

직관적인 경고로는 오직 토착 나무와 식물종만이 커피 농장의 생태계를 보존하거나 회복하는데 유용하다는 것이다. 토착종이 아닌 나무의 종들은 토종 조류와 곤충들에게 거의 쓸모가 없다.712 따라서 커피 밭에 티크(teak), 바나나 또는 유칼립투스와 같은 나무들이 추가 수입원을 제공하고 생산적인 커피 시스템에 도움이 될 수 있다고 해도, 그것들은 생태학적 관점에서 도움이 되지 않는다.

역사적으로 생물 다양성이 매우 높은 콜롬비아와 멕시코에서는 삼림 벌채로 인해 조류 생물 다양성이 94-97% 감소한 것으로 나타났다.713 자연 그늘막이 있는 커피 경작지는 숲이 갈라진 지역에서 조류와 포유류를 포함한 토착 동물종의 이동과 이주를 위한 통로 역할을 한다.

비옥한 토양 및 비료

낙엽이나 떨어진 나뭇가지와 같은 부후물로 구성된 낙엽층은 자연 멀칭(mulching)*을 통해 토양 비옥도를 유지하고 커피나무가 흡수하는 특정 영양소를 보충하므로 토양의 건강을 위한 필요성과 비용을 줄인다.714 햇빛이 가득한 밭에서는 토양 영양소의 자연적 보충은 최소화된다.715 토양 개량제 비용의 감소는 헥타르당 전체 생산 비용과 대부분의 경우 제품의 킬로그램당 생산 비용을 감소시킨다. 시장 가격이 높은 상황에서 생산량이 많고 농약을 많이 사용하는 커피 농장은 햇볕이 잘 드는 곳에서 촘촘히 심어 수익성을 더 높일 수는 있지만,716 생산 비용이 높아 농부들은 가격 하락에 따른 경제적 피해에 더 취약해진다. 또한 외부에서 토지 개량제에 대한 필요성 감소는 공급자에 대한 생산자의 의존도를 줄이고 많은 국제적으로 조달되는 합성 투입물로 인한 환율 위험에 덜 취약하다.

---

* 작물이 생육하고 있는 동안 짚이나 건초, 비닐 등을 덮어주어 지온상승, 토양수분 증산억제, 잡초방제 등의 효과를 얻는 것을 멀칭이라 한다.

171

인구 밀도가 낮은 많은 지역에서는 다시 토지를 비옥하게 만드는 과정 없이 약 15년 동안 집중적인 일광 단일 재배 생산 주기가 끝나면 토양이 고갈되어 그 땅은 버려지고 자연 그대로의 새로운 비옥한 토지를 찾게 된다. 이것은 새로운 삼림 벌채와 손대지 않은 땅으로의 침입을 의미한다.[717] 이런 경우 커피 재배로 인해 빠져나간 토양 영양분을 보충하는 것보다 땅을 버리고 다시 시작하는 것이 더 저렴하다.

다양성이 주는 혜택

혼합 재배의 생물 다양성은 다양한 식물에 의해 제공되는 미량 영양소와 균형 있게 공존하는 여러 종으로 구성된 통합적이고 다양한 혼합 재배에서 병충해에 대한 내성을 증가시킬 수 있는 가능성과 같이 명백하게 계산해내기 어려운 이점을 가지고 있다. 꿀벌의 방문은 근처의 커피 밭이나 성장하는 자생림의 내부에서 더 많다; 꿀벌의 방문이 없다면 커피 생산량은 15-50% 감소할 수 있다.[718] 2004년 코스타리카의 한 연구는 야생 동물에 의한 수분 활동 증가로 인해 나무당 체리 생산량이 20% 증가했다고 밝혔다. 이런 혜택은 낮은 파종 밀도 또는 감소된 광합성 활동으로 인한 수확량의 희생보다 훨씬 클 수 있다. 또한 커피나무의 생산 가능 수명은 그늘 재배 밭에서 더 길다.[719] 따라서 커피나무의 전지(剪枝, pruning) 작업과 그에 따른 비용 및 생산 중단이 자주 발생하지 않는다. 전지 작업이 수행되면 투자는 수확 기간이 늘어나고 수확량이 늘어나서 분산되어 회수할 수 있다.

노동력

커피 밭에 나무가 있으면 침습성의 지표 식물과 잡초의 성장을 감소시키므로 잡초 방제에 드는 인건비를 줄일 수 있다.[720] 토양 개량제 또는 비료 요구량 감소, 해충 방제 적용의 잠재적 감소도 생산 단위당 노동량을 줄일 수 있다.[721] 그늘진 커피 밭은 또한 피커들과 다른 노동자들에게 하루 종일 뙤약볕에서 견디는 것보다 훨씬 더 쾌적한 환경을 제공한다. 그럼에도 불구하고 한 연구에서는 그늘 커피 재배 시스템에서 수확하는 인건비가 평균적으로 증가하는 것을 발견했는데, 연구자는 이것이 커피나무의 식목 밀도가 낮기 때문이라고 판단했다.[722]

식물 스트레스

그늘에 있는 커피 밭은 온도 변화로부터 차단되고 해로운 바람으로부터 보호된다.[723] 상대 습도가 더 높기 때문 토양 수분의 가용성이 더 높다. 그늘에 덮인 커피 밭은 또한 침습성 지표 식물과 잡초의 증식을 억제한다.[724]

일관성 및 품질

많은 숙련된 실무자들은 개선을 정량화하기 위한 객관적인 연구 데이터는 없지만, 커피 농장의 생물 다양성과 그늘 덮개가 더 높은 컵 품질을 돕는 경향이 있다고 언급한다. 그늘진 커피 밭은 수확당 더 많은 생산량으로 더 많은 소득을 예측 가능하게 한다. 또한 "과일 부하 감소, 균형 잡힌 알맹이 및 균일하고 긴 숙성 기간으로 인해" 더 큰 콩 크기와 더 높은 밀도를 보이는 경향이 있다.[725]

그늘이 얼마나 많아야 할까?

이상적인 그늘의 양은 재배 지역과 농장의 고유한 조건에 따라 모두 다르지만, 일반적으로 제공되는 일조 시간에 따라 40-70%의 그늘(햇빛 차단)이 적절한 복사 및 광합성 속도에 이상적이라고 여겨진다. 최적의 광합성 속도를 유지하기 위해 잎의 온도는 섭씨 25도를 넘지 않아야 하는데, 완전 일광 조건에서는 섭씨 40도를 초과할 수 있다. 이 방정식은 또한 문제의 다양성에 따라 달라지는데, 로부스타 유전학을 포함한 많은 변종들은 완전 일광 조건에서도 견딜 수 있고 때로는 더 생산적이기 때문이다. 생물 다양성을 극대화하고, 단위당 생산 비용을 최소화하며, 면적당 고정 비용 대비 수확량을 최대화하려면 신중한 계산을 수행해야 한다. 한 연구에 따르면 최대 50%의 그늘 재배까지는 수확량을 방해하지 않는 것으로 나타났다.[726] 그러나 약간의 수확량 감소의 허용을 정당화하는 더 큰 그늘막에서 얻어지는 다른 이점들은 더 높은 최적 수준의 수확량으로 나타날 수 있다.

병충해

그늘 대 태양, 해충에 대한 민감성에 대해서는 장단점과 다양한 의견, 연구 결과들이 있다. 어떤 사람들은 습도가 증가하면 커피 녹병(la roya, coffee leaf rust)과 선충류를 자극한다고 말한다. 그러나 식물에 대한 스트레스 감소는 식물이 그러한 침입자들을 견딜 수 있는 더 많은 준비를 하도록 한다.[727] "적절한 그늘 수준은 방풍벽을 만들고 커피 녹병 포자의 수평 확산을 늦춤으로써 곰팡이 질병을 저지할 수 있다."[728] 새는 천공 딱정벌레와 같은 곤충을 잡아먹는데, 이 벌레는 매년 5억 달러 이상의 손실을 초래한다.[729] [730]

한 연구에 따르면 새가 천공 딱정벌레를 먹는 식성, 새가 서식할 수 있는 그늘 나무의 존재로 인해 결국 새들은 헥타르당 최대 65파운드까지 커피의 손상을 방지할 수 있다는 것을 발견했다.[731] 개미와 거미 또한 천공 딱정벌레를 방지하는데 도움을 준다.[732] 더 많은 생물 다양성이 새로 출현한 유기체의 지배를 막는다. (예를 들어 울타리가 있는 뒷마당에 고양이 두 마리를 두면, 곧 40마리가 된다. 하지만 숲에 고양이 두 마리만 두면, 곧 고양이는 한 마리도 남지 않는다.) 한 종류의 농작물만 빼빽하게 심어진 밭은 식물을 파괴하기 위해 사는 병원균들의 낙원과 같다. "일반적으로 단일 재배는 생산성 향상을 의미했지만, 동시에 식물 병원균이 라틴 아메리카와 카리브해 전역으로 퍼지면서 생태학적 취약성의 대가를 치르는 경우가 많았다."[733]

침식 [734]

활엽수의 뿌리가 깊지 않으면 경사진 곳에 위치한 햇볕이 잘 드는 커피 밭은 활엽수가 주변에 있는 숲이나 농장보다 산사태에 더 취약하다.[735] 지면까지 뻗은 줄기와 잎과 같은 단단한 덮개가 없으면 햇볕이 잘 드는 커피 밭은 표토 침식에 취약하며, 이와 함께 값비싼 합성 농약이 많이 사용된다.[736] 또한 비료 유출은 지하수 오염의 중요한 원인이 된다.[737]

빗물 이용

비가 충분하지 않을 때 활엽수 뿌리는 토양에서 물을 머금어 물이 빠르게 강과 개울로 흘러 들어가는 것을 방지한다. 햇볕을 차단한 그늘은 커피나무가 머금은 물의 증발과 표토의 건조를 막는다. 속설에 따르면 다른 식물이 커피나무의 수분을 빼앗아 간다고 하지만, 사실상 다른 식물들은 토양이 수분을 유지하도록 도와 커피나무가 수분을 더 오랫동안 이용할 수 있도록 만든다. 그것은 마치 수면 활동이 업무의 생산성을 빼앗는 것이라 말하는 것과 같다. 그것은 사실이지만 맥락상 잠을 자지 않고 3일 연속으로 근무를 하게 된다면 전반적인 생산성이 급격히 떨어질 것이다. 헨리 포드(Henry Ford)는 자신의 공장에서 주 6일 근무를 5일로 줄였을 때 이를 이해하였다(그가 반드시 좋은 사람이어서가 아니다). 뿌리가 깊은 그늘 나무는 커피나무와 직접 경쟁하지는 않는다.[738] 또한 비가 너무 많이 올 때 나무 뿌리가 깊으면 흙이 느슨해지는 것을 방지하여 산사태를 막아주고, 지표면의 뿌리는 표토의 유실을 방지한다.

탄소 격리*

"일광 및 단일 재배 생산과 관련된 산림 감소는 전반적인 탄소 격리를 감소시킨다. "다양한 그늘" 시스템에서 "단일 재배 그늘" 시스템으로의 전환은 라틴 아메리카에서 탄소 격리를 30-50% 감소시킨 것으로 추정된다."[739] 식물은 성장하면서 탄소를 격리시킨다. 큰 식물이 적을수록 방출되는 탄소는 적게 격리된다. 일반적으로 그렇듯이 삼림 벌채와 보다 많은 탄소 배출이 동시에 일어나면 보통은 문제가 두배로 늘어난다. 커피는 토지 본래의 특성을 파괴하지 않고 숲에서 커피 농장으로 전환할 수 있기 때문에 편리한 작물이다. 대기 중 CO_2 수준과 관련하여 그늘진 다년생 시스템의 가장 값진 잠재적 기여는 농업 개척지의 농부들에게 일년생 작물을 위한 화전 재배의 대안으로 지속 가능한 환금 작물을 제시함으로써 남은 숲을 보호하는 데 있다.[740] 그늘 재배 커피에 대한 탄소 포집 또한 비용 효율적이다. "숲길은 온난화를 섭씨 2도 이하로 유지하는 데 필요한 비용 효율적인 자연 기후 해법(NCS)의 3분의2 이상과 저비용 완화 기회의 약 절반을 제공한다."[741]

만약 탄소 격리를 판매할 수 있다면 그것은 농부들에게 또 다른 수입원으로 간주될 수 있다. 코스타리카에서 수행한 연구에 따르면 토종 활엽수로 커피 밭을 재조림하여 발생한 수확량 감소의 기회비용은 공개 시장에서 판매될 경우 탄소 격리 가치보다 클 수 있다.[742] "재조림(Reforestation)은 가장 큰 자연 경로(탄소 격리에 대해)이며 저비용 완화 기회를 식별하기 위해 더 많은 관심을 기울일 필요가 있다… 재조림은 생물 다양성 서식지, 공기 여과, 물 여과, 홍수 조절 및 향상된 토양 비옥도를 포

---

* 대기 중 배출되는 이산화탄소를 토양의 탄산염 또는 유기물 등 담체에 고정하여 지하 또는 지상의 특정 공간에 저장하는 과정을 말한다.

함하여 잘 입증된 공동 이점이 있다."743

반면에 커피 생산 및 가공은 특히 온실 가스의 배출원이다. "커피 생산 자체는 삼림 벌채와 유기 물질의 분해, 농약의 부적절한 사용 또는 과도한 사용으로 인한 온실 가스로 인해 기후 변화의 원인이 된다."744 커피 생산은 워시드 가공에서 퇴비화되거나, 내추럴 가공에서 껍질을 벗기거나, 심지어 까스까라 차를 만들기 위해 담그기도 하는 등 불가피하게 분해되는 엄청난 양의 과일을 만들어낸다. 과일은 분해되어 메탄을 포함한 온실 가스를 방출한다. 한 가지 완화 방법은 분해되는 커피 체리에서 발생하는 메탄을 생물 침지기 풍선에 가두어 태우는 것이다. 포획된 메탄을 태우는 것은 화석 연료의 사용을 대체할 뿐만 아니라 강력한 온실 가스인 메탄을 훨씬 덜 강력한 이산화탄소로 전환시킨다. (아래 그림 4.3 참조745)

왜 삼림을 없애겠는가?

토종 활엽수 그늘을 특징으로 하는 커피 농장이 더 나은 성과를 내고, 더 탄력적이며, 그늘이 없는 커

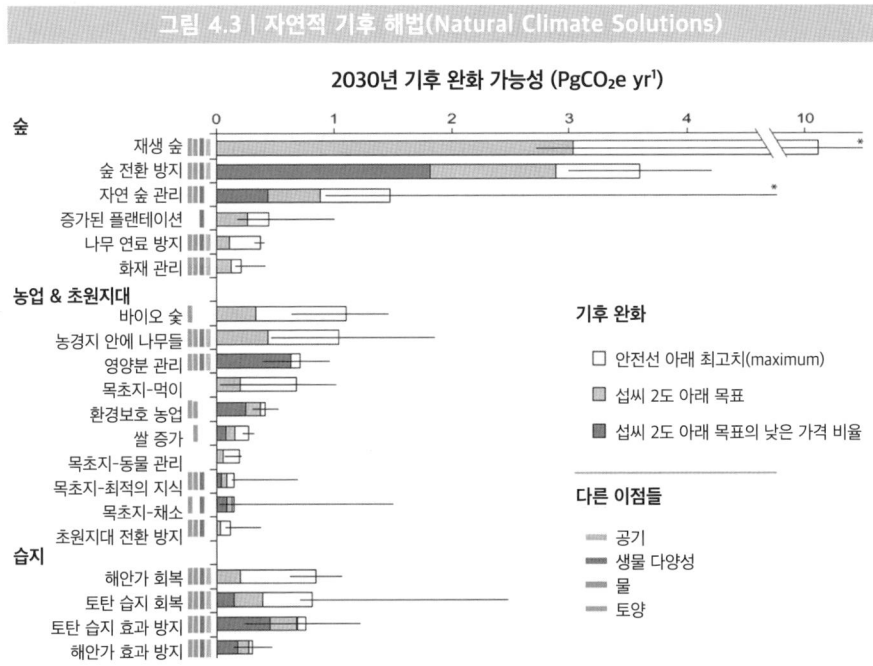

Bronson, B., Adams, J., Ellis, P., Houghton, R., Lomax, G., Miteva, D., Schlesingere, W., Juha, D., Peter, P., Allen, c., Richard, J., Delgado, C., Trisha, P., Hamsika, M., Herrero, M., Kieseckera, J., Landis, E., Laestadius, L., Minnemeyerl, S., Polasky, S., Potapovp, P., Putz, P. Sanderman, J., Silvius, M., Wollenbergs, E., & Fargione, J.(2017). "자연 기후 해법" 미국 국립 과학 아카데미 회보, 114(44), 11645-11650

피 밭보다 유지비가 적게 들고, 보너스로 토착 환경을 보존하고 심지어 재생한다는 많은 증거들이 있는데 왜 커피나무를 심기 위해 그늘 나무 또는 삼림 벌채를 하는가?

좁은 시야에서의 생산

처음에는 개간된 1헥타르의 땅에 더 많은 커피나무를 심을 수 있고, 각각의 나무는 그늘 아래에서 심는 것보다 더 많은 커피를 생산한다(햇빛을 충분히 견딜 수 있는 고도에서 수확량이 높은 하이브리드 품종이라고 가정). 이 시스템으로 전환하는 것은 거의 보편적으로 합성 살충제와 비료를 채택하여 두 번 이상의 수확을 지속하도록 요구한다.[746] 나무와 헥타르당 수확량은 때로로 유리한 특정 기후 조건을 고려할 때 그늘 조건에서 감소한다; 그러나 이것은 나무 수명 증가로 보상되므로 식재 및 가지치기 비용이 감소한다.[747] 그러나 커피가 재배되는 대부분의 토양이 토착지가 아니고 세계의 어떤 토양도 헥타르당 7,000그루의 커피나무를 단일 재배할 수 없기 때문에, 초기 커피 생산량을 유지하기 위해 더 많은 농약들이 필요하다.[748]

"일광 재배 시스템은 수확량이 높을 수 있지만, 소규모 그늘 재배 시스템은 수익성 및 비용 효율이 더 높다."[749] 따라서 일광 단일재배 커피 시스템을 장려하는 정책은 재정적 안전망, 기타 수출세 및 외화를 벌어들이는 것과 같은 생산 극대화와 관련한 국가 및 부문의 이익을 가진 대규모 재배자에게만 유리하다. "집중적으로 수확량을 높이기 위해 그늘이 제거되었고, 단일 작물 경작지에서 그늘이 없는 커피 재배가 이루어졌으며, 더 많은 농약 사용을 통해 더 나은 수확량을 제공하는 빠르게 성장하는 왜소종을 심었다."[750] 삼림 벌채와 나무 심기에 이어 5년에서 7년 동안 집중적인 태양 농사를 지은 후에, 땅을 버리고 새로운 땅을 벌목하는 것이 생산성을 유지하기 위해 필요한 농약을 구입하는 것보다 더 경제적으로 합리적이라고 주장하는 동아프리카의 기록이 있다. 물론 이 계산은 다시 심는 데 필요한 토지와 인건비에 따라 달라진다.[751] [752]

한 세대 이상 동안 일광 단일 재배가 표준이었던 일부 지역의 전통적인 지식은 그늘용 나무가 수확량을 줄이고, 낮은 수확량은 적은 수입을 의미한다고 주장해왔다. 커피 작물의 생산성을 심각하게 떨어뜨릴 정도의 일조량의 임계값이 있음에도, 이 주장은 두 가지를 고려하지 않는다. 하나는 그늘 재배 커피를 생산하는 단위당 비용이 종종 일광 재배한 커피보다 낮다는 것, 다른 하나는 그늘막이 커피에 전달되는 일조량의 수준을 감소시킬 수 있다는 것이다. 2018년 보고서에 따르면 50% 이상의 그늘 수준은 생산성을 감소시키는 반면, 50% 미만의 그늘 수준은 나무당 수확량에 영향을 미치지 않는 것으로 보인다.[753] 또한 그늘이 50% 미만의 커피 밭 수확량은 매년 비슷하고, 게다가 연간 생산성 변동폭도 적다.[754]

소규모 농부들의 절박함

토지 생산으로는 생계를 유지할 수 없기 때문에 소규모 농부들은 같은 토지에서 더 많은 커피를 짜내기 위한 식재를 기술화하고 강화하기로 결정할 수 있다.[755] 이것은 자원이 부족한 소농들과 금전적으로 가장 이익이 되는 이 개념을 주저하지 않고 지지할 정부, 은행가, 사무직 판매원과 같은 전략과 정책을 결정하는 사람들이 생각하는 현대화, 정교화, 번영으로 가는 길이다. 이것은 1헥타르당 더 많은 커피를 심기 위해 커피 이외의 작물을 없애고 그늘 나무를 벌목하는 것을 의미한다. 생산자는 생산 단위당 생산 비용이 증가하고 가격이 하락할 경우 생산 비용 아래로까지 수익이 떨어질 위험이 훨씬 더 높다는 사실을 깨닫지 못한다. 많은 생산자들은 유동성이 부족하고, 장기적인 토양 건강과 토양 개량제의 효능보다 단기적인 필요와 부채에 초점을 맞추는 경향이 있다. 이러한 절박한 단기적 요구를 진정시키기 위해서는 단기적인 외형 소득을 우선시해야 할 수도 있다. 임농복합과 그늘 재배 시스템의 구현은 초기 비용을 수반한다는 점을 고려할 때, 이러한 전환을 수행하기 위해 단기 지원을 제공받지 못한다면 그늘 재배 시스템이 많은 혜택을 가져올 수 있음에도 소농들은 그렇게 하지 못할 것이다.[756]

인센티브의 불일치

NGO, 다자간 기구 및 정부는 특히 몇몇 중미 국가에서 생산량을 늘리기 위한 인센티브를 자주 만들어 왔다.[757] 이것은 종종 커피 농장의 삼림 벌채와 완전한 태양 노출을 견딜 수 있고/또는 필요로 하는 고수익 품종의 번식을 넌지시 또는 노골적으로 요구해왔다. 라틴 아메리카 북부에서 미국 국무부 산하 국제개발처(USAID)는 1978년과 1997년 사이에 커피 농장의 기술화를 지원하기 위해 8,100만 달러를 지출했다.[758]

콜롬비아에서는 중앙 정부와 콜롬비아커피재배자연맹(FNC)이 커피나무를 까스띠요(Castillo) 품종으로 바꿔 농장을 "혁신"하려는 농부들을 위해 농업 은행으로부터 대출을 보증했다. 까스띠요는 잎녹병이 생산량에 미치는 영향을 최소화하는데 놀랍도록 효과적이었다. 하지만 또 다른 결과들도 따라왔다: 커피의 조밀한 식재, 집약적인 비료 및 해충 방제, 그리고 로부스타와 교배종인 까스티요 품종이 100% 아라비가 품종보다 많은 복사열도 잘 견디기에 대부분의 경우 이뤄진, 커피 수확량의 최대화를 방해하는 그늘 나무 제거를 포함한 일반적인 "현대화" 패키지가 그것이다.[759][760][761]

UN은 지난 30년간 라틴 아메리카의 공공 정책이 경제 성장을 촉진하기 위해 생산성 향상에 초점을 맞추었다고 확인했다. 이러한 정책들은 광범위한 삼림 파괴와 생물 다양성의 상실로 이어졌다. 일반적으로 라틴 아메리카에서는 1970년부터 1990년까지: "그늘 시스템의 50%가 낮은 그늘 시스템으로 전환되었다."[762] 2000년까지 일광 커피 재배 시스템은 멕시코의 커피 경작지의 17%, 코스타리카의 40%, 콜롬비아의 69%를 차지했다.[763][764][765] 커피의 혼농임업이 여전히 흔한 중앙 아메리카 지역에서는 "숲의 20% 미만이… 여전히 남아있다."고 인용한다.[766] 2017년 기준으로 전 세계 커피의 25%가 다양한 그늘 아래에서 재배되고, 35%는 부분 그늘 아래서 재배되고 있다.[767] 그리고 2018년 현재 "커피 재배 농장의 4분의1 미만이 다층적이고 다양한 그늘을 가지고 있다."[768]

삼림 벌채가 미치는 환경적 결과는 이제 잘 알려져 있으며 중기적인 경제적 이점도 없다. 그러나 여전히 커피를 재배하는 세계 대부분에서 피해가 발생했다. 오늘날, 커피를 일광 재배하는 세계의 많은 지역에서 다양한 활엽수를 다시 심는다는 생각은 저항과 불신에 직면할 완전히 이질적인 생각이다. 일광 단일 작물 재배 시스템 또는 그늘 재배 시스템을 사용하기로 한 결정에 대해 순전히 재정적 분석에서 이뤄진 최근의 경제 연구에 따르면, 5헥타르의 농장이 토지의 85%를 그늘 커피 시스템으로 전환하려면 파운드당 0.50달러의 프리미엄이 필요할 것이다.[769] 그 다음 순서는 소비자에게 그늘 커피 재배의 많은 장점을 전달하기 위한 공급망의 움직임과, 50센트의 추가 지출이 가치가 있는지를 결정하는 소비자의 몫으로 넘어간다.

기후 변화와 삼림 파괴

지난 세대부터 오늘날까지 기후는 계속해서 변하고 있다. 이건 사실이다. 많은 지역에서 기후 변화는 평균 기온 상승으로 나타난다. 이것 또한 사실이다. 지면이 따뜻해지면, 그 이전에는 자랄 수 있었던 것들이 더 이상 자라지 않을 수 있다. 현재 커피 재배를 위한 많은 땅이 더 이상에 커피에 유용하지 않게 될 것이다. 우간다와 브라질에서 커피 재배를 위한 땅의 60%가 2050년까지 커피 재배에 적합하지 않을 것으로 예측되며 콜롬비아와 에티오피아에서도 커피 재배에 사용되는 땅의 30%가 더 이상 적합하지 않을 것으로 예측되고 있다. 이것은 커피 농가에 엄청난 적자를 만들 것이다.[770]

2050년까지 커피 재배에 적합할 것으로 예측되는 많은(60%)[771] 땅이 현재 자생림 생태계에 있다. 게다가 오직 20%의 땅만이 공식적으로 보호되고 있다.[772] "많은 커피 재배를 위한 땅이 세계의 가장 섬세한 생태계의 본거지라는 점을 고려할 때, 커피 재배를 위한 지역의 확장은 특히 생물 다양성 가치를 지닌 대체 불가한 서식지를 위협하고 중요한 생태계 기능을 손상시킬 수 있다."[773]

생태계의 황폐화를 방지하기 위해서는 미개간지의 보호가 더욱 필요하고 우리 모두가 눈 앞으로 다가온 사회적, 경제적, 환경적 재앙을 막기 위해 자연 그늘 아래에서 영향을 적게 받는 커피와 같은 더 탄력적인 형태의 농업이 필요하다.[774] 다행스럽게도 브라질의 경우와 어느 정도 다른 곳에서도 2050년까지 커피 재배에 부적합하게 될 토지의 75%는 혼농임업 시스템의 구현, 일명 그늘 나무 심기를 통해 그 적합성을 유지할 수 있다.[775]

물 사용

워시드 가공에서 사용된 물은 체리의 과육에서 씻겨진 천연 당과 산을 함유한 채 버려진다. 이 폐수의 생물학적 산소 요구량은 리터당 150그램으로[776] 수로의 산소량을 크게 감소시켜 해양 생물에 위협이 된다.[777]

"커피 가공에서 나오는 폐수는 평균적인 도시 하수 오물보다 최대 40배까지 더 오염될 수 있다."[778] 물은 커피에서 매우 중요한데, 워시드 커피의 가공 과정에 사용되는 물의 양 때문에 비판을 받고 있다. 그러나 물 "사용"은 실제로 물을 어딘가로부터 가져와서 어딘가로 보내는 것이다. 당신은 물을 소유할 수 없고, 또한 물은 파괴되지 않는다.

만약 농장 근처 또는 농장 위 샘물로부터 대부분의 물이 공급되고 자연적으로 하류로 방류된다면 어떻게 될까? 만약 물이 도중에 껍질 제거기(depulper)와 발효 탱크를 통과한다면 이 물은 실제로 사용한 것일까? 아니면 단순히 빌려온 것일까? 답은 물이 원래의 경로로 돌아왔을 때의 상태에 있다. 산성의 과육 껍질과 농약으로 가득 차 있는가, 아니면 순수한 중성의 완전히 발효된 유기 물질로 가득 차 있는가? 문제는, 커피 가공에 사용한 물이 반환되기 전에 어떻게 처리되고 세척되었는지에 있다.

■ 환경적 차익거래

전 세계 커피 공급 시장 전반에 걸쳐 환경(및 사회적) 규제를 고르게 시행하기도 하고 시행하지 않기도 하기 때문에 일부 관할권에서는 공공재 사용을 "외부화"할 수 있는 기회를 제공한다.[779] 다시 말해 환경을 파괴하고 노동력을 착취함으로써 일부 지역은 다른 지역보다 커피를 더 싸게 생산할 수 있는 기회가 있다는 것이다. 이것이 세계화된 무역의 본질이다.

"비료가 싸고 물이 풍부한 토지로 인해 브라질은 경쟁적 우위를 차지하였다. 특히 농부와 주 정부 관리들이 파괴적인 기술로 발생하는 현재의 기회비용과 미래 세대가 부담하게 될 감가상각비용을 무시했기 때문이다. 매우 실제적인 의미에서 브라질 커피 붐은 농부들의 미래 후손의 유산과 다른 생물들의 서식지를 파괴함으로써 자금을 조달했다."[780] 환경적 외부 효과는 일부 개인이 파괴함으로써 돈을 버는 무료 투입물이다. 그 과정에서 이익을 얻지 못한 다른 누군가는 그들의 환경 파괴에 대한 대가를 치르게 될 것이다.

"브라질의 커피 농부들은 높은 수확량을 얻을 수 있는 일광 재배 커피 생산을 권장받았다."[781] 사실 2008년 현재 브라질 미나스 제라이스(Minas Gerais) 지역의 지방자치단체 몇몇은 커피를 독점적으로 생산하는 경우에만 커피 농부들에게 자금 조달 및 기타 서비스를 제공했다. 1996년부터 2010년까지 브라질에서 커피 생산을 위한 총 토지는 12% 증가했다. 같은 기간 동안 집약적 농업으로 인해 커피 총 생산량은 112%로 증가했고 그리고 헥타르당 수확량은 89%가 증가했다.[782]

재난에 대한 대처법

던던(Dundon)은 앞으로 큰 변화를 예측한다. "커피는 정말 비싸질 것이다. 한 잔에 7달러 정도가 될 것이다. 생두는 부족하고, 가격은 치솟을 것이고, 카페는 문을 닫을 것이다." 그가 예견하는 구조 개편은 산업에 변화를 일으킬 것이다. "7달러 커피는 세상을 놀라게 할 것이다. 사람들은 하루에 두세 번 대신 일주일에 두 번 정도 카페를 찾을 것이다. 집에서 직접 내려 마시는 커피가 더 많아질 것이다. 사람들은 여전히 사교와 휴식을 위해 카페를 가겠지만, 서너 명의 바리스타를 대신해 기계가 커피를 만드는 것을 보게 될 것이다."[783]

커피의 가용성으로부터 이익을 얻는 모든 사람과 회사는 커피의 미래 가용성에 기여할 책임이 있다. 그 책임에는 커피를 사용할 수 있도록 만들이 주는 모든 사람과 커피를 번성케 하는 땅과 생태세를 생존 가능하도록 보장하는 것이 포함된다. 만약 가용성이 복구할 수 없을 정도로 남용된다면 그 특권은 쉽게 빼앗길 수 있다.

소비자의 관심을 얻고 그것을 구매 수요로 바꿀 수 있는 브랜드들은 또한 그들의 영향력이 닿는 개인들의 복지를 지원하는 공급망을 통해 지속 가능성을 촉진하는 커피를 얻을 수 있고, 이러한 종류의 커피에 대한 수요를 창출하기 위해 소비자 교육에 힘써야 한다. 수요가 없다면 브랜드는 자체적으로 지속 가능하거나 재생 가능한 생산에 투자할 동기를 갖지 못한다. 이러한 모든 노력의 혜택은 무임승차자를 포함해 전부가 느낄 것이기 때문이다. 심지어 수요가 있을 때에도 일부는 자력으로 지속 가능성을 위한 노력에 자원을 투입했다.

브랜드는 책임감과 지속 가능성에 대한 시장 인센티브를 창출하기 위해 생산적인 지속 가능성을 보호하고 토지의 생태학적 지속 가능성 재생의 중요성에 대해 소비자들을 교육해야 한다.[784] ESG*는 소비자의 정서와 수요에 영향을 미치는 대형 브랜드의 힘을 강조하면서 콜드 브루 커피의 예를 인용한다. "스타벅스, 홀푸드, 던킨, 피츠 커피가 제공하는 '콜드 브루' 커피의 프리미엄 경험에 대한 마케팅 캠페인은 2010년부터 2015년까지 미국에서 이 새로운 시장을 339% 성장시키는 데 도움이 되었다."[785] 이런 마케팅 근육이 재생 농업이나 공정무역 인증의 개념 뒤에 있었다면 좋았을 것이다.

지속 가능성 VS 위장환경주의(GREENWASHING)

커피 회사들은 지속 가능성을 보장하기 위해 투자하고 있는지 아니면 단지 지속 가능성을 위해 일하고 있는 이미지를 만들어내고 있는지 자문해 보아야 한다. 둘 다 효과적이긴 하지만 하나는 가볍다. "'윤리적 무역'으로도 알려진 커피의 다양한 지속 가능성 사업은 세계 생두 수출의 8%를 차지하는 것으로 추정되며, 이는 선진국 시장에서 가장 빠르게 성장하고 있는 시장 부문이다."[786] 구매로 자신의 가치를 표현하는 것은 소비자뿐만이 아니다. "2010년 환경 성과가 주요 구성 요소인 사회적 책임 투자 전략을 사용하여 전문적으로 관리되는 자산의 가치는 1995년 6,390억 달러에서 380% 이상 증가한 3조700억 달러로 평가되었다."[787]

그러나 이해관계자가 분산된 장기적이고 불투명한 초국가적인 가치 사슬을 감안할 때 지속 가능성 시장의 잠재력은 실제로 이행하는 비용을 부담하지 않고 이점을 활용하려는 사람들에게 매력적일 수 있다. "2008/2009년에 테라초이스(TerraChoice)가 조사한 제품 중 95% 이상이 그들이 선정한 '위장환경주의(Greenwashing)의 일곱 가지 죄악' 중 적어도 하나를 저질렀다."[788]

---

* 'Environment' 'Social' 'Governance'의 머리글자를 딴 단어로 기업 활동에 친환경, 사회적 책임 경영, 지배구조 개선 등 투명 경영을 고려해야 지속 가능한 발전을 할 수 있다는 철학이다.

이렇게 처벌을 피하는 조작이 만연해 있다면, 어떤 주장도 믿기 힘들고 진실과 거짓을 구분하는 방법을 아는 것이 어려울 수 있다. "고객들에게 계속해서 탐정 역할을 계속 하도록 요구해야 하는 것은 유감스러운 일이다. 이 이야기는 상품화되었고, 이것이 우리가 생산자와 공급망 전체를 위해 다른 일들을 해야 하는 이유다."789

지속 가능성 주장에 대한 집행 및 실사가 부족하여 그러한 주장을 미화하더라도 결과를 확인할 수 없다면 쉬운 결정을 내릴 것이다. "대부분의 개발도상국을 포함한 일부 국가에서는 환경 주장에 대한 규정이 없다."790 이런 경우 환경 책임에 기반한 판매는 브랜드 이미지에 해당할 수 있다.

■ 누가 혜택을 받는가?

지역 사회 프로젝트는 장기적으로 대상 인구에게 진정으로 혜택을 주도록 설계되고 의도되었는가? 아니면 집행자나 금융인의 홍보 프로필에 도움이 되도록 의도된 것인가? 물론 그들은 두 가지 목적을 모두 달성할 수도 있고 종종 그렇게 이뤄지기도 한다. 자칭 선량한 사람들이 시행하는 프로젝트는 자립할 것인가, 아니면 사진 촬영이 끝나자마자 무너질 것인가? 실행자가 실제 프로젝트보다 비행기 티켓을 구매하는 데 더 많은 자원을 사용했는가? 커피 수급 지역의 지역 사회 프로젝트에 상당한 자원을 투입하는 그라운드워크 커피의 제프 친은 프로젝트 규모의 미화에 대해 언급한다. "당신은 지역 사회 프로젝트를 성공으로 이끈 소규모 로스터리의 미담을 들어본 적 있을 것이다. 하지만 나는 그들이 구매하는 고작 두 백 혹은 열 백의 커피로 어떻게 경제적으로 그 프로젝트의 성공이 가능했는지 의문이다."791

실제로 미친 영향을 미화하거나 주목받지 못한 본인을 돋보이려는 식의 프로젝트는 위장환경주의의 한 형태로 간주될 수 있다. 프로그램을 실제로 수행하는 것보다 문서화하는 데 더 많은 비용이 든다면, 그것은 아마도 위험 신호일 수 있을 것이다. 반면에 기업의 사회적, 환경적 책임을 소비자와 공유할 수 없고 소비자들의 구매가 지원으로 이어지는 가치 제안을 명확히 제시할 수 없다면, 세상을 개선하는데 가장 많은 자원을 투입하는 가장 책임 있는 기업이 같은 금액을 광고에 투자하는 경쟁업체에 비해 불리할 수 있다. 놀랍지 않게도 커피 기업을 대상으로 한 연구에서 기업이 지속 가능성 관행을 공개적으로 알리는 것과 소셜 미디어 상에서의 활동, 고객과의 소통 여부가 양의 상관관계(positive correlation)가 있음을 발견했다.792

때로 기업의 사회적 책임이라고도 하는 존경스럽고 책임감 있는 방식으로 비즈니스를 수행함으로써 얻을 수 있는 우연한 홍보 혜택은 길고 복잡한 공급망에서 종종 어려움을 겪는다. 책임감 있는 행동이 제작진이나 따뜻한 포옹을 남길 기록이 없는 무대의 뒷편에서 일어난다면 누구도 알아차리기 어렵다. 이것이 우리가 정말로 누가 누구인지 발견해야 하는 이유다. 기업의 수급 전략과 가격 책정에 대한 구조적 변화는 대부분의 경우 보다 평등한 성장 분야를 육성하는 데 도움이 될 수 있지만, 초등학교를 짓거나 장학 기금을 시작하는 것은 방관하는 소비자들에게 훨씬 더 관련이 있고 의미가 있을 것이다. 이와 같은 일종의 이야기를 만들어가는 노력도 평상시처럼 비즈니스에 상당한 노력을 하는 대기업에게는 더 저렴할 가능성이 매우 높다.

사실 커피 회사의 지속 가능성 전략에 대한 2020년 연구에 따르면, 기부는 "평가 회사 중 단지 2%만이 모든 제품에 걸쳐 실행하였고, 생산자들에게 프리미엄(즉, 최소 시장 가격 이상)을 지불"하는 것이 가장 자주 채택된 관행이었다.[793] 평가한 회사 중 2.5%만이 생두에 대해 공급업체에게 지불한 가격을 공유했으며, 아마도 최선을 다했겠지만 6.5%는 일부 제품에 대해서만 지불 가격을 공유했다. 만약 생산자들이 단순히 이러한 공급망에서 커피를 판매하여 생활비를 벌고 있다면, 그들은 공급망의 끝에서 소비자를 만나는 브랜드들의 하찮은 자선이 필요하지 않을 것이다. 소비자들이 커피 구매 결정에 며칠 동안의 연구나 법회계 처리를 하지는 않기 때문에 마케터에게는 회사의 전반적인 관행과 전체 제품 라인을 온전히 드러내는 대신, 일화적인 지속 가능성 관행만을 홍보하는 편이 더욱 구미가 당기는 유리한 일일 것이다. 위장환경주의를 따르는 회사에 대한 홍보 이점을 창출하는 데 있어 일화적 증거의 효과는 특히 이런 행위가 일반적으로 책임있는 행동보다 비용이 적게 들 때 진정성 있는 경쟁자들을 불리하게 만든다.

필리스 존슨은 다시금 직설적으로 말한다. "이러한 문제를 해결하기 위해 2억 달러를 기부한다는 헤드라인은 필요 없다. 계약 가격을 인상하기만 하면 된다. 만약 당신이 장기적으로 그렇게 한다면 문제가 해결될 것이다. 왜냐하면 당신이 지금 하고 있는 일은 당신이 만들어낸 문제를 해결하기 위해 돈을 약속하는 것이기 때문이다."[794] 거대한 풍선이 터지는 소리와 함께 쏟아져 나오는 색종이 조각처럼, 당신을 낯부끄럽게 만드는 진실이 터져 나오는 것을 들을 수 있을 것이다.

▎ 지속 가능성 피로[795]

사람들은 대체로 선하고 편할 때 다른 사람들을 돕고 싶어하며 취약한 사람들을 해치려고 하지 않는다. 주주의 수익을 극대화하기 위해 수세기에 걸쳐 진화해 온 복잡한 글로벌 시스템은 사악함이 아닌 무관심으로 서서히 사회적, 환경적 부당함을 지속시켰다. 이러한 문제를 해결하려면 수많은 공급망 행위자가 참여하는 복잡하고도 미묘하며 지역적이고도 글로벌한 해법이 필요하다. 그 어떤 것도 흑과 백, 영웅과 악당, 커피와 차가 아니다. 소비자들은 해결책의 필요성을 이해하고 구매를 통해 이를 승인해야 한다.

그러나 세계 커피 공급망 내 지속 가능성의 복잡성과 소비자 대부분의 일상적인 커피 한 잔의 중요성 사이에는 큰 비대칭성이 존재한다. 따라서 소비자들은 문제에 대한 지나치게 단순화된 분석과 순전히 상징적인 해결책에 취약하다. 소비자들에게 문제점을 철저하게 설명하고 이를 완화하려는 노력은 지속 가능성 피로감으로 이어지기 쉽다. 업계에서 일하는 사람들은 훨씬 더 높은 관용을 가지지만 이러한 문제들을 연구하는 데만 초점을 맞춘 우리만큼 높지는 않다. 해법에 대한 지원을 모으기 위해 매일 상호 작용하는 공급망 내 존재하는 현실과 문제에 대한 소비자의 전반적인 인식을 개선하려면 영리하고 간결하지만 정직한 메시지와 교육 훈련이 필요하다.

에버 마이스터는 소비자를 대상으로 한 커피 브랜드들의 윤리적 주장을 언급하면서 "소비자 입장에서 그런 종류의 메시지들이 지닌 가치는 무엇인가"에 대해 의문을 던진다.[796] "개인적으로 이러한 메시지의 대부분은 우리 자신을 안심시키기 위한 것이라고 생각한다." 그리고 "우리는 고객이 최소한의 성과보다 더 잘 해낸 것에 대해 우리에게 보상해 주기를 원한다… 솔직히 한 사람의 소비자로서 나와 상호작용을 하는 단일 제품, 즉 커피가 그러하듯 메시지나 윤리적 신호, 죄책감을 느끼게 하는 다른 제품은 단 하나도 생각할 수 없다."[797] 그녀는 원치 않는 책임이 소비자에게 전가된다고 느끼고 대부분의 사람들이 "그렇게 특정한 방식으로 공급망의 윤리성과 상호 작용하려고 하지 않고", "그냥 우리 카페에 들어올 때 우리를 신뢰할 방법을 찾고 있을 뿐"이라고 확신한다.[798]

■ 충격 오류

위장환경주의와 유사하게 윤리적인 것이 무엇인지 명시적으로 말하지 않고 소비자가 브랜드를 윤리적이거나 건전한 것으로 여기도록 유도하는 이미지와 전략에 의해 만들어진 사회적 영향에 대한 암시다. 더럽고 너덜너덜한 옷을 입은 사람의 사진은 빈곤을 완화하거나 소외된 인구를 지원하기 위한 프로젝트 및 노력과 관련될 수 있다. 사진에 대한 설명이 부족함에도 불구하고 개인은 의식적이든 아니든 사진이 윤리적인 사업 관행을 나타낸다고 믿거나 그러한 사진의 게시자에 대한 의견을 발전시킬 수도 있다. 어떤 식으로든 빈곤을 완화하거나 사진의 주제를 지원하려는 노력이 없다면 게시자는 그들이 어떠한 주장도 하지 않았기 때문에 정직하지 못한 것이 아니라 단순히 사람들이 그것으로부터 회사에 대한 그들만의 결론을 도출하도록 허용한 것이다.

많은 소비자들이 어떤 특정한 것들을 "충격"의 지표나 그것과 동일한 의미로 본인들의 자의식에 새겼다. 여기에는 어린이들, 특히 자국 소수 민족의 사진, 가난한 나라의 시민들로부터 물건을 구입한다는 생각, 제품의 출처나 만든 사람에 대한 이야기 정보, 일반적으로 사회적 책임이나 윤리와 관련된 추적성이 포함될 수 있다. 이러한 상징들은 회사와 직원들이 윤리적인 방식으로 행동하는지 여부에 대한 정보를 제공하지 않는다.

에버 마이스터는 "우리(커피 산업)는 추적 가능성을 품질과 동일시하고 윤리적인 행위를 실행하는 공급망의 상징으로 사용한다"고 덧붙인다. 그러나 추적 가능성이 "반드시 해당 커피의 윤리성 또는 형평성을 향상시키지는 않기 때문에" 이는 잘못된 결론이다.[799] 그녀는 한 걸음 더 나아가 추적 가능성, 커피 농부들에 대한 정보와 그들의 사진을 추가하면서 "그 정보는 커피와 같은 제품이다. 구매할 수 있기 때문이다."라고 한다.[800] 이 정보를 기반으로 제품에 추가된 가치는 판매자가 보유하며 일반적으로 생산자의 동의나 인지 없이 생산자로부터 가져온다. 생산자들은 종종 그들의 이미지와 개인 정보를 가지고 있는 회사 제품에 추가된 상징적 가치를 공유받지 못한다.

소비자에게 제공되는 "산지"에 대한 상징적 연결은 종종 피상적이며 농부의 실제 이미지를 일방적인 방식으로 전달하는 것은 빈곤 포르노로 이용하는 것에 가까울 수 있다. 이런 개인들에게 더 많은 돈을 지불한 것에 대한 한심한 이야기와 자책은 종종 "월 5달러에 아이 입양" 자선 펜팔 계획에 쓰인 문구와 소름돋을 정도로 유사하다. 생산자가 얼마나 많은 돈을 벌었는지와 같은 재정적인 투명성이 없을 때 웹사이트나 커피 백, 포스터에 생산자들의 사진이나 생활을 게시하는 것이 그들에게 유리한 지는 의심스럽다. "'컵의 품질'에 대한 제3의 물결은 생산 조건에서의 사회 정의에 대한 호소를 무색하게 한다. 이것은 이렇게 비싼 커피는 윤리적인 조건에서 생산될 것이라고 단순히 가정하고 장인정신과 진정성으로 이를 사후에 정의 내리고 열광하는 것이다."[801] 충격의 환상에 대한 자본화의 전형은 가난한 생산자들의 이미지를 사용하여 그들의 커피를 사지도 않고 "진정성"이라는 겸손한 인상을 만들어 내는 것이다; 오히려 커피는 더 실용적이고 덜 궁핍해 보이는 곳에서 나올 수 있다. "스타벅스는 마케팅에서 시골 마을의 커피 이미지를 사용하지만 사실 그들은 대농장으로부터 커피를 구입한다. 그들의 커피에 마을은 없으며 인증을 받았다 할지라도 대농장 주인은 가난한 마을 사람들이 아니며 더 나은 수익을 내고 있다. 인증은 거짓이다."[802]

비윤리적인 행동에 대한 보상/정당화

윤리적으로 행동하는 회사를 지원하는 것은 사람들이 일상에서 벗어나지 않고도 작은 방법으로 기여할 수 있게 한다. 어떤 식으로든 세상을 개선한다고 느끼는 프로젝트에 기여하는 회사로부터 구매함으로써 사람들은 또한 일정한 만족감과 정의감을 얻을 수 있다. 이것은 반드시 나쁜 것은 아니지만 소비자들은 다른 비윤리적인 행동을 정신적으로 정당화하거나 보상하기 위해 그들의 영향과 윤리를 미화하는 회사로부터 물건을 구입할 수도 있다.

소비자의 오늘의 선행으로써의 커피

유기농 라떼를 구입하는 것은 좋지만, 당신의 잔디밭에 있는 독성 화학 물질, 매주 소비하는 2킬로그램의 소고기 또는 교외 전투 탱크의 탄소발자국을 정당화할 수는 없다. 윤리적("공정한") 커피를 구매하려는 소비자의 욕구를 개빈 프리들(Gavin Fridell)은 전통적인 기업이 생산하는 다른 "자기의 자기 검증 감각을 무디게 하면서 '불공정한' 상품 소비를 상쇄"하는 것으로 해석했다. 그는 계속해서 공정무역("윤리적"이라고 부를 수 있는 한 분야) 제품의 일부 소비를 개인이 "자신의 무력감을 달래고 '윤리적'인 사람으로서의 자신의 정체성을 구축하려는" 시도로 묘사한다.[803] "이야기를 담아 파는 커피"[804](판매 시점에 어디에서 왔는지에 대한 일화가 곁들여진 커피)가 인기를 얻으면서 양심을 깨끗이 하는 속성은 새로운 상품으로 간주될 수 있다. 재배자 이야기가 애처로울수록 컵 하나하나에 양심을 정화하는 집중도는 더 커진다. 아이러니하게도 토론토 대학의 연구는 "친환경" 제품의 소비와 "이기적이고 비윤리적인 행동" 사이의 연관성을 발견했다.[805]

커피를 사면 빈곤이 해결될 것이다

가난을 해결하는 일은 좋은 것이고, 손가락 하나 까딱하지 않고 할 수 있다면 훨씬 더 좋다! 그렇지 않나? 걱정스러운 것은 자원 분배가 너무 불평등해서 부유한 국가의 소비자가 빈곤을 완화하고 불평등과 사회적 소외의 세대를 해소하기 위해 할 수 있는 일은 커피를 사는 것밖에 없다는 것이다. 그리고 그것은 그렇게 비싸지도 않다! 부유한 국가의 중산층 소비자의 식료품 비용에 추가로 몇 달러, 아마도 그들이 구입한 콤부차 한 병보다 적은 돈이 빈곤한 커피 농부의 삶을 근본적으로 바꿀 수 있다는 것은 불안한 생각이다. 이것은 아마도 식당 밖에서 기다리고 있는 노숙자가 당신이 남긴 치킨 날개와 감자 반개를 기쁘게 받는 것을 보며 당신 스스로 인상적인 힘을 느끼고 우월감을 심어줄 수 있는 것과 같다.

반대로 부유한 세계의 소비자의 구매력이 너무 커서 사소한 돈을 소비하면 자신의 삶이 크게 향상될 것이라는 생산자 관점의 생각은 그들의 열등한 지위를 긍정하는 것이며, 보다 성공적인 인간 문명 계층의 구성원들에 대한 의존 의식을 만들어낸다. 페이지 웨스트는 이러한 종류의 자선 소비 마케팅이 "제3세계 생산자와 제1세계 소비자 사이의 정치적, 경제적 격차를 재구성"하고 "부의 격차를 부정하는 것이 아니라 가치 있게 받아들임으로써 자연스럽게 만든다."라고 명시적으로 밝혔다.[806]

만족의 결과

더 이상 좋은 커피는 없다

실제 커피의 국제 가격이 낮은 경우(대부분 생산자의 생산 비용에 가깝거나 그 이하), 기본적으로 경제적인 지속이 가능한 곳은 브라질과 베트남뿐이다. 직관적으로 만약 이런 흐름이 계속된다면 브라질과 베트남은 커피 재배를 계속할 유일한 원산지이고, 그곳에서 재배하는 품종이 전부일 것이며, 그것이 전 세계 소비자들이 이용할 수 있는 전부다. "거시적인 영향은 지난 30년 동안 명백했던 생산의 통합이다. 그 추세는 분명하고 의미심장하다. 1991년 전체 생산량에서 상위 5개 생산국의 총 생산량은 약 60% 정도였다. 최근에는 약 75%까지 올랐다.[807] 브라질과 베트남은 작년(2018년) 9천만 백의 커피를 생산했다… 현재 추세라면 2030년에는 세계 총 생산량의 80% 이상을 생산할 것이다."[808] 릭 라인하르트는 다음과 같이 분석했다: "미래 세계에서 브라질과 베트남이 세계에서 가장 효율적인 생산국으로 계속된다면, 전 세계 커피의 80% 이상이 내추럴 아라비카 또는 로부스타, 혹은 형편없는 커피만 남게 될 것이라고 말하고 싶다."[809] 만일 당신이 매력적인 워시드 마이크로 랏 커피를 로부스타나 저품질의 아라비카 거래 가치를 기준으로 지속적으로 구매한다면, 결국에는 로부스타와 품질이 낮은 아라비카만 마시게 될 것이다. 사람들은 종종 "그게 시장이 돌아가는 방식이다"라고 말한다. 맞다. 그러나 그것은 시장이 그렇게 작동할 수밖에 없는 것이 아니라 누군가 그렇게 돌아가도록 결정했기 때문이다.

사회적으로는

손으로 수확한 아라비카 커피가 경제적으로 불가능한 생계 수단으로 판명된다면 사회적 파장은 엄청날 것이다. 품질이 좋은 아라비카를 생산하는 수백만 명의 소농들의 피할 수 없는 퇴출은 심각한 문화적, 환경적, 인도적 결과를 수반하는 극도로 고통스러운 과정이 될 것이다. 경제적으로 생존할 수 없는 워시드 아라비카 생산자들에 대하여: "모든 게 무너질 것이다. 실제 사람들, 실제 삶, 실제 가족과 아이들, 합리적인 삶을 누릴 권리와 기대들이 완전히 무너져 내릴 것이다. 그것은 표면적으로도 끔찍하지만, 그 후에 만들어질 사회 환경은 더욱 끔찍하다. 장기적인 기회의 부족은 사람들을 폭력적으로 만든다. 그것에 대해서는 의심의 여지가 없다."[810]

일자리를 구할 기술도 없는 수백만 명의 퇴출된 커피 농가의 가족들이 넘쳐나는 개발도상국의 미래 도심은 장밋빛이 아니다. 대부분의 커피 원산지 국가에서 제조업 일자리는 증가하지 않고 있으며, 노동자의 대규모 유입을 수용할 만큼 빠르게 성장하지도 못하고 있다. 경제적 절망은 범죄와 문화의 상실로 이어진다. 농촌의 인구 감소는 불안정, 토지 소유권의 통합, 사회 계층의 신 봉건적 계층화로 이어진다.

환경적으로는

대규모 농장에서 노동 집약적이지 않은 관행으로 기계화와 생산 강화가 진행될 가능성이 높다. 산업화되고 투입 집약적인 생산은 종종 침식(일광 재배), 수질 오염(비료 유출), 토양 악화(조밀한 경작), 삼림 벌채 및 생물 다양성의 손실로 이어진다. "만약 당신이 농산물을 생산한다면 커피는 환경적인 관점에서 꽤 우호적이다. 커피는 탄소를 격리시키는 좋은 역할을 한다. 커피는 생물 다양성을 촉진한다. 대부분의 좋은 방식 하에서, 커피는 그늘에서 자라며 생물 다양성을 더욱 촉진한다. 커피는 상대적으로 비집약적인 작물이 될 수 있다… 다른 농산물들은 환경적 영향 측면에서는 커피와 한 발짝 떨어져 있다."[811] 커피가 생존할 수 없게 되고 노동력 부족이 뒤따를 때, 보통 가축 방목이 그 대안이 되면서 환경 파괴를 더욱 가속화한다.

PART 5

해결책 : 성공과 실패

전 세계의 소외된 커피 농부들이 직면하고 있는 상황과 그것에 의존하는 개인들에게 악영향을 미치는 가치 사슬을 개선하는 것에 대해 논의하면서 업계의 상당수는 급진적인 아이디어를 순진하다고 치부하고 현재 커피 산업의 현재 구조는 그저 "있는 그대로" 바뀌지 않을 것이라고 체념한다. 우리에게 허무함을 안기는 이런 묘사를 들을 때 우리는 자문해보아야 한다. 정말 이대로 충분한가? 왜 그 방법 밖에는 없는걸까? 우리는 기꺼이 그것을 지지하는가? 만약 우리가 고정 가격으로 소규모 농부들의 커피를 사지만 그 소농의 가족은 가격의 변동성으로 인해 빈곤에 시달리고 있다면, 우리는 기꺼이 그것을 지지할 의향이 있는가? 아마도 공급망과 시장 구조의 측면은 비활성적이고 변하기 어려울 것이다. 우리 비판의 대부분을 올해 당장 전 세계적으로 바로잡는 것은 불가능하겠지만, 그렇다고 해서 우리가 주어진 시간에 가능한 많은 것들을 바로잡아야 할 책임이 면제되지는 않는다.

커피 운영자로서, 우리가 가장 좋아하는 커피 생산자에게 우리가 열정을 가진 커피를 포기하고 대신에 더 나은 이익을 위해 아보카도, 마카다미아 견과류 또는 가축 방목을 선택하라고 권하기는 어려울 것이다. 그러나 진정한 목표는 훌륭한 커피가 아니라 농촌 번영임을 간과하지 않는다면 농촌 개발에 대한 전체적인 접근 방식을 취해야 한다.

많은 맥락에서 소규모 농부들을 빈곤에 빠뜨리는 생두 가격은 생두 생산 총량과 음용 커피의 총계에 따라, 즉 자유 시장에 의해 결정된다는 결론에 이르렀다. 이러한 요인들은 변화가 쉽지 않고, 전 세계적인 (반자유 시장) 조정 없이는 중대한 영향을 미칠 수 없으며, 그렇게 될 가능성이 낮다.

따라서 대안은 로스터가 자신의 이윤과 경쟁력을 희생하면서 시장이 지시하는 것보다 생두에 더 많은 비용을 자발적으로 지불하는 것이다. 제품에 추가된 부가가치(환경적 지속 가능성, 우수한 컵 품질) 없이는 이 또한 지속 불가능하고 실현 불가능한 일이다. 우리는 더 영리해야 한다.

어떻게 커피 농사의 수익성을 높일 수 있을까?

■ 만약 불가능하다면, 포기하라

비용 이해

우리는 가족이 운영하는 소규모 커피 농장이 대농장보다 더 효율적일 수 있다는 것을 알고 있다. 그렇다면 소규모 농부들이 대농장 소유주보다 더 힘들어하는 이유는 무엇인가? 토끼 굴을 아주 깊게 파고들지 않으면 많은 소농들은 그들의 비용 구조를 완전히 이해하지 못하기 때문에 전반적인 수익성과 장기적인 안정성을 위한 유리한 결정을 내릴 수 없다. 그들은 대부분 그 결정을 대리인에게 맡기거나 항간의 소문 혹은 최선의 이익을 염두에 두지 않는 타인의 가벼운 조언을 받아들인다. 예를 들어 아주 많은 소농들은 그들이 가진 젖은 파치먼트 커피가 마르는 일주일의 시간만 기다린다면 더 높은 거래 가격과 저렴한 운송비 혜택을 얻을 수 있지만, 그들은 기다림 대신 헐값에 젖은 파치먼트를 팔아버린다. 생산자는 가공시설의 개선과 인프라에 투자하는 것, 파치먼트가 건조될 수 있는 일주일이라는 시간을 확보하는 것에 대한 가치를 깨달아야 한다.

생산 비용 절감

생산자의 긴축경영이 생산 단위의 악화를 의미하지는 않는다. 헥타르당 비용이 낮은 시스템은 집약적 시스템보다 수확량이 적지만 손익분기점이 낮기 때문에 경제적 회복력이 더 크다. 일부 투입물은 농장에서 생산될 수 있고 일부는 어류 양식과 같이 다른 생산 활동의 부산물에서 생산될 수 있다. 다른 것들은 많은 농부들로부터 공동으로 구입할 수 있다. 농장 및 가정용 부산물들은 지렁이 퇴비화 전문가의 비료 생산, 생물역학적 관행을 사용하는 것과 같이 재활용되거나 변형될 수 있다.

가계 예산 절감(식량 재배)

경제적으로 취약한 가족은 수확 사이의 격차를 해소하고 가능한 비용을 최소화하여 취약성을 줄일 수 있도록 효과적으로 예산을 책정해야 한다. 그들은 식량의 일부를 재배하여 커피 수입이 예상보다 낮을 경우 식량 안보를 개선하고 생존을 위한 커피 판매 의존도를 줄일 수 있다. 가족 지출을 줄이고 합성 커피 투입물을 대체하는 부산물을 만들 수 있는 양어장과 같은 생산 단위가 가장 효과적이다. 생물소화기는 커피 체리와 동물 배설물을 분해하여 이미 방출되고 있는 메탄을 수집하고 가족들이 그들의 예산에서 조리용 가스를 생략하거나 땔감으로 쓸 나무의 벌목을 줄일 수 있기 때문에 훌륭한 사례가 된다.

소득 흐름 다각화

모든 투자와 마찬가지로 커피 생산 작업에도 위험이 따른다. 수확기의 농작물 실패나 가격 하락의 위험은 커피 생산에만 100%를 투자하고 의존하는 농부들을 몰락시킬 수 있다. 이것은 마치 투자 펀드 매니저가 모든 자본을 기술 스타트업의 시리즈 A 라운드에 투자하는 것과 같다. 실패하지 않을 가능성이 충분하더라도 실패할 가능성 역시 매우 높다. 투자 펀드 매니저는 회사를 잃고 싶지 않기 때문에, 하나가 실패하더라도 나머지는 살아남을 수 있도록 동일한 변수에 영향을 받지 않는 여러 영역에 투자한다. 이상적으로 정반대 사건에서 이익을 얻을 수 있는 다양한 사업 분야의 회사를 선택할 것이다. 예를 들어 만약 이탈리아 토마토 소스 회사에 투자한다면, 가뭄의 가능성과 그에 따른 영향, 즉 토마토의 흉작과 낮은 판매량을 고려해야 할 것이다. 그래서 이탈리아 생산량이 감소하더라도 가격이 상승하고 멕시코 생산량은 영향을 받지 않을 것이라는 것을 인지한 후 멕시코 토마토 소스 회사에 투자할 수도 있다. 아니면 이탈리아 올리브 오일 회사에 투자할 수도 있다. 가뭄으로 인해 토마토는 흉작일 때 올리브는 풍작이라는 것을 알고 있기 때문이다. 한 투자의 수익률이 나쁘더라도 다른 투자는 수익률이 좋을 수 있다.

커피 농부들의 경우, 당연히 미국 달러로 거래되는 비필수 수출 작물인 커피를 보유하고 있다. 따라서 특정 기상 조건, 그들이 사용하는 통화와 달러 사이의 환율, 그리고 세계 커피 시장에 영향을 받기 쉽다. 시장은 세계의 나머지 생산 수준에 따라 달라지며, 커피는 생필품이 아니기 때문에 특정 부문은 소비 시장의 경기 침체에 취약하다. 고가의 고급 커피는 경제 침체를 우려하는 소비자들의 쇼핑 목록에서 빠르게 지워질 것이기 때문에 훨씬 더 취약할 것이다.

생산자의 투자 포트폴리오를 다양화하기 위한 이상적인 작물은 커피에 악영향을 미치는 기상 조건에 취약하지 않은 작물이다; 현지에서 소비되고 생산자가 소비하는 통화로 구입되는 작물 및/또는 커피가 아닌 세계의 다른 지역에서 다른 이유로 다른 사람들이 소비하는 상품이다. 예를 들어 감귤류, 플랜테인(plantain), 카사바(cassava, 유카(yuca)나 마니옥(manioc)으로도 불린다)와 같이 지역에서 소비되는 튼튼한 생계 작물, 관리가 쉬운 가축, 농가에서 즐겨 먹는 작물과 같이 가계 예산을 줄임으로써 자연스러운 울타리를 만들어 환금 작물의 금전적 수입에 대한 의존도를 줄일 수 있다. 시장 변동성으로부터 보호하는 또 다른 방법은 커피 생산자들이 지역 및 국내 시장을 충족시키는 것이다. 이것은 대서양과 인도양 사이에 또 다른 근본적인 차이를 나타낸다. 라틴 아메리카의 커피는 주로 유럽계 미국인 소비자들에게 수출되는 반면 인도양에서는 커피도 지역적으로 수출되어 현지에서 소비되기 때문이다. 이것은 다시 시장 변동에 대한 보험이 되고, 또한 커피 무역에 대한 우리의 관점에도 영향을 미친다."[812] 농부는 또한 수출을 위해 다른 환금 작물들로 다양화할 수 있는데, 이 작물들의 시장과 용도가 다르다는 가정 하에서 의미가 있고, 이는 아마도 지역 식량 작물보다는 잠재적 수익이 높지만 여전히 더 높은 위험을 가진다는 것을 시사한다.

다양한 투자로 위험을 분산시키는 것 외에도 농작물을 결합하여 시너지를 낼 수도 있다. 예를 들어 한 경제 활동의 부산물이 다른 경제활동을 지원하거나 구매한 투입물을 대체할 수 있다. 퇴비 처리된 커피 체리 껍질은 플랜테인 나무를 비옥하게 하는 데 사용될 수 있고, 가축 분뇨는 커피 농장의 토양 개량제에 사용될 수 있으며, 둘 다 생물소화기에 연료로 공급되어 무료 조리용 가스를 제공하고 온실 가스 배출을 완화할 수 있다. 최근에 식재된 커피나무와 함께 자란 콩줄기는 합성 화학 물질을 사용하지 않고도 질소를 토양에 고정시킬 수 있다. 우간다의 커피 바나나 간작(間作)에 대한 연구에 따르면, 커피 수확량은 바나나 나무의 존재 여부에 영향을 받지 않으므로,[813] 커피 생산에 영향을 미치지 않으면서 허용 가능한 한계 비용으로 추가 수입을 얻을 수 있다. 커피 및 생계 농업 이외에 다른 작물 및 상업 활동 다양화의 핵심은 마케팅 채널 이용 가능성과 물리적 물류 가능성이다. 생산자가 조합의 회원 자격을 얻을 수 있는 운 좋은 지역에 있다면 협동조합과 같은 커피 생산자 조직은 이러한 전환에 중요한 역할을 할 수 있다.[814]

수출시장 다변화

커피 수출시장의 다변화는 거시 경제 충격으로부터 판매자를 보호하는 데 도움이 될 수 있다. 서로 다른 통화와 경제적 동력을 통해 다른 여러 나라에 물건을 판매하면 동시에 급격한 하락을 겪을 가능성이 적다. 예를 들면 칠레에 커피를 판매하는 것은 매력적인 상업적 기회가 될 수 있다. 그러나 칠레 경제와 통화 가치는 원자재 수출에 크게 의존하기 때문에,[815] 세계 원자재 가격의 하락은 칠레 기업과 소비자가 다른 통화로 가격이 책정된 비싼 커피를 계속 구입하는 것을 상당히 어렵게 만들 수 있다. 생산자는 칠레 기업에만 판매하는 취약한 위치에 있게 될 것이다. "라틴 아메리카 커피 수출의 약 80%가 북미와 유럽으로 보내진다.(Talbot 2004, p43.) 아시아 생산자의 경우 이 수치는 약 60%다. 수출지역의 다양화는 외부에서 생겨나는 경제 충격을 완화하여 시장 전체에 위험을 분산시킨다."[816]

다른 작물 재배

물론 커피 산업은 커피가 생산자들에게 생존 가능한 생계 수단이 되기를 바란다. 그러나 만약 커피 산업이 진정으로 농가의 더 나은 삶에 관심이 있다면 커피가 일부 농부들에게 지속 가능한 번영의 수단이 아닐 가능성도 받아들여야 한다. 실제 가격이 하락하고 커피 생산국의 많은 지역에서 생산 비용이 상승함에 따라 다른 작물들이 더 나은 수익을 얻도록 할 수 있다. 저비용 생산자들, 특히 브라질과 베트남은 커머셜 커피의 대부분을 재배해 왔고 계속해서 전 세계 생산의 상당 부분을 차지할 것이다. 만약 그들이 다른 나라의 생산지들보다 저렴하게 커피를 공급할 수 있다면 나머지 생산자들은 아주 힘든 상황에 놓일 것이다. "커피 가격이 지속적으로 낮게 유지된다면 수익성이 낮은 재배 지역에서 더 좋은 지역으로 생산 공간의 이동이 이루어질 수 있다."[817] 개별적으로 날씨와 해충에 취약한 소수의 지역에 집중된 커피 재배는 오늘날 공간적으로 다양한 커피 재배 세계와 비교할 때 공급 충격을 일으키는 환경을 만들 것이다.[818]

가격 통제

가격은 때때로 변동한다. 아주 신경쓰이는 일이다. 그것은 때때로 농부들에게 악재가 되고 그들의 가족은 고통을 겪게 된다. 가격이 많이 변동하지 않는다면, 그것이 가장 좋은 것인가? 이 책의 관점에 따르면 우리는 이미 그것이 왜 선택 사항이 되지 않는지 알고 있다. 그럼에도 불구하고 이러한 목표를 염두에 둔 여러 가지 노력들이 있었다. 가격 안정성은 실제 커피를 거래하는 모든 사람들에게 좋은 것이다. 그러나 파생상품 투기자와 그 거래 수수료를 받는 사람들에게는 가격 변동성이 그들의 사업 원동력이 된다.

■ 국제커피협정

수요와 공급이 일치되어야 가격이 안정되기에 수요와 공급을 조절하는 것으로 가격을 통제할 수 있다. 간단하게 들리는가? 불행하게도 그것은 꽤 어렵다. 국제커피협정(ICA)은 한동안 꽤 효과적이었다. 국제커피협정은 가격 수준을 유지하기 위해 수요와 공급을 일치시키기 위한 국제적인 노력이었다. 규제에 의해 가격을 통제하는 것이 아니라 수요에 따라 공급을 통제함으로써 가격에 영향을 미쳤다. 대부분의 생산국과 소비국들은 허용 가능한 변동 범위 내에서 가격을 안정시키기 위해 수요량과 일치하도록 생두 수출을 제한하는 쿼터 시스템에 서명했다.[819] 첫 번째 국제커피협정은 1962년에 서명되었고 비록 1989년에 의미 있는 방식을 통해 그 기능이 중단되었지만 현재까지도 여러 버전이 존재한다.

문제점과 실패

협정은 대다수 또는 생산 국가가 포함되었고, 수출 제한에 동의하지 않고 안정성의 혜택을 본 무임 승차 국가들에 의해 훼손되긴 했지만 대체로 효과가 있었다. ICA가 생산국 정부와 다른 형태의 관료주의에 의해 시행되었다는 점을 고려할 때, 협정에 의해 안정된 가격이 실제 생산자에게 전달된다는 보장은 없었다. 로버트 배이츠(Robert Bates)는 아프리카 농업 정책에 관한 그의 연구에서 확립된 FOB 가격의 상당 부분이 도시 엘리트들의 손에 쥐어졌다고 말한다.[820] 그 후 1989년에 냉전 체제에 의한 정치가 미국에서 우선 순위를 차지했다. 브라질이 더 이상 공산주의의 "위협" 아래 있지 않게 되자, 미국은 신자유주의적 개방 시장 의제에 서명하지 않은 중앙 아메리카 국가들의 처벌 명목으로 협정에 더 이상 참여하지 않기로 결정했다.[821] 스티븐 토픽은 다음과 같이 저술했다: "정치적 구실은 또한 효과적으로 베를린 장벽이 무너진 해인 1989년에 런던에 본부를 둔 국제 커피 기구를 파괴했다. 초대 부시 행정부는 더 이상 사회주의 국가에 대한 소련의 원조를 두려워하지 않았고, 이념적으로 신자유주의적 자유 무역에 전념했기 때문에 미국은 국제 커피 기구에서 탈퇴했다."[822] UN에 따르면 국제커피협정은 "시장 점유를 위한 수출업체의 경쟁적인 요구들에 의해 붕괴되었다."[823] 또한 이 협정의 붕괴는 통제된 수준 이하의 가격으로 추가적인 양의 커피를 확보하려는 무역 회사들의 로비와 많은 관련이 있다고 덧붙였다.[824]

여파

이것으로 파티는 끝났다. 가격이 폭락하고 국가 커피 부문 기관들이 파산했으며, 1990년부터 2003년까지의 평균 가격은 붕괴 전 5년 동안 1.34달러였던 것에 비해 파운드당 0.62달러로 하락하였다.[825] 재배 및 가공 기술의 발전과 함께 새로운 생산국, 즉 베트남의 등장으로 인해 커피 가격은 크게 하락하였다. 제한된 할당량으로 커피 산업이 억압된 국가들은 주요 생산국으로 꽃을 피웠고, 시장은 커피로 넘쳐났다. 웨스트에 따르면, 과잉 생산으로 인한 가격 하락과 무역 규제 완화가 맞물리면서 글로벌 시장은 다국적 무역 회사들에 의해 더 심하게 통제되고 소규모 수입업체 및 로스터들이 시장에 유입되는 원인이 되었다.[826]

국제커피협정이 기능하던 시절에는 전 세계의 많은 재배자들에게 경제적 안정을 제공했지만 모두에게 유리하게 작용하지는 않았다. 셰인 J. 바터(Shane J. Barter)는 국제커피협정을 "라틴 아메리카 카르텔"이라고 부르며 아시아 생산국들을 시장에서 배제하고 생산량이 역사적으로 낮았던 시기에 생산 할당량을 설정하여 그들이 커피 부문을 국제커피협정 이전 상태로 회복하는 것을 막았다고 말한다. 그는 국제커피협정의 종말을 "이전 패턴으로 돌아가려는 아시아 생산자들의 반란"이라고 부르는데,[827] 이 또한 타당한 견해다. 맥스토케(McStocke)에 따르면 ICA에 따른 인도의 수출 할당량은 수출 능력의 약 절반에 불과하여 대부분 공산주의 세계에 있는 국제커피협정의 비회원국들과 거래할 수밖에 없었다.[828]

■ ACPC : 가격 통제의 종말

가격 안정을 위한 국제 차원의 공급 통제의 마지막은 1993년 커피생산국협회(ACPC, the Association of Coffee Producer Countries)의 노력이었다. 이 협회는 가격 안정을 위해 공급 통제를 부활시키려 노력했지만 결코 순조롭게 진행되지 않았다. 그들은 할당량 준수를 보장할 권한이 없었고 일부 주요 생산자들은 참여하지 않았다.[829] 이후로 법적인 수출 제한을 통한 공급 통제는 효력을 잃게 되었다. 커피 공급을 줄임으로써 가격을 인상하는 것에 대한 대안적인 전략은 커피를 파괴하거나 수출을 제한하는 국가들을 설득하는 것이 아니라 농부들이 생산을 다양화하도록 시원하여 가격에 대한 위험을 헤지하고 전반적인 공급을 줄이는 것이다.[830]

■ 헤지

세계 시장에 과잉이 있을 때(수요보다 공급이 많을 때) 가격은 유지되지 않는다. 우리가 할 수 있는 최선은 가격을 안정시키고 작물 주기(개화에서 판매까지)의 시작과 끝 사이의 급격한 변동에 노출되지 않는 것이다. 이것은 날씨 또는 다른 예기치 못한 재해로 인한 수확량 변동으로부터 농부들을 보호하기 위한 작물 보험의 형태일 수 있으며, 농부가 이론적으로 9개월 정도 남은 미래 작물에 대한 투자를 위한 예산을 만들 때 사용 가능한 가격을 고정하기 위한 선도계약 또는 선물계약이다. 애석하게도 이것은 상당히 위험을 회피하는 경향이 있고 신용 시장이 발달하지 못한 대부분의 커피를 생산하는 개발도상국들의 은행들 대부분이 고려할 가치가 없는 사소한 일에 불과하다. 당신이 은행이라면 시멘트 공장과 자동차 대리점이 훌륭한 보증과 자산이 있고 당신이 제공해야 할 모든 자본을 원하는데, 왜 무법천지의 작은 농부들과 귀찮은 일을 하려고 하겠는가? 생산자 집단은 위험 회피 수단을 관리하기 위한 더 나은 접근성과 능력을 가질 수 있다. 공급망은 생산자와 협동조합이 직면한 변동성을 헤지하도록 지원함으로써 공급업체의 탄력성을 강화할 수 있는 기회를 갖는다.

■ 보조금

직접 보조금

어떤 이유로든 농부들의 소득이 낮고 누군가 그들이 더 많은 소득을 가지기를 원한다면, 그것을 가능하게 하는 가장 간단한 방법은 그들에게 돈을 주는 것이다. 이는 농부(구성원)의 행복도가 (다음 선거 주기 전에) 빠르게 향상되기 때문에 정치적으로 매력적인 조치가 될 수 있다. 직접 보조금은 과세 기준에 대한 부담과 한 부문에서 다른 부문으로의 부의 이동, 생산 부문에서 비생산 부문으로의 이동을 의미할 것이다. 경쟁력이 없는 부문에 보조금을 지급하는 것은 사람들과 회사들이 그 분야에 머물도록 장려하지만 반대로 나머지 부문은 더욱 고갈시킨다. 직접 보조금은 때때로 불균등하게 분배된다. 콜롬비아에서의 경우 상위 10%의 재배자들만이 80%의 보조금을 받았고, 하위 20%의 농부들은 0%의 직접 보조금을 받았다.[831]

이 모든 것을 고려했을 때, 보조금을 사용하여 효율성과 경쟁력을 증진시키는 보다 효과적인 방법이 있다.[832] 생산자들을 위해 커피가 아닌 농업 분야에 전반적으로 이익을 주는 것이다. 즉, 커피 생산을 장려하기보다는 생산자들에게 더 유리한 다른 작물에 지원하여 커피가 전체 지역 사회에서 징수된 다른 세수로부터 부당하게 혜택을 받지 않도록 한다. 이러한 혜택을 교통 인프라와 같은 공공재에 자금을 투자함으로써 더 많은 사람들이 이를 누리도록 할 수 있다. 예를 들어 브라질에서는 커피 보조금의 70%는 공공재에 사용되고 30%는 직접 보조금의 형태를 취했다. 콜롬비아에서는 커피 보조금의 10%가 공공재 개선에 쓰이고 90%는 직접 보조금으로 쓰인다.

농업 부문에 대한 보조금은 비생산적이고 비효율적인 사람들이 아무리 필요하더라도 그들을 위한 생계 수단이 아니라 생산성과 품질에 대한 투자로 촉진되어야 한다. 자금이 적절하게 투자되도록 하기 위한 조치들은 이 조치가 생산자의 전략을 결정하지 않도록 신중하게 구성될 필요가 있다. 예를 들어 콜롬비아 농업은행과 함께 한 프로그램은 점액질 제거기(demucilager, desmuciliginadora) 와 삼림 벌채를 촉진했는데 이것은 거의 재앙 수준이었다.[833][834] 보조금은 포괄적인 방식으로 분배되어야 하며, 특히 소규모의 취약한 생산자들에게 혜택이 돌아가도록 보장해야 한다. 구제가 기금의 목표라면 생산적, 재정적으로 파탄의 위험이 가장 높고 가장 고통받는 사람들에게 전달되어야 한다. 또한 보조금 프로그램이 특정 제품이나 서비스에 대한 투자를 요구하거나 특정 생산 구조의 변경에 대한 대비책을 수립하면 장기적인 생산 비용 효율성을 저해할 수 있으므로, 생산 비용 효율성을 장려하는 방식으로 프로그램을 설계하는 것이 중요하다.

안정화 프로그램

안정화 기금 또는 기타 프로그램의 목표는 매일 형성되는 가격으로부터 변동성을 제거하여 실제 시장 펀더멘탈을 기반으로 천천히 움직이거나 안정적인 가격을 설정하는 것이다. 앞서 언급한 이유들 때문에 소규모 생산자들에게는 어려운 일이지만 헤지를 통해 동일한 작업을 할 수 있다.[835] 안정화 프로그램의 목표 가격이 펀더멘탈에 의해 결정된 가격에서 너무 오랫동안 차이가 나면 생산자들은 잘못된 시장 신호를 받는다. 만약 목표 가격이 높으면, 커피를 심거나 버리지 말라는 뜻으로 받아들여 더 심한 공급 과잉으로 이어진다. 만약 목표 가격이 너무 낮으면 좋은 투자가 될 커피를 심고 재배하는데 의욕을 잃게 된다.

  기본적으로 지역 커피 가격에 헤지를 구축하는 안정화 프로그램이 제대로 작동하려면 생산자들이 파산할 때까지 원하는 것을 원하는 때에 제공하는 것이 아니라, 미래 가격 결정에 대한 책임을 질 수 있도록 헤지 수단에 접근할 수 있는 생산자의 능력에 보조금을 지급하는 것이 더 합리적일 수 있다. 이른바 안정화 자금은 보통 생산 비용을 기준으로 한 최저 가격을 목표로 한다. 이는 시장 펀더멘탈에 의해 좌우되는 장기 가격에 맞추려고 노력하면서 직접 보조금으로는 개선될 가능성이 낮은 비효율성을 보조하는 것과는 상당히 다르다.

  국가 물가 정책을 분석하는 콜롬비아 연구진 그룹에 따르면 안정화 기금은 다양한 이유로 전 세계 대부분의 문서화된 사례에서 대부분 잘 작동하지 않았다. 이 자금은 시장이 상승할 때(어떤 형태의 세금을 통해) 저축하고 시장이 하락할 때 (생산자 보조금의 형태로) 지출하도록 되어 있다. 그러나 대부분 펀드는 시장이 하락했을 때 지출하는 것만큼 많이 시장이 상승했을 때 저축하지는 않는다. 많은 사람들의 단기적인 사고방식을 고려할 때, 특히 "방 안의 어른*"이 될 필요 없이 가부장적으로 유지되는 구조에서의 수혜자들은 의사 결정자들에게 경기가 좋을 때 신중함보다는 횡재로 얻는 이익을 더 분배하도록 압력을 가할 수 있다. 의사 결정자가 평균 커피 가격 주기보다 짧은 임기로 민주적으로 선출되는 경우 단기 지향적 행동의 위험이 훨씬 더 커진다.[836] 코스타리카는 커피 가격 안정 기금

---

* 그룹 내에서 성숙하거나 책임감 있는 방식으로 행동하는 사람

을 가지고 있었다. 1990년대 후반과 2000년대 초반에 그들의 목표치를 밑도는 가격이 장기화되자 해당 기금은 고갈되었다. 이후 정부로부터 자금을 빌려 자본을 확충했지만, 이것은 모델의 지속 불가능한 특성 자체를 바꿀 수는 없었고, 결국 2011년에 청산되었다. 8년이 지난 지금까지도 생산자들은 이 기금에 계속 기여하고 있다. 그러나 그들은 가격 안정의 혜택을 받지 못하고 오히려 정부에 빚진 돈을 조금씩 갚아가는 일에만 기여할 것이다.[837]

비용 보상

겉보기에 간단해 보이는 또 다른 해결책은 항상 생산자들에게 최소한의 생산 비용을 지불하는 것이다. 이것은 논리적으로 타당하고, 만약 누군가가 특정한 농부로부터 커피를 원한다면 그들은 적어도 그것을 생산하는데 드는 비용을 기꺼이 지불할 의사가 있어야 한다. 그러나 독점 마이크로 랏 이외의 경우에는 구매자들이 생산자에 대해 그리고 공급받는 커피에 대해 거의 알지 못하거나 정말로 신경 쓰지 않는데, 그런 대부분의 경우 이 개념은 빛을 잃게 된다.

모든 생산자의 생산 원가로 최저 가격을 설정할 수는 있지만, 어느 생산자가 공급하는지 무관심한 구매자의 경우 가장 낮은 생산 원가로 책정된 생산자로부터 구매한다. 이것이 본질적으로 오늘날 일어나는 일이다. 다른 커피에 비해 높은 가격을 정당화할 만큼 제품이 차별화되지 않은 기존 생산 원가가 높은 생산자들은 판매 자체를 할 수 없을 것이다.

효율성

생산 비용의 차이는 때때로 생산 시스템의 효율성을 반영한다. 생산자에게 지급해야 하는 최소 가격에 비효율적인 요소가 포함된 경우 이는 다른 더 효율적인 산지의 생두에 비해 구매자에게 전달되는 가치로 반드시 보상되지는 않을 것이다. 따라서 이러한 산지에 대한 수요는 감소할 것이다.

국정 최저 가격

또 다른 방법은 평균 생산 비용을 기준으로 국가가 최저 가격을 설정하는 것이다. 만약 이 수치가 그 커피 가치에 대한 시장의 인식과 정확히 일치한다면 유리할 수 있다. 그러나 생산 국가의 수와 대부분의 국가에서 대형 브랜드의 블렌드에 사용되는 커머셜 등급 커피의 대체 가능성을 고려할 때 구매자들은 여전히 최저 가격 하한선을 가진 국가들을 선호할 것이다. 추가 가치를 제공하지 않고 더 많은 비용을 청구하는 국가를 기피하면 상대적으로 가격 수준이 높은 국가의 커피에 대한 수요가 급감할 것이다. 판매되지 않는 잉여 커피가 남지 않도록 국가는 모든 생산량이 판매될 수 있는 경쟁력 있는 수준으로 최저 가격을 낮추도록 장려할 것이다. 결국 이것은 공급과 수요가 커머셜 커피의 최저 가격을 결정하면서 자연스러운 질서로 되돌아가게 될 것이다.

시장 신호

최저 가격은 높지만 생산 원가가 낮은 다른 나라보다 높은 가치를 제공하지 못하는 상대적으로 효율성이 떨어지는 생산국들에 대한 수요가 확보될 수 있다고 가정하자. 시스템이 시행되면, 최저 가격은 시장이 정한 균형 가격을 초과한다. 이는 추가 재배를 장려하고 과대 평가된 커피의 공급 과잉을 야기할 것이다. 공급 과잉에 대한 유일한 해결책은 최소 공급량을 시장이 설정한 수준으로 줄이는 것이다.

국가 간의 가격 형성의 동조화를 막고 시장의 관여 없이 강제로 가격을 책정하는 것은 불균형을 초래할 수밖에 없고 관련 행위자들에게 잘못된 시장 신호를 보내 혼란을 야기한다. 그러나 거의 연관이 없는 제품으로 인해 기준 가격이 왜곡되는 일(경질 아라비카와 로부스타에 의해 강제로 연결된 마일드 아라비카 선물계약 참조) 없이 시장에 대한 실제 가치에 더 정확히 기반을 둔 각 커피에 대한 가격을 설정하는 것은 흥미로울 것이다.

인증

소비자들에게는, 농장에서 커피를 가져오지 않을 경우 진열대에 있는 커피가 어떻게 재배되고 거래되었는지 합리적으로 확신할 수 있는 유일한 방법은 제3자 인증이나 검증을 통해서다. 그러나 생산자의 경우 인증에 관한 결정은 그리 간단하지 않으며 몇 가지 요인 때문에 지역에 따라 달라진다.

그럴만한 가치가 있을까?

인증 획득 절차의 시작 가능성을 평가할 모든 생산자는 철저한 비용 편익 계산을 수행하여 인증을 받는 것이 유리한지, 그리고 어떤 인증이 유리한지를 결정해야 한다. 합리적으로 예상할 수 있는 가격과 가격 프리미엄을 알고 준수하는데 필요한 비용을 차감해야 한다.[838] 준수 비용에는 인증 감독관의 수수료, 필요한 기반 시설 조정 비용, 인증 방식 하에서 운영된 생산 비용, 잠재적 수확량의 감소로 인한 기회비용의 손실을 포함한다. 생산자는 가격 프리미엄을 계산할 때 자신이나 조직이 인증된 채널을 통해 얼마나 안정적으로 판매가 가능한지도 고려해야 한다. 대부분의 인증 커피의 가격 체계는 여전히 C-가격에 묶여 있기 때문에 충격과 변동에 취약하다.

소규모 생산자들의 어려움 [839]

인증이 총 인증 비용을 상쇄하는 상당한 가격 인상에 반영되지 않는 경우에는 특히 문제가 된다. 이는 비용, 노하우 또는 기타 요인으로 인해 인증을 받을 수 없는 소규모 농부들에게는 진입 장벽으로 작용할 수 있다.[840] [841] 생산자의 국가에 인증 감독관이 없고, 인증을 지원하는 조직에 생산자가 소속되어 있을 않을 때, 특히나 더 까다로운 인증 시장에 판매할 수 있는지 여부를 모르기 때문에 많은 소농들이 인증 유지에 드는 고정 비용을 부담하는 것은 불가능할 수 있다. UN 보고서는 생산국 정부가 "합리적인 비용으로 서비스를 제공할 지역 컨설팅 및 인증 회사의 발전을 지원"842 할 것을 촉구한다.

통일성의 부족

각 인증에는 취득 및 유지 관리에 상당한 비용이 소요된다. 생산자는 구매자가 그들의 지역에서 장기적으로 구매할 것이라는 보장이 없다면 투자를 정당화하기 어렵다. 유기농이라도 여러 소비 국가의 기준과 인증 절차가 조금씩 다르며, 자연히 각 국가마다 연간 검사 비용이 발생한다. 소농은 제공되는 모든 인증을 보유할 여유가 없으며, 특정 인증에 대한 수요는 다른 인증에 비해 변동될 가능성이 높다.

자발적 커피 표준 색인(VOCSI, Voluntary Coffee Standards Index)을 개발한 트랜스 서스테인에 따르면 "…다양한 VSS* 시스템과 라벨의 확산으로 인해 각 라벨의 의미와 그 라벨이 커피에 미치는 영향에 대한 높은 수준의 혼란이 야기되었다."843 혼란에 대한 소비자의 반응은 의심일 수 있고 이는 냉소와 무관심 또는 "라벨 피로"로 이어지며, 다음 두 가지 반응 중에 하나로 나타날 것이다. "너무 많으니 아무거나 괜찮다" 또는 인증에 대한 단순한 혐오다. 이런 상품화된 기준은 최소 공통 분모 또는 가장 덜 엄격한 옵션에는 이점이 될 것이다.

이것은 위장환경주의(greenwashing)의 기회가 된다.844 즉, 소비자들이 무수한 선택들에 의해 혼란스러워 더 깊이 파고들지 않는다는 것을 알고, 덜 지속 가능하거나 책임감이 떨어지게 생산된 제품들을 마치 다른 지속 가능한 제품들처럼 생산된 것인 양 제공하는 것이다. 이런 복잡함이 귀찮은 소비자들은 그저 "보통 커피"를 주문하는 것에 안주할 수도 있다. 인증 커피의 선구자인 데이비드 그리스월드는 다음과 같이 말한다: "인증의 중요한 기능은 소비자들이 커피 농부들에게 공정한 가격을 지불하는 실제 사례를 만들 수 있도록 돕는다는 것이다. 그들은 더 나은 가격이 생산자의 주머니로 들어가고 있다는 것을 알기를 원한다."845

특정 인증 제도를 준수하는 거래 조건은 인증된 커피를 믿고 찾는 소비자에게 지속 가능성과 번영을 향한 첫 걸음인 생산자 조건의 약간의 개선을 나타낼 수 있지만 그것은 단순히 커피 공급망과의 계약 이행 및 종료일 가능성이 높다.

---

* 자발적 지속 가능성 표준(Voluntary Sustainability Standards)은 특정 경제적, 사회적, 환경적 지속 가능성 지표를 충족시키기 위해 제품에 요구되는 민간 표준이다.

제3자

유기농

유기농 기준은 대부분의 큰 소비 국가 정부에 의해 제정되고 시행되며, 농장 및 선적은 제3자 회사에 의해 인증을 받는다. 이 기준은 인증되지 않은 농약 미사용 3년을 포함해 방법 및 투입에 대한 상세 원장을 기록 및 보관하고, 무엇보다도 유기농 인증 공인 기관의 연례 검사와 같이 농부와 조직에 상세한 절차를 요구한다. 유기농 인증에는 지속 가능한 커피 토지 관리의 가장 중요한 지표 중 하나인, 그늘 재배나 자생수(自生樹)가 필요하지 않다. 인증된 생산자가 지리적으로 집중되어 있다는 것은 유기농 프리미엄에 대한 불균등한 접근을 의미한다: 유기농 인증 커피의 85%는 라틴 아메리카에서 생산되고, 전 세계 유기농 커피의 45%는 멕시코에서 생산된다.[846]

인증 비용

만약 협동조합이나 협회에서 많은 농장을 인증할 경우, 유기농 인증을 유지하는 데 드는 비용은 합리적일 수 있다. 만약 그렇지 않다면, 그것은 소규모 생산자들에게 엄두도 못 낼 일일 수도 있다. 현지 인증 감독관이 없는 경우 농장 방문 비용이 크게 늘어날 수 있다. 수확량에 대한 잠재적 영향도 생산 비용에 포함되어야 한다. 고도로 숙련된 시스템에서 전환되는 경우 수확량이 크게 떨어질 수 있고, 반대로 수동 시스템에서 전환되면 수확량이 증가할 수 있다.[847] UN에 따르면, 에티오피아에서 유기농 인증이 쉬운 이유는 90%가 소극적으로 인증을 하기 때문이다.[848] 유기농 인증을 지지하는 한 생산자의 말에 따르면, 전환의 기회비용이라 할 수 있는 투입 집약적인 시스템에서 전환되는 동안 생산의 일시적 하락이 있었지만, 이 기간을 보낸 후에 그는 수확량이 반등하며 전환 전 수확량을 능가하는 것을 경험했다. 콜롬비아 카우카(Cauca)의 한 유기농 인증 생산자는 헥타르당 30백의 생두를 생산했으며 이는 전국 평균의 거의 두 배에 달하는 양이었다.[849]

소극적 유기농

유기농 재배에 필요한 투입물을 사용하지 않는 인증 시스템은 소극적 유기농으로 간주한다. 이러한 시스템은 인증을 획득할 수는 있지만, 소모된 영양분을 대체하는 전통적인 재배보다 더 큰 토양 악화를 초래할 수 있다. 이 시스템은 수확량이 낮은 경향이 있어 삼림 벌채를 통해 농지의 확장을 촉진한다. 설상가상으로 소극적 유기농 커피 재배지는 때때로 토양이 황폐되고 수확량이 감소하여 버려지며, 추가로 재배할 자생림을 벌채(보통 불 태움)한다. 유기농 인증 토양 개량제 및 퇴비화 기술에 대한 접근성을 개선하면 소극적 유기농 커피 생산 시스템을 개선할 수 있을 것이다.

가격 프리미엄

소비자 입장에서 일반 커피 대비 유기농 커피의 평균 프리미엄은 파운드당 1달러이다.[850] 그러나 상품 가격 대비 평균 FOB 프리미엄은 파운드당 0.15달러에서 0.30달러다.[851] 돈이 농부에게 돌아갈 때까지 유기농 커피에 대해 생산자에게 지불되는 평균 가격 프리미엄은 2003년에는 파운드당 0.15달러에서 0.2달러였다.[852] 따라서 지금까지 생산자들은 소비자들이 유기농 커피를 소비하기 위한 추가 금액의 15-20%를 받았다. 나머지는 수출업자, 수입업자, 그리고 무엇보다도 로스터에게 돌아간다. 유기농 커피의 가격 프리미엄은 공급 증가로 인해 지난 20년 동안 크게 떨어졌다.[853] 유기농 커피는 전통 커피 보다 투입물 가격이 더 비싸고 수확량도 적어 생산 비용이 더 높기 때문에, 유기농 커피 상품의 경제성을 생산자들에게 정당화하기가 더욱 어려워졌다.[854] 평균 이상의 컵 품질이나 독점성/희소성에 대한 프리미엄도 없는 유기농 커피는 때때로 5%의 적은 가격 프리미엄만을 버는 "대량 블렌딩 신세"가 되어 버린다.[855] 비록 프리미엄 가격은 떨어졌을지라도 좋은 소식은 유기농 인증 농부들이 생산량의 평균 80%를 유기농 채널을 통해 팔고 가격 프리미엄을 받는다는 것이다.[856]

공정무역

국제 상거래에서 사회 정의에 초점을 맞춘 세계적인 운동인 공정무역은 두 번째로 널리 소비되고 생산되는 커피의 지속 가능성 인증이다. 이 개념은 1940년대부터 있었고, 수십 년 동안 많은 진화를 경험했다. 국제공정무역(FLO, Fairtrade International, Fairtrade Labeling Organizations International)이 주관하며, 2011년부터는 Fair Trade USA가 별도로 운영되고 있다. 주요 차이점은 FLO가 민주적으로 운영되는 정치적으로 독립적인 협동조합과 소농으로 구성된 협회만으로 이루어진 반면, Fair Trade USA는 대규모 부동산, 기업 및 다국적 농장 등 다른 단체들에게 기회를 개방했다는 것이다.[857]

공정무역 인증은 노동자의 처우를 포함한 사회적 문제를 다룬다. 그 기준은 국제노동기구가 정한 기준에 근거한다. 농장 노동자들은 그들 국가의 최저임금을 받아야 하지만, 이것이 항상 보장되지는 않는다. 동아프리카의 한 연구에서 공정무역 인증을 받은 농장에서 일하는 임금 노동자들은 일반적으로 비인증 농장에서 일하는 임금 노동자들보다 적게 버는 것을 확인했다. 그렇다고 공정무역 농장의 노동자들이 더 쾌적한 환경을 누렸다는 뜻은 아니며, 이런 일은 충분히 가능하다.[858]

가격 프리미엄

소비자가 지불한 가격 프리미엄은 생산자에게 100% 전달되지 않고, 생산자는 최저 가격을 받으며 소속 기관의 의무적인 프리미엄를 받는다. 인증 감독관과 중개자 또한 공정무역 프리미엄의 가격으로부터 혜택을 받는 것으로 나타났다.[859] 커피의 필수 공정무역 프리미엄이 FOB(수출) 파운드당 0.20달러인 반면, 상품 가격 대비 평균 FOB 프리미엄은 0.59달러다.[860] 이 추가 프리미엄에는 원산지 및 품질과 관련된 차등 및 프리미엄이 포함된다. 그럼에도 불구하고 생산자만이 공정무역을 통해 소비자에게 혜택을 받는 유일한 사람인 것은 아니다. "커피 바에서 공정무역 커피에 지불한 프리미

그림 5.1 | 공정무역 인증의 효과

출처: 공정무역 재단, 허가받아 적용 및 사용.
참고: NB 공정 거래 가격 = 공정 거래 최소 가격* 140센트/파운드 + 20센트/파운드 공정 거래 프리미엄.**
뉴욕 가격이 140센트 이상일 때 공정 거래 가격 = 뉴욕 가격 + 20센트다
뉴욕 가격은 미국 ICE선물거래소 커피 C 선물 매수 계약의 일일 거래 가격이다
* 공정 거래 최저 가격은 2008년 6월 1일과 2011년 4월 1일에 인상되었다
** 공정 거래 프리미엄은 2007년 6월 1일과 2011년 4월 1일에 인상되었다

엄의 10%만이 생산자에게 흘러간다." (하포드 2006, 이코노미스트 2006b, 74페이지에서 인용).[861] 일부 비평가들은 생산자에게 지불되는 추가 금액 이상의 가격이 공정무역 제품에 표기되는 윤리에 의문을 제기한다. 분석에 따르면 공정무역 인증 커피의 소득 분배는 비인증 커피 공급망과 유사하다. 생산자에게 할당되는 파이 조각은 같지만, 파이 자체가 조금 더 클 뿐이다.[862]

가격 하한선

농부들에게 공정무역 인증의 중요한 장점 중 하나는 안정된 최저 구매 가격을 제공한다는 것이다. 공정무역 채널을 통해 지속적인 판매가 이루어진다면 커피 가격은 파운드당 1.40달러 이하로는 절대 내려가지 않을 것을 그들은 알고 있다. 하지만 시장 가격이 FLO 최저 가격보다 낮을 때, 공정무역 커피에 추가 프리미엄을 지불하는 것보다 저렴한 커피를 구매하는 것이 훨씬 더 낫다는 것을 아는 구매자들에게는 비 FLO 커피가 더 매력적이다. 이 경우 구매자들이 인증을 포기함으로써 그것을 쉽게 우회할 수 있다면 공정 거래 채널에 의해 보장된 가격 안전 장치는 효과적이지 않다. 협동조합은 같은 제품을 FLO 프리미엄 없이 판매하도록 종종 강요받는다.[863] 만약 조합이 그들 창고에서 하역 시점에 농부들에게 공정무역 프리미엄의 일부가 포함된 가격을 전달한다면, 기존의 경로를 통해 공정 무역 제품을 판매하는 경우에 생산자는 이미 공정무역 최저 가격을 보장 받지 못하더라도 조합에 프리미엄은 지급해야 하기 때문에 손해가 날 수 있다.

수입업자 요구사항

생산자와 조직의 노력만 필요로 하는 많은 인증과 달리 공정무역은 이름에서 알 수 있듯이 제품이 거래되는 방식에도 초점을 맞춘다. 수입업자와 수출업자는 다년 계약으로 FLO에 등록된 생산자 협회에서 직접 구매해야 한다. 공정무역 인증 커피 구매자는 협동조합이나 협회에 최소 가격, 사회적 프리미엄, 유기농 인증을 받은 경우 추가 프리미엄을 지불해야 한다. 또한 구매자는 생산자 조직에 선입금을 해야 한다.

협동조합을 통해 분배되는 혜택

파운드당 20센트의 공정무역 의무 프리미엄은 생산자에게 직접 지급되지 않고, 생산자 조직이 관리하며 어떻게 처리할지를 구성원들의 투표로 결정한다. 신자유주의적 혹은 자유주의적 관점에서 개발과 공정성 측면에 접근하는 사람들은 FLO에 가입되어야 하는 의무적인 협동조합의 회원 자격과 더불어 이러한 관리 방식에 대해서도 문제를 제기할 수 있다. 만약 농부들이 협동조합에 소속되는 것에 안정감을 느끼고 실제 유효한 협동조합 중 하나에 접근할 수 있다면 공정무역은 훌륭한 선택이 될 수 있다. 그러나 가장 취약한 환경에 있는 농부들은 인증을 받고 인증 커피 시장을 찾을 수 있는 조직화된 협동조합 및 협회에 접근할 수 없다. 그러므로 공정무역은 때때로 강력한 조직을 가진 더 번창한 지역의 농부들에게 유리하다. 충분한 관리 인력을 확보하지 못한 일부 능력이 부족한 협동조합과 협회는 인증을 획득할 수 있지만 인증된 커피 시장에 대한 접근성은 부족하다.[864]

일부 협동조합은 다른 조합들보다는 나은 편이다. 그들의 민주적인 운영과 의사소통은 다소 효과적일 수 있으며, 그들은 다양한 수준의 효율성으로 회원들에게 다양한 방식으로 프리미엄을 분배할 수 있다. 생산자 협동조합이 구매자와 얼마나 가까운지에 따라 프리미엄 분배도 달라진다. 생산자는 직접 수출하는 협동조합, 수출업자에게 판매하는 협동조합, 또는 수출업자에게 판매하는 더 큰 협동조합의 회원인 협동조합에 속할 수 있다.[865]

공급 과잉

많은 공정무역 농부들이 가격 안전망과 프리미엄을 누리지 못하는 또 다른 문제는 인증 커피의 수요보다 더 많은 공급이다. FLO 인증 기관에 속한 FLO 인증 농장의 생두 공급량은 120만 백인데 반해 수입업자에게 판매된 FLO 인증 커피는 22만 백에 불과했다. 프리미엄은 좋지만, 오직 18-20%만이 판매된다면 인증에 드는 비용과 수고를 들일 가치가 정말 있을까?[866] 접근 권한이 있는 사람들에게는 혜택이 중요하고 유익하지만 인증은 가장 소외된 사람들에게는 와닿지 않으며 많은 인증 생산자들은 그 혜택을 받지 못한다.

시장 왜곡

자유 시장이 자체적으로 규제할 수 있다고 믿는 경제학자들은 공정무역을 포함하여 공급과 수요에 의해 확립된 가격에서 인위적으로 벗어나게 하는 다른 모든 메커니즘을 비판한다. 그들의 주장은 시장이 농부들에게 커피가 아닌 다른 것을 하라고 지시할 때에도, 인상된 가격으로 인해 농부들은 커피 재배를 계속 할 것이고, 결국 장기적인 과잉 공급이 지속된다는 것이다.[867]

커피가 너무 많이 공급되어 사람들이 재배를 멈출 때까지 가격이 하락하게 되면 공급이 감소하고 가격은 다시 상승한다. 만약 정해진 최저 가격이 있다면, 공급 과잉 상태에서도 농부가 생산을 계속 할 동기가 부여되고 애초에 낮은 가격부터 시작하는 근본적인 수급 불균형을 악화시킬 수 있다.[868] [869] 투기에 의해 왜곡된 시장에서, 과장된 변동으로 나타나는 가격 하한선은 불로 불과 싸우는 것으로 간주될 수 있다. 공정무역으로 판매되는 22만 백이 글로벌 시장 펀더멘털에 아무런 영향을 미치지 않을 것 같지만 공정무역이 전 세계 소규모 농부들의 생계를 개선하는데 성공한다면 시장을 왜곡하고 기존의 커피 가격을 끌어내릴 잠재력을 가질 수 있다.

기타 인증

유기농과 공정무역 외에도 농장 수준에서 주로 환경적·사회적 조건을 다루는 약간 다른 초점을 가진 다른 인증들이 있다. 열대우림연맹(Rainforest Alliance)은 이름에서 알 수 있듯이 생물 다양성을 보존하는 데 주력한다. 이 인증에는 커피 농장 나무의 존재, 농약 투입물 사용 및 작업 조건 등에 관한 구체적인 요구사항이 있다. 열대우림연맹 인증에는 공정무역과 유기농이 요구하지 않는 고유 생물 다양성 기준이 포함되어 있지만, 그것은 스미스소니언 버드 프렌들리(Smithsonian Bird Friendly) 요구 사항만큼 엄격하진 않다. 열대우림연맹 인증의 한 가지 단점은 농부나 그 대리인에게 지급해야 하는 최저 가격도, 필수 프리미엄도 없다는 것이다. "생산량은 안정적이고 노동 투입 비용은 증가하는 경향이 있다. 긍정적인 면으로는 커피 품질이 향상되고, 토양 비옥도가 개선되며, 커피 나무가 더 오래 사는 경향이 있다는 것이다."[870]

그 동안 열대우림연맹과 몇 가지 공통점이 있던 UTZ 인증은 이제 통합되었다. 역사적으로 로스터는 소비자 포장에 인증 라벨을 사용할 수 있도록 파운드당 0.02달러를 지불해야 했다. 또한 농부들에게 지불해야 했던 프리미엄은 필수가 아닌 권장 사항이었다. 열대우림연맹과 UTZ는 대농장과 대규모 재배자에 초점을 맞추고 있다.[871] 라틴 아메리카에서는 열대우림연맹/UTZ 인증 땅의 11%가 소농들에 의해 관리된다.[872] 스미스소니언철새센터(Smithsonian Migratory Bird Center)에서 조직한 버드 프렌들리(Bird Friendly) 인증은 "그늘 재배와 생물 다양성을 유기농 기준과 결합하기 때문에 커피 분야에서 가장 활발한 환경 인증 제도"다.[873] 이 인증은 전제 조건으로 유기농 인증을 요구하며 엄격한 혼농임업 기준을 더한다.

■ 검증 및 구매자 전용

앞에서 설명한 프로그램은 구매자나 판매자와 관련이 없는 중립적인 행위자에 의해 객관성이 보장되기 때문에 제3자 인증으로 간주되지만, 다른 인증 메커니즘도 존재한다. 구매자 전용 인증은 구매할 때 인증을 소유하는 회사에게만 유용하며 개별 인증은 일반적으로 중립적인 제3자가 아니다. 지속 가능성 표준의 영향을 연구하는 데 전념하는 단체인 트랜스 서스테인은 "UTZ, 열대우림연맹, 공정 무역 USA와 같은 NGO의 참여로 개발된 다중 이해관계자 인증이 지속적으로 업계가 주도한 인증보다 순위가 높다."[874][875] 이를 따라야 하는 사람들이 설정한 규칙이 다른 사람들이 결정하고 시행하는 규칙보다 덜 강력할 것이라 쉽게 짐작할 수 있다.

민간 개별 인증

국제적으로 공인된 지속 가능성 표준과 각각의 인증에 반발하여 스타벅스와 네슬레를 포함한 일부 대형 구매자와 로스터들은 자체 표준을 개발했다. 부스타눌 아르핀은 이러한 개별 브랜드 인증이 "단순히 글로벌 식품 생산, 무역, 소비에 대한 기업 통제의 새로운 수단으로써의 역할을 할 수 있다"고 제안한다.[876] 구매자는 인증을 받은 많은 생산자 중에서 선택할 수 있지만, 생산자가 민간 인증에 투자한다면 이를 가치 있게 여길 구매자는 단 한 곳뿐일 것이다.

4C 검증

독일 협력 개발부(German Ministry of Cooperation and Development)의 독일 커피 협회는 4C를 만들었다: 커피 공동체를 위한 공통 강령(The Common Code for the Coffee Community) 4C는 구매자 소유의 가벼운 인증일 뿐만 아니라 어느 정도의 환경 및/또는 사회적 책임을 보장하는 기준이 있지만 유기농 및 공정무역과 같이 국제적으로 인정된 기준의 수준에 근접한 것은 아니다. 4C는 보다 엄격한 인증을 위한 디딤돌로 제시된다.[877] 이는 생산자가 일상을 조정하고 기록을 유지하는 데 익숙해지도록 하고, 조직이 더 많은 비용이 드는 인증 프로그램 및 인프라 조정에 투자하기 전에 이 작업을 수행할 의사가 있는 생산자를 결정하는 데 적합할 수 있다. 그러나 차이점이 소비자에게 분명하지 않고 따라서 구매자에게 우선순위가 아닐 때 4C가 다른 인증과 어떻게 경쟁할지는 명확하지 않다. 이것은 4C의 잘못이 아니라 휴리스틱(heuristic*)일 뿐이다.

농부들 또는 그들의 후원자들은 인증과 규정 준수에 투자해야 하지만 이와 관련된 정해진 가격 프리미엄이나 차이가 없어 비용-편익 방정식이 흔들린다. 지역 공급망은 인증을 받은 농부들에게 약간의 프리미엄을 제공하는 경향이 있지만, 인증을 관리하거나 인정하는 구매자는 인증된 커피로만 모두 구입하거나 프리미엄을 지불할 의무가 없다.[878] 프리미엄이 인증 비용을 감당하지 못할 경우 일부 최대 구매자들에게 접근하기 위한 진입 장벽에 지나지 않아 인증을 취득할 자원이 부족한 소농들을

---

* 심리학에서 사용하는 개념으로, 대니얼 카너먼(Daniel Kahneman)에 따르면 "고정 관념에 기초한 추론적 판단"이라고 한다. 어림짐작이 휴리스틱에 가장 가까운 단어다.

더욱 불리하게 만들 것이다.[879]

이러한 시스템의 가장 문제가 되는 측면은 원산지와 소비측 가치 사이의 불균형이다. 원산지 측면에서는 당장이라도 사라질 수 있는 작은 프리미엄에 대한 희망만 있을 뿐이지만, 소비 국가에서는 이러한 '가벼운 인증'을 받은 커피일지라도 그것의 장점을 유리하게 사용할 수 있는 소매업체들은 시장성 있는 가치를 소비자들에게 더욱 크게 활용할 수 있다. 스타벅스는 유기농이나 버드 프렌들리 인증부터 최소한의 지속 가능성에 이르는 넓은 범위의 인증 커피를 통틀어 "지속 가능한 커피"라고 부른다.[880]

이러한 "가벼운" 인증의 또 다른 문제는 저렴한 가격으로 국제적으로 인정받는 인증의 중요성이 줄어들고 있다는 것이다. 스타벅스의 윤리 구매 담당 이사인 켈리 구디존(Kelly Goodejohn)에게 C.A.F.E. Practice와 공정무역이 동일한지 묻자 "나는 비슷하다고 생각한다… 우리에게 있어 그것은 농부의 생계 유지를 확실히 하는 것이다… 커피가 지구와 환경에 유익하고 그 인증에 품질과 경제적 투명성이 있다는 점에서 그렇다"라고 답했다.[881] 우리가 보고 있는 것은 본질적으로 "지속 가능성의 상품화"[882]를 저비용, 최저 공통 분모로 만드는 것이다. 많은 증거가 이러한 민간 인증(북미의 로스팅 회사가 만들고 명예를 부여하는 인증)을 생산자의 "목소리를 억누르고"[883] 북미 기업과 소비자의 양심을 적은 비용으로 해소할 수 있는 도구라고 지적한다.

그늘 재배

커피가 그늘에서 자란다는 개념은 소비자들에게 하는 또 다른 환경적 주장이지만, 확립된 일련의 표준 또는 어떤 종류의 검증이나 인증을 참조할 수도 있고 그렇지 않을 수도 있다. 약 10년 전 그늘 재배로 판매된 커피의 상품에 대한 평균 FOB(수출) 가격 프리미엄은 파운드당 0.46달러인 반면 유기농은 파운드당 0.49달러였다.[884] 그늘 재배 커피는 종종 인증되지 않기 때문에, 시장성에 대한 주장은 무임승차자와 거짓말쟁이에게 기회가 될 수 있다. 제3자에 의해 인증되지 않은 경우 그 커피가 실제로 그늘에서 자란 것인지 어떻게 알 수 있을까? 그것은 구매자가 조사해야 한다. 그늘 나무가 거의 없거나 농장의 생태계나 토종 생물 다양성을 개선하지 않는 바나나 같은 외래종이 있을 수 있다. 이런 일은 이 개념을 소비자들에게 혼란스럽게 만들고 환경 보전에 헌신하지 않는 사람들에게는 마케팅 용어로부터 이익을 얻을 수 있는 기회를 제공한다.[885]

효과

인증의 영향

모든 인증의 장단점에도 불구하고 그것이 좋은지 나쁜지에 대한 질문은 대답하기 어렵다. 어떤 것들은 일부 영역에서 다른 영역보다 더 엄격하다. 서로 다른 이해 관계자들에게 미치는 영향은 고르지 않다. 가치 사슬에서 인증 및 자발적 지속 가능성 표준(VSS)의 실제 영향과 인지된 영향을 검증하는 방법에는 여러 가지가 있다. 다음은 몇 가지 관점들이다:

소득 영향 = (가격 프리미엄) – (인증, 유지 보수 및 규정 준수 비용)[886]

가격 프리미엄은 인증을 위해 지급된 총 금액으로 커피가 인증되지 않았다면 지불되지 않았을 것이다. 이 프리미엄은 수확한 모든 커피에 대해 지불되지 않았을 수 있다. 인증 비용에는 인증 획득 및 유지와 관련된 수수료, 표준 준수 비용 및 생산 손실의 기회비용이 포함된다. 가격 프리미엄은 인증과 함께 판매되는 제품 일부에만 적용할 수 있지만, 원가는 반드시 생산량 100%에 적용한다. 설령 가격 프리미엄이 실현되더라도 총 생산의 일부만 인증을 받아 판매한다면 전반적인 소득 영향은 부정적일 수 있다.

인증이 인증된 커피에 대한 수요를 앞지르고 있기 때문에 불행하게도 그럴 가능성이 더 높아지고 있다. 2012년에는 인증 커피의 25%가 그런 식으로 판매되었다.[887] 인증 커피의 세계 공급량은 수요보다 4배 더 많다. 2015년 콜롬비아에서는 5배나 더 컸다.[888] 4C 인증 커피의 20%가 그대로 판매되고[889], 열대우림연맹, UTZ, 공정무역은 인증과 함께 28-35%가 판매된다.[890] 유기농 커피의 50%는 2014년에 인증된 채로 판매되었다.[891] 인증 절차 및 표준을 합리화하거나 사용 가능한 인증의 다양성을 줄이면 공급과 수요를 더 잘 일치시키고 구매자가 원하지 않을 인증에 투자하는 농부들의 위험을 줄일 수 있다. "지속 가능성을 달성하기 위해 일반적으로 합의된 일련의 물질적 측면은 브랜드 및 원산지 노력에 대한 정당성, 지속 가능성 보고에 일관성을 부여하고 지속 가능성 활동을 기반으로 추가적인 차별화 기회를 개발할 것이다."[892]

가격 인상을 암시할 필요

최저 가격은 공급 과잉을 악화시킬 수 있는 가능성이 있지만 생산자에게 이익이 될 가능성도 상당히 높으며, 소비자가 가격 프리미엄을 기꺼이 지지한다면 기존 가격이 하락하더라도 탄력적인 공급망을 만들 수 있다. 로스터에게 민간 인증은 소비자로부터 다른 인증과 같은 수준의 찬사를 받지만, 농부들에게는 프리미엄이 더 적게 돌아가기 때문에 그 인증의 소비자 마케팅에서 얻는 이익에 상응하는 수준을 농부들에게 보상해야 한다. 일부 인증은 생산자에게 상당한 추가 순이익을 제공하지 않을 수 있지만, 구매자를 더 쉽게 찾을 수 있는 마케팅 도구 역할을 할 수 있으므로 인증을 받지 않은 생산자에게는 진입 장벽이 되는 동시에 인증을 보유한 사람들에게 반드시 구체적인 혜택을 제공하지는 않는다.[893] 릭 라인하르트는 "열대우림연맹 또는 UTZ 인증 자체로 많은 농부들이 지출한 비용을 충분히 보상하지는 않는다는 것은 의심의 여지가 없다… 유기농에 대한 시장 프리미엄은 수확량과 고품질 유기농 제품을 생산하려는 노력을 고려할 때 농부에게 주는 비용에 전혀 미치지 못한다."[894]

인증 대 생산자

인증에 가치를 두는 경우 인증 받은 커피는 그렇지 않은 커피보다 가치가 더 높아진다. 어떤 생산자 또는 원산지의 가치는 루이스 샴페르가 "비현지화(de-localization)"라고 하는 많은 생산자로부터 제공되는 인증보다 덜 중요할 수 있다. 이러한 상황은 비인증 시장(인증된 커피의 약 75%를 차지함)에서의 판매를 피하기 위해 바닥치기 경쟁을 하는 소수의 구매자를 위한 경합에서 인증을 받은 커피 생산자와 산지를 곤경에 빠뜨린다.[895] "B2B 브랜드 충성도"는 특정 VSS 관행을 고수하는 농부가 아니라 VSS 상표를 향한다."[896] "VSS는 최종 시장에서 제품을 차별화하는 데 유용하지만, 농부가 최소한의 이익으로 대부분의 비용을 부담하는 지속 불가능한 상황을 유지하는 역학을 바꾸는 데는 거의 도움이 되지 않는다. 인증되고 검증된 커피를 원하는 로스터는 중개상에게 원하는 커피 종류와 인증을 명시하기만 하는 것으로 손을 대지 않고도 이를 쉽게 관리할 수 있다."[897] 생산자 또는 생산자 그룹이 고유한 시장에서 안정을 확보하기 위해서는 각자의 고유한 특성에 따라 구매자의 충성도를 얻어야 한다. 증거(및 상식)는 "인증이 생산자에게 좋은가?"라는 질문이 전적으로 그들의 상업적인 표현과 공급망 연계의 효율성에 달려 있음을 시사한다.[898]

스페셜티 VS 인증

지속 가능성 + 품질

하나가 다른 하나를 암시하지는 않지만, 기관 로스팅 커피 구매자들은 스페셜티 커피와 인증 커피를 연결짓는 것으로 보인다. 폰테는 "지속 가능한 커피" 구매자의 92%가 가장 중요한 요소로 더 나은 컵 품질[899]을 꼽는 경향이 있기 때문에 그것을 선택하는 반면, 51%는 지속 가능성에 대한 고객의 요구가 중요한 요소라고 말한다.[900] 따라서 인증 받은 커피가 커머셜 등급의 품질이라면 시장성이 없다는 것을 시사한다. 그렇다면 인증 받은 고품질 커피는 인증과 품질에 대해 별도로 보상해야 한다. 그렇지 않으면 농부들에게 인증과 품질 모두 가치가 없다.

반면에 고급 스페셜티 로스터의 경우 인증이 유행에 뒤떨어져 품질만이 생산자의 유일한 관심사가 아님을 암시한다. "VSS 주류화는 스페셜티 커피 브랜드에 도전을 가져왔다. VSS 기호가 주류 브랜드에서 사용됨에 따라 고급 커피가 차별화된 매력을 잃고 커피 원산지의 중요성에 맞서 표준의 중요성이 강화된다."[901] 루이스 샴페르에 따르면, "이 지속 가능성 모델을 1세대 브랜드로 확장하는 것은 고가 브랜드들이 VSS를 계속 채택하는 것을 덜 매력적으로 만들었다."[902] 트라이브 파머스(Thrive Farmers)와 오번 대학의 COE 경매에 대한 한 통계 분석의 저자들은 "경매 가격과 인증 라벨 사이의 아무런 관계가 없었다"고 결론지었다.[903] 마이클 쉐리던은 많은 로스터들을 통해 이러한(다음의) 인식을 확인했다: "사회 정의를 강조하는 공정 거래 커피는 나쁜 품질의 대명사가 되었다."[904]

소비자들은 인증에 관심이 있는가?

캘리포니아 UCLA의 매갈리 델마스(Magali Delmas)와 로버트 클레멘츠(Robert Clements)의 연구 조사에 따르면 지속 가능성과 사회 정의 인증의 존재는 소비자의 구매 결정에서 "품질/맛", "접근성/편의성", "가격", "친구 추천", "로스터 이름/평판"에 이어 각각 여섯 번째와 일곱 번째로 중요한 요소로 나타났다.[905] 그들의 연구에서 "9.4%의 응답자들이 지속 가능성 인증을 "매우 중요"로 평가한 반면, 30.6%의 응답자들은 "중요하지 않음"으로 평가했다. 사회 정의 인증의 경우, "매우 중요"로 평가한 응답은 참여자의 8.1%인 반면 "중요하지 않음"으로 평가한 응답은 참여자의 33.3%였다.[906] 동일한 연구 조사에서 USDA 유기농 및 공정무역에 대한 설명이 향후 이러한 제품을 구매하려는 응답자들의 명확한 의지를 증가시킨 반면, UTZ에 대한 설명에는 "가장 반응이 없었다."[907]

눈에 띄지 않는 이점

인증 후 순이익 개선, 독소 노출 감소 및 인증 자체의 이익 외에도 직접적이진 않지만 일부 다른 영향력이 있다. 인증의 결과로 생산성 향상이 언급되어 왔는데, 아마도 농장 관리와 비용 통제, 그리고 생산성 측정에 대한 보다 체계적이고 조직적인 접근법 때문일 것이다.[908] [909] 공정무역 인증은 또한 효과적이고 민주적인 생산자 협동조합 거버넌스의 지표다. 인증 프로세스는 민주적 의사결정에 관한 거버넌스 표준 및 프로토콜을 충족하도록 요구하기 때문이다.[910]

가격 하한선

당신이 시장 가격의 하한선을 만들 수는 있지만, 구매자들이 더 아래로 움직이는 것을 막을 수는 없다. 하한선은 인증된 생산자가 고립된 느낌을 줄 수 있지만, 인증 커피의 최저 가격과 인증되지 않은 커피의 시장 가격 차이가 구매자가 인증된 커피를 판매하여 얻는 추가 이익보다 더 큰 경우에는 더 저렴하고 인증되지 않은 옵션을 선택할 것이다. 생산자 그룹이 인증된 최저 가격으로 판매할 수 없을 경우 기본 시장 가격으로 판매할 수밖에 없다.

농부들의 목소리 부족

인증 프로그램에 대한 비판은 인증 프로그램이 주로 소비국 행위자에 의해 설계되었으며, 이후 인증 표준 개발자와 문화적으로 그리고 사회적으로 다른 지역 사회와 개인에게 이용된다는 것이다. 인증 제도에 포함된 단순한 인과관계의 개념과 개인주의적 논리 및 규범적 성격은 때때로 표준을 만드는 개인과 상당히 다르거나 심지어 헤아릴 수 없는 재배자의 "세상에 존재하는 방식"과 상충된다는 의견이 있었다.[911] 감사관, 인증 감독관, 협력 조직에 부여된 권한은 또한 인종 및 부족을 포함한 공동체에서 사회적 관계와 위계 질서를 교란시킬 수 있다. 커피를 수급하는 방법을 안내하는 로스터의 윤리는 매우 다른 사회학, 공동체 관계, 그리고 우선 순위로 인해 생산자의 윤리와 다를 수 있다. 무엇이 옳은지에 대한 그들 자신의 정의와 다른 "윤리"의 규칙을 농부들에게 부과하는 것은 특히 경제적으

로 절망적일 때 농부들을 불편한 위치에 놓이게 한다.[912]

풀뿌리 다중 이해관계자 주도의 시도들

전통적인 제3자 및 로스터 소유 VSS의 구조와 달리 풀뿌리 수준에서 변화를 일으키기 위해 노력하는 다양한 초점과 구조를 가진 대안적 집단이 있으며, 많은 사람들이 여러 이해관계자의 다양한 관점과 목표를 포함하기 위해 노력하고 있다. 그 중 몇 가지는 지속 가능한 커피 챌린지(Sustainable Coffee Challenge), 글로벌 커피 플랫폼(Global Coffee Platform), 지속 가능한 무역 플랫폼(Sustainable Trade Platform), SAFE 플랫폼(SAFE Platform), 커피와 기후(Coffee and Climate), 투명성 커피(Transparency.Coffee), 회복을 위한 커피 연합(Alliance for Resilient Coffee) 등이 있다.

다이렉트 트레이드 및 마이크로 랏

직거래(direct trade)는 표면적으로는 의미가 있다. 농부들은 소비자가 커피에 지불하는 금액에서 극히 일부만을 벌기에 많은 생산자들은 가난하다. 공급망 안에는 운영해야 할 사업과 먹여 살려야 할 입이 있는 여러 연결 고리들이 있다. 사슬에서 대부분의 입을 제거한다면 농부들은 더 많은 것을 얻게 될 것이다. 또한 커피는 농장에서 컵까지 거의 동일하게 보인다. 일부 껍질은 벗겨져 녹색에서 갈색으로 변한다. 그러면 큰일이다… 그러나 자금 조달과 위험 부담과 같은 제품 변형과 직접적인 연관성이 없는 일일지라도 공급망 안에서 이 모든 일을 한 사람이 진행하여 실현하고자 한다면 모든 게 무너질 수 있다.

  이론적으로 농부들과 로스터들 사이의 거래는 소규모 농부들과 거대한 다국적 무역 회사들 간의 거래, 그리고 소규모 로스터들과 동일한 무역 회사들 사이의 거래보다 더 대칭적이다. 우리는 이전에 그러한 비대칭성이 불균형한 협상력과 본질적으로 거대 무리를 위해 일하는 작은 부분, 즉 "불균형 공급망 거버넌스"로 이어진다고 언급했다. 보다 대칭적인 관계에서는 상호 의존성이 존재하여 "더 안정적이고 유연한 관계"를 가능하게 한다.[913]

  무역업자들의 갑질, 농부들로부터 돈을 가로채는 중개업자들, 특정 농부들에게 비효율적 인증에 대한 왜곡된 정보 전달, 그리고 "산지 여행"의 인기가 높아지는 상황에서 직거래는 커피를 단순화시키는 길처럼 보였다. 커피 공급망이 크고 복잡하며 형편없다면, 농부들로부터 생두를 사고 모든 절차를 생략하며 농부들에게 돈을 지불하는 것보다 더 간단한 것이 무엇이 있을까? 이 모든 것을 하고자 하는 누구에게나 그 개념이 복잡해졌다! "직거래"라는 용어가 스페셜티 시장에서 인기를 끌면서 더 수익을 얻고자 하는 많은 사람들에게 이 정의는 왜곡되었다. 그리고 얼마 지나지 않아, 아무도 직거래가 무엇을 의미하는지 알지 못하게 되었다.

질을 떨어뜨리는 행위

많은 다이렉트 트레이더들은 관료주의, 비효율성, 독점 등에 대해 불평하면서 강력하게 제3자 인증을 반대한다. 따라서 유기농 인증 주장처럼 직접 거래 주장을 감독하는 제3자 기관이 없다. 누구나 법적으로 무엇이든 직거래라고 부를 수 있다. 그들은 비공식적인 "규칙"을 왜곡하거나 그 정의를 느슨하게 해석하거나 그들 자신의 정의를 만들거나 말 그대로 그들이 원하는 모든 것에 "직접 거래" 라벨을 붙일 수 있다.⁹¹⁴ (커피 콜렉티브(Coffee Collective)가 기민하게 상표로 등록하고 일방적으로 사용하는 덴마크를 제외하고)

다이렉트 트레이드는 인텔리젠시아 커피(Intelligentsia Coffee), 카운터 컬처 커피(Counter Cul ture Coffee), 스텀타운 커피 로스터(Stumptown Coffee Roasters)와 같은 내부 표준을 수립한 일부 선구자들에 의해 많은 사람들의 마음 속에 정의된다. 가장 널리 받아들여지는 정의는 "구매자와 재배자 사이의 원활한 의사소통"을 포함한다.⁹¹⁵ 이러한 정의는 다이렉트 트레이드와 관련한 제품의 추가 가치를 나타낸다고 생각하기 쉽지만, "직거래"라고 표시된 제품이 반드시 소비자에게 이 기준을 준수한다는 보장은 없다. 그러나 소비자와 업계가 이 용어의 광범위한 남용에 대해 알게 되면서, 이 용어는 신뢰를 잃는다.⁹¹⁶ 누가 이 용어를 "자기 것으로 만드는지" 모두가 알고 있지만 아직 아무도 기준을 시행할 권한을 주장하거나 행사하지 않았다.⁹¹⁷ 한 저자는 "직거래"라는 용어가 "커피 품질을 개선하고 공정한 가격으로 결정하기 위한 긴밀한 장기적 협력 관계부터 홍보 자료에서 강조하기 위해 수입업자에게 커피가 나오는 농장의 사진을 요청하는 로스터에 이르기까지" 모든 것을 의미하게 되었다고 주장한다.⁹¹⁸

한 생두 구매자는 직거래를 다음과 같이 정의한다: "나에게 있어서, (직거래는) 가치 사슬 전체의 투명성으로 정의했다"⁹¹⁹ 하지만 누가 그걸 알겠는가? 투명성과 직접성은 같은 것이 아니다. 또 다른 로스터는 다이렉트 트레이드를 "생산자 측이 그들의 일에 대한 보상으로 공정하게 돈을 받는 것"으로 정의한다. 그러나 보상을 확인하는 것이 직접성과 반드시 같은 것은 아니다. 어떻게 단순한 개념이 이토록 뒤틀렸을까?

그 예는 셀 수 없이 많다. 페루의 한 수출업자는 생산자 협동조합과 수입업자에게 제공하는 서비스는 "직거래를 보호하기 위한 것"이라고 주장한다.⁹²⁰ 또 다른 콜롬비아 회사는 산업 간행물에서 "직거래 수출업체"로 언급하며 웹사이트에서 자사의 가치를 "직거래(공정한 조건)(direct trade (fair con ditions))"⁹²¹이라고 표현하며 추가 설명 없이 두 개념을 동일시한다. 미국의 한 생두 수입업체는 다른 표준에 따라 인증되지 않은 모든 커피에 대해 제안서의 "인증" 부분에서 "직거래"를 명시한다. 직거래는 인증이 아닐 뿐만 아니라 이런 식으로 라벨이 붙는 많은 커피에는 수출 회사의 상표가 표시되어 있다.⁹²²

다이렉트 = 윤리적?

"우리는 우리가 직접 방문한 농장에서만 커피를 조달한다고 믿는다. 커피 산업의 이면에 숨겨진 더러운 진실은 대부분의 커피가 제3세계 국가에서 재배되고 대부분의 커피 로스터가 재배 과정에 대한 투명성이 없으며 단지 그들이 커피를 어디에서 공급했는지에 대해 유통업체의 말을 따를 뿐이다."라고 슈퍼로스트 커피(Superlost Coffee)의 공동 창립자이자 최고 운영 책임자인 데이비드 로아(David Roa)는 보도 자료에서 "우리는 이 모든 것을 바꾸고 싶고 우리가 구입한 농장들과 긴밀한 관계를 맺고 성장의 각 단계에 관여하기를 원한다. 이것은 우리가 이전에 지원받지 못했던 방식으로 소규모의 개별 농장들과 협력할 수 있게 해준다."923고 밝혔다. 로스터의 이 같은 진술은 농부가 누구인지 아는 로스터와 해당 농부를 위한 개선된 조건 사이에 연관성이 있음을 암시한다. 로스터가 특정 기준을 적극적으로 확인하고, 시중 가격보다 더 나은 대가를 받도록 하고, 조건을 개선하기 위한 노력하는 경우가 있을 수 있다. 조건을 개선하거나 사회적 영향을 창출하기 위한 구체적인 조치들은 구매 노력 및 농장 방문과 함께 이루어지지 않는 경우가 많지만, 윤리적 구매와 사회적 영향의 이미지는 보통 로스터들이 돌아와서 그 커피를 시장에 판매할 때 그들과 함께 한다.

"이른바 '제3의 커피 물결' 운동은 VSS 커피에 대해 회의적이고, 직접 원산지 접촉과 성장하는 지역 사회와의 파트너십을 선호하며, 그들이 어떻게 발견되고 조달되었는지에 대한 내용과 함께 판매될 수 있는 매우 고품질의 커피를 찾는다."924 이와 같이 "제3세계" 국가의 위험에 직면한 모험과 대담한 헌신에 대한 커피 인디애나 존스의 이야기는 종종 좋은 생두를 만들기 위한 농부와 그 가족의 노력보다 더 미화되어 전해진다.

다이렉트 트레이드 VS 공정무역: 철학을 대조하기 925

"직거래는 품질을 의미하고, 공정무역은 정의를 의미한다. 이 둘은 결코 만나지 않을 것이다."926

공정무역은 집단주의다: 우리는 모두 열심히 일하고 모두 돈을 버는데, 비록 어떤 사람들은 다른 사람들보다 조금 더 나은 결과를 얻는다 하더라도 같은 금액의 돈을 받는다. 우리는 서로를 지지한다. 이 접근법은 응집력 있는 지역 사회에 적합하며 아무도 뒤쳐지지 않도록 하지만 특정 생산자가 나머지 생두보다 더 나은 제품을 만들고 있고 공정한 보상을 받지 못하고 있다고 느낀다면 불만으로 이어질 수 있다. 반면에 직거래는 개인주의적이고 기업가적이다. 생산자가 다른 사람들보다 더 좋은 커피를 만든다면 남들보다 더 많은 돈을 벌어야 한다. 이 시스템은 모든 사람이 더 나은 품질을 위해 노력하도록 동기를 부여하지만 농부들 사이에 시기심과 불평등 의식으로 이어질 수 있다. 그것은 공동체 의식을 떨어뜨리고 섬세한 제품 생산에 취약한 생산자들은 불안정하고 치열한 시장에서 안전망 없이 남겨진다.

구매자들은 어려운 선택을 해야 한다. 그들은 비효율적일 수 있는 협동조합 관료주의를 지원하거나 소규모 농장주들을 완전히 버리고 그들 자신의 커피를 수출할 수 있는 1%에 해당하는 농부들을 지원할 수 있다. 그들의 결정은 생산자와 지역 사회에 상당한 영향을 미칠 수 있으며, 불만의 씨앗을 뿌리고 심지어 지역 사회의 삶의 질에 근본적인 생산자 조직을 해체할 수도 있다. 또는 다른 극단적인 상황으로는, 그들의 결정은 동기 부여된 개인들이 집단적 무관심에서 벗어나 재배자 공동체에서 책임감과 미래 가능성을 촉진할 수 있는 배출구를 제공할 수 있다. 지역사회 외부인으로서 그들은 생두 구매의 의미를 그 상황에 맞게 고려할 수 없을지도 모른다.

커피 과학 재단(Coffee Science Foundation)의 최고 연구 책임자이자 카운터컬처 커피의 전 공동소유주였던 피터 줄리아노(Peter Giuliano)는 "일단 돈이 흐르기 시작하면 조직을 운영하는 사람들은 품질을 위한 장비를 갖추지 않고 잘못된 관리와 노골적인 절도가 만연해진다'고 이야기한다.[927] 와이즈먼(Weissman)에 따르면 인텔리젠시아 커피 부사장 제프 와츠(Geoff Watts)는 "더 이상 협동조합이 가난한 농부들의 이익을 반드시 보호한다고 믿지 않는다."고 한다. 오히려 와츠는 대부분의 협동조합이 형편없이 운영된다고 생각한다. 와츠는 "협동조합 내에서 선출된 관리인들은 많은 돈을 관리할 수 있는 훈련, 기질, 또는 교양을 거의 가지고 있지 않다"고 주장한다.[928] 스텀타운 커피의 설립자인 듀안 소렌슨(Duane Sorenson)은 "내가 살면서 본 가장 가난한 농부들 중 일부는 공정 무역 농부들이었다"고 덧붙였다. 그는 "협동조합 관리자들은 잘 살고 있었지만 대다수의 농부들은 그렇지 않았다."고 주장한다.[929] 이상적인 세계에서는 집단적 지원과 협력, 개인적인 위대함의 추구가 선순환으로 공존할 수 있다.

현실

한 세대 전만 해도 소규모 농부가 생두를 반대편에 있는 로스터에게 직접 보낸다는 생각은 터무니없이 들렸을 것이다. 오늘날 통신 및 운송 기술의 향상으로 소량 또는 대량으로 커피를 운송하는 데 드는 거래 및 물류 비용이 감소했음에도 대부분의 소규모 농촌 생산자들에게 여전히 비용은 너무 높고, 기술 향상 곡선은 여전히 어렵기만 하다.[930] 통신 및 교통 인프라는 여전히 세계 대부분의 소농들이

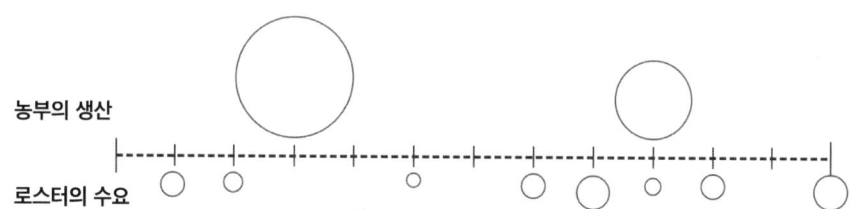

그림 5.2 | 공급 시기와 수요 시기

옵션 1: 농부들은 지불을 받기 위해 아마도 5-10개월 정도의 오랜 시간을 기다린다.
옵션 2: 로스터가 모두 선불로 지급한다.
 - 오직 단시간만 가능
 - 모든 구매를 위해 할 수 없음

글로벌 시장에 효율적으로 접근하는 것을 어렵게 만든다.[931] "직거래는 가장 가난하고 취약한 사람들 대다수를 그 상태로 남겨두게 될 것이다."[932]

커피 거래의 극단

직거래(다른 나라의 로스터에게 농부가 직접 판매하는 것)는 대농장에서만 가능하다.[933] "심지어 관계형 커피도 소규모 농장주나 협동조합보다는 대농장과 함께 형성하는 것이 쉽기 때문에 형평성 문제가 제기된다."[934] 대농장과 사업을 하는 것은 나쁜 일은 아니지만 사회적 영향과 동일시되면 부정직하다. 왜냐하면 북반구 커피 소비국들의 잠재의식에 있는 신식민지적인 인식에서는 개발도상국인 커피 생산국들의 모든 사람이 가난하기 때문에 "그들"과 직접 거래하고 "그들"에게 통화를 이전하는 것은 영향을 미치는 것과 마찬가지라고 생각하기 때문이다. 이것은 사실과 거리가 멀다. 개발도상국의 부유한 커피 농장 소유주들과의 상업적 관계가 이타주의와 사회적 영향에 대한 마케팅 메시지와 결합될 때, 이것은 오해의 소지가 있고 부정직할 뿐만 아니라 스페셜티 구매자에게 동일한 접근이 어려운 소규모 농장주들을 도외시하는 것이다. 오리건 주 포틀랜드에서 학술 연구를 수행하는 타라 브라운은 지역의 여러 중형 로스터들을 인터뷰하고 분석한 후, 모든 "직거래" 관계는 "소규모 농장이나 소농들의 협동조합이 아닌 대농장에서 발생했다"고 인용했다.[935] 이것을 이타주의와 혼동하는 것은 실수이며 자선이 필요한 것으로 제시된 부유한 농업가들 외에도 여기에 참여하기 힘든 소외된 소규모 농장주들에게도 해가 된다.

직접적인 로스터-농부 간의 상업적 관계는 농장 방문을 수반하는 경우가 많기 때문에, 외국인 구매자를 조직하고 유치하는 능력 또한 소규모 고립된 농장의 참여에 장애물이 된다. 구매자들이 비행기에서 내리면 누가 SUV를 타고 공항에 가서 그들을 농장으로 데려오나? "많은 구매자들은 흐르는 물조차 없는 숲 속의 별채보다 호텔 방에 있는 부드러운 화장지를 선호한다."[936] 따라서 구매자들은 수출업자(투명성을 제공할 의무가 없거나 농가에 품질에 대한 프리미엄을 제공할 의무가 없는 사람)나 혹은 법인, 개인 및 부유한 가족이 소유한 대농장과 거래한다. 대부분의 소규모 농장주들은 구매자들에게 그들 특유의 편리함을 제공하고 물류를 조직하는 데 어려움을 겪고 있으며 그들은 종종 국제 구매자들과 효과적으로 소통할 수 없다.

소규모 생산자 앞의 장벽

집중적이고 다소 예측할 수 없는 수확물을 수확할 가능성이 있는 소규모 생산자는 공급의 일관성, 로스터의 예측할 수 없는 판매에 따라 주기적 또는 산발적 배송에 관한 이슈, 선 구매 계약 자금 조달과 같은 로스터의 비즈니스 모델의 공급 요구 사항을 충족시키기 어렵다. "커피 농사는 1년에 한 번 혹은 두 번, 계절에 따라 수확한다. 그러나 로스팅은 일년 내내 계속한다. 일부 로스터들은 1년치를 구매/계약을 하거나 시즌 메뉴용으로 사용할 수 있지만 다수의 로스터에게는 어려운 일이다. 특히 수확 일정이 전년도와 일치하지 않을 경우 시즌 메뉴용 생두를 사용하려는 많은 사람들은 이전에 거래했던 같은 생산자로부터 구매하지 않을 수 있다."[937]

현금 흐름은 소규모 생산자들이 그들의 가치 사슬을 로스터와 가깝게 또는 위로 업그레이드하는 것을 막는 가장 어려운 장애물일 수 있다. 품질 등급, 가공, 마케팅 및 품질 관리에서 거래자의 역할을 대신할 수 있는 훈련과 인프라에 접근할 수 있더라도 대부분은 오늘날 조직된 방식으로 글로벌 생두 체인에 참여하는 데 필요한 운전자본 부담을 감당할 수 없다. 농부들은 보통 파치먼트가 시장에 팔 정도가 되면 즉시 혹은 다음 주에 피커들에게 돈을 지불하기 위해, 또는 음식을 구매하기 위해 파치먼트를 빨리 팔아야 한다.[938] 커피가 건조 베드에서 나오자마자 매주 판매 금액이 치뤄지는 것과 대조적으로, 다른 나라의 로스터에게 돈을 받는 것은 몇 달이 걸린다. 수확은 몇 달 동안 지속되며 생산자는 수확이 완전히 끝날 때까지 그들의 랏을 모두 판매할 수 없을 것이다. 가공소로 운송, 가공 및 포장, 항구로 운송, 항만 검사 및 규제 작업, 국제 운송, 소비 국가 규제 이슈, 그리고 로스터에게까지 배송은 쉽게 3개월이 더 걸릴 수 있다. 만약 로스터가 30일 이상의 지불 조건을 원하거나 모든 커피를 당장 원하지 않는다면, 그 과정은 훨씬 더 오래 걸릴 수 있다. 이 과정 동안 현금 흐름 부담을 견딜 수 있는 소규모 생산자는 거의 없다.

지리적 고립

전 세계 소규모 커피 농가의 상당수는 국제공항에서 차로 몇 시간 거리 내에 있지 않다. 많은 사람들이 주요 교통 허브로부터 고립되어 있고 국제 커피 산업과 소통할 수단이 없다. 이런 대부분의 농장은 정체 모를 대담한 "커피 헌터들"이 결코 방문하지 않는다. 많은 곳은 또한 무력 분쟁과 높은 범죄율 및 폭력에 시달리는 지역에 위치해 있어 외국 구매자들이 방문하는 것은 현명하지 못하다. "나는 우리가 방문할 수 있고 연결 가능한 농부들로부터만 구매한다."라고[939] 한 로스터는 말한다. "커피 모험가"와 같은 구매자가 찾아오기를 바라는 농부는 국제공항에서 차로 하루 거리 내에 위치해야 하며, 그렇지 않으면 빠르게 움직여야 하는 "산지 여행"에서 그들은 제외될 것이다. 로스터와 직접 만나는 것으로 생활 수준을 가장 많이 향상시킬 수 있는 가장 열악한 생산자들은 이 조건을 충족시킬 수 없다. 왜냐하면 로스터들은 ET와의 손가락 인사 같은 짜릿한 순간의 환상을 이루지 못할 것이고, 주말에 맞춰 집에 도착할 수도 (또는 카르타헤나(Cartagena) 또는 리오(Rio)에 있는 해변 휴양지를 경유할 수도) 없기 때문이다.

소규모 농부는 초-스페셜티여야만 한다

수량과는 무관한 랏의 품질을 추적하고 모니터링하는 QC 및 관리 비용은 비용 구조(농부의 수입에서 차감)에 포함되어야 한다. 랏이 작을수록 단위당 비용은 높아진다. 이러한 기능을 담당하는 품질 연구소에는 수십 년에 걸릴 랏의 처리량으로 회수해야 하는 고정 비용도 있다. 또한 공급망을 통해 소량의 커피 품질을 체크하는데 드는 모든 추가 비용을 감당하기에 충분한 가격에 판매될 수도 있도록 커피 종류에 대한 구체적인 품질 속성을 검증하고 자격을 갖추기 위해서는 전문 교육이 필요하다.

"대농장은 하이엔드 스페셜티 로스터의 까다로운 품질 요구를 충족하는 데 필요한 금융, 시장 및 인프라에 더 잘 접근할 수 있다. 소규모 커피 생산자들은 정말 훌륭한 커피를 재배할 수 있는 잠재력이 있지만, 무역 파트너의 입장에서는 훨씬 더 많은 시간과 자원을 투자해야 한다."[940]

실제 영향

로스터는 농부들로부터 직접 특정 커피를 살 수 있고 이는 농부들에게 추가적인 수입을 의미할 수 있지만, 그 영향은 로스터와 생산자에게 미치는 거래의 영향을 총체적으로 살펴봄으로써 검증되어야 한다. 구매자는 스스로에게 질문하고 몇 가지 기본 질문에 대한 답을 찾아야 한다:
그들은 총 수확량의 몇 %를 샀을까? 나머지는 어떻게 되었나? 나머지는 상품 가격으로 상품 시장에 판매되었나? 구매자가 거부한 랏은 무엇인가? 생산자가 많은 양을 스페셜티 등급을 만드는 데 투자하였으나 구매자가 그 일부만을 구매했다면 수확의 일부분에 대해 지불된 프리미엄에도 불구하고 그들은 수확에서 손실을 입었을 가능성이 있다.

직거래의 실제 비용

로스터는 그들이 지불하는 모든 돈이 확실히 농부에게 돌아가도록 할 수 있지만, 만약 농부들이 비용 및 행정적인 부담을 지고 자본 배분(아마도 지역 사채 업자로부터 돈을 빌렸을 수 있음)이 필요한 몇 가지 추가 조치를 취해야 한다면, 그것이 농부의 수익에 항상 도움이 되는 것은 아니다. 수출에 대한 추가 관리 비용은 아마도 적은 수량에서는 인식되지 않을 수 있지만 파운드당 기준으로만 수행하는 수출업체보다 훨씬 더 많은 비용이 들 가능성이 높다. 또한 현지 유통업체와 동일한 서비스를 제공할 수 없는 생산자로부터 직접 구매하는 로스터에 훨씬 더 많은 비용과 책임이 부과될 수도 있다.[941] 6개월치 분량의 생두를 미리 예약해 놓고 매달 필요한 비용을 30일 이내에 지불하는 대신 로스터는 선불로 지불해야 할 것이다. 로스터가 수급하는 소량의 커피에는 괜찮을 수 있지만, 그들의 사업 모델인 대형 무역업자들이 제공하는 낮은 재고 비용에 의존한다면 로스터가 모든 커피를 그러한 방식으로 조달하는 것은 불가능할 것이다. 특히 소규모 생산자와 거래할 때 생두 구입을 위한 출장이 필요할 수 있고, 그것은 해당 커피의 양에 따라 파운드당 비용이 크게 증가할 수 있다.

비과학적인 소셜 미디어 설문 조사에 응답한 로스터의 85%는 커피 농부들로부터 직접 구매하는 주된 이유가 "농부 소득 증가로 인한 사회적 영향" 때문이라고 주장한다.[942] 서로 직접 거래하는 데 관심이 있는 구매자와 생산자는 자본 비용, 기회비용, 여행, 관리 및 서류 작업, 품질 관리, 위험 등을 포함하여 각각의 수익에 미치는 실질적인 영향을 고려할 필요가 있다. 각 당사자에 대한 이러한 모든 비용을 고려한 후, 커피 생산 가구와의 거래가 장기적인 재정적 안정과 삶의 질에 실제로 어떤 영향을 미칠까? (물론 이 분석은 설문 참여자의 대다수가 동의하듯이 생산자의 삶의 질 향상이 목표인 경우에만 관련 있다.) 인텔리젠시아 커피는 자사의 "직거래" 커피가 공정 거래 가격보다 최소 25% 더 비싸게 구매하도록 책정했다. 카운터 컬처 커피는 FOB 파운드당 1.60달러의 최저 가격을 책정했다. 그러나 대형 스페셜티 로스터와 동일한 현실에 있지 않은 나머지 대부분의 소규모 로스터의 경우 "직거래"에 참여한다고 주장하지만 구체적인 데이터는 대부분 공개되지 않는다.

그리고 노동자는?

"직거래"가 그들 회사의 구매 프로그램에 무엇을 의미하는지에 대한 확고한 기준을 가지고 있는 선구자조차도 지금까지 커피를 공급하는 농부들이 준수해야 하는 노동 기준에 관한 표준이 없다.943 "커피 로스터들이 장기적인 관계를 형성하기 위해 악수를 청하는 손은 일반적으로 커피를 수확하는 노동자들의 손이 아니다. 직거래 마케팅은 일반적으로 커피 생산자들에게 지속적인 영향을 미치는 과테말라의 중요한 인종 및 계급 차이를 모호하게 한다."944 일부 전문적인 로스터들은 자체 실사를 위해 농장을 방문하여 농장에서 일하는 노동자들의 작업 조건을 확인한다고 주장한다. 실제 현장에서 시간을 보내는 연구원인 타라 브라운은 이 일의 효과를 의심한다. 그녀는 "로스터는 환영받는 손님이지만 근본적으로 이 지역 사회에서는 외부인이며, 무역 파트너와 커피를 재배하는 노동자 사이의 복잡하고 나루기 어려운 관계 역학을 이해하지 못할 것이다."라고 말한다. "비교적 짧은 시간을 보낸 후 그 곳에 대해 안다고 느끼는 것은 오해의 소지가 있을 수 있으며 많은 양의 돈을 투자하는 것은 오히려 위험할 수 있다."945

■ 물류업체의 필요성

제품을 변형시키지 않는 중개자와 공급망 주체는 언제부터 적이 되었는가? 모든 가치가 변형되는 형태로 추가되는 것은 아니다. 당신이 코펜하겐에 있는 로스터라면 몸바사 항구에 있는 90점짜리 마이크로 랏의 커피가 얼마나 가치가 있을까? 맞다. 아무런 가치도 없다. 오직 당신이 그것을 사용할 수 있는 곳에서만 가치가 있다. 카르타헤나(Cartagena) 지역의 수출 사무소에 있는 당신에게 톨리마(Tolima) 산 페드로(San Pedro)에 있는 500개의 농장 중 30개의 베란다에 아직 파치먼트 상태로 있는, 컨테이너 분량의 최고급 생두는 무슨 가치가 있을까? 별로! 중개인들은 그들이 포착한 가치를 극대화하기 위해 부가가치를 일정하게 유지하여 마진을 늘리는 일부(또는 많은)의 노력 때문에 가치를 침탈하는 악당 또는 "코요테(coyote)"로 악마화되었다. 그러나 이것은 실제 품질을 기준으로 가장 높은 가격에 판매하거나 또는 싸게 팔고 있는 경쟁자들을 이기기 위해 품질을 측정할 수 없는 농부들의 무능력을 이용하거나 빨리 팔고자 하는 생산자의 절박함을 이용했다는 측면에서 그렇고, 사실 우리는 이것을 많은 사람들이 생산자 쪽으로 가격을 되돌리기 위해 최선을 다했다는 것을 의미한다고 본다. 농부와 로스터만이 커피 가치 사슬에서 무엇이든 할 수 있는 유일한 사람이며, 따라서 중요하고 돈을 받을 자격이 있는 유일한 주체라는 일반적인 생각이 있다. 그러나 물류업체가 생두 구매 활동 전후에서 정확하게 조정한 수천 가지 활동이 없었다면 농부들은 돈을 받지 못할 것이고, 로스터들은 커피를 받지 못했을 것이다.946 "중개자"와 "공급망 조력자"가 수행하는 가치 있는 업무와 지원은 공급망의 기능에 필수적이다.⁹⁴⁷ 현재 이를 수행하는 개인과 단체를 대체할 수 없는 건 아니지만, 그들이 하는 일은 반드시 해야 하는 일이다.

재정

언급한 바와 같이 대부분의 소농들, 특히 가격 프리미엄에 접근할 필요가 있는 사람들은 운전자본에 대한 접근성이 거의 없고, 제품을 빨리 팔아야 할 필요가 있으며, 전체 수확과 로스터들이 지불해야 하는 몇 달 동안 기다릴 수 없다. 대부분의 로스터들은 품질이 검증되지 않았고, 언제, 어떤 조건에서 도착한다는 보장 없이는 커피에 대해 선불로 지불하려 하지 않는다. 누군가는 농부들과 로스터들 사이의 시간적 격차와 그들 사이의 모든 작업과 관련한 재정상의 책임과 위험을 떠맡아야 한다.

게다가 스페셜티를 소비하는 많은 세계의 로스터들은 이제 그들이 구매하는 생두에 대한 우호적인 지불 조건을 기대하며 때때로 그들이 위탁 받는 것처럼 운영할 수 있게 하여, 소규모 생산자들의 생두 공급을 훨씬 더 어렵게 만든다.⁹⁴⁸ 통화 관할권 사이의 국제 거래 또한 외국 교환 리스크(계약과 거래 사이의 매매 통화의 환율 변동 위험)는 일부 당사자가 반드시 부담해야 한다.⁹⁴⁹

규모의 경제

국제 무역에는 상당한 규모의 경제가 존재한다. 커피 무역의 대부분을 장악하고 있는 거대하고 지속적으로 성장하고 있는 다국적 무역회사들은 이것을 잘 알고 있다. 필수 난관을 뛰어 넘어 생두 열두 백을 배송하기 위해 항공 운임을 지불하는 것은 비효율적이다. 누가 모든 서류를 처리하는지 관계없이 멀리서도 경쟁력을 갖추려면 적어도 전체 선적 컨테이너 수준까지 대량으로 물량을 확보하는 것이 필요하다.⁹⁵⁰ 커피 수출 허가를 획득하고 유지하는 것은 일부 국가에서는 어려운 작업이 될 수 있는데, 이는 고정 비용이 드는 조직을 유지해야 하고, 수출 단위당 관리 가능한 수준으로 비용을 상쇄하려면 상당한 연간 물량이 필요하기 때문이다. 대부분의 수출 국가에서는 중요한 보고 처리 및 규제 요구 사항과 관리에 시간과 전문 지식이 필요한 형식적 절차들이 있다. 생두 마케팅 또한 신뢰를 키우고 잠재 고객과의 관계를 구축하기 위해 전문 지식, 전문성 및 투자가 필요하다. "공급망 연결 및 홍보 전략을 개발하는 과정은 소규모 농부 조직에게 상당한 도전이다. 이는 소규모 농부 조직에게 수출보다 새롭고 종종 더 복잡한 과제를 제시한다."⁹⁵¹

위험을 감수하는 것은 가치가 있다. "대부분의 로스터는 수령 시 품질 승인 조건으로 구매한다. 이는 수입업자에게 로스터의 기대에 미치지 못하는 커피가 재고로 남는다는 것을 의미한다… 도매 수준의 스페셜티 커피에 대한 프리미엄은 품질뿐만 아니라 더 많은 요소를 포함한다."⁹⁵² 커피 공급망 주체는 적대자가 아닌 같은 편으로 공급망의 다른 관계들을 반드시 확인해야 한다. 수출업자는 협상하고 조작하거나 "가치 있는" 것을 얻기 위한 농부의 적이 아니며, 또한 수출업자는 치열하게 협상하지 않은 경쟁자 보다 약간의 시장 점유율을 더 차지하기 위해 필요한 모든 수단을 사용하여 가격을 낮추려고 경쟁하는 수입업자의 적도 아니다.

커피 업계는 발생한 비용과 제공된 가치에 해당하는 가격으로 커피 거래를 하기 위해서 공급망의 나머지 부분에 투명성을 제공하고 필요한 제품, 정보 및 자금을 전달할 의향이 있는 효과적이고 효율적이며 보편적으로 사용 가능한 차세대 물류 서비스 제공업체가 필요하다. 로스터는 생두 수급에 더 많이 관여하기를 원하고 생산자는 로스터와의 교섭에 더 관여하기를 원한다. 물류 서비스 제공업체는 자신의 책임 영역에 대한 이러한 개입을 방지하거나 개인적인 약속을 통해 더욱 탄력적으로 만들어진 공급망에 가치를 추가할 수 있는 기회를 받아들일 수 있다. 효과적인 물류는 가치를 더한다. "경쟁력 있는 가격, 품질, 규칙 및 규정 준수를 가능하게 하여 소비자 및 공급망의 기타 이해 관계자가 부과하는 광범위한 양질의 서비스 및 정보 요구 사항을 충족한다. 마지막으로 물류는 시장 수요에 유연하게 대응할 수 있도록 지원한다."[953]

■ 마이크로 랏 개념

직거래의 개념과 관련하여 마이크로 랏 또는 분할 랏은 일반적으로 더 큰 블렌드를 구성하는 다른 커피와 별도로 보관되는 커피다. 정의 또한 모호하다. 마이크로 랏과 대농장의 커피는 같은 농장이거나 대형 농장에서 흔히 사용되는 이름으로 사용될 수 있다. 그들은 특정 수확 및/또는 대농장 지역 안의 작은 랏일 수 있다. 아니면 작은 농장의 전체 수확일 수도 있다. 얼마나 클지 누가 알 수 있을까? 마이크로 랏은 혼합되지 않고 단독으로 공급망을 통해 이동하기 때문에 더 높은 물류 비용이 발생한다. 이러한 마이크로 랏이 존재하는 일반적인 이유는 다른 커피들과 구별되는 특별함, 대체로 관능적 프로파일을 강조하기 위해서다.

"커피의 소매 탈상품화(마이크로 랏의 시장, 출처의 중요성, 농부와의 연결성)는 (가치를 만들어내는 면에서) 어느 정도의 힘을 소규모 생산자에게로 이동시켰다."[954] 농부들은 로스터가 자신의 정체성을 알리는 일이 가치 있다고 생각할 때 마이크로 랏 생산에 대한 공로를 인정받지만, 이 랏과 멀리 떨어진 나라의 소비자 집단에게도 실제로 이익을 얻고 있을까? 다시 말하자면 소비자들이 인식하기에 생산자와 그들에 대한 공정한 대우 사이에 대한 정보라는 것은 막연한 연관성이 있을 뿐 농장 출하 가격과 같은 실체와 숫자가 없으면 그 관련성은 존재하지 않는다.

일관성은 또한 농부를 위한 지속적인 변화의 핵심이기도 하다. 최고의 커피만을 원하는 많은 구매자들은 그들이 커피를 원할 때마다 많은 커피를 맛보고 가장 좋은 커피, 혹은 그들의 가격대에서 최고의 커피를 구매한다. 다양한 종류의 품질을 생산하는 수백만 명의 생산자들이 있기 때문에 구매자가 최소 허용 가능한 품질을 정해 놓고 특정의 농부를 고수하지 않는다면 생산자는 안정적인 판매 가격이 가능하다고 생각하기 어렵다. 컵 품질에 대한 엄격한 주장, 생산의 변화 가능성, 생산에 드는 일관된 비용을 고려할 때 농부들에게 지급되는 프리미엄은 때때로 아무것도 얻지 못할 수 있는 위험을 정당화해야만 한다.

수출입 서류, 결제, 운송 조정, 생두 백 인쇄 등을 포함하여 앞서 논의한 상당한 관리 비용을 고려할 때 농장에서 로스터 또는 여러 로스터들에게 공급망을 통해 이동하는 물류 비용은 작은 랏의 킬로그램당 비용이 전체 컨테이너 랏의 킬로그램당 비용보다 훨씬 높을 수 있다. 이러한 비용으로 인해 로스터 가격의 비율은 가장 이타적이고 효율적인 연결 사업자들이 판매하는 경우에도 커머셜 랏의 판매 가격 비율보다 거의 필연적으로 낮다.

예를 들어 만약 로스터가 추적할 수 없는 단일 국가 블렌딩 커피에 파운드당 1.50달러를 지불한다면, 그 농부는 1달러, 즉 67%를 벌 수 있다. 또는 로스터가 여섯 백을 생산하는 마이크로 랏 세 백에 4달러를 지불하면 농부는 2달러, 즉 50%를 벌 수 있다. 농부들에게 돌아가는 로스터 가격을 비율로 측정해보면 저렴한 블렌딩 생두가 더 높고, 농부의 절대 소득으로 본다면 마이크로 랏이 더 나은 선택이다.

공급망을 통해 청구되는 랏당 고정 비용 외에도 우리가 "엉킨 비용"이라고 부르는 다른 비용이 있다. 예를 들어 컨테이너에 혼재된 15개의 마이크로 랏에 대해 각 단계에서 품질 관리를 수행하는 것은 컨테이너당 하나의 블렌딩 랏보다 15배 더 많은 작업을 필요로 한다. 고급 부문에서는 사진과 비디오를 촬영을 위한 농장 방문, 특수 백 인쇄, 그레인프로(GrainPro) 백 인쇄, 마케팅 및 추적 가능성 보고, 부패 손실, 샘플링, 수입업체의 고정 비용/판매를 위한 선적, 팔레트, 송장 발행, 미수금 계정 등을 제공한다. 구매자들은 어떤 것이 그들에게 더 중요한지 결정해야 한다: 농부가 버는 임의의 숫자의 비율 또는 농부가 가족을 부양할 만큼 충분히 벌 수 있는지 여부?

단일 농장 마이크로 랏에 가치를 두는 경향이 있는 고급 스페셜티 부문인 커피 시장의 소수는 주류 부문과는 매우 다른 일련의 규칙에 따라 운영되는데, 즉 합리적인 생산자 보상을 포함해야 하며, 보통은 포함된다. 커머셜 부문에서 스페셜티 부문으로 수요를 전환하고 더 많은 소수의 생산자들에게 실행 가능한 대안으로 스페셜티를 만드는 것은 훌륭한 일이다. 그러나 세계 커피 생산자의 압도적 다수가 물리적으로 통제할 수 없는 여러 가지 이유로 85점짜리 컵을 생산할 수 없다는 사실을 잊어서는 안 된다. 고급 스페셜티는 테구시갈파(Tegucigalpa)의 요새화된 타운홈 커뮤니티와 컨트리 클럽처럼 사랑스럽고 목가적인 이미지로 남아 있다. 그 누구도 전체 커피 공급망의 행위자 간에 가치 분배 방식을 바꿀 의무는 없지만 고급 스페셜티를 더 건전한 생산자 지역(기록을 위해 작가가 커피 경력의 대부분을 보낸 곳)에 맡기는 것은 그것을 바꾸기 위해 노력하는 것과 같지 않다는 점을 이해해야 한다.

집단성 VS 불평등

마이크로 랏(단일 농장)은 한 농장의 노력과 개인(또는 가족)의 성과가 반영된 결과다. 기여자의 품질을 평균화하는 지역 블렌딩 커피나 조합 커피와는 대조적으로 생산자들은 노력으로 얻은 정확한 결과와 농장의 성과에 영향을 미치는 기타 요인에 대해 전적으로 책임지고 금전적으로 보상받는다. 이러한 개별적 지향은 한 지역이나 조직에서 생산자들의 집단 의식을 악화시킬 수 있다는 점을 고려하는 것이 논리적이다. 릭 라인하르트는 "내 생각에 대체로 자유주의적인 경향의 직거래 구매자들에게,

그것은 자유주의적 메시지를 실현시키는 것이었다. 15년 전에 나는 강력한 협동조합 운동이 있는 지역에서 경제적인 이유로 [직거래 방식]이 거부되는 비율에 놀랐다. 협동조합이 개인의 기회보다 지역 사회의 기회를 더 소중히 여겼기 때문에 그것은 우리의 뒤통수를 치는 것과 같았으며, 무척 이해가 되는 일이다."[955]

그러나 다른 지역 사회에서는 항상 그런 것은 아닐 수 있다: "마이크로 랏이 아닌 그룹에서 단 한 명의 구성원도 마이크로 랏을 이루어 낸 사람들에게 부정적인 태도를 나타내지 않은 것이 눈에 띈다. 사실 그들은 그들에게 영감을 받았고 모두가 그 성공을 공유할 수 있도록 그들을 뒤따르는 것을 목표로 한다."[956] 마이크로 랏은 요구되는 품질 수준을 유지할 합리적인 가능성이 있고 때때로 목표를 달성하지 못할 위험을 감수할 여유가 있거나 품질을 최대화하기 위한 추가 생산 비용이 비교적 적은 생산자에게 이상적인 이윤 극대화 전략일 수 있다. "'충분히 좋은' 커피의 양을 최대화하기 위해 설계된 생산 규모 기반 전략은 자원이 제한된 소규모 사업자를 위한 최선의 전략일 수 있다. 이 전략은 여러 활동에 걸쳐 부족한 자원을 가장 합리적이고 이윤을 극대화하는 전략이다."[957]

차별화

상품 거래의 완전한 개혁이 논의되지 않는다면 생산자는 판매 가격을 높이기 위해 무엇을 해야 하는가? 차별화하는 것이다. 생산자들이 단체로 협상하기 어렵게 만드는 세계 커피 무역의 한 측면은 대부분의 커피가 다른 커피로 대체되기 쉽다는 것이다. 과테말라 소농들이 모두 모여 파운드당 1.50달러 이하로 팔기를 거부한다면 구매자들은 페루나 탄자니아로 가서 그들이 제시한 가격의 생두를 구매할 것이다. 차별화는 대체불가능하게 만들고 판매자의 협상력을 높인다. 생산자 또는 생산자 그룹이 컵 품질 개선 및 실험적인 가공으로 제3자 인증을 받거나 이국적이고 외진 마을의 보이지 않는 이야기와 같이 차별화할 수 있는 많은 방법이 있다.

차별화에 대한 투자에서 한 가지 위험은 과잉 생산과 재상품화로 마케팅되는 고유한 측면의 취약성이다. 예를 들어 특정 라벨로 인증된 커피의 공급 증가로 인해 가격 프리미엄이 감소한다. 또 다른 위험은 시장 선호도의 변화다. 콜롬비아의 내추럴 프로세스 커피는 수요에 비해 당장은 공급이 부족하지만 몇 달 안에 쉽게 유행이 사라질 수도 있다.[958] 직거래 마이크로 랏이 올해에는 모두가 받고 싶어하는 연말 선물 목록에 오를 수 있지만 내년에는 토착 커뮤니티 랏으로 쉽게 바뀔 수 있다. 소비자에게 중요해 보이지 않을 수 있는 결정들이 모이면 모든 제품과 마찬가지로 커피 공급망에서 누가 승자와 패자인지에 대한 큰 변화를 야기한다.

문화적 매력

커피 공급망에서 로스터와 생산자 간의 직접적인 관계가 보편화됨에 따라 양 당사자, 특히 판매자가 관계를 형성하고 외국인과 관계를 맺을 수 있는 능력은 상업적 성공을 위한 필수 요소가 된다. 친절한 미소, 개방적인 기질, 쾌활한 성격을 가진 재배자들은 불안하고, 조심스럽고, 일만 하거나, 주저하는 다른 재배자들보다 서양 로스터들의 마음을 얻는 데 훨씬 더 좋은 기회를 가질 것이다. 흔한 경우로 만약 양측이 같은 언어를 사용하지 않을 때, 바디 랭귀지와 서투른 피상적인 번역체의 대화, 종종 문화의 잠재 의식적 표현은 그 관계가 매우 수익성 있는 관계가 될 것인지 아니면 단순하게 소통의 "연결"이 부족한 관계가 되는지의 차이를 의미할 수 있다. 이 차이는 협력에 대한 어느 한쪽의 성향이나 관심보다는 생산자와 구매자의 문화와 더 관련이 있을 수 있다.

어떤 커피 구매자는 구매 관계가 종종 비공식적인 기준이나 심지어 직감을 통해 시작된다고 말한다. "사람들이 내가 여기 있다는 것에 흥분했나? 그들은 나에게 질문이 있는가? 쌀쌀맞은 방문은 아니지만 아무런 연관성이 없는 방문인 경우… 글쎄… 내가 구매해야 할 제품이 아닐 수도 있다…."[959]

이 구매자는 또한 그들의 "행복 수준"에 따라 파트너를 선택한다고 주장하는데, 이는 가난한 소규모 농장주들의 상황을 개선하는 데 대한 일반적인 관심을 고려할 때 흥미로운 기준이다. 외부인에게 행복해 보이는 모습은 좋은 파트너십의 지표 역할과 구매가 그들의 삶에 얼마나 긍정적인 영향을 미치는지 보다 문화 및/또는 현재 파트너십 이전의 삶의 질과 더 관련이 있을 수 있다.

커피 "이야기"의 상품화와 페티시즘

어떤 차별화 방식을 사용하더라도 품질 향상, 인증, 가슴 따뜻해지는 원산지 이야기 등을 보여주는 커피는 차별화 특성에 대한 수요 때문에 현재 세계 상품 가격보다 더 가치가 있다. 만약 그 특성이 보편적이었다면 더 이상 그것을 가진 제품을 차별화할 수 없었을 것이다. 더 이상 차별화되지 않는다면 이러한 특성은 더 이상 다른 가격을 요구할 수 없다. 이러한 차별화 특성도 특정 제품에만 적용되지만 제품에 대한 모든 세부 사항을 배우는 데 관심이 없는 사람들이 제품을 "상자"에 넣고 하나 이상의 속성에 따라 분류하기 시작하면서 상품화된다. 구매자들이 같은 상자에 넣은 이 상품들의 가치는 수렴하기 시작할 수 있다.

커피 백에 농장과 지역의 이름을 인쇄하는 것은 흔한 일이 되었고 상점 선반에 있는 커피 백에 가치를 더할 수 있다. 하지만 커피 백에 자신의 이름이 들어간 것을 영광으로 여기는 생산자도 더 높은 가격(자신의 이름이 새겨져 제품에 추가된 부가가치의 일부)을 받을까? 모든 경우에 그런 것은 아니다. 좀 더 '다이렉트 트레이드'라는 인상을 주고 그런 상징처럼 지속 가능성과 사회적 영향을 제시하지만 그 자체로는 아무것도 보장하지 않는다. 소비자는 만약 구매자가 농부의 자녀들의 이름을 알 정도로 충분히 신경 쓴다면, 그들이 농부들을 가난하게 두는 공급망을 지지하지는 않을 것이라고 결론

내릴 수 있다. 구매 결정에 30초 이상을 보내지 않는 소비자들에게 가치를 추가하는 매우 쉬운 방법으로, 농부의 사진이 시사하는 사회적 영향에는 실제로 투자하지 않고 소비자들이 원하는 대로 생각하도록 두며 그 혜택만 챙기는 것은 구미가 당기는 일일 것이다. 공급망을 파악하고 수입업체가 제공하는 품질-가격 비율 이상으로 지원하고 싶은 공급망인지 확인하는 것은 개별 판매자의 책임이다.

현대 커피 소비자의 사회적 의식은 고무적이며, 확장하고 성장하여 공급망에 대한 보다 미묘한 이해를 고려하게 되었다. 그럼에도 불구하고 공급망의 전 세계적인 특성으로 인해 검증이 어렵고 모호하기 쉽다. 판매 촉진을 위한 소비자의 의식을 활용하는 기업들의 능력도 마찬가지로 인상적이다. 수백 명의 개인과 수천 개의 데이터들이 농장에서 컵으로 이어지는 하나의 공급망에 있기 때문에 환경적 책임과 같은 하나의 가치 제안을 강조하기 위해 정보를 조작하는 것은 쉽고 소비자들이 이런 조작을 깨닫는 것은 매우 어렵다. 커피 원산지에 대한 일련의 표준 데이터가 단지 체크 리스트처럼 그 맥락에서 벗어나 페티시화될 때, 그것은 본질적으로 확인되지 않고 증명되지 않은 일련의 윤리적 규범의 단순한 받아쓰기가 될 뿐이다. 생산자는 커피 백에 쓰여진 그들의 정보로는 아무것도 얻을 수 없고, 우리는 파괴적이고 상업화된 "이야기"만을 만나게 된다.

전체론적 해결책

어떠한 상태이건 지속 가능성은 영향을 미치는 모든 힘의 균형을 요구하고, 각 힘의 상태 역시 그것에 영향을 미치는 모든 힘의 균형을 필요로 한다. 따라서 지속 가능한 커피 생산 부문과 공급망을 추구하려면 이에 영향을 미치고 영향을 받는 모든 요소를 고려하여 총체적인 접근 방식을 취해야 한다. 우리는 하나의 요소나 결과가 아니라 전체 시스템에 초점을 맞춰야 한다. 동시에 우리는 획일적인 지름길을 피하기 위해 필요한 고유한 균형과 관련된 모든 지역 사회와 개인의 예외적인 특성을 고려해야 한다. 영향을 미치는 요소와 그것이 모든 이해당사자에게 미칠 장기적인 영향을 고려하지 않고 하나의 결과에만 초점을 맞추는 어떤 제안은 결국 어딘가에 불균형을 만들어 실패하거나 다른 곳에 부정적인 영향을 미치게 될 것이다. 이 책에서 모든 걸 다룰 순 없기 때문에 범위를 제한해야 한다. 그럼에도 불구하고, 하나의 희망은 이 글을 읽고 이러한 주제들의 상호 연관성에 대한 생각을 시작하는 것이다. 누군가 이 무한한 토끼굴 속으로 뛰어 들었을 때 의심의 여지없이 만나게 될 논제와 질문들에 대해, 그 누군가는 자격을 갖춘 저자들과 연구진들의 작업을 통해 주제를 계속 탐구할 것이다.

전체론적 사고는 우리를 빠르게 미치광이로 만들거나 때론 냉소적이고 허무주의적인 음지로까지 이끌 수 있다. 우리는 스스로 선택한 비전의 범위에 따라 목표를 설정하고, 다른 사람들의 비전과 목표의 범위를 존중하면서, 우리의 전략과 계획이 최대한 일치하도록 하되, 일치하지 않을 때 수용할 수 있도록 협력해야 한다.

이것은 좋은 사람을 지지하고 나쁜 사람들을 지지하지 않는 것처럼 간단하지 않다.[960] 저자의 경험상 노골적으로 나쁜 사람은 많지 않다. 인간은 복합적인 존재이며 일반적으로 옳은 일을 하고 쉬운 일을 한다. 당면한 대부분의 작업은 나쁜 결과를 초래하는 잘못된 정보를 가진 좋은 사람에게 좋은 결과를 창출하기 위해 방법을 변경할 수 있는 길과 새롭고 문제가 되는 정보를 내면화해야 하는 이유를 보여주는 것과 관련이 있다. 자신의 영향을 이해하는 많은 개인들도 지속 불가능한 관행을 통해 경제적 수익을 계속 창출하지 않으면 일자리를 잃을 것이라는 것을 알고 있다. 그들의 상사와 투자자들도 꼭 나쁜 사람들은 아니지만 그들이 왜 그리고 어떻게 잘못하고 있는지 이해하지 못한다. 사악한 음모는 드물다. 수혜자의 편협한 이익을 채우기 위해 진화해 온 무사안일주의, 무지, 편의성을 지닌 거대한 구조는 오늘날 세계의 많은 불공정과 지속 불가능의 주범이다. 그러한 구조물을 해체하는 것은 매우 불편한 교육을 수반하는 거대한 작업이다.

어디서부터 시작해야 할까? 나는 어디든 좋을 것이라 생각한다: "농촌 지역의 저개발 문제를 해결하려면 기본 서비스 제공에 투자하고 신용, 정보 및 시장에 대한 접근성을 높이며 공공 정책의 설계 및 이행에 전통적으로 소외된 부문의 참여를 포함하는 것이 필수적이다."[961]

릭 라인하르트는 "단 하나의 해결책은 없다. 지역마다, 시장 시스템마다 다양한 수준으로 적용할 수 있는 수십 개의 작은 해결책들이 있다. 품질만으로는 답이 되지 않는다. 더 큰 농장 규모는 답이 아니다. 효율성을 높이는 것은 답이 아니다. 더 높은 생산량은 답이 아니다. 100억 달러 규모의 재생가능 기금이 아마도 답이겠지만 그것은 불가능하고 그것은 문제에 대한 답이 아니라 문제의 증상에 대한 답일 뿐이다."[962]

커피 산업의 조직적 억압에 대해 좀 더 정확하게 언급하면 "때때로 어떤 문제를 들었을 때 여러분은 재빨리 '좋아요, 제가 어떻게 하면 그걸 고칠 수 있죠?'라고 묻는다. 내 생각에 그 질문도 실제로 문제의 일부라고 생각한다. 여러분은 400년 된 문제를 그렇게 바로 고칠 수는 없다."[963] 문화적, 역사적 맥락을 충분히 이해하고 증상과 근본적인 문제의 차이를 아는 것은 중요하며 시간이 걸린다.

커피를 재배하는 대부분의 농부들에게 커피는 목적을 위한 수단이다. 그 목적은 경제적 생존이며, 일부 관련자들에게는 생태 보존 또는 재생이다. 우리는 커피 공장이 아니라 인간, 가족, 땅, 생태계다. 우리 중 일부에게는 다른 작물 재배와 토지 사용을 다르게 하는 게 효과적일 수 있다. 대부분의 경우 여러 작물을 재배하는 것이 순전히 커피만 재배하는 것보다 더 유리하다. 커피에서 다른 것으로 부분적 또는 완전하게 전환하는 것은 종종 농부들에게 유리하기 때문에 한탄할 일이 아니다. 반면에 기술화된 단일 재배 시스템의 구현과 소를 키우기 위한 목초지 개간과 같은 일부 대안은 생태학적 위협이 될 수 있다. 커피 전문가가 생산자 및 지역 사회와 소통하여 생산자 목표를 실현하는 것이 중요하며, 커피가 우리에게는 아무리 매혹적인 길이라 할지라도 농부들에게는 선택할 수 있는 많은 길 중 하나일 뿐이다.

시장 : 받아들여야 할 현실

좋든 싫든 정치 체제와 상관없이 세상은 이기적이고 자본주의적이며 시장 지향적이다. 대규모 문화-경제 혁명 이전에 다른 가정에 기초한 모든 제안은 실현될 수 없다. 사람들은 자신의 이익(종종 경제적)에 의해 동기를 부여받는다; 이것은 논리적인 접근이고 자원의 효율적인 할당으로 이어질 수 있지만, 비전은 다양하며 종종 지속 불가능한 행동으로 이어진다.

지속 가능성의 미묘한 문제: 환경적, 경제적 및 사회적 모든 것이 경제적 전제 조건과 연결될 수 있다. 소득 감소(경제적 불확실성, 가격 취약성 및 교역 조건 감소)는 사회적 조건을 악화시키고 농부들이 환경과 장기적 생산 지속 가능성을 희생하도록 압력을 가하는 것으로 나타났다.[964]

논리적인 이윤 추구 활동이 특정 가격 산출 안정성으로 이어질 수 있지만 다수의 논리적 행동의 합은 비논리적이고 지속 불가능한 전체 결과를 초래할 수 있다. 예를 들어 소규모 커피 농부가 그의 자녀들에게 적절한 영양과 의료 서비스를 제공할 수 없다면 그는 장기적인 환경 지속 가능성과 해당 지역의 생물 다양성, 그리고 커피 생산의 중기적 비용 구조를 손상시킴에도 불구하고 나무를 팔고 일시적으로 커피 수확량을 증가시키기 위해 그늘 나무를 베어낼 수 있다. 단기적인 욕구가 우선시되면 빈곤의 악순환이 시작된다.

촉진하고자 하는 활동과 조건을 경제적으로 장려하는 것은 전체 산업과 공급망의 책임이다. 많은 사람들이 빈곤에 처해 있고, 대부분이 그들 제품의 소비자보다 경제적 자원으로의 접근이 취약한 생산자들이 환경 지속 가능성을 개선하는 책임과 비용을 떠맡을 것으로 기대해서는 안 된다. 만약 농부가 그늘 재배, 노동자들을 위한 인도적 대우 및 기타 지속 가능한 관행을 시행하기를 원한다면, 당신은 그것에 대한 비용을 지불할 준비가 되어 있어야 한다.

더 지속 가능한 공급망과 덜 지속 가능한 공급망의 추가 비용을 누가 지불해야 하는지 결정하는 것은 일반화된 행동을 계속 방해한다. 사회적, 환경적 피해를 지속시키는 방식으로 커피를 공급함으로써 돈을 절약하는 것은 여전히 합법적이지만, 대부분의 소비자들이 그러한 미묘한 차이에 무관심할 때 기업의 재무 이해 관계자들에게 왜 그들이 법과 고객의 필요보다 더 많은 돈을 지불해야 하는지 정당화하기란 어렵다. 필리스 존슨은 이 상황을 다음과 같이 설명한다: "모든 권력을 가진 대기업은 이렇게 말할지도 모른다. '물론 우리는 당신의 사명 때문에 당신과 함께 일하고 싶지만, 이 사업은 특정 가격 수준에 도달했을 때만 실현 가능하다'고 말할 것이다… 그렇다면 현실은 가격 책정이 된다… 우리는 결국 지속 가능성을 위한 비용을 잡아먹는 처지가 되고 말았다."[965] 이 추가 비용이 공급망 관계자들 사이에서 공유되고 하나의 주체가 공급망 남용의 형태로 "공짜로" 외부 효과를 이용할 수 없을 때까지 우리는 굴곡진 길을 계속 갈 것이다. 그녀는 "대기업은 위험이 닥치고 그것이 비즈니스에 위협이 될 때까지는 움직이지 않을 것"이라고 덧붙인다.[966] 다음 세대는 투자 수익률(ROI) 수치보다 더 가치 있는 미묘한 관점을 수용해야 한다. 대신 가치를 두어야 할 측면에는 삶의 질, 자연의 질, 외부효과와 공공재의 파괴에 대한 회계가 포함되며 무엇보다도 주주들의 재정적 건전성뿐만 아니라 모든 직간접적 이해관계자들의 안녕을 고려해야 한다. 릭 라인하르트는 "자본주의의 신으로서 여겨진

주주 가치의 우위를 이해관계자 가치에 대한 보다 총체적인 시각으로 관점을 바꾸고, 신자유주의에 대한 프리드먼/하이에크/대처/레이건 사상의 소멸, 자유 시장 세계의 지배 이데올로기로서의 그(아이디어)의 소멸은 궁극적으로 우리가 할 수 있는 어떤 개별 계획보다 더 많은 것을 할 것이라고 생각한다."고 여긴다.[967] 이를 명확히 하기 위해 마가렛 대처(Margaret Thatcher)는 인간을 규제하고 그들 사이에 자원을 할당하는 시장에 대해 그녀의 냉담한 자신감을 담아 다음과 같이 유명한 선언을 했다. "사회는 없다. 오직 시장만 있을 뿐이다." 라인하르트는 일부 젊은 사람들의 사고 방식이 진화하는 방향에 대해 희망적이다. "그 생각에 대한 흐름이 바뀌기 시작했고 그것이 전 세계에 큰 영향을 미칠 것이라고 생각한다. 그리고 시장에 대한 세대 간 통제도 변하고 있기 때문에 다음 세대는 우리 세대가 했던 이러한 일들에 대해 근본적으로 다른 기본 전망을 갖게 된다."[968]

에버 마이스터는 책임 있는 커피 구매가 업계 관계자들의 진지하고 개인적이며 기업 차원의 결정이어야 한다는 견해를 공유한다; 소비자로부터 보상을 기대하며 지속 가능성을 광고하거나 지속 가능성에 대해 소비자들이 더 높은 가격을 지불하지 않는다고 책임을 돌리는 것은 결코 합법적인 구조적 변화를 일으키거나 지속 가능성을 향한 일반적이고 중요한 개선으로 이어지지 않을 것이다. "스페셜티 커피 산업에 광범위한 문화적 변화를 일으켜 더 많은 사람들이 자신이 관심을 갖고 있다는 신호를 보내는 작은 방법을 찾기보다는 전체 사명을 받아들이도록 해야 한다고 생각하지만 실제로 따르기는 너무 어렵다."[969] 그녀는 업계 관계자들이 진정으로 공평하고 지속 가능한 공급망을 지원하기를 원한다면 스스로를 안심시키거나 남에게 인정받기 위해 "엘살바도르를 여행하며 가난한 사람들에게 팔을 두르고는 사람들에게 '이것 봐, 나는 내가 커피를 사는 가난한 사람들에게 친절해'라는 것을 보여주기 위한 걱정을 덜 할 수 있을 것"이라고 덧붙였다.[970]

거래 재정의(再定義)-집단 책임

기후 스마트 농업의 진정한 가격

트루 프라이스(True Price)와 솔리다리다드(Solidaridad)에 따르면 어떤 경우에는 다른 것보다 커피 재배에 환경적 차원의 숨겨진 비용이나 사회적 비용이 존재한다. 특정 단체와 개인은 사회적, 환경적 피해를 유발하는 활동으로 이익을 얻는 반면, 다른 단체와 개인은 피해를 입고 그들이 야기한 "비용"을 부담한다. 트루 프라이스가 제시하는 환경적 비용의 예로는 "비료로 인한 토양 오염에 따른 사회적 비용"이 있으며, 사회적 비용의 예로는 "외부 노동자의 저임금(생계비 미만 지불)과 관련된 사회적 비용"이 있다.[971] 농부나 커피 구매자들은 모두 수질 오염으로 인한 만성적인 건강 문제나 경제적 절망에서 비롯된 폭력 조직의 폭력 등 이러한 비용의 결과를 경험하지 않을 것이다. 누군가의 구매 결정의 결과가 먼 대륙에서 발생할 수 있는 오늘날의 세계화된 세상에서, 바로 이것이 자신의 행동에 대한 책임을 생각해 보는 일이 매우 새롭고 중요하게 된 이유다.

별개의 영역에서 서로 다른 관행의 모든 영향을 정량화하는 것은, 그늘 커피 재배지와 노동자 건강 보험료 지불의 영향을 대조하는 것만큼이나 심적으로 비교하기 어려운 측면을 비교하는데 필수적이고, 점수를 유지하는 것의 기본이 된다. 그것은 둘 다 커피 농장의 지속 가능성을 향상시키는 데 도움이 되는 관행이지만 상호 교환할 수는 없다. 이 시스템의 목표는 농부의 수입을 제외한 모든 외부 비용을 최소화하는 것이다.

가격 발견

KC 아라비카 커피 선물 시장 또는 C-가격은 오늘날 판매되고 있는 다양한 커피의 가격 발견을 하기 위한 기준으로는 비효율적이라는 것이 입증되었다. 가격 발견에는 효과적이지만 마일드 아라비카와 차별화된 커피의 가격을 발견하는 데 사용되는 차등 시스템은 재배자들이 사업을 계속하게 하는 데 실패했고, 더 밀접하게는 시장의 펀더멘털을 대변하는 데 실패했다는 것이다.

적절한 가격 발견 방법은 교환되는 다양한 제품을 고려해야 하며, 각각의 시장 펀더멘털, 즉 서로 다른 커피 제품에 대한 상호 배타적인 공급과 수요를 설명해야 한다. 가격 벤치마킹을 재정의하기 위한 한 가지 노력은 스페셜티 커피 거래 가이드다. 또 다른 아이디어는 오늘날 널리 거래되는 커피인 하드 아라비카를 설명하기 위해 ICE에서 하나 이상의 추가 선물계약을 만드는 것이다.

오늘날 커피에 존재하는 아름다운 다양성과 엄청난 범위의 향미 프로파일을 설명하고 보존하기 위해 일부 메커니즘은 수출자와 수입자 간의 실제 협상에서 커피 가격 발견의 표준이 되어야 한다. 그렇지 않는다면 아름다움과 다양성이라 일컫는 것들이 영원히 사라질 것이다.

■ 생산자 권한 강화

공정성, 지속 가능성 및 개발에 대한 글로벌 논의에서 생산자의 목소리는 제한적이다. 이것은 바뀌어야 한다. 페이지 웨스트가 인용한 대로 블로우필드(Blowfield)는 "개발도상국들의 더 많은 참여, 특히 의사결정이 북반구에서 남반구로 이동하지 않는다면 윤리적 무역은 기껏해야 온정주의에 불과하고 최악의 경우 그것에서 이익을 얻는 사람들에게 해가 될 것이다."라고 말한다.[972] 개발은 그들이 원한다면 생산자 공동체 내에서 이루어져야 한다.[973] 그렇지 않다면 대안은 계속되는 온정주의와 생산자의 무력감에 대한 생색내는 태도 뿐인데, 이는 둘 다 외부인들로부터 비롯된다. 외부인의 동정은 저자원 생산자의 자존감에 영향을 미치고 만족스러운 미래를 구상하고 나아가는 능력을 저해할 수 있다. "권력이 낮고 취약한 이해관계자는 일반적으로 소외된 지역 공동체 중 저소득 가정에 거주하고 목소리가 정당하게 전달되지 않는 공급망의 상단에 위치한 이해관계자 그룹으로 개념화된다. 이 상태는 중요한 결정을 내리고 자신이 수행하는 핵심 역할을 이해하는 능력을 감소시킨다."[974]

커피 공급망에 존재하는 일부의 부유한 세계에서 개발도상국으로의 지원 및 파트너십은 생색용 자선의 성격인 자기 중심적인 사업 전술이다. 커피 구매자가 생산자를 "선정"하는 것은 종종 생산자 소득 향상에 도움이 되는 긍정적인 개입으로 실무자들에게 보여지고 아마도 신뢰를 얻을 것이다. 그리고 실제로 결과를 만들어 낼 수도 있다. 그러나 그것은 종종 독점에 대한 일방적 약속을 암시하고 "우리 농부들"이라는 문구가 새겨진 마케팅 자료를 동반한다. 이러한 "관계"는 파괴적인 식민주의로 전환될 수 있다. 에버 마이스터는 "우리는 생산자들을 소유하기를 원한다. 우리는 그들이 본질적으로 우리의 애완동물이 되기를 원한다. 우리는 그들을 키웠다. 우리가 그들을 훈련시켰다. 우리는 그들의 품질을 향상시켰다. 우리는 그들에게 시장에서 자리를 주었다. 우리는 그들에게 이름을 지어주었다. 내가 당신의 브랜드를 만들었다. 그런데 생산자가 '그래, 하지만 저기 있는 저 사람이 나한테 돈을 더 줄 거야'라고 말하는 순간, 우리는 화가 난다."[975] 관련자들은 관계에서 매우 불균형한 협상력에도 불구하고 달리 동의하지 않는 한, 양쪽 모두 독립적인 시장 행위자라는 것을 인식하고 경계해야 한다.

"아래로부터의 브랜딩"

좋은 제품을 생산하거나, 사진에서 그럴싸해 보이거나, 가슴 따뜻한 "이야기"가 있다고 해서 커피 공급망이 생산자들을 반드시 돌보는 것은 아니다. 농부들은 가치를 더하고 그들의 몫을 요구하는 제품의 속성에 대한 소유권을 가져야 한다. 그들은 다른 사람들의 사업에 더하고 있는 가치를 포착해야 한다. 이 개념은 "아래로부터의 브랜딩"으로 설명된다. 가치에 대한 책임을 주장하는 것은 마법의 블랙박스(로스터)로 들어가서 맛있고 특별한 브랜드 제품이 나오는 상품 입력의 패러다임을 바꾼다. 농장에서 브랜드화된 생두는, 모든 로스터가 소유하고 관리하며 소비자에게 전달하길 원하는 가치를, 로스터가 아닌 그 생두에 책임이 있는 생산자가 담아 낸다.[976]

"권한 부여를 다룬 저술에서는 특정 역량, 기술 및 지식의 개발과 생성 및 이전이 공급망 내에서 힘이 없고 취약한 이해 관계자의 상태를 개선하고, 그러한 이해 관계자가 가치 공동 창출 프로젝트에 적극적으로 참여하고 혜택을 얻을 수 있는 기반을 조성할 수 있음을 보여준다."[977] 신뢰적 속성, 이야기, 진정성은 "소비자가 제품을 소비한 후에도 분별할 수 없는 특성"이다.[978] 이러한 측면은 이를 발견하고 설명하는 로스터의 능력 덕분에 추가되고 있지만, 대부분 생산자의 천성에 의해 만들어진다. 생산자는 자신이 추가하는 가치를 기준으로 가격을 인식하고 판매하고 협상해야 한다. 그들은 새롭고 투명한 시장에서 제품을 차별화하기 위해 제품의 무형적 측면을 정의, 개발 및 강조해야 한다. 시장에서 자리를 잡기 위해 농부들은 수요의 복잡한 특성을 받아들이고, 농부가 그 이유를 이해하거나 인식할 수 없더라도 문화적으로 직관에 반하는 요구 사항을 충족해야 한다.

추적 가능성 없이는 불가능한 판매

양방향 투명성을 갖춘 완전한 피드백 통로는 생산자가 제품의 가치를 인식하고 강조하며 효과적으로 마케팅하는 데 필수적이다. 많은 거래자들은 추가 비용을 지불하지 않기 위해 우수한 품질을 제공할 때 생산자를 어둠 속에 두는 것이 최선의 이익이라고 생각한다. 그러나 생산자가 자신이 우수한 품질의 커피를 가지고 있다는 것을 모른다면 그 품질을 유지할 이유가 없고, 개선하는 방법에 대해 전혀 알지 못할 것이다. 생산자에게 정직한 피드백을 제공하면 일관성과 품질이 개선될 수 있고 거래자의 커피 판매 가격 역시 개선될 수 있지만, 거래자가 정보를 공유하지 않는다면 파생되는 차익 기회는 사라질 수 있다. "글로벌 체인 통합은 개발도상국의 생산자가 비즈니스 요구 사항 및 무역 표준을 충족할 수 있도록 하는 새로운 제도적, 조직적 네트워크의 출현을 요구한다. 또한 정보 흐름과 대리인 관계의 근본적인 재구성이 필요하며, 소농에게 소비자의 요구에 맞게 공급을 조정할 수 있는 기회를 제공한다."[979] 상호 의존성을 키울 수 있는 방법은 "장기적인 로스터/재배 지역 사회 파트너십을 보장하는 데 초점을 맞춘 '관계형 커피' 모델을 강조하는 것"이다.[980]

협업은 새로운 성장이다

한 농부가 한 달에 몇 개의 커피 백을 한 로스터에게 항공 운송하는 것은 매우 비효율적이고 실현 불가능한 시스템이다. 소규모 프로세스는 개별적으로는 제품의 무형 가치를 이해하고 생산자와 로스터의 관심과 독립성을 존중하는 농민 집단, 협동조합 및/또는 수입업자와 같은 단체에 의해 연결되어 특정 제품의 무형 가치를 희석하거나 손실하지 않고 통합되어야 한다. 그러한 가치 사슬의 출현은 공급에 대한 중요성과 통제를 감소시키기 때문에 전통적인 무역업자, 수출업자, 수입업자의 저항에 직면한다.[981] 전통적인 다국적 무역업자들을 우회하는 새로운 공급망은 구매자에게 그들이 거래하는 더 큰 규모의 공급자와 동일한 서비스를 제공하기 위해 노력해야 한다. UN 보고서는 "납품 신뢰도, 납품 속도 및 제품 혁신을 통해 가치를 추가할 수 있다"고 언급했다.[982] 말로는 쉽지만 이는 일정 수준의 규모와 인프라가 필요하다. 혁신적이고, 협력적이며, 탄소발자국이 적은 모델들이 공유 경제를 활용하고 있다. 토론에 새로운 목소리를 추가하고 역사적으로 배제되었던 사람들에게 자리를 제공하는 것 또한 원활한 과정이 아니다. 새로 들어온 사람들이 속도를 높이려면 노련한 공급망 운영자의 추가적인 인내와 지원이 필요하다.[983] 통신 및 운송 기술, "사물 인터넷" 및 세심한 조정은 소규모 행위자들에게 국제 무역을 이전보다 더 효율적이고 실행 가능하게 만든다.

■ 개발 패러다임 재정의

"자연의 탈상업화"[984]

사람들은 그들이 거주하는 대지의 자연적 조건이 제공하는 거주 환경을 동등하게 받을 자격이 있는가? 아니면 임대료를 내야 하는가? 만약 그렇다면 누구에게 내야 할까? 이것은 오늘날 정부와 기업이 자연의 상업적 잠재력과 시민이 자연에 대한 공식적인 자격이 부족함을 깨달으며 제기되는 복잡한 질문이다. 수자원은 민영화되어 시민들에게 되팔리고 있다. 강은 토착민에 의해 채굴 작업으로 전환되고 있으며 "의도치 않고" 예방되지도 않은 기근을 야기한다. 칠레산 아보카도는 수출되어 재배자들을 더 부유하게 만드는 반면, 다른 사람들은 생계 작물을 위한 물을 구할 수 없다. "경제적 목표는 인간의 존엄성에 대한 존중과 사람들과 공동체의 삶의 질 향상의 필요성을 간과하지 않으면서 자연계가 어떻게 작동하는지를 결정하는 법에 종속되어야 한다."[985] 한편, 환경 남용이 드러나고 책임 있는 관리를 지원하는 제품이 요구됨에 따라 환경적 책임에서 특정 가치가 파생된다. 만약 그 가치를 책임 있는 생산자에게 되돌려준다면 강력한 경제적 인센티브가 자연을 보존하는 실천을 확고히 할 수 있다. "투명성과 기술이 향상됨에 따라 환경 관리를 통해 수익을 창출하는 것이 더욱 가능해졌다."[986]

정책 결정

가치 사슬의 연결 고리 사이에서 구조와 가치 분배를 결정하는 데 시장과 경제가 중요한 만큼 정책, 정치, 정부의 힘도 과소평가될 수 없다. 이 책의 범위를 벗어나지만 국가 정부, NGO 및 국제 협력 기구는 장벽을 제거하기 위해서라도 보다 지속 가능한 커피 산업을 촉진하고 장려하기 위해 조치를 취해야 한다. 각자가 무엇을 해야 하는지 자세히 설명하는 방법은 없지만 우리는 2018년에 미국이 국제커피기구에서 탈퇴하는 것과 같은 행동이 ICO를 위한 올바른 방향으로 나아가는 단계가 아니며 공동의 목표를 향한 정부 간 협력의 선례가 아니라고 확신할 수 있다.[987]

    정책 입안자들은 경제 부문과 지역 사회의 미래를 근본적으로 바꿀 수 있는 힘을 가지고 있다. 인센티브, 목표, 문화 및 경제는 그들이 내리는 결정에 따라 정해지는데, 이에 관한 논의를 하기에는 너무 복잡하다. 그러나 이 방정식에서 정책을 잊거나 불변 또는 부동의 변수로 간주해서는 안 된다. 정책은 전체적인 경제 지속 가능성을 선호하거나 단기 GDP 성장을 촉진할 수 있다. 직업 정치인들은 그들의 인센티브와 목표에 따라 어떤 것을 선호할까? 국제통화기금(IMF)과 세계은행의 채무자들은 어느 쪽을 선호할까? 정책 입안자들은 국가 주권과 경제적 독립 또는 경제 성장과 소득 지표를 선호할 수 있다. 정책 입안자들은 모든 미래 세대의 번영보다 현 세대의 번영을 선호할 수 있다. 선출직 공무원(협동조합 지도자 포함)이 미래 유권자의 건강과 번영을 위해 현 유권자의 구매력을 포기하는 것은 어려운 일이다.

국제적인 외부 효과 보상

불행히도 환경에 도움이 되는 결정은 비용이 많이 드는 법적 제재를 피하거나 최적의 수익성으로 이어질 경우와 같이 재정적으로 유의미한 경우에만 전반적으로 받아들여질 것이다. 아직 도래하지 않은 향후 사회에 대한 미래 비용에도 불구하고 커피 생산에서 환경적 지속 가능성을 가로막는 것은 가해자의 환경 파괴의 자유다. 이것은 외부 효과 또는 그것으로부터 이익을 얻는 행위자가 지불하지 않은 비용이다. 일반적으로 커피 생산 및 상업에서 환경 파괴적인 행동을 저지하기 위해 이러한 종류의 외부 효과는 사업 수행 비용으로 가격을 책정할 필요가 있다.[988]

    생산국의 환경파괴로 인해 저비용 생두가 생산되어 소비자가 혜택을 받고 있는 커피 수입국이 자신들의 무책임함을 보상하는 방법은 세금이 될 수 있다. 전반적으로 로스터 비용과 소비자 가격을 상승시키는 지속 불가능한 커피 제품의 수입 또는 판매에 대한 부담금은 생산 국가로 반환되어 연구, 환경 개선 프로그램 등에 사용될 수 있다. 만약 그러한 계획이 가능하다면 그것은 지속 불가능한 커피의 구매를 저해하고, 한 회사에 다른 회사보다 더 많은 불이익을 주지 않으면서 해당 제품의 가격 이점을 줄이며, 동시에 지속 가능하게 재배하는 잠재적인 추가 생산 비용을 상쇄할 것이다. 이는 적용 여부가 불확실한 막연한 생각이지만, 국제 공급망의 안정성과 지속 가능성을 보장하기 위해 필요한 국제 정책 협력의 한 예다.

비지능적 자본

자유 자본은 항상 가장 효율적인 용도로 흐르고 사회는 항상 그러한 방식으로 흘러가는 것이 더 나을 것이라는 것을 확신시키려는 밀턴 프리드먼(Milton Friedman)의 최선의 노력에도 불구하고, 많은 시나리오에서 적용할 수 있지만 자본주의 인센티브와 자본의 효율적인 배분으로 사회가 완전히 실패하는 수많은 시나리오들이 있다. 수익 극대화를 추구하지 않는 방식으로 격차를 메우는 것은 기관, 공공(세금 지원) 및 민간(기부자 및 보조금 지원)의 역할이다. 물론 자유 시장의 자본 배분으로 우연히 이득을 본 사람들은 쓰레기를 모두 매립하고, 그 진입로에 크레모아(claymore mines)를 설치해 통행을 제한하면 된다고 생각한다.

예를 들어 영리 목적의 신장 투석 산업이 수입원을 보존하기 위해 사람들에게 신장 이식을 포기하도록 설득하는 것은 재정적으로 타당하다. 그러나 사람들이 회사와 주주에게 무엇이 더 이익이 되는지에 따라 자신의 신체에 대한 결정을 내리도록 설득하는 일은 이상적이지 않다.

의약품 특허권자는 수요와 공급에 맞춘 자본주의적 차원의 "합당한" 의약품 가격으로 사람들의 생존을 볼모로 잡고 있다. 수요의 가격 탄력성은 구매자가 자금을 조달할 수 있는 능력에 의해서만 제한된다. 왜냐하면 그들은 자금이 없으면 죽을 것이기 때문이다.

어느 것이 더 나은가: 커피 생태계에 침투하여 무엇보다도 생태계에 지장을 주지 않고 커피 녹병 곰팡이를 먹을 수 있는 단일 살포 박테리아를 도입하는 것과 3개월마다 무기한 황산구리를 살포하고 수로를 오염시키는 것 중 어느 것이 더 나을까? 누구에게 질문을 던지느냐에 따라 다르다. 지구상의 어떤 사모펀드도 헥타르당 200달러의 비용이 드는 일회성 살포와 지속 가능한 미생물 솔루션에 투자하지 않을 것이다. 생태적으로 유해한 제품을 주기적으로 사용하는 것이 사업적으로는 훨씬 더 유리하다.

■ 농부 기업가들

세계 대부분의 소규모 농부들은 수 세대에 걸쳐 가부장적 제도 하에서 힘겹게 존재해 왔다. 이런 시기는 좋고 나쁨을 반복해왔다. 생산자들은 커피가 농장을 떠난 뒤에 일어나는 일에 대해 거의 연관이 없고 무지하지만, 그들 자신에게 일어나는 모든 일에는 반응한다. 소규모 농업이 경제적으로 실행 가능하고 성취감을 주는 직업이 되고 자원이 부족한 농민이 이용할 수 있는 다른 생계수단과 경쟁하려면 생산자가 자신의 안전과 번영을 보장하기 위해 자신의 미래를 통제해야 한다. 당신은 "하지만 그들은 방법을 모른다!"고 생각할지도 모른다. 이것이 바로 농부들과 업계의 모든 사람들이 직면하고 있는 과제다.

　소규모 농부는 오늘날 많은 사람들이 보는 것처럼 혜택이나 소득 보장이 없는 직업이 아니라 자신의 농장을 사업으로 이해해야 한다. 운영 비용 구조와 손익분기점을 이해해야 한다. 진정한 농장 성과를 측정하기 위해서는 영농 비용과 가족 비용을 분리해야 한다. 또한 각각의 성과와 수익성을 비교하기 위해 서로 다른 작물에 대한 기록을 따로 보관하고 비용을 나누어야 한다. 농부들은 토지 개조 여부, 인증 취득 여부, 그리고 품질 향상으로 이어질 수 있는 투자를 할지 여부와 같은 결정을 내리기 위해 비용 편익 분석을 수행할 수 있어야 한다.[989]

　공급망은 가치가 창출되고 분배되는 방식에 대해 정직해야 한다. 관능 품질에 대한 커핑 피드백 및 품질 프리미엄은 이를 만드는 책임이 있는 재배자에게 지급되어야 한다. 대농장은 품질 개선을 위해 이 정보를 검증하고, 내부화하고, 실행에 옮길 수 있기 때문에 관능적 품질 마케팅에서 선호한다.[990] 우리는 중개인이 생산자를 희생시키면서 그들의 이익을 늘릴 수 있는 기회를 창출하는 정보 비대칭성을 종식시켜야 한다. 이는 산업, 특히 스페셜티 분야에 널리 퍼진 담합에 해당한다. 제품에 대한 정보 접근성은 차익 거래의 기회가 되어서는 안 된다. 컵 품질에 대한 피드백과 보상은 모두에게 좋은 개선을 위한 투자를 장려한다.

　생산자들이 시장에 지능적으로 참여하기 위해서는 최신의 정확한 시장 정보에 접근해야 한다. 여기에는 일일 국제 가격과 예상되는 FOB 비율이 포함된다. 그들은 올바른 가격을 요구하기 위해 제품의 객관적인 품질과 그것이 시장에 어떻게 부합하는지 알고 있어야 한다. "전 세계적인 공급 과잉과 현재의 커피 위기는 어느 정도는 부적절한 시장 정보에 근거한 생산 결정에서 비롯된 것일 수 있다."[991]

　무책임하고 위험이 높으며 집약적인 재배 과정은 내포된 위험 수준을 감당할 준비가 되어 있지 않은 취약한 농부들에게 유리하지 않다. 자원이 적은 소농들에게 이러한 방법을 권장하는 것은 부질없는 일이다. 생산자는 자신의 필요를 충족하고 목표 달성을 위해 노력할 수 있는 생산 시스템을 설계하기 위해 농장의 경제성과 의사 결정 위험을 배워야 한다. 생물 다양성 혼농임업 시스템은 완전 일광 단일 재배보다 생산성이 낮지만 단위당 생산 비용이 낮아 수익성이 없는 기간을 견딜 수 없는 생산자의 채무 불이행 위험과 부채를 줄인다. 이러한 지역— 일반적으로 지구 전체 —이 받게 될 농장 수준의 이점과 환경 배당금 외에도 전반적인 공급 감소는 가격 상승에 압력을 가할 것이다.

　환경적 책임은 커피의 시장성 있는 특성일 뿐만 아니라 추가적인 시장성 있는 자산이 될 수 있다. 소비가 환경에 미치는 영향에 대해 점점 더 우려하는 소비자들에게 경작 관행에 대한 검증과 투명성은 환경적으로 지속 가능한 관행을 보상하고 무책임하게 운영 중인 농장을 처벌할 수 있다. 여전히 커피 구매에 대해 거의 생각하지 않는 대부분의 소비자들에게 동기를 부여하려면 무시할 수 없는 방식으로 영향을 제공해야 하며 윤리적 또는 비윤리적인 결정을 내릴 수 있는 권한과 책임을 부인할 수 없는 방식으로 제공될 필요가 있다. 블록체인 및 '사물 인터넷(internet of things)'과 같은 기술에 의존하는 검증 시스템은 이런 변화를 가능하게 할 수 있다. "생태계 서비스에 대한 지불은 수혜자로부터 토지 소유자에게 직접 보상할 수 있는 하나의 방법을 제공하며 코스타리카, 멕시코 및 중국을 포함한 여러 국가에서 시행되고 있다."[992]

다양화 및 식량 생산

인간 중심의 커피 정책은 커피에서 다른 현금 및 자급 작물로의 전환을 수용하고 촉진하기 위해 잘 활용될 것이다. 마리오 삼페르는 "커피 콤플렉스"를 제안하는데, 그는 이 콤플렉스를 "공생 관계를 가진 식물군… 식물은 수출 의존도를 낮추고 커피 수출 가격이 하락할 때 피해를 완화하는 역할을 한다"라고 정의한다.[993] 생산자는 가격 및 통화 위험을 헤지하기 위해 포트폴리오를 구성하여 수입원을 다각화할 기회를 가진다.[994] 성장 조건, 세계 시장 가격 및 통화 가치에 취약한 단일 저수익 상품에 대한 완전한 의존은 극도로 위험하며 조건이 매우 유리한 경우에도 권장해서는 안 된다.[995] 다른 작물은 위험 및 가격 변동성 측면과 함께 이익 잠재력 측면에서도 비교되어야 한다. 다양화는 수요에 의해 추진되어야 하는데 그것을 팔 수 있는 수요와 마케팅 채널이 있어야 한다. 예를 들어 샤프란(saffron)은 가치가 있지만, 누가 라오스 시골에서 그것을 살 것인가? 변동하는 커피 가격으로부터 가족의 안녕을 보호하기 위해 소농이 실행할 수 있는 가장 효과적인 헤지는 아마도 자신의 식량을 최대한 많이 재배하는 것이다. 그 공간에서 커피를 마시지 않는 기회비용은 지난 몇 년 동안 많은 생산자들이 그랬던 것처럼 커피가 한 시즌 동안 음식을 살 수 있는 수입을 창출하지 못한다면 피할 수 있는 잠재적 고통을 넘어설 것이다.

농촌 지역의 청년들의 소명을 자극하기

이미 커피를 재배하는 세계의 대부분에서 일어나고 있는 대규모 농촌-도시 이주를 막기 위해서는 커피 생산이 농촌 청년을 위한 매력적인 삶의 계획임을 보여주어야 한다. 잠재적으로 가능한 다른 경로의 삶보다 더 나은 삶의 질과 더 많은 성취감을 제공해야 한다. 생두 교역 조건 감소(같은 양의 다른 상품을 사기 위해 더 많은 커피를 팔아야 하며, 이는 생산자의 생활 수준의 감소를 의미한다)가 농촌에서 도시로 이주하는 원인이 되고 있다.[996] 하지만 이것이 유일한 이유는 아니다. 우리는 실행 가능한 생계 수단으로서 커피 재배의 경제적, 재정적 측면에 초점을 맞춘 많은 페이지를 읽었는데, 이것은 물론 커피 농장이 계속 존재하기 위한 전제 조건이다. 하지만 농부와 그들의 가족에게 생계와 생존을 제공하는 것만으로는 충분하지 않다. 젊은 사람들은 생존만을 꿈꾸지 않는다. 그들은 그냥 사는 것보다 더 큰 욕망을 꿈꾼다. 그들은 자아 실현과 성취를 꿈꾼다. 경제적 생존에 더하여 커피를 재배하는 소명은 다음 세대 농부들에게 지적 자극과 발전할 수 있는 중요한 기회를 제공해야 한다.

농업과 커피 재배와 관련된 사회적 오명은 커피 농부들이 종종 고급 소비자 시장에서 높은 평가를 받고 있음에도 불구하고 농부들의 자긍심을 해치고 젊은 사람들이 이러한 진로를 추구하는 것을 방해한다.[997] 바리스타 챔피언들과 뛰어난 로스터들에게 주어지는 국제적 명성은 농부들에게도 제공되어야 한다. 물론 이러한 존중에는 품위 있는 생활 수준을 제공하는 소득이 수반되어야 한다.

그렇다면 우리는 어떻게 소규모 커피 재배를 지적으로 자극하고, 경제적으로 실행 가능하며, 무한한 소득 잠재력을 제공할 수 있게 만들 수 있을까? 관능적 품질의 차별화. 조건과 지리적 한계로 인해 모든 곳에서 스페셜티 품질을 생산할 수 없기 때문에 이것은 모든 사람에게 가능한 것은 아니다. 그러나 그것은 생각하는 것보다 더 많은 생산자들에게 가능성이 있다. 일찍 일어나 하루 종일 열심히 일하면서 시장이 1년을 더 버틸 수 있기를 바라는 것은 인생을 살아갈 수 있는 방법이 아니다. 그러나 그것이 바로 지난 몇 세대에 걸친 소규모 커피 농부들이 존재해 온 방식이다. 미래와 현재에 종사하는 커피 농부들은 자신의 직업을 통해 창의성과 야망을 표현할 수 있어야 하고 자신의 성취에 대한 보상을 받을 수 있는 기회를 가져야 한다. 이것은 가공소에서만 일어날 것이다. 로스터들은 낙찰 받은 커피 체리에 입찰하기 위해 경매에 참여하지는 않을 것이다. 농부들이 가공소 수준에서 가치를 더하고 미래의 멋진 커피를 개발하려면 완전한 피드백 통로가 필요하다. 그들은 생산한 결과(노력과는 다르다)에 대해 보상해주는 공급망과 시장에 대한 접근 능력이 필요하다. 그들은 또한 공급망을 인식하고 참여하여 커피가 어디에서 끝나는지, 즉 사람들이 커피로 무엇을 하고 있는지, 로스터와 소비자의 인식을 배우고, 그들의 제품과 수입을 지속적으로 개선할 수 있는 방법에 대한 정보를 수집해야 한다.

금융과 자금 조달

커피 공급망에서 금융의 중요성은 과소평가될 수 없지만 종종 복잡한 조직 및 운영과의 관계와 보이지 않는 특성 때문에 강조되지 않는다. 커피 생산, 로스팅 및 준비에 집중하는 사람들의 수에 비해 공급망에서 커피 사업의 국제 금융 엔진이 어떻게 작동하는지 완전히 이해하는 사람은 상대적으로 적다. 금융은 커피 공급망의 보이지 않는 손으로, 운영을 구성하는 방식과 행위자 간에 자금이 분배되는 방식을 결정하는 원동력이자 가장 중요한 제약이다.

금융은 단순히 화폐가 있느냐 여부의 문제가 아니다. 시장의 변동 또는 불변성에 대한 대출 또는 투자와 같은 이윤을 대가로 위험을 감수하는 것이다. 그것은 현재와 미래의 돈의 가치에 대한 모든 사람들의 정의를 포함한다. 금융(운전자본, 대출, 헤지, 저축 등을 위한 금융 서비스 및 도구)에 대한 접근은 설립 국가, 회사 규모, 회사 역사와 같은 여러 요인들로 인해 커피 공급망 사이에서 매우 불균등하다. 이러한 차이는 소유주가 은행에 가본 적이 없는 소규모 농장에서 자체 금융 기관을 운영하는 세계 최대 기업에 이르기까지 다양하다. 이 책의 첫머리에서 논의한 바와 같이 신용 시장, 금리, 금융 서비스의 정교함은 주로 커피 소비국인 고소득 국가에 위치한 공급망 행위자들에게 유리하다. 마찬가지로 생산국과 그 기업은 일반적으로 소비국 공급망 파트너에 비해 유리한 금융 서비스에 접근하는 데 불리하며, 이는 해당 공급망에서 그들의 협상력을 더욱 약화시킨다.

생산자, 생산자 조직 및 생산자 국가를 연결하는 사업을 위한 경쟁력 있는 (저렴한) 금융 서비스에 대한 접근은 생산자 협상력, 권한 부여 및 장기적인 자기결정권을 평등화하는데 필수적이다. 전통적인 적대적이고 중상주의적인 거래 관계와는 대조적으로 공급망 행위자들 간의 조정 및 공개 협력은 자금 조달의 가용성과 효율성을 촉진할 수 있다. 기술 지원 검증에 의해 촉진될 수 있는 신뢰와 약속, 가격과 위험을 설명하는 장기 계약은 생산자와 그들의 대리인이 그들의 위험 프로파일을 줄이는 데 도움이 될 수 있다. 결과적으로 그들은 금융 기관에 더 매력적인 고객이 되어 금융 기관에 접근할 수 있고 공급망 파트너의 안정적인 공급에 대한 접근의 일관성을 개선할 수 있다.[998]

■ 돈(통화)이 전부는 아니다

지역 사회 개발을 하기 위해선 단순한 현금뿐만 아니라 많은 요소가 필요하다. 소득 증가가 항상 삶의 질과 안정성을 향상시키는 것은 아니다. 실제로 소득 증가 효과가 확연히 부정적일 수 있는 경우도 있다. 많은 생산자들이 약물 의존으로 고통받는 일부 커피 생산 지역에서는 풍작과 시장 가격으로 인한 횡재가 약물 남용(특히 알코올)과 가정 폭력을 증가시킬 수 있다.[999] 많은 커피 생산 지역 사회의 불법적인 특성을 고려할 때 경제적 횡재는 조직 범죄로 인한 강탈을 증가시키고 수령인을 도둑의 표적으로 만든다. 또한 소득 증가는 가계 예산 확대로 이어질 가능성이 높다. 이렇게 높은 수준의 소득을 유지할 수 없다면 나중에 더 많은 어려움과 부채로 이어질 수 있다. 이는 종종 대회에서 우승한 생산자들에게서 나타나는데, 우승의 결과로 자신이 얻은 수익의 일부가 사실은 대회 구매자들이 받은 팡파르(fanfare)의 상징적 가치에서 비롯된 것임을 알지 못하는 것이다.

소득 일관성 > 현재 소득

파운드나 커피 백에 책정된 엄청나게 높은 가격은 생산자에게는 애간장을 태우는 액수이지만(비용을 충당하고 허용 가능한 생활 수준을 유지할 수 있는 적당하고 일관된 가격보다 훨씬 더 높기 때문에) 그것이 가족의 최종 수익에는 큰 영향을 미치지 않을 수 있다. (저자가 콜롬비아에서 관리하는 프로그램은 비록 그것이 대부분의 수확물을 원가 이하로 상품 채널에 파는 것을 의미하더라도 소규모 농부들이 최소한 괜찮은 생활 수준을 유지할 수 있도록 안정적인 가격을 제공하지만, 수확량의 아주 적은 부분과 인증서로 이 가격의 몇 배를 벌고자 하는 생산자들은 이를 종종 포기한다) 우리는 왜 이런 기이함이 존재하는지에 대해 토론했다: 생존주의적 사고방식, 외부인에 의한 배신의 경험 등. 이러한 설명은 정당화되지 않으며, 가족의 장기적인 안정과 삶의 질을 우선하는 결정을 위해 농업 운영에 현실적이고 전체론적인 관점을 가져야 하기 때문에 배척되어야 한다. 농부들은 과거 몇 년 동안의 무관심에서 벗어나 급변하는 세계 경제에서 현재의 상태를 유지하기 위해 교육과 훈련을 통한 역량 강화가 필요하다.[1000] 생산자들은 과거 기관들이 그랬던 것처럼 스스로를 돌보기 위해 시장에 의존할 수 없다.

지불 시기는 관능적 품질을 보상하는 시장에 접근하는 생산자의 능력에도 영향을 미친다. 대부분의 소규모 농장주들은 높은 품질을 위해 돈을 지불하는 구매자들과의 샘플링, 평가, 종합 및 협상을 기다릴 수 없다. 다른 화물혼재업체와 회사는 이 격차를 해소하고 서비스에 대한 이윤을 확보하지만, 종종 전체 품질 프리미엄은 그들이 갖게 된다. 농부들은 공급망을 따라 참여를 확대하고 투명한 파트너와 협력하여 이상적인 시장에 접근하고 그들이 지불할 수 있는 프리미엄을 보장받아야 한다. 생산자와 그 조직으로부터 직접 구매를 하는 공급망이 모든 현금을 짜내고 신용 거래상환일 도래에 압박받는 상태에서 수확 전 자금을 조달하는 것은 불가능(또는 불필요)하다는 것은 이해될 만 하다. 그러나 예를 들어 사전 결제 주문이나 신용장 설정을 통해 생산자의 신용 거래를 조성해주는 것과 같이 참여자 간의 조정과 협력을 통해 공급망에서 창의적인 해결책을 도출할 수 있다.[1001]

다년 고정 가격 계약

공급망이 가격 안정을 보장하지만 자신에게 유리하게 작용하는 변동성을 이용하지 않는 이상적인 한 가지 방법은 고정 가격으로 다년 계약을 체결하는 것이다.[1002] 생산자와 그 대리인은 이상적으로 허용 가능한 특정 가격으로 수확물을 받기 위해 기다리는 구매자가 있다는 확신을 가질 수 있다. 구매자들은 그들이 필요한 커피를 다른 구매자에게 빼앗길 위험 없이 받을 수 있다는 확신을 가질 수 있다.

그러나 시장 가격이 고정 계약 가격 이상으로 상승하면 농부들은 안정성을 약속한 채널의 외부에 판매하려는 유혹을 받게 된다. 만약 시장 가격이 고정 계약 가격보다 훨씬 낮다면 구매자들은 비용을 아끼기 위해 다른 곳에서 생두를 구매하려는 유혹을 받을 것이다. 만약 양 당사자가 서로에게 100% 헌신하고 발생할 수밖에 없는 잠재적 기회비용을 기꺼이 수용하지 않는다면, 금융 파생상품은 상대방이 약속한 안정성을 잃지 않으면서도 양 당사자가 유리한 변동을 이용할 수 있도록 유혹한다. "고점과 저점을 강조하는 바로 그 투기꾼들은 기꺼이 시장에 돈을 쏟아 붓고 있으며, 당신은 항상 그들의 내기의 다른 쪽에 걸 수 있기 때문에 동일한 고점과 저점으로부터 보호를 받는 데 이를 유리하게 활용할 수 있다."[1003]

수직적 조정

존 험프리(John Humphrey)가 UN 보고서에서 인용한 바와 같이, 쿡(Cook)과 채다드(Chaddad)는 향상된 글로벌 통신 기술 덕분에 이제 조정이 가능한 계약 메커니즘은 가격 결정자로서 현물 및 선물 시장을 대체할 수 있는 힘을 가지면서 위험 제한 및 각 특정 거래의 뉘앙스를 포함하여 모든 공급망 행위자의 요구를 충족할 수 있다고 말한다.[1004] 그러나 이러한 메커니즘에 의해 생성된 "포로 네트워크"는 특정 공급업체에 대한 약속을 한 구매자의 구매 유연성을 제한할 것이다. 이러한 관계 및 약속의 관리 및 조정도 관리해야 하며, 이는 단순히 현물 시장에서 액면가로 구매하는 경우에는 존재하지 않는 비용을 수반한다.[1005] 정말로 희귀한 스페셜티 등급 커피의 경우 업계 리더들은 제품의 재료 품질을 기반으로 "C" 시장과 독립적인 고정 가격을 설정하기 위해 생산자와 다년 계약을 요구하고 있다. 이러한 다년 계약은 나머지 산업에 대한 비용 증가(기회비용 제외) 없이 생산자에게 큰 이익을 제공할 수 있으며 공급망 전체에서 거래 비용을 줄일 수도 있다.[1006]

스페셜티 적자

스페셜티 커피(및 "초-스페셜티" 커피)에 대한 수요는 빠르게 증가하고 있으며 현재 마케팅 채널은 대체로 품질을 희생하면서 생산량 극대화를 장려하고 있다. 따라서 스페셜티 적자가 나타나고 있다. 이러한 고려 사항은 고품질 커피의 공급 과잉이 그 자체의 가치를 감소시키는 것을 경계해야 할 필요가 있지만 현재로서는 그렇지 않다. 차별화된 품질이 상품 시장 체제에서 분리될 수 있다면 이는 훌륭한 품질을 생산하고 이를 중시하는 시장에 접근할 수 있는 도구를 갖춘 스페셜티를 생산하는 소농에게 엄청난 기회를 제공할 것이다. 반면 시장 적자에도 불구하고, 하드 아라비카와 로부스타 모두의 공급을 기반으로도 하이엔드 아라비카의 가격이 유지된다면, 마일드한 고급 아라비카 커피 생산은 불가능해질(또는 사라질) 것이다. 이것은 농부와 소비자 모두에게 불리할 것이고 그들의 이익을 위해 생계를 유지하는 모든 사람들에게 불리한 일이다.

공짜 점심은 없다

애리조나 주립대학(Arizona State University)의 프랭크 투졸리니(Frank Tuzzolini) 교수가 나에게 가르쳐 준 것처럼 90%의 금융 수업에서 배울 것이라고 확신하는 내용은, 공짜 점심 같은 것은 없다는 것이다. 당신은 회사채 시장을 능가할 수 없고 커피 농부를 능가할 수 없다. 물론 전통적인 방식으로 거래되는 컵 품질에 대한 차등 보상이 없기 때문에 오늘날 기본 커머셜 등급의 블렌드보다 약간 더 높은 가격으로 매우 높은 품질의 특정 커피를 얻을 수 있을지도 모른다. 그러나 "무료"로 얻은 추가 컵 품질에는 비용이 든다. 만약 생산자들이 당신이 지불한 가격으로 품질을 개선하고 판매하면서 생계를 유지할 수 없다면 그들은 고품질 커피 재배를 더 이상 지속할 수 없을 것이다. 그들은 고통받을 것이고 당신은 단기적으로만 이익을 얻을 것이다. 장기적으로 본다면, 그들은 농사를 그만둘 것이고 당신은 당신이 파는 제품을 잃게 될 것이다. 따라서 구매자들은 앞으로 2년 동안 생두를 저렴하게 구입하고 다시는 구입하지 못할 것인지, 아니면 항상 사용할 수 있도록 약간의 비용을 더 지불할 것인지를 결정해야 한다.

■ 협력적인 공급망

커피 생산자들의 협동조합과 유사한 단체들은 일반적으로 대표성이 있고 민주적이어야 한다. 이러한 측면도 중요하지만 경우에 따라서는 민첩성, 상업적 공격성 및 연속성 부족으로 인해 어려움을 겪을 수 있다. 만약 이대로 방치한다면 공급망 중개인은 생산자의 복지와 반드시 일치하지 않는 다른 정책들 사이에서 자신의 이윤만을 극대화하는 지극히 상업주의적인 사람이 될 수 있다. 이것이 비수출 협동조합 또는 독립 생산자를 위한 이상적인 공급망이 연결 사업과 다른 종류의 관계를 포함하여 두 세계의 장점을 모두 제공할 수 있는 이유다. 공정무역 재단은 케냐 커피 부문의 맥락을 언급하면서 부문 규제 기관이 개인 비즈니스와 제휴하여 각각의 강점을 활용한 민관 파트너십 구축을 제안한다. 민관 파트너십(PPP, public-private partnerships)[1007]이 실행 가능한 해결책인 이유에 대해 공정무역 재단은 "가치 사슬의 권력 불균형으로 인해 농부들이 작물의 잠재적 가치를 실현하기 위한 전략적 파트너십을 개발하지 못하고 있다."고 말한다.[1008] 생산자들은 민관 파트너쉽을 통해 정직하고 투명하며 효율적인 대리인으로부터 이익을 얻을 수 있다.

 소규모 농부들은 그들의 휴대전화 네트워크 속도가 아무리 빠르다 한들 선적 컨테이너를 채우거나, 다른 나라에서 수입업체를 시작하거나, 농장에 최첨단 품질 분석 연구실을 설치하지 않을 것이다. 커피가 소농에서 다른 나라의 로스터로 이동하려면 다른 개인과 단체가 항상 필수적이다. 문제는 이러한 공급망 간에 정보와 가치가 어떻게 분배되는지다. 이러한 공급망 행위자는 생산자를 위해 일하는가, 아니면 반대인가? 직거래 부문에서 우리는 많은 경우 공급망 서비스 제공자나 "중개인"이 운영을 최대한 효율적으로 만드는 데 도움이 될 수 있는 이유를 설명했다. 이제 중개인들이 다시 괜찮아 보이기 시작했다면, 무엇이 좋은 중개인을 만들까?

 연결 사업의 자본주의적 본능은 모든 당사자가 수용할 수 있는 방식으로 가치를 분배하기 위해 통제되어야 한다. 그들의 소득 잠재력은 무제한이어야 하고 그들의 끈기를 보장하기 위해 성과에 기반해야 한다. 보상(공급망 수익 분배)은 수행한 작업과 각 참여자가 감수한 위험과 연결되어야 한다. 생산자와 그들의 대표가 어깨를 나란히 하고 행진할 수 있도록 인센티브가 정렬되는 방식으로 구조를 만들어야 한다. 양 당사자는 상대방에 대한 투자를 정당화하기 위해 교체되거나 방치되지 않을 것이라는 보장을 받아야 한다. 생산자 또는 생산자 그룹은 중개인의 카탈로그에 있는 또 다른 품목이 되기를 원하지 않을 것이다. 중개인은 생산자에게 다른 사람들보다 가장 높은 금액을 제시할 때에만 거래가 성사되는 흔해 빠진 수출업자가 되길 원하지 않는다. 젊고 유망한 축구 스타는 레알 마드리드에 이메일을 보내 계약을 요청하는 것이 아니라 축구 기술을 연마할 수 있도록 그들을 옹호하고 대표할 에이전트를 고용한다. 마찬가지로 많은 커피 생산자들은 커피를 로스터에게 수출하고 판매할 준비가 되어 있지 않다. 그들은 정직하고 진정성 있는 대리인을 통해 이익을 얻을 수 있다. 두 경우 모두 해당 당사자들이 필연적으로 두 개의 매우 다른 분야에 참여하고 있고, 불가능하지는 않지만 두 가지 모두에서 탁월할 가능성이 거의 없다는 것을 의미한다.

상호 약속

공급망 간의 수직적 조정과 개방적인 협력이 작동하려면 관련자들의 상호 의존성이 존중되어야 한다. 각 행위자는 선의로 모든 구성원이 혜택을 받는 공급망을 강화하기 위해 필연적으로 투자를 하고 위험을 감수하며 이익을 극대화할 수 있는 기회를 포기하여 다른 사람에게 혜택을 줄 것이다. 협력 공급망이 지속되려면 헌신이 상호적이어야 하며 상호 작용은 개방적이며 공감되어야 한다.

협력 공급망 참여에 관심이 있는 생산자는 다른 구매자가 트럭을 가지고 나타나 같은 가격을 제시하더라도, 다른 수출자의 "대회"가 더 높은 가격을 제시할 구매자를 찾을 수 있는 가능성이 있는 경우라도 무조건 함께해야 한다. 이것은 앞서 논의한 바와 같이 대체로 소외되고 당연히 회의적인 소규모 생산자 측에 어려운 장애물이 될 수 있다. 생산자들이 공급망에서 부담해야 하는 위험이 너무 커지면 위험 노출을 끝내기 위한 필사적인 결과를 만드는데,[1009] 이는 종종 아직 다다르지 못한 합의라는 항구에 있는 구매자보다 고작 몇 센트 더 많은 금액을 제시하는 커피 모험가(구매자)라는 형태의 안전한 항에서 이득을 취하는 결과로 나타난다. 이것은 상호 이익이 되고 헌신적인 공급망을 만드는 데 관심이 있는 (아마도 더 많은 특권을 가진) 상대방에게는 실망스러운 일이지만, 그 맥락을 이해하고 신뢰를 얻기 위한 작업을 수행해야 한다. 그 작업은 선의의 구매자가 선호하는 것만큼 빠르지 않을 것이다. 반면에 구매자들은 불가항력으로 인해 파트너 생산자의 품질 순위가 떨어졌을 때 넓은 마음으로 그들의 85점짜리 컵을 낯선 생산자의 87점으로 대체하지 말아야 한다. 어느 한쪽에게만 안정성을 제공하는 공급망에는 판매자와 구매자 모두를 만족시키는 조건은 없다.

헌신 VS 기회주의[1010]

어떤 구매자도 자신이 최후의 수단이기를 원하지 않는다. 제프 친은 상호 헌신이 있다고 생각했던 공급망에서 그것의 부족함을 완벽하게 묘사한다. "우리는 이 커피를 오악사카(Oaxaca, 멕시코)에서 구매하곤 했다. 40명의 재배자들로 이루어진 아주 작은 그룹이었다. 그들은 1년에 한 컨테이너 정도의 커피를 재배했다. 우리가 관계를 맺은 지 2년 또는 3년이 되었을 때, 나는 여전히 함께였고, 누군가 COE에서 4등 정도를 차지했다. 그리고 호주에서 온 누군가가 '오, 그럼 우리가 파운드당 5달러에 당신의 모든 커피를 사겠다!'라고 말했다. 우리는 2달러 후반의 가격을 지불하고 있었고 나는 [그] 커피를 다시 원했다. 나는 이렇게 말하고 싶다. '우리는 올해로 3년째 거래중이며, 나는 당신의 커피를 구매하기 위해 다시 이곳을 찾을 것이다. 당신이 내년에 COE에서 입상하지 못한다면 무슨 일이 일어날까? 나는 여전히 이곳을 찾을 것이다. 호주에서 온 그 사람도 그럴까? 아니면 다음 승자에게 갈까?'"[1011] 상호 배타성은 대부분의 경우 실행 가능한 합의가 아닐 수 있지만, 상호 헌신과 충성도는 협업 공급망의 기능에 필수적이며 종종 처음부터 지속되지 않거나 구축되지 못하는 경우가 많다.

협력 공급망의 투명성은 참여자 간의 책임과 자기 관리를 보장하는 것이 핵심이다. 모든 참여자 간의 정보 및 피드백 공유는 생산자가 제품을 차별화하고 수요 변화에 대응할 수 있는 기회와 효율성을 높일 수 있다. 하지만 그것은 양날의 검이다. 사람들은 믿을 수 없고, 부정직하고, 부패하고, 자기 중심적일 수 있다. 투명성 데이터는 공급망이 남용과 조작으로부터 자유롭다는 것을 증명하는 데 필수적이지만, 일부 참여자가 다른 참여자를 배제하기 위해 이를 쉽게 사용할 수 있다.

예를 들어 커피를 구매하는 로스터의 현실을 알게 된 생산자는 비용 구조와 부가가치를 알지 못한 채 그들이 가져가는 최종 가격의 몫에 대해 이와 연결된 참여자들을 원망할 수 있다. 그 생산자는 측면 판매를 통해 수입을 높이는 데 성공할 수도 있고 아닐 수도 있지만, 그 사례는 관련된 참여자와의 관계를 영구적으로 손상시킬 것이다.[1012]

계약 이행이 어렵거나 비효율적이거나 공통 언어 사용 능력이 부족한 지역(소규모 커피 생산 세계의 대부분)에서는 계약은 실행 가능한 해결책이 아닐 수 있다. 협력적인 국제 공급망은 또한 문화를 연결한다는 것을 의미한다. 불행하게도 많은 공동체에서 사람들이 학대와 압박을 당하는 것에 익숙해져 있을 때 협업과 헌신은 실행되기 어려운 개념이다.

많은 생존주의 기업 문화에서 "선의"의 개념은 존재하지 않는다. 유일한 선의는 만질 수 있고 소비할 수 있는 것이다. 지역 비즈니스 문화가 거래 참가자들에게 상대방이 거의 확실하게 악의적으로 행동한다고 가르쳐 줄 때, 기회가 주어진다면 똑같이 악의적으로 하지 않는 것은 어리석은 일일 것이다.

▉ 투명성

"상품 시장의 투명성 부족은 필수적이지 않은 중개인들이 번창할 수 있는 안전한 환경을 제공한다… 대부분의 경우 공급망내 최빈곤층을 희생시키면서… 투명한 공급망은 생존을 위한 필수 또는 부가가치를 더하는 일을 선호할 것이다… 즉, 당신은 가치 있는 서비스를 제공하고 있기 때문에 이 공급망 안에 속할 수 있다는 의미다."라고 데이비드 그리스월드는 말한다.[1013]

구매자(로스터, 소비자)에게 있어 공급망의 투명성과 검증만이 사실 여부를 알 수 있는 유일한 방법이다. 부정직한 소수로 인한 많은 의심과 때때로 대중을 혼란스럽게 하는 다양한 주장으로 인한 피로 때문에 명확성이 필요하다. 특히 생두 중개업자들을 포함한 거의 모든 커피 회사는 농부들에게 좋은 일을 한다고 주장한다: 그들에게 좋은 조건의 대가를 지급하고, 존중하고, 지지하며, 그들을 품는다. 그러나 이러한 주장을 뒷받침할 수 있는 확실한 데이터를 제공하는 사람은 거의 없다. "커피 수입업자와 수출업자가 발간하는 글로벌 지속 가능성 보고서는 주요 기업들 사이에서도 찾아보기 어렵다. 재배자 조직은 예외적으로 자체 지속 가능성 정책 및 지표를 발표한다. 보고서에 따르면 장기적인 지속 가능성 이니셔티브와 우선 순위에 대한 일관된 업데이트를 제공하기 위해 "북반구" 행위자들로부터 분명히 배울 점이 많다."[1014] 기준과 객관적 데이터가 없으면 모두 동일한 것으로 보인다. 경쟁사들의 윤리는 자신을 설명하기 위해 사용하는 단어와 목소리의 양을 좌우하는 마케팅 예산으로 측정된다. 부드러운 목소리와 적은 마케팅 예산을 가진 진정한 윤리적 행위자들은 눈에 띄거나 거대한 글로벌 시스템에서 존재감을 드러내는 것이 불가능하다는 것을 알게 된다.

투명성이 반드시 "직접 거래"를 촉진하는 것은 아니지만 확실히 공급망에서 불필요한 부분을 제거할 수 있어 한 사람의 행위자가 과도한 이윤을 얻는 것을 막을 수 있다. 또한 이 데이터는 체인의 각 부문의 판매자가 가격을 정당화하는 데 사용할 수 있다.[1015] 투명성 데이터에는 체인의 각 교환 지점의 가격을 포함할 수 있지만 정확한 비교를 가능하게 하는 적절한 맥락 없이 무의미한 재무 데이터에 제한되어서는 안 된다. 추가 데이터에는 제품의 콘텐츠 품질, 관련자의 신원, 각 지점에서 판매 및 구입한 제품의 형태, 자금 조달 및 위험 부담 담당자가 포함될 수 있다. 인증 및 기타 부가가치에 대한 프리미엄이 생산자에게 돌아가도록 보장하려면 투명성이 요구되어야 한다. 이것은 더 강력한 공급망 행위자가 소농 및 기타 덜 강력한 공급망 행위자를 남용할 기회와 결과를 제거하는 유일한 방법이다. 특정 원산지, 가공 및 재배 관행에 대한 소비자의 관심은 농부들이 그들의 제품에 상징적(브랜드) 가치를 더할 수 있게 하여 그 가치의 일부를 흡수하는 것을 정당화하고 대형 브랜드가 누리는 상징적 품질에 대한 독점에 도전할 수 있게 한다.

부가가치

투명한 정보가 제품에 가치를 더하여 소비자가 기꺼이 더 많은 비용을 지불하고 공급망 행위자들을 높은 기준에 맞추도록 하는 것이 중요하다. 투명한 정보가 가격을 동일하게 유지하고 공급망 비용을 증가시키는 진입 장벽이 되지 않는 것이 중요하다.[1016] 투명한 정보의 수집, 검증, 구성, 제시 및 전달은 비용이 든다.[1017] 자체 비용을 감당할 수 있을 만큼 가격을 높여야 한다. 그렇지 않으면 전체 몫에서 생산자의 몫이 줄어들어 순 재정적 유출이 된다.

투명한 공급망을 개발하기 위해서는 소비자들이 이를 요구하고, 이를 통해 공급되는 커피에 더 많은 돈을 지불할 수 있어야 한다. 소비자가 이를 요구하는데 가격은 유지하려고만 한다면, 이는 진입 장벽이 되어 이 새로운 비용을 감당하기에 충분한 이윤이 없는 참가자들을 배제하게 된다. 다행스럽게도 최근의 연구에 따르면 투명성은 "공개 조사를 가능케 하는 '연성적 집행(self enforcement)'을 촉진하여 책임성을 강화하고" 실제로도 소비자의 눈에 가치를 더한다.[1018]

투명성은 쌍방향이어야 한다

공정하고 윤리적인 공급망을 정의하고 검증하려면 추적 가능성과 투명성이 필요하지만, 때때로 산지는 이국적인 페티시화 또는 가난한 농부들의 삶을 일방적으로 들여다보는 안경으로 표현된다. 산지 표시는 고귀한 의도를 가질 수도 있고 단순히 구매로 이어지는 감정적 반응을 유도하기 위해 빈곤 포르노를 후원하는 것일 수도 있다. 단지 더 많은 커피를 판매하는 것이 아니라 공감, 상호 이해, 협업을 촉진하기 위한 투명성은 반드시 쌍방향이어야 한다.

생산자들은 그들의 위상을 향상시키기 위한 노력으로 그들과 그들의 제품이 세계 시장에 어떻게 부합하는지 알아야 한다. 그들은 사람들이 제품을 어떻게 사용하고 있는지, 그것을 어떻게 마케팅 하고 있는지, 그리고 시장의 선호, 가치 및 우선순위를 알면 도움이 될 수 있다. 이 정보는 생산자들이 가장 가치 있는 제품을 만들고 전달되는 가치에 대해 가능한 가장 높은 가격을 협상하는 데 도움이 된다. 이 정보가 없으면 잘못된 결정과 조작이 발생한다. 구매자-생산자 투명성은 또한 생산자 조직이 동기를 부여하고 신뢰를 구축하여 "책임 공유"를 장려하는 데 도움이 될 수 있다.[1019] 생산자의 커피를 더 나은 가격에 더 많이 판매하는 데 도움이 되지 않을 수도 있지만, 소비자에서 생산자에 이르기까지 공급망에서 역방향으로 투명성을 수집, 구성 및 제시하는 것은 공급망의 진화와 탄력성에 기본이다.

맥락에 맞거나 무가치하거나

맥락이 없는 커피 공급망의 데이터 나열은 가치가 없다. FOB 가격(수출 가격)은 통계를 강조하는 많은 사람들에 의해 농부 소득의 대용물로 간주된다. 추가 정보, 즉 수출업자가 농부에게 얼마를 지불하는지에 대한 정보가 없다면 그 가격은 나머지와 아무 관련이 없다. 숫자가 어디에서 왔는지, 정확히 무엇을 설명하는지, 어떻게 계산되었는지, 왜 그 숫자인지 알지 못한다면 그 수치를 비교할 수 없고, 그 숫자를 제3자가 공급망의 공정성과 효율성을 측정하는 데 도움이 되지 않는다.

    투명성 데이터는 보편적이어야 한다. 한 지역에서 농장 출하 가격을 공유하면 모든 지역도 그래야 한다. 보편성이 없다면 데이터 발표자들은 스스로 최선을 다했다고 여기게 될 수 있다(이른바 긍정 편향).[1020] 현재 공급망에 대한 투명성 데이터를 제시하는 대부분의 조직은 자체적으로 수집 및 발표 시스템을 직접 설계하고 있다. 따라서 데이터를 공유하는 조직 간의 비교는 종종 어렵다. 데이터를 쉽게 평가하려면 일부 계산 방법 및 표준 통계로 표준화되어야 한다. 조작할 수 없고 잘 알려진 대중의 표준화된 데이터는 업계 행위자에게 요구되는 공정성 표준 또는 시장에서 비난받는 위험을 유지하도록 강제할 수 있다.[1021] 예를 들면 GRI 표준*과 지속 가능한 커피 챌린지 프레임워크가 있다.

누가 무엇을 위해 지불하는가?

FOB가 농부들의 소득을 확인하기 시작하지는 않지만, FOB 사용의 이점은 절대적이고 항상 같은 것을 의미한다는 것이다. 농부 가격에는 신선한 체리에서 수출된 생두로 커피를 가져오는 것과 관련한 많은 비용을 포함할 수도 있고 그렇지 않을 수도 있다. 극단적으로 농부가 받는 가격은 습식 가공, 건조, 껍질 제거, 선별, 포장 및 수출이 필요한 신선한 체리에 대한 것일 수 있다. 농부 가격은 또한 수출용으로 선별되고 포장된 생두에 대한 것일 수도 있다. 이것은 공급망과 농부의 인프라에 달려 있으며 원산지 지역과 많은 관련이 있다.

    표준화와 맥락이 없으면 공급망이 조작되어 취약해질 수 있다. 예를 들어 수출업자는 농부에게 건조 파치먼트를 파운드당 1.30달러에 구매한 다음 건조 가공소로 운송하는 데 파운드당 0.05달러를 투자할 수 있다. 만약 수출업자가 농부 가격을 인상하고 싶다면 그들은 단지 농부에게 운송하게 하고 1.35달러를 지불하게 할 수 있다. 또는 대농장에서는 건식 가공, 포장, 수출세와 관세 중개료를 지불하면 파운드당 0.25달러의 추가 비용과 추가 관리 부담이 발생한다. 만약 수출업자가 대농장에 1.60달러를 지불했다면, 다른 수출업자가 그들에게 건조 파치먼트에 대해 지불한 1.30달러보다 투명성

---

* GRI(Global Reporting Initiative)는 지속 가능 보고서에 대한 가이드라인을 제시하는 국제기구다. 지속 가능성 보고 표준(Sustainability Reporting Standards)이 GRI의 핵심이다. GRI 표준은 경제·환경·사회 부문으로 나눠 기업이나 기관의 지속 가능성을 평가하기 위한 지표를 설정하고 있다.

데이터를 확인하는 로스터들에게 훨씬 더 좋아 보일 것이다. 하지만 둘 중 하나가 꼭 다른 것보다 반드시 더 나은 것은 아니다.

생산 비용은 제3자가 지속 가능한 농부 가격이 얼마인지 알 수 있는 좋은 기준이다. 그러나 농장 효율성, 즉 단위당 생산 비용은 크게 다르다. 농장 효율성을 통제할 수 없는 상황에서 농부의 수익성을 보장하기 위해 수입업체와 로스터에게 맡겨서는 안 된다. 잘 운영되는 농장의 평균 생산 비용이 이보다 더 적절할 것이다.

투명성 요구

투명성 데이터에 관심이 없거나 준비가 되어 있지 않은 소비자에게 이 데이터를 강요해서는 안 된다. 그것은 소비자들로부터 농부를 향해 거꾸로 요구되어야 한다.[1022] 많은 경우에 고객은 항상 옳지만, 공급자가 만족하는지 여부는 아무도 신경 쓰지 않는다. 로스터가 커피에 지불한 금액을 수출업체에게 공유하도록 요구하는 소규모 농부는 아마도 답을 듣지 못할 것이다. 그러나 만약 수입업체가 농부들이 얼마를 받았는지를 아는 조건으로 구매한다면 수출업체는 그 요구를 들어줄 수 있지만, 아마도 수출업체가 그 구매자를 잃는 것이 큰 타격이 되는 경우에만 가능할 것이다. 이는 소규모 로스터가 그 사업을 운영하는데 필요한 모든 생두에 대해 투명한 수입업체에게 접근할 수 없거나 대규모 수입업체가 구매 투명성 데이터를 제공하도록 할 수 없는 경우에는 어려울 수 있다. 그러나 개별 로스터가 너무 작아서 정보 공유 방식(또는 변경하려는 다른 사항)을 변경할 수 없다고 해서 포기하고 순응해야 한다는 의미는 아니다. 코퍼레이티브 커피(Cooperative Coffee)는 접근할 수 있는 공급망에 만족하지 못한 로스터 그룹의 한 예다. 그들은 자신들이 원하는 방식으로 자체 공급망을 효율적으로 개발하기 위해 협동조합을 결성했다.

릭 라인하르트는 로스터들이 농장 출하 가격을 요구해야 한다고 생각한다. "수입업체가 농장 출하 가격을 말할 수 없다면 수입업체에 대해 질문하고 커피를 어떻게 구입하는지 질문해야 한다. 농장 출하 가격이 매우 낮다면 유사한 질문을 해야 한다. 왜 그 가격이 낮은가? 내가 무엇을 할 수 있나? 내년에도 다시 구매하고 싶은데 농부가 이 가격에 이 품질의 커피를 생산하는 것은 실행 가능한 활동으로 보이지 않기 때문에 이 가격으로 계속 구매할 수는 없을 것 같다. 그렇다면 이 생산자로부터 이 뛰어난 커피를 안정적으로 공급받을 수 있는 방법을 당신과 함께 어떻게 하면 찾을 수 있을까? 답은… 농부의 경우와 동일하다: 적절한 헤지를 사용하는 장기 고정 가격 계약을 통해 아무도 시장보다 낮거나 높은 곳에서 가격 결정이 되지 않도록 하는 것이다."[1023]

소비자가 투명성 정보를 요구한다면 모든 공급망 행위자가 투명성 정보를 공개하거나 그렇지 않다면 시장 점유율을 잃을 수밖에 없을 것이다. 그렇게 된다면 소비자들은 가장 평등한 공급망을 가진 회사에 대한 구매로 투표할 수 있다. 문제는 소비자들이 일반적으로 이러한 정보를 요청하는 방법을 모르며 만약 정보를 가지고 있더라도 이를 해석하는 방법을 모를 것이라는 점이다. 이러한 이유로 업계, 특히 로스터와 매장은 투명성에 대한 요구가 효과를 발휘하도록 소비자를 교육하는 작업

을 수행해야 한다.[1024]

투명성의 단점

이 책에서 우리는 효율성을 높이고 공급망 행위자들 간의 상호 지속 가능성을 보장하기 위해 적대적인 무역 관계에서 벗어나 개방적인 협력과 조정을 할 것을 제안한다. 이는 일부 공급망에 대한 지나치게 이상적인 기대일 수 있다. 각 당사자가 자신의 이익을 극대화하는 것을 목표로 하는 전통적 협상에서 반드시 그런 것은 아니지만 때로는 상대방을 희생시키면서 "정보를 '무차별적으로' 공개하는 것은 '가치를 주장할 수 있는 능력'을 제한할 수 있다… 정보를 제공하는 것은 또한 협상에 대한 통제권을 포기하는 것이다."[1025]

어디서나 데이터를 이용할 수 있고 사람들이 각 공급망 행위자에게 지불하는 적절한 가격에 대한 명확한 기준을 가질 때까지 투명성 데이터를 공개하는 것은 다른 사람들이 가격을 부적절하다고 해석할 위험성이 있고, 특히 발표자의 이윤이 너무 높다고 간주될 경우 더 위험할 수 있다.[1026] [1027] 피터 로버츠는 기업의 경쟁업체에 민감한 정보를 제공하지 않고 익명의 기밀 데이터를 사용하여 기준을 수립하고 추적하자고 제안한다.

또 다른 부정적인 측면은 정보를 추적하고 투명성 데이터를 제공하는 비용이다. 이러한 추가 자원은 회사의 예산에 압박을 가하며 생두 지출과 같은 다른 곳의 예산이 확실히 삭감될 것이다. 아이러니하게도 농부들에게 지불하는 금액을 보여주려는 회사의 노력은 농부들에게 지불할 수 있는 금액을 직접적으로 줄일 수 있다. 로버츠는 "비영리 및 학술 자원"에 의존할 것을 제안한다.[1028]

자신과 동료의 재정을 공유하는 것은 당연히 특정한 위험을 내포한다. 자체 공개 투명성 정보의 위험은 부정직한 조작의 가능성이다. 그것은 판사, 배심원, 집행자로서 소비자 집행 및 거버넌스에 의존한다. 대안은 제3자 감사이다.[1029] 서로 다른 구매자가 서로 다른 가격을 받고 이것에 대해 서로 알게 된다면, 금융 정보를 공유하는 것은 상업적 위험이 발생할 소지가 있다. 많은 생두 구매자들은 농부들이 충분한 돈을 받고 있는지 확인하기를 원하고 이용당하지 않기를 원하지만, 그 생산자들은 그들의 수입이 공개되는 것을 원하지 않을 수 있다. 완전한 공개 및 특정 투명성 데이터 공유는 관련된 모든 개인들을 존중하지 않을 수 있다. 그러나 장점이 단점과 위험을 능가할 가능성이 높기 때문에 이러한 주의사항에도 불구하고 어떤 식으로든 투명성을 방해해서는 안 된다.

개인과 기업이 투명성 데이터를 공유하는 것이 적절하거나 이익이 된다고 결론을 내리든지 아니든지, 곧 기술 덕분에 이렇게 될 수밖에 없을 것이다. 릭 라인하르트는 "가격 투명성에 대한 모든 사람의 의견은 결국에는 중요하지 않을 것이다. 기술은 우리가 원하든 아니든 그것을 우리 목구멍으로 밀어 넣을 것이기 때문이다… 지금 솔직히 말하고 그것을 준비하는 편이 훨씬 낫다."라고 말한다.[1030] 데이비드 그리스월드에 따르면, "나는 인터넷과 연결성이 가져오는 투명성 수준을 수용하는 조직에게 시장 이점이 있다고 생각한다."고 말한다.[1031] 커피 공급망이 투명성 데이터의 공유를 적극적으로 채택해야 하는지에 대해 토론하기보다는 커피 회사 간의 인증 및 윤리 선언의 현재 상태와 같이 엉킨 스파게티 그릇이 아닌 공정한 경쟁의 장을 제공하는 조직적인 방식의 데이터를 수집, 해석 및 공유하기 위한 표준화된 프로토콜을 설계하는 것이 시간을 더 잘 활용하는 것이다.

■ 소비자의 압력이 핵심이다

소비자가 커피에 부여하는 가치는 커피 가격을 올리는 노력의 핵심이다. 필레 미뇽보다 핫도그를 더 좋아하는 소비자들에게 와규 쇠고기를 생산하는 것은 소비자에게 한계 효용(저렴한 대체품에 대한 추가 가치)을 제공하지 않으므로 더 많은 비용을 지불할 동기를 부여할 수 없기 때문에 완전한 에너지 낭비다.

품질은 요구되고 평가되어야 하며 소비자가 기꺼이 더 높은 가격을 지지할 수 있도록 더 큰 효용을 창출해야 한다. 일반 소비자가 우수한 커피 제품에 가치를 부여하는 것이 많은 사람들이 와인의 가치를 구분하는 것과 같다면, 산업은 1945년산 무통 로칠드(Mouton-Rothschild)의 병과 티오페페(Tio Pepe) 박스 와인의 차이와 가깝게 가격 변동성을 유지할 수 있다. 전 세계의 개방적인 사람들이 정기적으로 커피 시음회에 가고, 산지를 탐험하는 휴가를 계획하며, 특별한 경우 보통 지불하는 것의 10배 이상 비싼 특별한 커피 생두를 구입하면, 그 과정은 완성될 것이다. 맛을 감별하는 소비자는 다양하고 독특한 경험을 즐긴다; 만약 그들이 커피 세계에 더 많이 존재한다면 로스터 시장을 세분화하는 데 도움이 될 수 있다. 다양성에 대한 갈증은 세련되고 사회 정의 지향적이며 환경에 민감한 소비자를 만족시키기 위해 더 많은 경쟁을 만들 것이다. 이러한 수요의 진화는 자동적으로 일어나지는 않을 것이며, 오히려 산업 전체에서만 감당할 수 있는 일종의 거대한 투자가 필요할 것이다.

반면에 그들에게 식료품을 제공하는 회사를 감시하는 것도 소비자의 책임이 아니다. 그들이 억압과 환경 파괴에 기여하지 않는다는 것을 확실히 하기 위해 범죄 과학 수사 대상 차원의 회계 처리를 수행하는 것에 대해 죄책감을 느껴서는 안 된다. 소비자는 공급망을 더 높은 수준으로 유지할 수 있는 능력이 있지만 책임을 단순히 그들에게 떠넘겨서는 안 된다. "지속 가능성에 관심이 없는" 소비자의 불만이 판매 기업이 가져야 할 책임의 면피 사유가 될 수는 없다.

커피 공급망의 남용 가능성을 소비자로부터 더 높은 소매 가격을 얻기 위한 위협으로 사용되어서는 안 된다. 최저 소비자 가격은 최저 수준의 생두 가격을 필요로 할 수 있고, 소매 가격이 높을수록 이론적으로 생산자의 몫이 더 커질 수 있지만, 또한 예산에 관계없이 생산자에게는 생계 소득을, 소비자에게는 접근 가능한 가격대를 허용하는 효율성을 보장하는 것 또한 모든 기업의 책임이다. 그러나 우리는 특정 상황에서 이 두 가지가 상호 배타적일 수 있다는 것을 당연하게 여기지 않았다. 마찬가지로 생산국의 논의에서 자주 발생하는 것처럼 고소득 국가의 모든 사람이 무제한의 가처분 소득을 가지고 있다고 일반화하지 않는 것이 중요하다. 에버 마이스터는 많은 회사들이 비용을 줄이고, 생두 가격을 지불하여 생산자들에게 생계 소득을 보장하고, 소비자에게 접근 가능한 가격을 제공하기 위해 많은 일을 할 수 있다고 믿는다. "우리가 사람들에게 더 많은 돈을 지불해야 한다고 말할수록 더 많은 돈을 쓸 수 없는 소비 인구의 상당 부분을 더 많이 (제외)한다. 우리는 기본적으로 소비 국가의) 가난한 사람들에게 좋은 커피를 살 돈이 없다면 완전히 비윤리적인 커머셜 커피를 마셔야 한다고 말하고 있다. 밤에 잘 잠들 수 있기를 빈다. 왜냐하면 우리가 계획한 백만 달러 규모의 (커피숍) 확장 때문에 당신이 생산국의 가난한 사람들뿐 아니라 소비국의 가난한 사람들까지도 걱정하고 있으니까."[1032]

소비자들은 공정하고 지속 가능한 공급망과 투명성을 요구할 수 있는 고유의 기회를 가진다. 결국 고객은 항상 옳고, 최소한 판매자는 고객을 잃지 않기 위해 그들을 만족시켜야 한다. 대다수 기업들의 운영 방식의 큰 변경을 일으키는 유일한 압력이 수익성 유지나 증대를 위해 시장 점유율을 확보하거나 방어하는 것이라고 가정하자. 이 경우 기업들은 고객이 요구하는 경우(따르지 않으면 구매를 중단하기에)에만 보다 지속 가능한 운영의 동기가 부여된다.

소비자 교육

소비자가 커피를 제공하는 공급망의 지속 가능성에 대해 관심을 갖고 있다고 가정해 보자. 그들은 커피의 진정한 지속 가능성이 어떤 것인지, 공급업체로부터 정확히 무엇을 요구해야 하는지, 어떻게 이를 검증하고 안개를 헤쳐 나갈 수 있는지 알아야 한다. 그들은 지속 불가능한 공급망이 주는 영향의 추악함을 직면해야 하고 진실과 마주쳤을 때의 죄책감을 피할 수 없어야 한다. 누군가는 그들을 가르쳐야 한다. 하지만 누가 할 것인가? 기업은 독점 판매 능력이 없는 상품에 대한 수요를 창출할 동기가 없다. 만약 그들이 비독점 제품 시장을 만드는 데 돈을 쓴다면 그들의 경쟁자는 (무임승차자와 같이) 아무것도 지불하지 않고 창출된 수요를 간단히 이용할 수 있을 것이다. 이것이 바로 기업이 민간 지속 가능성 인증 또는 비밀 레시피와 같은 독점적 속성과 자체 브랜드에 집중하는 이유다.

이것이 민간 기업의 이윤 추구 특성이지만, 보다 공평하고 지속 가능한 커피 공급망을 위한 기회를 만들기 위해 소비자를 교육하는 것은 업계 전체의 공동 책임이자 기회다. 정부, 노동조합 및 NGO와 같은 조직의 공공 부문과 제3 부문 지원은 자원의 한 원천이 될 수 있다. 농부들의 소득을 보조하고 그들이 더 많은 인증을 통해 더 나은 품질을 생산하도록 돕는 데 사용되는 기금 중 일부가 왜 소비자들이 그러한 것들에 대해 조금 더 지불해야 하는지 또는 요구해야 하는지에 대해 소비자를 교육하는 데 사용된다면 어떨까? 다비론(Daviron)과 폰테(Ponte)는 생산국 정부, 기관 및 NGO가 보조금을 제공하고 시위를 계획하고 국제 기관에 로비하기보다 소비국 감사에 투자해야 한다고 주장한다.[1033]

■ 좋은 일 = 좋은 사업

이전 섹션에서 언급한 바와 같이 커피 공급망의 수많은 이해관계자는 지속 가능성에 대해 관심을 가져야 하며, 그렇지 않으면 어떤 기업도 이를 위해 노력할 동기가 없다. 지구와 다른 사람들을 돌보는 것은 기업 역사상 지금까지 가장 큰 영향력이 있는 사람들에게 설득력 있거나 충분한 동기가 되는 것으로 입증되지 않았다. 이 책에서 언급하는 모든 남용, 왜곡, 조작은 누군가에게 이익이 되기 때문에 일어난다. 만약 그렇지 않다면 그 현실은 바뀔 것이다. 경영진이 좋은 사람들이라고 해서 이런 현실이 바뀔 것 같지는 않다. 경영진은 매우 좋은 사람일 수도 있지만 이것이 글로벌 비즈니스가 작동하는 방식은 아니다. 회사와 경영자는 투자자와 주주에게 책임이 있다. 투자자와 주주는 사업에 전혀 관여하지 않는 경우가 많다; 대신에 그들은 멀리 떨어져 있고, 화면으로 판매 및 이익 숫자를 보고, 아마도 그들의 돈이 커피 회사에 투자되었다는 것을 모를 수도 있다. 개인 투자자들은 퇴직 연금을 펀드에 넣어 수익을 얻는다. 펀드 매니저는 투자자에게 약속한 수익을 창출하는 회사에 그 돈을 투자한다. 회사는 필요한 수익을 내야 하며 그렇지 않으면 자금을 잃게 된다. 자금 조달의 공식에는 이타주의의 여지가 거의 없다. 이것은 바뀌어야 한다. 개인 투자자는 자신의 돈이 무엇을 하고 있는지(또는 돈을 잃는 위협이 있는지), 수익에 대한 갈증이 누구에게 영향을 미치는지에 대해 무지한 상태로 머물러서는 안 된다.

교육받은 인재의 유치

커피 공급망에서 무책임하고 지속 불가능한 관행으로 막대한 이익을 얻어왔던 세계적 규모의 다각화된 기업의 오래된 파수꾼들이 바뀌지 않을 것이라고 가정한다면, 밀레니얼 세대(이 인쇄 당시 25-40세), 특히 커피를 마시는 선진국의 많은 사람들은 틀림없이 전 세대보다 더 세계적이고 이타적인 마음을 가지고 있다. 기업은 인재를 유치하고 보유해야 하는 과제를 안고 있다. 밀레니얼 세대는 현재 많은 나라에서 노동력의 절반 이상을 차지하고 있으며, 그들의 가치관과 기대치는 이전 세대와 크게 다르다. 그들은 기업가적이고, 약자에게 호의를 보이며, 그들의 직업적 성취는 사회적 가치를 고취하고 제공하는 고용주의 능력에 달려 있다.[1034] 기업이 지속 가능한 관행(지속 가능한 비용에 비해 최고의 인재를 확보하는 가치를 따지는 것)을 구현하지 않고는 최고의 인재를 기업에 유치할 수 없다면 필요한 인재를 만족시키기 위해 기업을 지속 가능하게 만드는 것이 이사회의 신의성실 의무가 된다.

투자

"투자자들은 회사와 조직에 더 많은 공개를 요구하고 있다. 철저한 조사와 투명성이 높은 시대에 기업 및 브랜드 가치는 평판 위험에 의해 크게 영향을 받을 수 있다."[1035] 기업이 보다 유리한 투자를 유치하기 위해 지속 가능해야 한다면 주주 수익의 극대화를 위한 노력의 일환으로 기업을 납득할 수 있는 수준으로 지속 가능하게 만드는 것이 이사회의 신의성실 의무가 된다.

당근 또는 채찍

윤리적으로 운영하거나 적어도 이러한 인식을 조성하면 기업에 일정한 이익을 줄 수 있다. 누군가가 지켜보고 있다면 비윤리적으로 운영하거나 윤리적 주장을 미화하는 것도 심각한 결과를 초래할 수 있다. 윤리적 기업과 소비자는 무임승차자와 가해자를 지적하는 것이 필수적이다. 우리가 경제학과 자본의 효율적인 배분에 대해 배운 것을 고려할 때 기업이 윤리적으로 행동하도록 보장하는 방법은 그렇게 하지 않는 것을 아주 비싸게 만드는 것이다. 탐사 저널리즘은 기업들(및 다른 사람들)을 견제하는데 필수적이며, 커피에서도 대중의 항의를 불러일으키고 기업이 시장 점유율을 잃지 않기 위해 중요한 보호 장치를 구현하도록 동기를 부여한 브라질 농장의 노예 제도와 같은 수많은 부당함을 폭로하는 데 도움이 되었다. 만약 어떤 언론인도 이것을 지적하지 않았다면 구매자들은 결코 그것을 알아내기 위해 스스로 나서지 않았을지도 모른다.[1036] 오늘날의 미디어 소비 습관을 고려할 때 독립 저널리즘이 지속 가능하고 객관적으로 유지되기란 점점 더 어려워지고 있다. 진실한 정보에 대한 접근은 사회 참여에 필수적이며 일반 대중이 정치인, 스포츠 팀, 기업에 이르기까지 누구를 지지할지 결정할 수 있게 한다. 기업의 실수가 노출되면 소비자들은 최소한의 구매로 의사를 표현하고, 풀뿌리 행동주의와 보이콧을 촉진한다. 예를 들어 가디언지는 아르헨티나의 삼림 벌채와 관련된 콩을 파는 영국 슈퍼마켓에 대해 보도했다.[1037] 삼림 벌채는 아르헨티나 커피 농부들과 더 중요한 후원자들에게 재정적 이익일 수 있다. 그들은 토종 생물 다양성을 파괴하는 것에 관심을 가질 수도 있고 그렇지 않을 수도 있다. 그러나 이로 인해 그들이 고객들을 잃기 시작한다면 삼림 벌채는 더 이상 그들에게 경제적으로 이득이 되지 않을 것이고, 따라서 그것을 할 이유가 없을 것이다.

커피 산업이 할 수 있는 일은 무엇인가?

커피 산업과 공급망은 구매자 없이 존재할 수 없다. 커피 제품에 대한 그들의 선호도와 가치 평가는 해당 부문이 어떻게 구성되어 있는지를 나타낸다. 커피 공급망의 잘못된 점을 모두 바로잡는다 하더라도 소비자들이 생산되는 커피나 고품질 커피를 그만큼 구입하려고 하지 않는다면 모두 허사가 될 것이다. 전체 산업의 개인 및 집단적 책임은 우리 모두가 바라는 미래의 고부가가치, 지속 가능하고 평등한 지구촌을 지원할 양심적인 소비자를 만드는 것이다. "다자간 자금 조달의 대부분은 틈새 시장을 위한 생산 관행에 좁게 초점을 맞추고 있다. 다자간 자금 지원이 소비자 교육을 촉진하고 대체 시장을 확장하지 않는다면 이러한 행위자들은 너무 많은 사람들을 작은 출구로 몰아갈 위험이 있다."[1038]

커피를 소비하는 대중은 행복하게도 무지하지만 반드시 무관심한 것은 아니다. 그들이 지원하는 브랜드에 대한 책임이 있는 그들이 소비하는 제품 이면의 남용을 무시하지 않는다면 소비자들이 기업의 결정 뒤에 있는 경제를 바꿀 수 있다. 변화를 보장하는 방법은 회사에 수익이 나빠지도록 친절하게 요청하는 것이 아니다. 기업이 그들의 이익을 보호하기 위해 이해관계자를 존엄하게 대우해야 한다는 것을 의미한다. 기업과 산업이 단순히 주주에 대한 수익이 아니라 모든 이해관계자의 만족을 고려하기를 원한다면 모든 소비자들도 이러한 방향을 공유하고 그들에게 의존하는 기업에 이를 요구해야 한다.

수입국의 소비자가 단순히 그들의 환경적인 퇴보적 행위를 타국으로 이전했다고 해서 그들 토양의 환경 발자국을 개선했다고 인정받을 수는 없다. 다른 관할 정부의 잘못이기에 그들의 행위가 법적으로 허용된다고 해서 그들의 소비가 야기한 문제에서 자유로워질 수 있는 것이 아니다. 구매와 판매에 적용되는 세계의 기준은 모든 개인의 환경적 행위에 골고루 적용되어야 한다. 부유한 세계 소비자들에게 그들의 재정적 힘으로 주어진 기회는 단순히 소비를 극대화하는 데 사용되어서는 안 된다. 오늘날 세계에서 가장 높은 구매력을 가진 국가의 소비자들이 깨끗한 양심을 가지고 파괴적인 공급망을 통해 제품을 계속 조달하는 것은 용납될 수 없다. 무지는 더 이상 타당한 변명이 아니다. 우리는 더 이상 "아, 글쎄, 그 정부가 사람들이나 환경을 더 잘 돌봤어야지… 이건 내 잘못이 아니라 단지 그들이 제공한 것을 샀을 뿐이야… 그것이 어떻게 만들어졌는지 내가 어떻게 알았겠어?"라고 말할 수 없다. 지식에는 책임이 따른다.

앞날은 멀고 험하다. 우리가 언급한 것처럼 한 가지 해결책도 없고, 적어도 우리가 요청한 사람 중 누구도 아직 그 해결책을 찾지 못했다. 커피 운영자와 환경을 위한 점진적이고 지역적인 해결책은 필요하고 비록 늦었지만 우리는 일반적으로 가난한 생산자와 부유한 소비자 사이의 국제 상거래가 수행되는 방식에 심대하게 영향을 미칠 중대한 재편성 조치를 제정하기 위해 개인과 그들이 소비하는 제품과의 경제적 관계에서 더 큰 변화가 필요하다고 주장한다. 오늘날 공급망의 글로벌 특성과 방대한 규모의 상품은 교환에서 인적 요소를 없앴다. 공급망에서 사람은 지워지고 이들은 단지 제품만 배달하는 역할만 하면서 소비자는 고통이나 무책임에 대한 양심의 가책을 느끼지 않게 되었다. 만약 소비자가 현지 농부의 시장에서 커피 농부와 직접 대면한다면, 생산자가 소비자에게 큰 즐거움을 주는 제품에 지출한 돈의 5%를 벌고 있었고 생산자의 자녀들이 적절한 의료와 영양이 부족하다는 것을 받아들일 것인가? 아마도 아닐 것이다. 상품에는 영혼이 없고, 규모가 큰 공급망은 마음이 없다. 틀림없이 그들은 그래야만 한다. 대부분의 인간들은 여전히 어느 정도의 연민을 가지고 있다.

글로벌 공급망을 통해 전 세계 소비자는 효율성을 활용하고 구매력을 크게 높인 반면 공급업체를 페티시화(상품화 및 익명화)하고 상거래의 사회적 측면을 감소시켰다. 커피의 경우, 이러한 페티시화는 인류 예술의 인상적인 업적을 동종의 다국적 기업 로고의 3킬로그램의 알루미늄 통으로 바꾸어 놓았다. 이 커피의 구매 결정에 가장 공을 들이는 고민은 우리가 지난 주 신문에서 할인 쿠폰을 보았는지, 그리고 커피가 쾌변에 도움이 되어 우리가 약국에 가지 않아도 되는지 여부다.

오늘날 저렴한 글로벌 통신 기술이 제공하는 상호 연결성을 활용하여 얼굴 없는 소비자와 이름 없는 생산자를 분석 스프레드시트의 정보 파일에서 서로를 공감하는 의식 있는 인간으로 전환해야 한다…. 모두 고유하지만 비슷한 형태의 성취와 번영을 추구한다. 만약 당신이 우리를 믿지 않는다면, 여기에 그렇게 행동하는 몇 가지의 이야기가 있다.

개인적 일화

엘버 파야(Elver Paya)

엘버 파야는 우리가 1년 만에 처음으로 그의 농장에 올라갔을 때 우리를 보고 더할 나위 없이 행복해

했다. 이틀 반 동안 여행을 한 후 우리는 아침 식사를 위해 오전 8시가 넘었을 때 약간 가파른 언덕을 오르내리며 땀을 흘리며 도착했다. 우리는 지난 3년 동안 여러 번 만났고, 그는 언어 장벽에도 불구하고 나사 유웨(Nasa Yuwe)라는 통역사를 통해 외부인에 대한 회의감을 숨김없이 드러냈었다. 이번에는 달랐다. 내성적이고 수줍은 성격에도 불구하고 엘버와 그의 가족은 아침 식사로 닭고기 수프와 밥, 아레파(arepa)*를 대접하며 그들이 아는 방법으로 우리를 따뜻하게 맞아주었다. 그들이 우리 조직을 통해 작업했던 이전의 수확으로부터 프리미엄(스페인어로 소브레프레시오(sobreprecio)라고 함)이 최근 지불되었고, 마침내 그들은 수년 동안 원했던 것을 할 수 있었다: 수세식 화장실, 샤워실, 타일 바닥, 문, 세면대 등. 엘버는 특유의 절제된 행동과 단조롭고 서투른 스페인어로 우리가 그의 가족을 도와준 것에 대해 감사했지만 그의 눈은 뜨거운 포옹을 하고 있었다. 우리는 그와 그의 가족이 생산하는 제품의 품질과 가격에 책임이 있다고 말했다. 로스터와 소비자들은 그가 얼마를 벌지를 결정하는데, 운 좋게도 우리는 그에게 몇 명의 좋은 거래처들을 찾아 주었다. 그의 다음 수확은 지금 작년보다 약 1점 더 나은 수준으로 가공되고 있다. 올해 그는 수년 전 소 방목을 위해 누군가가 불법적으로 불태운 자신의 소유지 꼭대기에 커피와 자생림 나무를 심길 희망하고 있다. 우리가 한 일이 대단한 일은 아니라고 했지만, 그들은 우리가 떠날 때까지 여전히 우리가 해 준 일을 빚으로 여기며, 우리가 산으로 내려올 때 신선한 달걀 한 봉지를 선물로 주었다. 달걀은 뜨거운 트럭 안에서 72시간의 울퉁불퉁한 오솔길에서 살아남았고 역사상 가장 맛있는 스크램블 에그가 되었다.

후안 히랄도(Juan Giraldo)

후안은 가족 농장에서 커피를 따고, 달걀을 모으고, 도시의 불빛을 꿈꾸며 자랐다. 청소년 시절, 그와 친구들은 돈을 모아 8시간 거리에 있는 가장 가까운 도시인 메데인(Medellín)에 가서 흥청망청 마시며 놀았다. 어느 날 밤, 예라스 공원(Parque Lleras)에서 한 군인이 그의 군용 카드를 확인해 달라고 요청했다. 콜롬비아는 징병제이고, 그의 가족은 면제 비용을 지불하지 않았다; 그는 군대에 입대하기 위해 끌려갔다. 그의 집이 콜롬비아무장혁명군-인민부대(FARC-EP)가 통제하는 지역에 있었기 때문에 그와 그의 가족은 기본적으로 지역 당국의 적이 되었다. 그는 가족의 안전을 지키기 위해 군대에서 전역해야 했지만, 그 자신이 군인이었기 때문에 그 지역으로 돌아갈 수 없었다. 피난처를 찾아 그는 보고타로 가서 경비원으로 일했다. 그는 상황의 희생자였지만 결코 그 상황에 굴복하지 않았다. 그는 휴대 전화를 이용하여 단순하게 운영했던 농장을 다각적인 농업 방식으로 운영하였고, 지금은 산업용 닭장과 아프리칸 베드도 갖추었다. 그는 자신의 농장에서 로스팅한 커머셜 등급의 커피를 동네 곳곳에서 500그램 봉투에 담아 판매한다. 후안은 이웃 농부들이 스페셜티 시장과 연결되도록 돕고, 멀리서 무료로 그들을 위한 물류를 구축한다. 그는 지역에 비해 비교적 낮은 고도에서 커피를 재배하기 때문에 커핑 시 일반적으로 83-84점 정도인 자신의 커피를 대단히 뛰어나게 생각하지 않았다. 우리

---

* 콜롬비아와 베네수엘라, 파나마의 전통음식으로 옥수수 반죽을 둥근 형태로 굽거나 튀긴 것을 말한다.

는 이 책을 인쇄하기 전년도에 몇 가지 간단한 발효 실험을 했고, 그는 86.5점을 목표로 수확량의 절반을 가공할 수 있었다. 그는 누구보다 열심히, 하루 종일 일하고, 느리지만 확실하게 경영학 학위를 따기 위해 노력하고 있다. 아마도 그는 가르치는 사람이어야 할 것이지만.

움베르토 페쿠파케(Humberto Pecupaque)

움베르토는 내가 만난 사람 중 가장 뛰어난 사람이다. 그의 삶은 다양한 이야기들로 가득하다. 그는 어린 시절을 콜롬비아 톨리마(Tolima)에 있는 Nasa We'sx 원주민 보호구역에서 보냈다. 만약 당신이 그를 만난다면 그가 어렸을 때 다른 음식이 부족했을 때 전통적인 Nasa의 말 훈련소에서 옥수수를 소비하는 다양한 방법에 대해 듣게 될 것이다; 어린 시절, 그의 첫 신발 한 켤레와 그것들이 어떻게 그의 발에서 떨어지지 않게 했는지에 대해; 주변과의 상호 작용에서 삶과 내세를 통해 그들을 인도하는 산과 숲에 거주하는 토착 전통과 다양한 영혼에 대해. Nasa We'sx는 1996년 콜롬비아무장혁명군-인민부대(FARC-EP)와 평화협정을 체결했는데, 이는 다른 국가보다 20년 앞선 것이었지만 움베르토의 아버지의 목숨을 앗아간 침략에 맞선 격렬한 저항 이후였다. 움베르토는 어린 고아로 남겨져 그의 조상의 Nasa 집 근처의 코린토(Corinto) 거리에 사는, 집 없는 아이가 되었다. 당시 그곳에서 고용된 유일한 형태였던 마약 농업은 문자 그대로 아무것도 없을 때 생계를 유지하는 수단이었다. 결국 움베르토는 그의 아내 알바 여사(Doña Alba)와 함께 가정을 꾸렸고, 그들은 그 삶을 뒤로 하고 떠나야 한다는 것을 알았다. 그래서 그들은 톨리마로 돌아가 커피 농사를 시작했고, 결국 작은 농장을 인수하여 움베르토의 영혼이 사는 원주민 보호 구역에 작은 집을 지었다.

그는 전통과 혁신을 모두 이해하고 존중하는 독특한 능력으로 외부인의 문화와 경제를 그의 지역 사회와 연결하는 가교 역할을 한다. 그는 잠재적인 위험에도 불구하고 내부 지향적인 원주민 사회를 보호하고 이들이 불이익을 당하지 않게 하기 위해 8년 동안 시의회에서 일했다. 그는 작은 농장에 이국적인 품종들을 심었고 다른 사람들이 그럴 필요가 없도록 실험적인 가공을 수행하고, 학습하며, 지역 사회를 위해 위험을 감수하고 있다. 움베르토는 2019년에 풍작을 이뤄내서 로스터들에게 좋은 평가를 받았고, 그 수입을 사용하여 그의 밭에서 깊은 협곡을 가로질러 체리를 보내는 도르래 시스템을 포함하여 무거운 짐을 싣고 30분 오르내리는 시간을 절약하여 농장 인프라를 크게 개선하였다. 이러한 개선 작업이 마무리되고 이른 작물(fly crop)이 무르익을 무렵 움베르토는 도르래에서 협곡으로 추락하는 끔찍한 사고를 겪었다. 추락으로 그의 몸은 망가진 채, 가장 가까운 병원에서 차로 7시간 거리에 있는 덤불 속으로 쓰러졌다. 그는 몇 주 동안 의식을 잃었고, 몇 달 동안 마비되었으며, 5개월 후 병원에 입원해 동안 그의 곁을 지켰던 아내 알바와 함께 절뚝거리며 농장으로 돌아왔다. 그가 예전 모습으로 돌아오든 아니든, 그가 지역 사회, 가족, 그리고 나에게 끼친 영향은 깊고 영원하다.

저자 소개

칼 와인홀드(KARL WIENHOLD)는 식민지 이후의 농촌 개발, 특히 농업 공동체와 세계 경제 간의 접점에 대한 연구원, 컨설턴트 및 운영자로서 공평한 대안을 위해 착취적인 권력 구조를 이해하고 풀어가기 위해 노력한다. 그의 전문적인 영역은 경영 컨설팅, 농업 및 커피 무역이다. 그는 고향인 콜롬비아의 소규모 커피 농부들의 역량 강화를 위한 단체인 세드로 알토 농부 연합(Cedro Alto Coffee Farmers Collective)의 창립자다.

참고문헌

1	Samper et al., 2017, p. 2	32	Daviron & Ponte, 2005, p. 16	66	Daviron & Ponte, 2005, p. 73	100	Samper et al., 2017, p. 19
2	Menke, 2018	33	Daviron & Ponte, 2005, p. 16	67	Marx, 1867	101	International Coffee Organization, 2019
3	International Coffee Council, 2018, p.3	34	Daviron & Ponte, 2005, p. 16	68	Duncombe, 2012, p. 2	102	Gibbon, 2005, p. 11
4	World Population Review, 2021	35	Topik et al., 2008, p. 221	69	Fridell, 2007, p. 5	103	Panhuysen & Pierrot, 2018
5	Everett et al., 2010	36	Acosta, 2013	70	Oxfam, 2002, p. 34	104	UNCTAD, 2018, p. 21
6	Kassarjian & Robertson, 1970	37	Acosta, 2013	71	Oxfam, 2002, p. 35	105	Baffes et al., 2005, p. 141
7	Investopedia, 2020	38	Misoczky & Böhm 2013, p. 5	72	Sotelsek, 2008.	106	Oxfam, 2002, p. 31
8	Hayes, 2021	39	Loker, 1999, p. 15	73	Fitter & Kaplinsky, 2001, p.5	107	David Griswold, 2019
9	Land, labor, and capital	40	Easterly, 2002	74	Bonini, 2012, p. 4	108	West, 2012, p. 204
10	Dorfman, 1968	41	Everett et al., 2010, p. 13	75	Fitter & Kaplinsky, 2001, p. 11	109	UNCTAD, 2018, p. 20
11	Frisch, 1965	42	World Bank, 2014	76	Gibbon, 2005, p.4	110	Oxfam, 2002, p. 32
12	Samuelson & Nordhaus, 2010, p. 26	43	Jackson, 2011	77	Gibbon, 2005, p. 4	111	Samper et al., 2017, p. 4
13	Waked, 2016	44	Jackson, 2011, p. 7	78	Fitter & Kaplinsky, 2001	112	Kaplinsky & Fitter, 2004, p. 8
14	Samuelson & Nordhaus, 2010, p. 27	45	Everett et al., 2010, p. 13.	79	Ric Rhinehart, 2019	113	Kaplinsky & Fitter, 2004, p. 21
15	Ariely, 2009	46	Humphrey, 2006, p. 9	80	Topik et al., 2008, p. 151	114	Oxfam, 2002, p. 4
16	Samuelson & Nordhaus, 2010, p. 336	47	Humphrey, 2006, p. 1	81	Ric Rhinehart, 2019	115	BBH, 2015, p. 4
		48	Humphrey, 2006, p. 4	82	Baffes et al., 2005, p. 110	116	UNCTAD, 2018, p. 20
17	Brounen et al., 2019, p. 3	49	US Census Bureau, s.f	83	Ruuska, 2011	117	Panhuysen & Pierrot, 2018
18	Loker, 1999, p. 42	50	World Bank, s.f.	84	Dowds, 2016	118	Daviron & Ponte, 2005
19	Loker, 1999	51	Barter, 2016, p. 12	85	Topik et al., 2008, p. 151	119	Panhuysen & Pierrot, 2014
20	West, 2012, p. 28	52	Barter, 2016	86	Van der Vorst et al., 2007, p. 20	120	Panhuysen & Pierrot, 2020
21	Daviron & Ponte, 2005, p. 15	53	Barter, 2016, p.15	87	UNCTAD, 2018, p. 32	121	Baffes et al., 2005, p. 12
22	Daviron & Ponte, 2005, p. 19	54	Oxfam, 2016, p. 38	88	UNCTAD, 2018, p. 34	122	Ruuska, 2011, p. 16
23	Daviron & Ponte, 2005, p. 19	55	Acosta, s.f. p. 61	89	Samper et al., 2017, p. 14	123	David Griswold 2019
24	Daviron & Ponte, 2005, p. 15	56	"Tropical Fate" idiom Michael Gavin and others	90	Lee et al., 2012, p. 1.	124	Samper et al., 2017, p. 22
25	Loker, 1999, p. 14	57	Oxfam, 2002, p. 5	91	Lee et al., 2012, p. 38	125	UNCTAD, 2018, p. 39
26	Everett et al., 2010, p. 25	58	Bonini, 2012, p. 3	92	Samper et al., 2017, p. 17	126	Slob, 2006, p. 6
27	Loker, 1999, p. 96	59	Acemoglu et al., 2001, p. 3	93	UNCTAD, 2018, p. 32	127	Oxfam, 2002, p. 38
28	Fitter & Kaplinsky, 2001, p. 4	60	Acosta, s.f. p. 62	94	Euromonitor 2017	128	Oxfam, 2002, p. 38
29	Loker, 1999, p. 23	61	Bonini, 2012, p.8	95	Dobson, 2002	129	Fitter & Kaplinsky, 2001, 17
30	Daviron & Ponte, 2005, p. 16	62	Bonini, 2012, p.10	96	Panhuysen & Pierrot, 2018	130	Daviron & Ponte, 2005, p. 265
31	Harvey et al., 2010.	63	Topik et al., 2008, p. 67	97	Potts, 2003, p. 5	131	Bernhard, 2015, p. 22
		64	Fitter & Kaplinsky, 2001	98	UNCTAD, 2018, p. 10	132	Bernhard, 2015, p. 22
		65	Daviron & Ponte, 2005, p. 69	99	Borrella et al., 2015, p. 3		

253

133 Slob, 2006, p. 29	167 Barter, 2016, p. 11	201 Daviron & Ponte, 2005, p. 90	234 Roldán, Gonzalez, Thu Huong & Ngoc Tien, 2006, p. 33
134 World Bank, 2015, p. 25	168 Barter, 2016, p. 11	202 International Trade Center, s.f	235 International Coffee Council, 2018, p. 5
135 Ponte, 2002, p. 3	169 Reynolds, 2013	203 Ric Rhinehart, 2019	236 International Coffee Organization, 2018, p. 11
136 Bigirwa, s.f, p. 4	170 Lee & Clawson, 1993	204 Fridell, 2007, p. 26	
137 Ponte, 2002	171 Murphy & Timothy, s.f, p. 3	205 UNCTAD 2012, p. 2	237 Ric Rhinehart, 2019 – based on International Coffee Organization data 1989 to 2019
138 Samper et al., 2017, p. 23	172 Troster, 2015, p. 8	206 Dowds, 2016	
139 Daviron & Ponte, 2005, p. 154	173 Chisholm, 2010	207 UNCTAD s.f	
	174 Ponte, 2002, p. 8	208 UNCTAD, 2018, p. 20	238 Ric Rhinehart, 2019
140 Ponte, 2002, p. 15	175 Ruuska, 2011, 5	209 UNCTAD 2012, p. 2	239 Ric Rhinehart, 2019
141 Fitter & Kaplinsky, 2001, 18	176 Ruuska, 2011, p.7	210 UNCTAD 2012, p. 2	240 Ric Rhinehart, 2019
142 Braunschweig et al., 2019, p. 34	177 Ruuska, 2011, p. 24	211 Troster, 2015, p. 14	241 Ric Rhinehart, 2019
	178 Ruuska, 2011, p. 25	212 UNCTAD 2012, p. 3	242 Fitter & Kaplinsky, 2001, p. 15
143 Oxfam, 2016, p. 39	179 Panhuysen & Pierrot, 2018	213 International Coffee Organization, 2019	
144 Braunschweig et al., 2019, p. 5			243 Bacon, 2004, p. 4
145 Braunschweig et al., 2019, p. 5; Panhuysen & Pierrot, 2019, p. 14	180 Ruuska, 2011, p. 5	214 International Coffee Organization, 2019	244 Panhuysen & Pierrot, 2020
	181 Ric Rhinehart, November 2019	215 Ric Rhinehart, 2019	245 Panhuysen & Pierrot, 2018
146 Braunschweig et al., 2019, p. 5	182 Troster, 2015, p. 25	216 Ric Rhinehart, 2019	
	183 Bacon, 2004, p. 499	217 International Coffee Organization, 2019, p. 11	246 UNCTAD, 2018, p. 34
147 Bernhard, 2015, p. 7	184 Ric Rhinehart, Emory University seminar, 2019		247 Slob, 2006, p. 8
148 Daviron & Ponte, 2005, p. 252		218 Potts, 2002, p. 5	248 Phyllis Johnson, 2021
149 Oxfam, 2002, p. 40	185 Borrella et al., 2015, p. 11	219 Bacon, 2013, p.2	249 Fitter & Kaplinsky, 2001, 14
150 Oxfam, 2002, p. 40		220 Panhuysen & Pierrot, 2018	
151 Baffes et al., 2005, p. 10	186 International Coffee Organization, 2018, p. 6	221 Slob, 2006, p.6	250 Ric Rhinehart, 2019
			251 Topik et al., 2008, p. 151
152 Bigirwa, 2004, p. 5	187 Ric Rhinehart, 2019	222 Daviron & Ponte, 2005, p. 16	252 Daviron & Ponte, 2005, p. 110
153 Oxfam, 2016, p. 60	188 Ric Rhinehart, 2019	223 Baffes et al., 2005, p. 5	
154 Brown, 2012, p. 11	189 Macrotrends, Coffee prices - 45 year historical chart, s.f		253 Ruuska, 2011, p. 17
155 German et al., 2020, p. 7		224 Daviron & Ponte, 2005, p. 246	254 Fridell, 2007, p. 26
	190 Daviron & Ponte, 2005, p. 90	225 Roldán et al., 2006, p. 20	255 Acosta, s.f
156 Guido et al., 2020, p. 9-10	191 Gaitán et al., 2018, p. 3		256 Acosta, s.f
		226 DeInternational Coffee Council, 2018, p. 2	257 Fridell, 2007, p. 26
157 Guido et al., 2020, p. 9-10	192 International Coffee Organization, 2019, p. 3		258 Gaitán et al., 2018, p. 2
158 Simon & Lambin, 2020		227 Panhuysen & Pierrot, 2018	259 Root Capital, 2016, p. 11
	193 Macrotrends, Coffee prices - 45 year historical chart, s.f		
159 Baffes et al., 2005, p. 2		228 International Coffee Organization, 2018, p. 1	260 Martin Diedrich, 2019
160 Cleland, 2010, p. 36	194 Ruuska, 2011, p. 12		261 Gilbert, 2006, p. 34
161 Acosta, s.f.	195 Ruuska, 2011, p. 14	229 Daviron & Ponte, 2005, p. 16	262 Gneiting & Sonenshine, 2018, p. 3
162 Oxfam, 2002, p. 15	196 Troster, 2015, p. 12	230 Daviron & Ponte, 2005, p. 121	
163 Acosta, s.f.	197 Hicks, 2018	231 Bacon, 2004, p. 3	263 Gneiting & Sonenshine, 2018, p. 3
164 Simpson & Rapone, 2000, p. 4	198 Baffes et al., 2005, p. 5	232 Roldán, Gonzalez, Thu Huong & Ngoc Tien, 2006, p. 21	
165 Topik et al., 2008, p. 149	199 UNCTAD, s.f		264 Humphrey, 2006, p. 36
166 Topik et al., 2008, p. 66	200 UNCTAD, s.f	233 Daviron & Ponte, 2005, p. 16	265 Humphrey, 2006, p. 13

266 Humphrey, 2006
267 UNCTAD, 2018, p. 10
268 Liu, 2016, p. 14
269 Bager & Lambin, 2020, p. 4
270 Samper et al., 2017, p. 4
271 Slob, 2006, p. 24
272 Humphrey, 2006
273 Samper et al., 2017, p. 56
274 Slob, 2006, p. 8
275 Roldán et al., 2006, p. 12
276 Ruuska, 2011, p. 19
277 Fitter & Kaplinsky, 2001, p. 20
278 Hartwich, 2012, p. 27
279 Rincon, 2014, p. 54
280 Ric Rhinehart, 2019
281 Gereffi et al., 2005, p. 93
282 Phyllis Johnson, 2021
283 Samper et al., 2017, p. 8
284 Ruuska, 2011, p. 5
285 Technoserve, 2011, p.16
286 Gibbon, 2005, p. 17
287
288 Troster, 2015, p. 10
289 Troster, 2015, p. 14
290 Troster, 2015, p. 23
291 Gneiting & Sonenshine, 2018, p. 8
292 Technoserve, 2011, p. 16
293 Fridell, 2007, p. 10
294 International Coffee Organization, 2019, p. 3
295 International Coffee Council, 2018, p. 6
296 International Coffee Organization, 2019
297 International Coffee Council, 2018, p. 6
298 Agri-business in Latin America : Coffee Production, 2017, p. 10
299 Martin Diedrich, September 2019
300 Jeff Chean, August 2019
301 Clay et al., 2018, p. 4
302 Clay et al., 2018, p. 10
303 Clay et al., 2018, p. 4-10
304 Oxfam, 2002, p. 4
305 Fischer, 2019, p. 6
306 Fischer, 2019, p. 6-7
307 Fischer, 2019, p. 7
308 Oxfam, 2016, p. 14
309 De la Escosura, 2005, p. 32
310 Daviron & Ponte, 2005, p. 8
311 Daviron & Ponte, 2005, p. 67
312 Roldán et al., 2006, p. 53
313 Loker, 1999, p. 83
314 Daviron & Ponte, 2005, p. 66
315 Daviron & Ponte, 2005, p. 66
316 Large, industrialized, export-oriented agricultural system often having relied on slave labor and later in American colonial history, different forms of coerced and/or debt-bound semislave labor, normally part of a feudal rural society https://www.ecured.cu/Latifundio
317 Fridell, 2007, p. 8
318 Binswanger & Deininger, s.f
319 Fridell, 2007
320 Martin Diedrich, 2019
321 Roldán et al., 2006, p. 53
322 Gereffi et al., 2005, p. 2
323 Topik et al., 2008, p. 316
324 Andrea Johnson, 2021
325 Topik et al., 2008, p. 56
326 Topik et al., 2008, p. 57
327 German et al., 2020, p. 3
328 Oxfam, 2016, p. 39
329 Lee et al., 2012, p. 4
330 Twin and Twin Trading, 2019, p. 4
331 Twin and Twin Trading, 2019, p. 4
332 Twin and Twin Trading, 2019, p. 4
333 Lee et al., p. 33
334 Twin and Twin Trading, 2019
335 Twin and Twin Trading, 2019, p. 7
336 Twin and Twin Trading, 2019, p. 4
337 Bacon, 2004, p. 505
338 Lessons Learned, 2011, p. 18
339 Lessons Learned, 2011, p. 18
340 Ric Rhinehart 2019
341 Gneiting & Sonenshine, 2018, p. 11
342 Bacon, 2004, p. 505
343 Bacon, 2004, p. 358
344 Twin and Twin Trading, 2019, p. 29
345 Carlos Santana
346 Twin and Twin Trading, 2019, p. 9
347 Technoserve, 2013, p. 21
348 Technoserve, 2013, p.18
349 Technoserve, 2013, p. 25
350 Technoserve, 2013, p.16
351 Technoserve, 2013, p. 18
352 Twin and Twin Trading, 2019, p. 15
353 Guido et al., 2020, p. 9-10
354 UNCTAD, 2003
355 Root Capital, 2016, p. 5
356 Root Capital, 2016, p. 4
357 Root Capital, 2016, p. 7
358 Baffes et al., 2005, p. 5
359 Emory-TTC webinar, February 2019
360 Ric Rhinehart – Emory-TTC webinar, February 2019
361 Daviron & Ponte, 2005, p. 141
362 Panhuysen & Pierrot, 2018
363 Daviron & Ponte, 2005, p. 141
364 Daviron & Ponte, 2005, p. 142
365 Wilson, & Wilson, 2014
366 Daviron & Ponte, 2005, p. 144
367 Daviron & Ponte, 2005, p. 205
368 Panhuysen & Pierrot, 2018
369 Fischer, 2019, p. 30
370 Fischer, 2019, p. 8
371 Fischer, 2019, p. 27
372 Wilson, & Wilson, 2014, p. 2
373 West, 2012, p. 18
374 Liu, 2016, p. 34
375 Mondolo, s.f, p. 12
376 Mondolo, s.f, p. 18
377 Lee et al., 2012, p. 5
378 West, 2012, p. 18
379 Ric Rhinehart, 2019
380 Liu, 2016, p. 97
381 Coffee Roasters Forum, s.f
382 Mondolo, s.f, p. 41
383 Wilson, & Wilson, 2014, p. 15
384 Wilson, & Wilson, 2014, p. 19
385 Martin Diedrich, 2019
386 Ever Meister, 2021
387 Ever Meister, 2021
388 Han Chau, 2018, p. 27
389 Ponte, 2004, p. 11
390 Adam Strauss, 2019
391 Liu, 2016, p. 89
392 Brown, 2012, p. 13

255

393	West, 2012, p. 236
394	West, 2012, p. 236
395	Wilson, & Wilson, 2014, p. 4
396	Wilson, & Wilson, 2014, p. 26
397	Alliance for coffee Excellence, 2016
398	Ever Meister, 2021
399	Ric Rhinehart, 2019
400	International Trade Center, 2012, p. 15
401	Samper et al., 2017, p. 5
402	Samper et al., 2017, p. 5
403	Kaplinsky & Fitter, 2004, p. 21
404	International Trade Center, 2012, p. 15
405	Slob, 2006, p. 34
406	Liu, 2016, p. 12
407	Fischer, 2019, p. 22
408	Daviron & Ponte, 2005, p. 238
409	Daviron & Ponte, 2005, p. 213
410	Daviron & Ponte, 2005, p. 213
411	Han Chau, 2018, p. 18
412	Daviron & Ponte, 2005, p. 225
413	Candelo et al., 2018, p. 1.
414	Fischer, 2019, p. 25
415	Samper et al., 2017, p. 46.
416	Condliffe et al., 2008, p. 19
417	Ponte, 2002, p. 11
418	Wilson, & Wilson, 2014, p. 11
419	Vellucci, 2015, p. 5
420	Oxfam, 2002, p. 44
421	Wilson & Wilson, 2014, p. 4
422	Kaplinsky & Fitter, 2004, p. 3
423	Fischer, 2019, p. 24
424	Liu, 2016, p. 18
425	Gneiting, 2018, p. 3
426	Gneiting, 2018, p. 3
427	Oxfam, 2002, p. 35
428	A situation where few, concentrated buyers enjoy high bargaining power over sellers and can influence their purchase price
429	Borrella, Mataix, & Carrasco, 2015, p.10
430	Oxfam, 2002, p. 52
431	Samper et al., 2017, p. 24
432	Condliffe et al., 2008, p. 8
433	Ponte, 2002, p. 11
434	Sustainable Coffee Program, 2014, p. 10
435	Topik et al., 2008, p. 130
436	Topik et al., 2008, p. 131
437	Daviron & Ponte, 2005, p. 66
438	Arifin, 2010, p. 79
439	Cleland, 2010, p. 17
440	Clay et al., 2018, p. 4
441	Clay et al., 2018, p. 10
442	Key & MacDonald, 2008, p. 3
443	Oxfam, 2002, p. 23
444	Technoserve, 2013, p. 5
445	Condliffe et al., 2008, p. 10
446	Technoserve, 2013, p. 7
447	Author interview 2017
448	West, 2012, p. 169
449	Oxfam, 2016, p. 42
450	Simpson & Rapone, 2000, p. 4
451	Simpson & Rapone, 2000, p. 4
452	Murekezi & Loveridge, 2009
453	Kaplinsky & Fitter, 2004, p. 19
454	Meeting with ProColombia, 2017
455	International Trade Center, 2012, p. 13
456	International Trade Center, 2012, p. 13
457	International Trade Center, 2012, p. 13
458	Roldán et al., 2006, p. 45
459	International Coffee Organization, 2017
460	Oxfam, 2001, p. 3
461	Fairtrade Foundation, s.f
462	Bacon, 2004, p. 502
463	West, 2012, p. 7
464	Fairtrade Foundation, 2014, p. 20
465	Fischer, 2019, p. 4
466	Fischer, 2019, p. 25
467	Lee et al., 2012, p. 32
468	Author's interviews 2015- 2019
469	Lee et al., 2012, p. 44
470	Gaitán et al., 2018, p. 5
471	Samper et al., 2017, p. 24
472	International Coffee Organization, 2016, p. 8
473	Bacon, 2004, p. 355
474	UNCTAD, 2018, p. 20
475	Olivar & Bustamante, 2016, p. 3
476	Olivar & Bustamante, 2016, p. 7
477	Olivar & Bustamante, 2016, p. 9
478	Bacon, 2004, p. 502
479	Barter, 2016, p. 12
480	Fair Trade USA, 2017, p. 6
481	Montagnon, 2017, p. 10
482	Oxfam, 2002, p. 39
483	Samuelson & Nordhaus, 2010, p. 336
484	Clay et al., & Bizoza, 2018, p. 11
485	Clay et al., 2018, p. 11
486	von Eden, 2015
487	Baffes et al., 2005, p. 4
488	Condliffe et al., 2008, p. 19
489	International Coffee Organization, 2016, p. 5
490	Panhuysen & Pierrot, 2018
491	Montagnon, 2017, p. 3
492	Gneiting, 2018, p. 4-8
493	Montagnon, 2017, p. 3
494	Montagnon, 2017, p. 23
495	Lee et al., 2012, p. 37
496	Van der Vorst et al., 2007, p. 17
497	Oxfam, 2002, p. 34
498	Oxfam, 2002, p. 34
499	Lee, 1994
500	Loker, 1999, p. 47
501	Samper et al., 2017, p. 31
502	Topik et al., 2008, p. 141
503	Daviron & Ponte, 2005, p. 154
504	Cleland, 2010, p. 20
505	Ponte, 2002, p. 4
506	Panhuysen & Pierrot, 2018
507	International Coffee Organization, 2019
508	International Coffee Organization, 2019, p. 12
509	Daviron & Ponte, 2005, p. 130-131
510	Fitter & Kaplinsky, 2001, p. 4
511	Fitter & Kaplinsky, 2001, p. 16
512	UNCTAD, 2018, p. 48
513	Daviron & Ponte, 2005, p. 154
514	Daviron & Ponte, 2005, p. 130-131
515	Ric Rhinehart, 2019
516	Ric Rhinehart, 2019
517	Samper et al., 2017, p. 25
518	Roberts, 2018, p. 4
519	Dowds, 2016
520	Condliffe et al., 2008, p. 16.
521	Baffes et al., 2005, p. 10.
522	Lessons Learned, 2011, p. 14

#	Reference	#	Reference	#	Reference	#	Reference
523	Gilbert, 2006, p. 27	557	West, 2012, p. 208	597	Oxfam, 2016, p. 15	634	International Coffee Organization, 2016
524	Bacon, 2004	558	Fischer, 2019, p. 20	598	Sustainable Coffee Program, 2014, p. 10	635	International Coffee Organization, 2016
525	Simon & Lambin, 2020	559	Kaskure & Krivorotko, 2014, p. 2	599	Binswanger & Deininger, s.f, p. 20	636	Sustainable Coffee Program, 2014, p. 23
526	Panhuysen & Pierrot, 2020, p.14	560	Kaskure & Krivorotko, 2014, p. 2	600	Oxfam, 2016, p. 13	637	UNCTAD, 2018, p. 49
527	Topik et al., 2008, p. 221.	561	Liu, 2016, p. 97	601	Binswanger & Deininger, s.f, p. 1	638	International Coffee Organization, 2019, p. 12
528	Lee et al., 2012, p. 4.	562	West, 2012, p. 60	602	Loker, 1999, p. 149	639	Free of defects and off flavors
529	Gilbert, 2006.	563	West, 2012, p. 66	603	Oxfam, 2016, p. 13	640	Baffes et al., 2005, p. 6
530	Jeff Chean, 2019	564	Adam Strauss, 2019	604	UOxfam, 2016, p. 18	641	Sustainable Coffee Program, 2014, p. 10
531	Ever Meister, 2021	565	Dowds, 2016	605	Oxfam, 2016, p. 49	642	Steiner et al., 2015
532	Roberts, 2018, p. 2	566	UNCTAD, 2003	606	Kaplinsky & Fitter, 2004, p. 13	643	Suzman, 2017
533	International Coffee Organization, 2019, p. 12	567	Grabs et al., 2018, p. 2	607	Dube & Vargas, 2013, p. 2	644	West, 2012
534	Gneiting, 2018, p. 9	568	Dowds, 2016	608	Dube & Vargas, 2013, p. 2	645	Ric Rhinehart, 2019
535	International Coffee Organization, 2019, P. 9-12	569	Dowds, 2016	609	Dube & Vargas, 2013, p. 4	646	Earth Security Group, 2017, p. 7
536	West, 2012, p. 8	570	Jeff Chean, 2019	610	Fridell, 2007, p. 7	647	West, 2012, p. 253
537	Hofstrand, 2019, p. 1	571	Candelo et al., 2018, p. 3	611	Oxfam, 2016, p. 37	648	West, 2012, p. 253
538	Ric Rhinehart, 2019	572	Dowds, 2016	612	Oxfam, 2016, p. 37	649	Oxfam, 2002, p. 4
539	Hofstrand, 2019, p.2	573	Dowds, 2016, p. 2	613	Loker, 1999, p. 183	650	SCAA, 2016, p. 5
540	Potts, 2003	574	Ric Rhinehart, 2019	614	Martin Diedrich, 2019	651	SCAA, 2016, p. 8
541	Samper et al., 2017, p. 33	575	MacDonald, 2018	615	Bigirwa, s.f, p. 6	652	Oxfam, 2016, p. 16
542	Root Capital, 2016, p. 22	576	Oxfam, 2016, p. 33	616	Topik et al., 2008, p. 221	653	Olivar & Bustamante, 2016, p. 7
543	Arifin, 2010, p. 77	577	Maxey, 2018, p. 1	617	Loker, 1999, p. 161	654	SCAA, 2016, p. 5
544	Roberts, 2018, p. 3	578	Bacon, 2004, p. 3	618	Topik et al., 2008, p. 221	655	SCAA, 2016, p. 6
545	Oxfam, 2002, p. 39	579	Loker, 1999, p. 36	619	Loker, 1999, p. 161	656	SCAA, 2016, p. 6
546	Potts, 2002, p. 7	580	Loker, 1999, p. 106	620	Loker, 1999, p. 97	657	Fridell, 2007, p. 9
547	World Bank, 2015, p. 17	581	Reichman, 2011, p. 12	621	A tactic not exclusive used by the U.S. government	658	SCAA, 2016, p. 7
548	Andrea Johnson, 2021	582	Reichman, 2011, p. 27	622	German et al., 2020, p. 3	659	OHCHR, 1991, p. 2
549	UNCTAD, 2003	583	Reichman, 2011, p. 27	623	Bacon, 2004, p. 353	660	Lopes, 2018
550	World Bank, 2015, p. 15	584	Reichman, 2011, p. 21	624	Oxfam, 2002, p. 12	661	SCAA, 2016, p. 7
551	Braunschweig et al., 2019, p. 5	585	Loker, 1999, p. 160	625	Bacon, 2004, p. 339	662	Olivar & Bustamante, 2016, p. 13
552	World Bank, 2015, p. 13	586	Loker, 1999, p. 160	626	Loker, 1999, p. 123	663	Olivar & Bustamante, 2016, p. 3
553	Ric Rhinehart, 2019	587	Oxfam, 2002, p. 9	627	Cleland, 2010, p. 30	664	UNCTAD, 2003
554	Ric Rhinehart, 2019	588	Mc Granahan et al., 2014, p. 2	628	Cleland, 2010, p. 29	665	Oxfam, 2002, p. 14
555	Ric Rhinehart, 2019	589	Mc Granahan et al., 2014, p. 2	629	UNCTAD, 2018, p. 38	666	Murphy & Timothy, s.f, p. 3
556	Anserma women farmers association requested from the author for an additional price premium for being women.	590	Mc Granahan et al., 2014, p. 5	630	Technoserve, 2013	667	OHCHR, 1991, p. 1
		591	Loker, 1999, p. 28	631	Easterly, 2002, P. 116	668	Author's experience
		592	Martin Diedrich, 2019	632	See development theories in section 1	669	International Coffee Organization, 2018, p. 1
		593	Mc Granahan et al., 2014, p. 1	633	Easterly, 2002, p. 127		
		594	Oxfam, 2016, p. 67				
		595	Oxfam, 2016, p. 14				
		596	Oxfam, 2016, p. 28				

670	Olivar & Bustamante, 2016, p. 3	702	University of Delaware, 2019, p. 1	739	Gomes et al., 2020, p. 6	771	Panhuysen & Pierrot, 2018
671	Anecdote from author's experience	703	Hernandez et al., 2013, p. 1	740	UNCTAD, 2003.	772	Panhuysen & Pierrot, 2018
672	Oxfam, 2002, p. 12	704	University of Delaware, 2019, p. 1	741	Beer et al., 1998, p. 8	773	Panhuysen & Pierrot, 2018
673	Oxfam, 2002, p. 14	705	Hernandez, et al., 2013, p. 1	742	Bronson et al., 2017, p. 3	774	Earth Security Group, 2017, p. 11
674	International Coffee Organization, 2018, p. 20	706	Aguilera et al., 2019, p. 15	743	Noponen et al., 2013	775	Gomes et al., 2020
675	International Coffee Organization, 2018, p. 14	707	Ponte, 2004, p. 29	744	Bronson et al., et al. 2017, p. 4	776	UNCTAD, s.f
676	SCAA, 2016, p. 6	708	Beer et al., 1998, p. 3	745	Panhuysen & Pierrot, 2014, p. 12	777	Murphy & Timothy, s.f, p. 4
677	Oxfam, 2016, p. 18	709	Beer et al., 1998, p. 3	746	Bronson et al., et al. 2017, p. 2	778	Earth Security Group, 2017, p. 7
678	Technoserve, 2013, p. 27	710	UNCTAD, 2003.	747	Panhuysen & Pierrot, 2018	779	Potts, 2002, p. 7
679	International Coffee Organization, 2018, p. 5	711	Bacon, 2004, p. 338	748	Beer et al., 1998, p. 3	780	Topik et al., 2008, p. 127
		712	MacDonald, 2018	749	Jha et al., 1996, p. 2	781	Cleland, 2010, p. 15
680	International Coffee Organization, 2018, p. 21	713	University of Delaware, 2019, p. 2	750	Panhuysen & Pierrot, 2018	782	Jha et al., 1996. P. 1.
681	International Coffee Organization, 2018, p. 23	714	Daviron & Ponte, 2005, p. 188	751	Oxfam, 2002, p. 34	783	Valent, 2019
		715	Ponte, 2004, p. 35	752	Ponte, 2004, p. 28	784	Earth Security Group, 2017, p. 12
682	International Coffee Organization, 2018, p. 16	716	Daviron & Ponte, 2005, p. 177	753	Daviron & Ponte, 2005, p. 177	785	Earth Security Group, 2017, p. 12
683	Fortson, 2003	717	Beer et al., 1998, p. 4	754	Gomes et al., Schulte, 2020, p. 2	786	Hartwich, 2012, p. 20
684	SCAA, 2016, p. 5	718	Cleland, 2010, p. 15	755	Gomes et al., 2020, p. 2	787	Bager & Lambin, 2020, p. 3
685	Technoserve, 2013, p. 29	719	West, 2012, p. 106	756	Earth Security Group, 2017, p. 11	788	Bager & Lambin, 2020, p. 3.
686	International Trade Center, 2012, p. 44	720	Cleland, 2010, p. 15	757	Aguilera et al., 2019, p. 7	789	U.S. roaster interview 2019
687	Michelle Stoler, 2019	721	Ponte, 2004, p. 35	758	Jha et al., 1996, p. 5	790	Bager & Lambin, 2020, p. 10
688	Andrea Johnson, 2021	722	Aguilera et al., 2019, p. 3	759	Rice, 1999, p. 17	791	Jeff Chean, 2019
689	Phyllis Johnson, 2021	723	Aguilera et al., 2019, p. 3	760	Julio Bastidas interview 2/18/2020	792	Bager & Lambin, 2020, p. 10
690	Bacon, 2013, p. 1	724	Beer et al., 1998, p. 4	761	Sustainable Coffee Challenge, s.f, p.1	793	Bager & Lambin, 2020, p. 11
691	Earth Security Group, 2017, p. 7	725	Jha et al., 1996, p. 7	762	Recent Experiences of Coffee Replanting Programs in Colombia	794	Phyllis Johnson, 2021
692	Panhuysen & Pierrot, 2014, p. 5	726	Ponte, 2004, p. 35			795	Hartwich, 2012, p. 41
693	Bacon, 2004, p. 338	727	Gomes et al., Schulte, 2020, p. 2	763	Jha et al., 1996, p. 2	796	Ever Meister, 2021
694	Bacon, 2004, p. 344	728	Beer et al., 1998, p. 5	764	Daviron & Ponte, 2005, p. 177	797	Ever Meister, 2021
695	Loker, 1999, p. 31	729	Jha et al., 1996, p. 5	765	UNCTAD, 2003	798	Ever Meister, 2021
696	Panhuysen & Pierrot, 2014, p. 24	730	University of Delaware, 2019, p. 3	766	Ponte, 2004, p. 28	799	Ever Meister, 2021
697	D'haeze et al., 2005	731	Aguilera et al., 2019	767	Murphy & Timothy, s.f, p. 11	800	Ever Meister, 2021
698	Cleland, 2010, p. 20	732	Aguilera et al., 2019, p. 4	768	Earth Security Group, 2017, p. 11	801	Fischer, 2019, p. 12
699	Simpson & Rapone, 2000, p. 5	733	Jha et al., 1996, p. 7	769	Panhuysen & Pierrot, 2018	802	West, 2012, p. 150
700	Bacon, 2004, p. 338	734	Topik et al., 2008, p. 304	770	Aguilera et al., 2019, p. 7	803	Fridell, 2007, p. 10
701	Earth Security Group, 2017, p. 11	735	UNCTAD, 2003			804	Fridell, 2007, p. 11
		736	Beer et al., 1998, p. 3			805	Mazar & Zhong, 2010, p. 10
		737	Bacon, 2004, p. 339.			806	West, 2012, p. 248
		738	Beer et al., 1998, p. 3				

#	Reference	#	Reference	#	Reference	#	Reference
807	International Coffee Organization, 2019, p. 3	839	Samper & Quiñones, 2017, p. 8	874	Voluntary Sustainability Standards	905	Delmas & Clements, s.f, p. 11
808	Ric Rhinehart, 2019	840	UNCTAD, 2003, p. 13	875	Grabs, Deal & Dietz, 2018, p. 1	906	Delmas & Clements, s.f, p. 11
809	Ric Rhinehart, 2019	841	Grabs et al., 2018, p.2	876	Arifin, 2010, p. 60	907	Delmas & Clements, s.f, p. 15
810	Ric Rhinehart, 2019	842	Lee et al., 2012, p. 48.	877	Panhuysen & Pierrot, 2014, p. 24	908	Samper & Quiñones, 2017, p. 8
811	Ric Rhinehart, 2019	843	Grabs et al., 2018, p. 1	878	Baffes et al., 2005, p. 12	909	Arifin, 2010, p. 70
812	Barter, 2016, p. 16	844	Grabs et al., 2018, p. 2	879	Panhuysen & Pierrot, 2018	910	Ed Canty, December 2019
813	Peterson, 2012, p. 2	845	David Griswold, 2019	880	Bacon, 2004, p. 351	911	West, 2012, p. 129
814	Twin and Twin Trading, 2019, p. 15	846	Daviron & Ponte, 2005, p. 171	881	Bloomberg Daybreak Asia 5/21/2018 s.f	912	West, 2012, p. 240
815	UNCTAD, 2017	847	Murphy & Timothy, s.f, p. 11	882	Daviron & Ponte, 2005, p. 199	913	Hartwich, 2012, p. 27
816	Barter, 2016, p. 17	848	UNCTAD, 2018, p. 45	883	Daviron & Ponte, 2005, p. 224	914	Borrella et al., 2015, p. 6
817	International Coffee Organization, 2016	849	Jeff Chean, 2019	884	Daviron & Ponte, 2005, p. 164	915	Hartwich, 2012, p. 1
818	International Coffee Organization, 2016, p. 23	850	Daviron & Ponte, 2005, p. 173	885	Ponte, 2004, p. 30	916	Hartwich, 2012, p. 51
819	Daviron & Ponte, 2005, p. 87	851	Daviron & Ponte, 2005, p. 173	886	Daviron & Ponte, 2005, p. 188	917	Macgregor, 2017, p. 40
820	Bates, 2014	852	Daviron & Ponte, 2005, p. 173	887	Dowds, 2016, p. 5	918	Brown, 2012, p. 15
821	Daviron & Ponte, 2005, p. 88	853	Daviron & Ponte, 2005, p. 130-131	888	Samper & Quiñones, 2017, p. 9	919	Han Chau, 2018, p. 49
822	Topik et al., 2008, p. 140	854	Bacon, 2004, p. 357	889	Panhuysen & Pierrot, 2014, p. 15	920	Pezo Import, s.f
823	Roldán et al., 2006, p. 29	855	International Trade Center, 2012, p. 28	890	Panhuysen & Pierrot, 2014, p. 15	921	Inconexus, 2016
824	West, 2012, p. 44.	856	Bacon, 2004, p. 344	891	Panhuysen & Pierrot, 2014, p. 15	922	Bodhileafcoffee.com, 2019
825	Daviron & Ponte, 2005, p. 88	857	Daviron & Ponte, 2005, p. 175	892	Samper & Quiñones, 2017, p. 14	923	Benzinga, 2017
826	West, 2012, p. 97	858	Langridge, 2017, p. 16	893	Ponte, 2004, p. 39	924	Samper & Quiñones, 2017, p. 5
827	Barter, 2016, p. 61	859	Daviron & Ponte, 2005, p. 175	894	Ric Rhinehart, 2019	925	Hartwich, 2012, p. 37
828	McStocker, 1987, p. 41	860	Daviron & Ponte, 2005, p. 164	895	Samper & Quiñones, 2017, p. 10	926	Sheridan, 2015
829	Daviron & Ponte, 2005, p. 89	861	Bacon, 2004, p. 345	896	Samper et al., 2017, p. 71	927	Brown, 2012, p. 21
830	Kaplinsky & Fitter, 2004, p. 14	862	Muradian & Pelupessy, 2005	897	Panhuysen & Pierrot, 2018	928	Brown, 2012, p. 21
831	Steiner et al., 2015	863	Dowds, 2016	898	West, 2012, p. 53	929	Brown, 2012, p. 21
832	Steiner et al., 2015	864	Mayacert interview, October 2019	899	Daviron & Ponte, 2005, p. 167	930	Hartwich, 2012, p. 28
833	Because the demucilager common in Colombia eliminates coffee fermentation and tends to result in a clean but astringent and flat cup	865	Langridge, 2017, p. 13-14	900	UNCTAD, 2003, p. 15	931	Borrella et al., 2015, p. 10
		866	Bacon, 2004, p. 344	901	Samper & Quiñones, 2017, p. 5	932	Langridge, 2017, p. 27
		867	Oxfam, 2002, p. 6	902	Samper et al., 2017, p. 46	933	Andrea Johnson, 2021
		868	UNCTAD, 2003, p. 12	903	Wilson & Wilson, 2014	934	Langridge, 2017, p. 20
834	Julio Bastidas 2/18/2020	869	Peter Roberts, Nicaraguan producer	904	Shediran, 2015	935	Brown, 2012, p. 16
835	Steiner et al., 2015	870	Murphy & Timothy, s.f, p. 11			936	Daviron & Ponte, 2005, p. 159
836	Steiner et al., 2015	871	Murphy & Timothy, s.f, p. 11			937	Van der Vorst et al., 2007, p. 17
837	Steiner et al., 2015	872	Ponte, 2004, p. 30			938	Langridge, 2017, p. 27
838	Murphy & Timothy, s.f, p. 11	873	Arifin, 2010, p. 70			939	Adam Strauss, 2019
						940	Brown, 2012, p. 24
						941	Hartwich, 2012, p. 44

942 Coffee Roasters' Forum. 2020
943 Langridge, 2017, p. 23
944 Brown, 2012, p. 25
945 Brown, 2012, p. 31
946 Borrella et al., 2015, p. 7
947 UNCTAD, 2003
948 International Trade Center, 2012, p. 15
949 Hartwich, 2012, p. 36
950 Lee et al., 2012, p. 51
951 Slob, 2006, p. 37
952 International Trade Center, 2012, p. 15
953 Van der Vorst et al., 2007, p. 32
954 Fischer, 2019, p. 23
955 Ric Rhinehart, 2019
956 Sheridan, 2012
957 Sheridan, 2012
958 West, 2012, p. 255
959 Adam Strauss, 2019
960 West, 2012, p. 2
961 Oxfam, 2016, p. 18
962 Ric Rhinehart, 2019
963 Phyllis Johnson, 2021
964 UNCTAD, 2003
965 Phyllis Johnson, 2021
966 Phyllis Johnson, 2021
967 Ric Rhinehart, 2019
968 Ric Rhinehart, 2019
969 Ever Meister, 2021
970 Ever Meister, 2021
971 Brouwen et al., 2019, p. 3
972 West, 2012, p. 52
973 Clay et al., 2018, p. 2
974 Candelo et al., 2018, p. 4
975 Ever Meister, 2021
976 Lee et al., 2012, p. 42
977 Candelo et al., 2018, p. 4
978 Slob, 2006, p. 9
979 Van der Vorst et al., 2007, p. 17
980 Samper et al., 2017, p. 38
981 Samper et al., 2017, p. 70
982 Lee et al., 2012, p. 49
983 Phyllis Johnson, 2021
984 Acosta, s.f, p. 81
985 Acosta, s.f, p. 81
986 Ric Rhinehart, 2019
987 Panhuysen & Pierrot, 2018
988 Everett et al., 2010
989 Root Capital, 2016, p. 32
990 Daviron & Ponte, 2005, p. 158
991 Potts, 2002, p. 2
992 Jha et al., 1996. P. 11
993 Samper, 2003
994 Bacon, 2004, p. 506
995 Slob, 2006, p. 38
996 Kaplinsky & Fitter, 2004, p. 13
997 Roberts, 2018, p. 2
998 World Bank, 2015, p. 28
999 Author's community research in Colombia
1000 Langridge, 2017, p. 23
1001 Twin and Twin Trading, 2019, p. 29
1002 Twin and Twin Trading, 2019, p. 29
1003 Ric Rhinehart, 2019
1004 Lee et al., 2012, p. 11
1005 Lee et al., 2012, p. 12
1006 Potts, 2002, p. 5
1007 Public-Private Partnerships
1008 Fairtrade Foundation, 2014, p. 9
1009 Gneiting & Sonenshine, 2018, p. 8
1010 Jeff Chean, 2019
1011 Jeff Chean, 2019
1012 Borrella et al., 2015, p. 13
1013 David Griswold, 2019
1014 Samper & Quiñones, 2017, p. 12
1015 Roberts, 2018, p. 6
1016 Daviron & Ponte, 2005, p. 224
1017 Twin and Twin Trading, 2019, p. 14
1018 Simon & Lambin, 2020
1019 Twin and Twin Trading, 2019, p. 29
1020 Macgregor, 2017, p. 48
1021 Daviron & Ponte, 2005, p. 256
1022 Kaplinsky & Fitter, 2004, p. 20
1023 Ric Rhinehart, 2019
1024 Roberts, 2018, p. 9
1025 Roberts, 2018, p. 7
1026 Roberts, 2018, p. 8
1027 Macgregor, 2017, p. 41
1028 Hartwich, 2012, p. 42
1029 Macgregor, 2017, p. 40
1030 Ric Rhinehart, 2019
1031 David Griswold, 2019
1032 Ever Meister, 2021
1033 Daviron & Ponte, 2005, p. 269
1034 Samper & Quiñones, 2017, p. 12
1035 Samper & Quiñones, 2017, p. 12
1036 Lopes, 2018
1037 Badshah & Siddle, 2019
1038 Bacon, 2004

인용문헌

"A Blueprint for Farmworker Inclusion". (2016). Specialty Coffee Association of America. Recovered from 26 October 2019, Website https://www.scanews.coffee/wp-content/uploads/2016/04/SCAA-WP-TheFarmWorker-April2016.pdf

"A Seat At The Table". (2014). Fairtrade Foundation. Retrieved October 26, 2019 from https://www.fairtrade.org.uk/wp-content/uploads/legacy/doc/A%20seat%20at%20the%20table%20-%20Exec%20Summary.pdf

"Agri-business in Latin America : Coffee Production". (2017). Earth Security Group.

"Coffee Farmers and Workers" (s.f.) Fairtrade Foundation. Retrieved 9 March 2019 from https://www.fairtrade.org.uk/farmers-and-workers/coffee/

"Coffee farmers". (s.f). Fairtrade Foundation. Retrieved 26 October, 2019 from https://www.fairtrade.org.uk/farmers-and-workers/coffee/

"Coffee prices - 45 year historical chart". (s.f). Macrotrends. Retrieved 26 October, 2019 from : https://www.macrotrends.net/2535/coffee-priceshistorical-chart-data

"Coffee, Smallholders & Sustainable Business". (2019). Twin and Twin Trading.

"Colombia A business case for sustainable coffee production". (2014). IDH Sustainable Trade Initiative. Retrieved October 26, 2019 from https://www.urosario.edu.co/Mision-Cafetera/Archivos/Business-case-write-up-v20140930-FINAL.pdf

"COMMODITIES AT A GLANCE Special issue on coffee in East Africa". (2018).UNCTAD Retrieved October 26, 2019 from https://www.tralac.org/documents/news/2325-commodities-at-a-glance-special-issue-on-coffee-in-east-africa-unctad-october-2018/file.html

"Cost of Sustainable Production". (2017) Fair Trade USA.

"Current Offerings" (s.f). Bodhi Leaf Coffee. Retrieved March 14, 2019 from https://www.bodhileafcoffee.com/collections/commercial

"Development of Coffee Trade Flows". (2018). International Coffee Organization.

"Don't Blame the Physical Markets : Financialization is the root cause of oil and commodity price volatility". (2012). UNCTAD. Retrieved October26, 2019 from https://unctad.org/system/files/official-document/presspb2012d1_en.pdf

"Fact Sheet No.14, Contemporary Forms of Slavery - Universal Declaration of Human Rights and the International Covenant on Civil and Political Rights". (1991). United Nations Office of the High Commissioner for Human Rights.

"Gender Equality in the Coffee Sector" (2018). International Coffee Organization.

"ICO Coffee Development Report". (2019). International Coffee Organization

"International Coffee Council Development Report". (2018). International Coffee Organization

"Learning Report : The Coffee Farmer Resilience Initiative". (2016). Root Capital. Retrieved October 26, 2019 from" https://rootcapital.org/wp-content/uploads/2018/01/Root-Capital-CFRI-Learning-Report-Full-Report.pdf

"Lessons Learned". (2011). Technoserve. The Coffee Initiative. Retrieved 26 October 2019 from https://www.technoserve.org/wp-content/uploads/2013/04/coffee-initiative-lessons-learned.pdf

"Market Report" (2018). International Coffee Organization.

"Niche Markets for Coffee : Specialty, Environment and Social Aspects". (2012). International Trade Center.

"Profitability of coffee farming in selected Latin American countries – interim report". (2019) International Coffee Organization.

"State of Commodity Dependence 2016" (2017). UNCTAD. Retrieved October 26, 2019 from https://unctad.org/webflyer/state-commodity-dependence-2016

"Sustainability in the Coffee Sector : Exploring Opportunities for International Cooperation". (2003). International Coffee Organization.

"The Coffee Guide". (s.f). International Trade Center. Trade practices of relevance to exporters in coffee-producing countries. Retrieved December 6, 2019 from thecoffeeguide.org

"The Coffee Market : A Background Study" (2001). Oxfam International.

"Unearthed : Land, Power, and Inequality in Latin America". (2016). Oxfam. Retrieved October 26, 2019 from https://www-cdn.oxfam.org/s3fs-public/file_attachments/bp-land-power-inequality-latin-america-301116-en.pdf

Acemoglu, D,. Johnson, S & Robinson, J (2001). "The Colonial Origins of Comparative Development : An Empirical Investigation". The American Economic Review, Vol. 91, No. 5, pp. 1369-1401.

Acosta, Alberto. (2013). "Extractivism and Neoextractivism: Two sides of the same curse." Beyond Development : Alternative Visions from Latin America. 61-86.

Aguilera, J., Conrad, J., Gomez, M & Rodewald, A. (2019). "The Economics and Ecology of Shade-grown Coffee : A Model to Incentivize Shade and Bird Conservation". Ecological Economics Vol. 159:110-121.

Alderhart, Reinier & Groot, Adrian & Maanen, Eise & Brounen, Joel & Casanova, Lorena & García, Rodolfo. (2017). "The True Price of Climate Smart Coffee. Quantifying the potential impact of climate-smart agriculture for Mexican coffee".

Alliance for coffee Excellence. (2016). Recovered from January 25, 2019. Alliance for Coffee Excellence website: https://allianceforcoffeeexcellence.org/

Ariely, D. (2009). "The End of Rational Economics". Harvard Business Review, July-August 2009.

Arifin, B. (2010). "Global sustainability regulation and coffee supply chains in Lampung Province, Indonesia". Asian Journal of Agriculture and Development. Vol. 7, pp. 67–89.

Assessing the Economic Stability of Coffee Growing (2016). International Coffee Organization.

Audio economic transparency y vital for Starbucks coffee sourcing (s.f). Bloomberg Daybreak Asia News.

Bacon, C. (2004). "Confronting the Coffee Crisis: Can Fair Trade, Organic, and Specialty". World Development, 33(3), 497–511.

Bacon, Christopher. (2013). "Quality revolutions, solidarity networks, and sustainability innovations: Following Fair Trade coffee from Nicaragua to California". Journal of Political Ecology. 20. 98-115.

Baffes, J., Lewin, B., Varangis, P., Aksoy, M., & Beghin, J. (2005). "Coffee: Market Setting and Policies".

Bager, Simon & Lambin, Eric. (2020). "Sustainability strategies by companies in the global coffee sector". Business Strategy and the Environment. 29.

Bager, Simon & Lambin, Eric. (2020). "Sustainability strategies by companies in the global coffee sector". Business Strategy and the Environment. 29.

Barter, S. (2016). "Coffee: An Indian Ocean perspective". International journal of area studies, 11(2), 61–81.

Bates, R. (2014). "Markets and States in Tropical Africa: The Political Basis of Agricultural Policies". Berkeley, CA: University of California Press.

Beer, John & Muschler, Reinhold & Kass, Donald & Somarriba, Eduardo. (1998). "Shade management in coffee and cacao plantations". Agroforestry Systems. 38. 139-164.

Benzinga (2017, August 28) Bushwick-Based Entrepreneurs Launch Superlost Coffee – A Single Origin, Small Batch Coffee Featuring Local Artists. [Press release] Retrieved from https://www.benzinga.com/pressreleases/17/08/r9983385/bushwick-based-entrepreneurs-launch-superlost-coffee-a-single-origin-sm

Bigirwa, J. (2004). "Equitable Trading and Coffee – Impact in Developing Countries". National Union of Coffee Agribusinesses and Farm Enterprises.

Binswanger, Hans & Deininger, Klaus. (2021). "History of Land Concentration and Land Reforms".

Bonini, A. (2012). "Complementary and Competitive Regimes of Accumulation: Natural Resources and Development in the World-System". Journal of World-Systems Research, 18(1), 50-68.

Borrella, Inma & mataix, carlos & Carrasco-Gallego, Ruth. (2015). "Smallholder Farmers in the Speciality Coffee Industry: Opportunities, Constraints and the Businesses that are Making it Possible". IDS Bulletin. 46.

Braunschweig, T., Kohli, A & Lang, S. (2019). "Agricultural Commodity Traders in Switzerland – Benefitting from Misery?". Public Eye.

Bronson, B., Adams, J., Ellis, P., Houghton, R., Lomax, G., Miteva, D., Schlesinger, W., Juha, D., Peter, P., Allen, c., Richard, J., Delgado, C., Trisha, P., Hamsika, M., Herrero, M., Kieseckera, J., Landis, E., Laestadius, L., Minnemeyerl, S., Polasky, S., Potapovp, P., Putz, P. Sanderman, J., Silvius, M., Wollenbergs, E., & Fargione, J. (2017). "Natural climate solutions". Proceedings of the National Academy of Sciences of the United States of America, 114(44), 11645–11650

Brown, T. (2012). ""Face to Face with the Farmer:" Narratives of Production and Consumption in Specialty Coffee Value Chains Between the United States and Guatemala." Lewis & Clark College.

Candelo, Elena & Casalegno, Cecilia & Civera, Chiara & Mosca, Fabrizio. (2018). "Turning Farmers into Business Partners through Value Co-Creation Projects. Insights from the Coffee Supply Chain". Sustainability. 10.

Canty, Edward. Personal Interview. 12 October 2019.

Chean, Jeffery. Personal Interview. 10 July 2019.

Chisholm, Andrew. Derivatives Demystified a Step-by-Step Guide to Forwards, Futures, Swaps and Options. 2nd ed., Wiley, 2010.

Clay, Daniel & Bro, Aniseh & Church, Ruth & Ortega, David & Bizoza, Alfred. (2018). "Farmer incentives and value chain governance: Critical elements to sustainable growth in Rwanda's coffee sector". Journal of Rural Studies. 63.

Cleland, D. (2010). "The Impacts of Coffee Production on Local Producers". College of Liberal Arts. California Polytechnic State University.

Condliffe, Kate & Kebuchi, Wangari & Love, Claire & Ruparell, Radha. (2021). "Kenya Coffee: A Cluster Analysis".

Daviron, B., Ponte, S., & Technical Centre for Agricultural and Rural Cooperation (Ede, Netherlands). (2005). The coffee paradox: Global markets, commodity trade, and the elusive promise of development. London: Zed Books in association with the CTA.

Deal, Laura & Dietz, Thomas & Grabs, Janina. (2018). VOCSI: "The Independent Guide to Sustainability Certifications in the Coffee Sector" [Policy Brief].

Delmas, Magali & Clements, Robert. (2017). "Green Products Recognition, Understanding, and Preference: The Case of Coffee Eco-Labels". SSRN Electronic Journal.

D'haeze, Dave & Deckers, Jozef & Raes, Dirk & Phong, T.A. & Loi, H.. (2005). "Environmental and socio-economic impacts of institutional reforms on the agricultural sector of Vietnam Land suitability assessment for Robusta coffee in the Dak Gan region". Agriculture, Ecosystems & Environment. 105. 59-76.

Diedrich, Martin. Personal Interview. 9 July 2019.

Dobson, Paul. (2002). "Retailer Buyer Power in European Markets : Lessons from Grocery Supply".

Dorfman, R. (2016, April 1). Theory of production. Encyclopedia Britannica. https://www.britannica.com/topic/theory-of-production Frisch, R. (1965). Theory of Production. Dordrecht : Springer Netherlands.

Dowds, A. (2016). "In Pursuit of the Sustainable Supply Chain; How Coffee Is Doing It." Brown Brothers. Retrieved 26 October, 2019 from https://www.bbh.com/resource/blob/17544/e4e10f0fd80bde0bf2b463c010a1ca5a/in-pursuit-of-the-sustainable-supply-chain--how-coffee-is-doing-it-pdf-data.pdf

Dube, Oeindrila & Vargas, Juan F.. (2008). "Commodity Price Shocks and Civil Conflict : Evidence from Colombia". Review of Economic Studies. 80.

Duncombe, S. (2012). "It stands on its head : Commodity fetishism, consumer activism, and the strategic use of fantasy". Culture and Organization. 18.

Everett, M., Ishwaran, M., Ansaloni, G. & Rubin. A. (2010). "Economic Growth and the Environment". Defra Evidence and Analysis Series. Paper 2. Department for Environment Food and Rural Affairs.

Fischer, Edward. (2019). "Quality and inequality : creating value worlds with Third Wave coffee". Socio-Economic Review.

Fitter, Robert & Kaplinksy, Raphael. (2009). "Who Gains from Product Rents as the Coffee Market Becomes More Differentiated? A Value-chain Analysis". IDS Bulletin. 32. 69 - 82.

Fortson, C. (2003). "Women's rights vital for developing world". Yale Daily News. Retrieved October 26, 2019 from : https://yaledailynews.com/blog/2003/02/14/womens-rights-vital-for-developing-world/

Fridell, Gavin. (2007). "Fair-Trade Coffee and Commodity Fetishism : The Limits of Market-Driven Social Justice". Historical Materialism. 15. 79-104.

Gaitán, D., van Evert, F., Jansen, D., Meuwissen, M. & Oude Lansink, A. (2018). "Assessing the Sustainability Performance of Coffee Farms in Vietnam : A Social Profit Inefficiency Approach. Sustainability". 10(11), 4227.

Gereffi, Gary & Humphrey, John & Sturgeon, Timothy. (2005). "The Governance of Global Value Chain". Review of international political economy. 12. 78–104-78-104.

German, Laura & Bonanno, Anya & Foster, Laura & Cotula, Lorenzo. (2020). ""Inclusive Business" in Agriculture : Evidence from the Evolution of Agricultural Value Chains". World Development. 134.

Gibbon, P. (2005). "The Commodity Question : New Thinking on Old Problems". Danish Institute for International Studies, Copenhagen.

Gilbert, Christopher. (2006). "Value chain analysis and market power in commodity processing with application to the cocoa and coffee sectors". Department of Economics, University of Trento, Italia, Department of Economics Working Papers.

Gneiting, U. & Sonenshine, J. (2018). "A living income for small-scale farmers". Oxfam Discussion Papers.

Gomes, Lucas & Bianchi, Felix & Cardoso, Irene & Fernandes, Raphael & Fernandes-Filho, Elpídio & Schulte, R.P.O.. (2020). "Agroforestry systems can mitigate the impacts of climate change on coffee production : A spatially explicit assessment in Brazil". Agriculture Ecosystems & Environment. 294.

Goñi, U., van der Zee, B., & Gross, A. S. (2019). Tesco and M&S likely to have soya linked to deforestation in supply chains. The Guardian. Retrieved October 26, 2019 from http://www.theguardian.com/environment/2019/oct/05/tesco-m-and-s-supermarkets-likely-to-have-soya-linked-to-deforestation-supply-chains

Gresser, Charis and S. Tickell. (2004). "Mugged : Poverty in Your Coffee Cup." Oxfam International.

Griswold, David. Personal Interview.

Guido, Zack & Knudson, Chris & Finan, Timothy & Madajewicz, Malgosia & Rhiney, Kevon. (2020). "Shocks and cherries : The production of vulnerability among smallholder coffee farmers in Jamaica". World Development. 132. 104979.

Gutiérrez Rincón, Viviana. (2014). "Power dynamics : Disrupting or maintaining of the coffee industry as an institution". Cuadernos de Administración. 26. 41-65.

Han Chau, M. (2018). "Direct and Tasty coffee : A Case Study of the Specialty Coffee Industry in Helsinki". University of Helsinki, Department of Political and Economic Studies.

Hartwich Olsen, Anton. (2012). "Analyzing the Direct Trade Model. A study of a promising market based trend in ethical coffee sourcing". Business and Development Studies. Copenhagen Business School.

Hayes, A. (2021). Comparative Advantage. Investopedia. Retrieved October 19, 2020, from https://www.investopedia.com/terms/c/comparativeadvantage.asp

Hernandez, Sonia & Mattsson, Brady & Peters, Valerie & Cooper, Robert & Carroll, Ron. (2013). "Coffee Agroforests Remain Beneficial for Neotropical Bird Community Conservation across Seasons". PloS one. 8. e65101.

Hicks, Paul. (2018, October 16). "The Price of Distortion: Speculation and Alternative Trade Models in Coffee". Retrieved October 26, 2019 from https://dailycoffeenews.com/2018/10/16/the-price-of-distortion-speculation-and-alternative-trade-models-in-coffee/

Hofstrand, Don. (s.f) "Commodities Versus Differentiated Products". Iowa State University. Retrieved October 26, 2019 from https://www.extension.iastate.edu/agdm/wholefarm/pdf/c5-203.pdf

Humphrey, John & Memedovic, Olga. (2006). "Global Value Chains in the Agrifood Sector".

International Coffee Council Development Report. (2019). International Coffee Organization.

Investopedia Staff. (2020). "Microeconomics". Retrieved October 14, 2020, from https://www.investopedia.com/terms/m/microeconomics.asp

Jackson, Tim, and Peter Senker. "Prosperity without Growth: Economics for a Finite Planet." Energy & Environment, vol. 22, no. 7, Oct. 2011, pp. 1013–1016.

Jha, Shalene & Bacon, Christopher & Philpott, Stacy & Méndez, V. & Rice, Robert & Laderach, Peter. (2014). Shade Coffee: Update on a Disappearing Refuge for Biodiversity. Bioscience. 64. 416-428.

Johnson, Andrea. Personal Interview. 14 January 2021.

Johnson, Phyllis. Personal Interview. 15 January 2021.

Kaplinsky, R. & Fitter, R.. (2004). "Technology and globalisation: who gains when commodities are de-commodified?". 1. 5-28.

Kaskure, Nadezda & Krivorotko, Jana (2014). "Poverty Porn as a Sign of a Postcolonial Wall Between "Us" and "Them"". Lund University.

Kassarjian, H & Robertson, T. (1970). In Perspectives in Consumer Behavior. pp. 390–400.

Key, N & MacDonald* J. (2008). "Local Monopsony Power in the Market for Broilers? Evidence from a Farm Survey". Selected Paper at the Annual Meeting of the AAEA. Orlando, Florida.

Langridge, N. (2017). "Is there a choice when it comes to ethical-trade? An examination of coffee production in Nicaragua".

Lee, J., Gereffi, G., & Beauvais, J. (2012). "Global value chains and agrifood standards: challenges and possibilities for smallholders in developing countries". Proceedings of the National Academy of Sciences of the United States of America, 109(31), 12326–12331.

Lee, R., Clawson, P., (1993). "Crop Substitution in the Andes". Office of National Drug Control Policy

Liu, Y. (2006). "Configuring the Qualification of Good Coffee". University of Wisconsin-Milwaukee. 1383.

Loker, William M. Globalization and the Rural Poor in Latin America / Edited by William M. Loker. Boulder, Colo: Lynne Rienner Publishers, 1999. Print.

Lopes, M. (2018). "The Hidden Suffering Behind the Brazilian Coffee That Jump-Starts American Mornings". The Washington Post. Retrieved October 16, 2019 from https://www.washingtonpost.com/world/the_americas/the-hidden-suffering-behind-the-brazilian-coffee-that-jump-starts-american-mornings/2018/08/30/e5e5a59a-8ad4-11e8-9d59-dccc2c0cabcf_story.html

MacDonald, James (2018, March 5). "The Connections Between Coffee and Biodiversity". Jstore Daily. Retrieved 26 October 2019 from https://daily.jstor.org/the-connections-between-coffee-and-biodiversity/#:~:text=A%20new%20study%20from%20the,type%20of%20bean%20is%20grown.&text=When%20it%20comes%20to%20biodiversity,variety%20of%20beans%20being%20cultivated

Macgregor, Finlay. (2017). "Does Voluntary Governance Work?: Insights from Specialty Coffee". Lund University.

Marx, Karl, 1818-1883. (1959). Das Kapital, a critique of political economy. Chicago :H. Regnery.

Maxey, Michael. (2018, October 18). "Honduran Coffee Cooperatives, US Communities and the Hope of a Better Future". Retrieved October 26, 2019 from https://www.linkedin.com/pulse/externalities-low-coffee-prices-michael-maxey

Mazar, N., & Zhong, B. (2010). "Do green products make us better people?". Psychological Science, 21(4), 494-498.

Mckenzie, Andrew & Holt, Matthew. (2002). "Market Efficiency in Agricultural Futures Markets". Applied Economics. 34. 1519-32.

McStocker, Robert. (1987). "The Indonesian Coffee Industry". Bulletin of Indonesian Economic Studies. 23. 40-69.

Meister, Ever. Personal Interview. 19 January 2021.

Menke, A. (2018). "The global coffee industry". Michigan State University Global Edge. Retrieved October 26, 2019, from https://globaledge.msu.edu/blog/post/55607/the-global-coffee-industry

Misoczky, Maria & Böhm, Steffen. (2013). "Resisting neocolonial development: Andalgalá's people struggle against mega-mining projects Resistindo ao desenvolvimento neocolonial: a luta do povo de Andalgalá contra projetos megamineiros". Cadernos EBAPE.BR. 11. 311–339.

Mitchel, Hustino, (2020). Coffee Roasters' Forum. Retrieved May 5, 2020 from https://www.facebook.com/groups/310045952380300/permalink/3683703878347807

Mondolo, Michele. (s.f). "Analysis of Factors Affecting the Value Perception of Specialty Coffee Roasters". Wageningen University. Retrieved 26 October 2019 from https://edepot.wur.nl/344714

Montagnon, C. (2017). "Coffee Production Costs and Farm Profitability: Strategic Literature Review". Specialty Coffee Association.

Muradian, Roldan & Pelupessy, Wim. (2005). "Governing the Coffee Chain: The Role of Voluntary Regulatory Systems". World Development. 33. 2029-2044.

Murekezi, Abdoul & Loveridge, Scott. (2009). "Have coffee reforms and coffee supply chains affected farmers' income? The case of coffee growers in Rwanda".

Murphy, Melissa & Dowding, Timothy. (s.f). "The Coffee Bean: A Value Chain and Sustainability Initiatives Analysis". University of Connecticut, Stamford.

Noponen, Martin & Haggar, Jeremy & Edwards-Jones, Gareth & Healey, John. (2013). "Intensification of coffee systems can increase the effectiveness of REDD mechanisms". Agricultural Systems. 119. 1-9.

Olivar, A & Bustamante, F. (2016) Understanding the Situation of Workers in Corporate and Family Coffee Farms. SCAA y Solidaridad.

Panhuysen, S. and Pierrot, J. (2014): "Coffee Barometer 2014".

Panhuysen, S. and Pierrot, J. (2018): Coffee Barometer 2018.

Panhuysen, S. and Pierrot, J. (2020): Coffee Barometer 2020.

Peterson, C. (2012). "CGIAR research program on Climate Change, Agriculture and Food Security" CGIAR. Retrieved October 26, 2019 from https://ccafs.cgiar.org/news/uganda-coffee-and-banana-go-better-together

Pezo Import. (s.f). Retrieved December 14, 2019 from https://pezoimport.com

Ponte, Stefano. (2002). "Brewing a Bitter Cup? Deregulation, Quality and the Re-Organization of Coffee Marketing in East Africa". Journal of Agrarian Change. 2. 248 - 272.

Ponte, Stefano. (2004). "Standards and Sustainability in the Coffee Sector: A Global Value Chain Approach". This paper is a product of the Sustainable Commodity Initiative, a joint venture of the United Nations Conference on Trade and Development and IISD.

Potts, J. (2003). "Building a sustainable coffee sector using market-based approaches: The role of multi-stakeholder cooperation". International Coffee Organization

Prados de la Escosura, Leandro. (2005). "Colonial independence and economic backwardness in Latin America".

Reichman, Daniel. (2019). "The Broken Village: Coffee, Migration, and Globalization in Honduras".

Retrieved December 14, 2019 from https://inconexus.com/

Reynolds, Amy. (2013). "Networks, ethics, and economic values: Faith-based business and the coffee trade in Central America". Latin American Research Review. 48. 112-132.

Rhinehart, Ric. Personal Interview. 21 November 2019.

Rice, Robert. (1999). "A Place Unbecoming: The Coffee Farm of Northern Latin America". Geographical Review. 89. 554 - 579.

Roberts, P. (2018) "Green Coffee Transparency Is Critical (And Complicated)". Perfect Daily Grind. Retrieved December 14, 2019 from https://perfectdailygrind.com/2018/04/green-coffee-pricing-transparency-is-critical-and-complicated/

Roldán-Pérez, Adriana & Maria, Alejandra & Gonzalez, Perez & Pham, Thu & Dao, Ngoc & Tien,. (2021). "Coffee, Cooperation and Competition: A Comparative Study of Colombia and Vietnam".

Samper, Luis & Giovannucci, Daniele & Vieira, Luciana. (2017). "The powerful role of intangibles in the coffee value chain".

Samper, Mario. (2003). The Historical Construction of Quality and Competitiveness A Preliminary Discussion of Coffee Commodity Chains.

Samuelson, Paul, & Nordhaus, William. (2010). Economics (19th ed.). New York, NY: McGraw-Hill Professional.

Sheridan, Michael. (2015). "Fair trade vs. Direct trade: Communicating yourself into a corner". Daily Coffee News. Retrieved November 22, 2019, from https://dailycoffeenews.com/2015/11/25/fair-trade-vs-direct-trade-communicating-yourself-into-a-corner/

Simpson, C.R. & Rapone, A. (2000). "Community development from the ground up: Social-justice coffee". Human Ecology Review. 7. 46-57.

Slob, B. (2006). "A fair share for smallholders. A value chain analysis of the coffee sector". SOMO – Centre for research on Multinational Corporations.

Sotelsek, Daniel. (2008). "El pensamiento de Raúl Prebisch: una visión alternativa". Estudios Demográficos y Urbanos. 23.

Steiner, R., Salazar, N & Becerra, A. (2015). "La Política de Precios del Café en Colombia". Retrieved October 26, 2019 from https://www.repository.fedesarrollo.org.co/handle/11445/3166

Strauss, Adam. Personal Interview. 9 July 2019.

Sustainable Coffee Challenge. (s.f). "Loan and grant based renovation in Colombia". Recovered November 22, 2019 https://www.sustaincoffee.org/case-studies/loan-and-grant-based-renovation-in-colombia

Suzman, J. (2017). "How Neolithic farming sowed the seeds of modern inequality 10,000 years ago". The Guardian. Retrieved 26 October, 2019 from http://www.theguardian.com/inequality/2017/dec/05/how-neolithic-farming-sowed-the-seeds-of-modern-inequality-10000-years-ago

Tacoli, Cecilia & Satterthwaite, David & Mcgranahan, Gordon. (2015). "Urbanisation, Rural–Urban Migration and Urban Poverty".

Topik, S., Marichal, C & Frank Z. (2008). From Silver to Cocaine. Latin American Commodity Chains and the Building of the World Economy, 1500–2000. Durham : Duke University Press.

Tröster, Bernhard. (2015). "Global commodity chains, financial markets, and local market structures : Price risks in the coffee sector in Ethiopia." Working Papers 56, Österreichische Forschungsstiftung für Internationale Entwicklung (ÖFSE) / Austrian Foundation for Development Research.

University of Delaware. (2019, March 27). "Birds bug out over coffee : Research on coffee farm habitats can help both fowl and farmers". ScienceDaily.

US Census Bureau. (s/f). "Estimated 7.58B people on earth on world population day July 11". Retrieved November 15, 2020 from https:// www.census.gov/library/stories/2019/07/ estimated-seven-point-five-eight-billion-people-world-population-day-2019.html

Valent, D. (2019). ""The Industry's at Risk" : The High Price of Cheap Coffees". The Sydney Morning Herald. Retrieved October 26, 2019 from https://www.smh.com.au/ national/the-industry-s-at-risk-the-high-price-of-cheap-coffees-20190528-p51rti. html

Van der Vorst, Jack & Silva, C.A. & Trienekens, J. (2021). "Agro-industrial Supply Chain Management : Concepts and Applications".

Vellucci, M. (2015). "The Continued Rise of Premium Coffee in the U.S. : Will It De-Commoditize Coffee?". Brown Brothers Harriman. Retrieved 26 October 2019 from https://www.bbh.com/us/en/insights/ private-banking-insights/the-continued-rise-of-premium-coffee-in-the-us-will-it.h

Von Eden, J. (2015). "There Is No Shortcut to Sustainable Coffee". Daily Coffee News. Retrieved November 22, 2019 from https:// dailycoffeenews.com/there-is-no-shortcut-to-sustainable-coffee/

Wacziarg, Romain. (2002). "Review of Easterly's The Elusive Quest for Growth". Journal of Economic Literature. 40. 907-918.

Waked, Dina I. (2016, 1 February). "Adoption of Antitrust Laws in Developing Countries : Reasons and Challenges". Journal of Law, Economics and Policy, Vol. 12, No. 2, 2016.

West, Paige. (2012). From Modern Production to Imagined Primitive : The Social World of Coffee from Papua New Guinea. Durham : Duke University Press .

Wilson, A. & Wilson, N. (2014)." The economics of quality in the specialty coffee industry : insights from the Cup of Excellence auction programs". Agricultural Economics (Amsterdam, Netherlands), 45(S1), 91–105.

Wohar, Mark & Harvey, David & Kellard, Neil & Madsen, Jakob. (2010). "The Prebisch-Singer Hypothesis : Four Centuries of Evidence". The Review of Economics and Statistics. 92. 367-377.

World Bank (2015). "Risk and finance in the coffee sector : a compendium of case studies related to improving risk management and access to finance in the coffee sector (English)". World Bank.

World Bank (2018, 17 October) "Nearly Half the World Lives on Less than $5.50 a Day". Retrieved 26 October 2019 from https:// www.worldbank.org/en/news/press-release/2018/10/17/nearly-half-the-world-lives-on-less-than-550-a-day

World Bank. (2014). "CO2 emissions (kg per PPP $ of GDP)". Retrieved October 26, 2019 from https://data.worldbank.org/indicator/ EN.ATM.CO2E.PP.GD

World Population Review (2021). Coffee Producing Countries. Retrieved from https://worldpopulationreview.com/ country-rankings/coffee-producing-countries